最新 建築設備工学

田中俊六 監修

宇田川光弘・斎藤忠義・大塚雅之・秋元孝之・田尻陸夫 著

改訂2版

井上書院

まえがき

　本書は，建築学科の学生諸君のための建築設備技術に関する教科書として，また若い建築家，あるいは機械工学，衛生工学，電気工学などの学生，技術者の，建築士，建築設備士などの受験参考書として，この分野の最新の情報を織り込み，基礎から応用までできるだけ明快に，平易に書かれたものである。

　学生諸君も，住宅の居住者，オフィスビルで働く勤労者にとって，快適な冷暖房設備や衛生的な給排水設備，あるいは明るい空間と情報化社会を支える電気設備の技術がいかに重要なものであり，また，それに必要とされるエネルギー・資源が膨大で，それが昨今の地球環境問題に大きな影響を与えていることは十分認識しているようであるが，いざ，この建築設備を単なる知識として表面的に覚えようとすると，その内容があまりにも広範囲で，ある意味で無味乾燥で興味を失い，逆に教える側があまりに性急に高度な理論を理解させようとすると，場合によっては機械工学，電気工学の分野に踏み込みすぎ，建築系としての諸君の関心を失わせてしまうおそれがあった。ただ，建築設備工学はまぎれもなく建築学と機械工学，衛生工学それに電気工学を含めた学際的な分野の応用工学であり，それがまた面白いところであるが，それだけにそれぞれの分野の基礎的な知識と正しい理解は不可欠であることもまた，事実である。

　これまでもすでに数多くの優れた建築設備工学に関する教科書，解説書が上梓されているがややもすると，空調方式の種類と特徴などを羅列する解説書の域に終始したものか，教科書という範疇を超えてあまりにも専門的な理論，設計実務に立ち入ったものが少なくなかった。

　本書はこのような観点から，まず概論として建築設備に関する最新の話題，研究成果を交えながら，建築設備工学の全体像に興味をもってもらい，後に続く空気調和設備，給排水設備，電気設備の相互関係を理解させることに主眼をおいている。

　さいわい，本書は上記の刊行の趣意をお汲みいただき，多くの教育機関で教科書として採択され，学生諸君の最新の建築設備工学に関する知識の習得と正しい理解にお役に立ってきたことは，執筆者一同，望外の喜びである。しかしながら，この分野における技術の変化，発展は大変早く，発刊以来20年，そして改訂版刊行からも12年が経過して，最新という書名にそぐわないところが少なからず出てきた。特に最近は「地球温暖化問題」が注目されるなかで，これまでより，省エネルギー性能に優れたさまざまな設備機器，あるいはCO_2排出削減システム，それらを取り入れたZEBやZEHが実現化している。このため，今回の改定では，そのうち建築設備工学に直接，関連する最新の政策と技術の動向を補完し，さらに関係法規の改正に対応したものである。

　「地球環境問題」が，ますます深刻化を増すなかで，建築家，建築設備技術者に課される使命は，カーボンニュートラルの実現へと大きくシフトしている。今後，建築設備分野を専門としようとする学生諸君，技術者諸氏が，本書を通じてこの分野に興味をもたれ，理解を深めることに少しでも役立てば幸いである。

　最後に，本書への図，表の引用をお許しいただいた著者，各出版社並びに本書の編集に当たられた井上書院のスタッフの方々に深甚な謝意を表したい。

　2022年7月

執筆者を代表して　　田中俊六

本書で使うおもな表示記号と SI 単位記号

名　称	表示記号	SI 単位記号	呼　称	備　考
長さ [L]	ℓ	m	メートル	
質量 [M]	m	kg	キログラム	
力 [F]	P	N	ニュートン	1 kgf = 9.8 N
(重量)	(G)	(N)		工学単位：本書では，重量としては使わない。
時間 [T]	$\tau,\ (t)$	s	秒	$(1/60)$min，$(1/3,600)$h
密度	ρ	kg/m³	(ロー)	工学単位：kgf·s²/m⁴
(比重量)	(γ)		(ガンマ)	工学単位：kgf/m³，本書では使わない。
動粘度	ν	m²/s	(ニュー)	動粘性係数に同じ
圧力	$p,\ (P)$	Pa	パスカル	1 kgf/m² = 1 mmH₂O ≒ 9.8 Pa
エネルギー・仕事・熱量	$Q,\ W$	J	ジュール	1 kcal = 4.1868 kJ (特に仕事を表すときは W とする)
エネルギー流・熱流	q	W	ワット	1 kcal/h = 1.16 W = 4.1868 kJ/h
熱取得・熱損失・熱負荷	H	W	ワット	
仕事率・放射束	L	W, kW	ワット	W = J/s　　1 kW = 860 kcal/h
絶対温度(熱力学温度)	T	K	ケルビン	$T = t + 273.15$[K]
温度差	Δt	K	ケルビン	
摂氏温度	$t,\ (\theta)$	℃	セルシウス	$t = T$[K] $- 273.15$[℃]
熱流密度・放射照度	I	W/m²		日射量，単位放熱量，単位熱損失量
熱容量	C	J/K		
エントロピー	s	J/(kg·K)		
(比)エントロピー	s	kJ/(kg·K)		
(比)エンタルピー	h	kJ/kg		
比熱	c	J/(kg·K)		c_p：定圧比熱，c_a：空気の(定圧)比熱，c_w：水の比熱
熱伝導率	λ	W/(m·K)	(ラムダ)	1 kcal/(m·h·℃) = 1.163 W/(m·K)
熱伝導率	α	W/(m²·K)	(アルファ)	1 kcal/(m²·h·℃) = 1.163 W/(m²·K)
熱貫流率(熱通過率)	U	W/(m²·K)		1 kcal/(m²·h·℃) = 1.163 W/(m²·K)
温度伝導率	a	m²/s		
比容積	v	m³/kg		
仕事の熱当量	A			$A = (1/426.9)$kcal/kgf·m
速さ	v	m/s		
重力加速度	g	m/s²		$g = 9.8$ m/s²
質量流量	$G,\ (m_f)$	kg/s		
容積流量	$Q,\ (V_f)$	m³/s(l/min)		m³/h = CMH，m³/min = CMM
容積，体積，気積	V	m³(l)		l：リットル
基準面からの高さ	$h,\ (z)$	m		
面積	$A,\ (S)$	m²		
電流 [I]	I	A	アンペア	
電位・電圧・起電力	$E,\ (V)$	V	ボルト	W/A
電気抵抗	R	Ω	オーム	V/A
電力	P	W	ワット	J/s
電気量・電荷	Q	C	クーロン	A·s
静電容量	S	F	ファラド	C/V
周波数	f	Hz	ヘルツ	1/s

倍数	10^{-12}	10^{-9}	10^{-6}	10^{-3}	10^{-2}	10^{-1}	10^{1}	10^{2}	10^{3}	10^{6}	10^{9}	10^{12}	10^{15}	10^{18}
呼称	ピコ	ナノ	マイクロ	ミリ	センチ	デシ	デカ	ヘクト	キロ	メガ	ギガ	テラ	ペタ	エクサ
記号	p	n	μ	m	c	d	da	h	k	M	G	T	P	E

ギリシャ文字

$A\ \alpha$ アルファ	$B\ \beta$ ベータ	$\Gamma\ \gamma$ ガンマ	$\Delta\ \delta$ デルタ	$E\ \varepsilon$ イプシロン	$Z\ \zeta$ ジータ	$H\ \eta$ イータ	$\Theta\ \theta$ シータ
$I\ \iota$ イオタ	$K\ \kappa$ カッパ	$\Lambda\ \lambda$ ラムダ	$M\ \mu$ ミュー	$N\ \nu$ ニュー	$\Xi\ \xi$ クサイ	$O\ o$ オミクロン	$\Pi\ \pi$ パイ
$P\ \rho$ ロー	$\Sigma\ \sigma$ シグマ	$T\ \tau$ タウ	$\Upsilon\ \upsilon$ ウプシロン	$\Phi\ \phi, \varphi$ ファイ	$X\ \chi$ カイ	$\Psi\ \psi$ プシー	$\Omega\ \omega$ オメガ

第1章 概 論

1 建築設備工学の概要

1.1 建築と建築設備

　建築は，その空間デザインにおいて優れ，平面計画，断面設計が機能的であると同時に，その室内環境が快適で安全，利便性が高くなければならない。その快適な室内環境を保証するのが空気調和（冷暖房）設備，給排水・衛生設備，電気設備などのいわゆる建築設備であり，その理論的裏付けとなるのが建築設備工学である。

　図 1-1 に示すように，**建築設備工学**は建築学のなかの広い意味での建築環境工学のうち，各種の機械設備，電気設備などを活用して**アクティブ（能動的）**に快適な環境を維持する**建築設備**の理論的な根拠と計画・設計の資料を提供するもので，建築学はもちろん，機械工学，電気工学，衛生工学などと密接な関係のある学際的な工学分野の一つである。

　一方，狭い意味での**建築環境工学**は，同様に快適な室内環境の達成を目指すものであるが，主として建築計画の一環として適切な平面計画や断面設計を通して，機械的な力に頼ることなく**パッシブ（受動的）**に対応しようとするものである。また建築環境工学の知識は，建築設備における冷暖房負荷計算や換気設計の基礎となっているが，高気密・高断熱住宅やスマートビルなどの計画・設計においては，大きな省エネルギー効果をあげるために両者の連携がますます重要，密接になってきている。

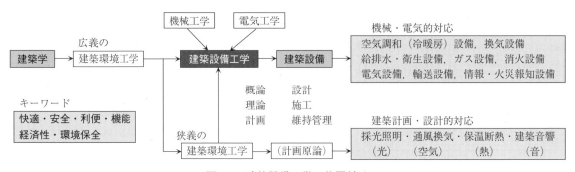

図 1-1　建築設備工学の位置付け

　建築設備のキーワードは快適性，安全性，利便性，機能性（生産性），経済性，環境保全性である。冷暖房によって室内を快適に保ち，火災などの災害時には迅速にその情報をキャッチし，延焼を防止して居住者の安全を守り，建物の用途に応じた高い生産性が求められる。

一方，このように建築設備がアクティブ（能動的）に快適な環境を確保するためには，大量のエネルギーと資源を消費する。建築家と建築設備設計者は経済性を確保し，地球環境の保全を図るため，最も合理的・省エネルギー的な機器，システムを選択し，建築施工会社，設備施工会社と協力して建物を完成させる必要がある。竣工した建物の管理者，居住者は設備を適切に管理し，機器・システムの長寿命化に配慮することが肝要である。

1.2 住宅と建築設備

住宅は小規模な建築物であるが，**図 1-2** に示すように，居住者の快適性と安全性を確保するためにさまざまな設備機器・システムが備えられている。しかしながら，地球温暖化問題に対処するためには，〈住まい〉においても省エネルギー化と CO_2 排出削減が重要であり，住宅の設計計画においては，これまでにまして住宅構造の断熱化と高効率な設備機器・システムの採用，太陽エネルギーなどの**再生可能エネルギー**の活用，さらには省エネルギーを考えた住まい方の工夫が必要である。

北海道などの寒冷地では，断熱材が 20 cm 以上もある**高気密・高断熱住宅**が新築住宅では常識となっているが，今後は関東以南の比較的温暖な地域におい

[**再生可能エネルギー**] 英語の renewable energy とは，太陽によって毎年，使っても更新される太陽光，太陽熱，水力，風力，バイオマスなどを指し，日本語の「再生」は屑鉄や紙の recycle の意味であるから，「再生可能エネルギー」と訳したのは間違いで，「更新性エネルギー」と訳すのが正しかったという意見もある。

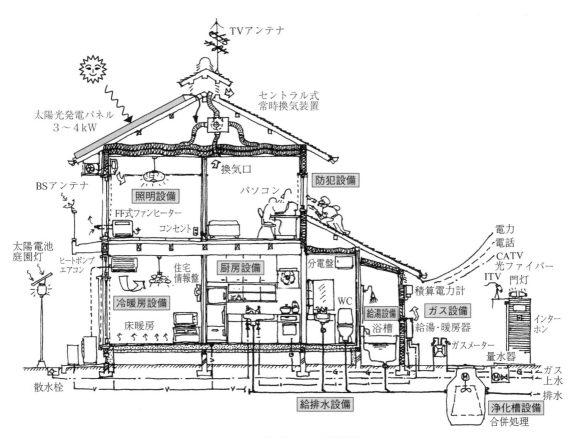

図 1-2 戸建住宅の建築設備

11

ても高気密・高断熱住宅が必至となり，集合住宅においても，戸建住宅においても，暖房負荷の少ない建物に向いた冷暖房設備・システムの普及が進むものとみられる。

　従来から住宅の暖房と給湯のエネルギー源は都市ガスか灯油が主であり，冷（暖）房には電動のルームエアコンが使用されていたが，最近では**図1-3**に示すように，すべてを電気エネルギーでまかなう「**全電化住宅**」システムが普及している。その特徴は，安全性と利便性・経済性にある。そこでは，省エネ効果の高い《トップランナーエアコン》による冷暖房と，夜間電力を使用する環境にやさしいCO_2冷媒ヒートポンプ給湯機《エコキュート》，それに火を使わない電磁式調理器の《IHクッキングヒーター》などが採用されている。

　最近では，これに屋上に設置する6～9kW出力の太陽光発電装置（ソーラーパネル）を組み合わせ，実質的にすべての住宅用エネルギーを自給できる《ネット・ゼロ・エネルギー・ハウス　ZEH：ゼッチ》が戸建住宅に急速に普及している。

　これに対して，住宅に小容量の燃料電池《エネファーム》を設置し，発電するとともに排熱を給湯に利用するガストータルシステムも登場しているが，普及するかどうかは今後の改良と機器のローコスト化にかかっている。

　住宅の換気設備はこれまで，厨房のレンジフードと居間などの個別の換気扇

[IHクッキングヒーター] 電磁誘導作用による渦電流で鍋底の金属を直接加熱する電気式の調理器で，火災のおそれや空気の汚染が少なく，熱効率が85％程度とガス調理器の50％程度より高く，厨房が排熱で高温になりにくい。原則的に鉄鍋，ステンレス鍋に限られるがオールメタル対応のものもある。

[IoT] Internet of Things　すべての「物」（家電製品や車，センサーなど）がインターネットを通じて中央のサーバーやクラウドにつながり，相互に情報交換や制御が行われるしくみをいう。
スマートグリッド（洗練された電力網）は，既存の電力網を再構築して，IoT技術でリアルタイムのエネルギー需要を把握して効率よく電気を送電するものである。

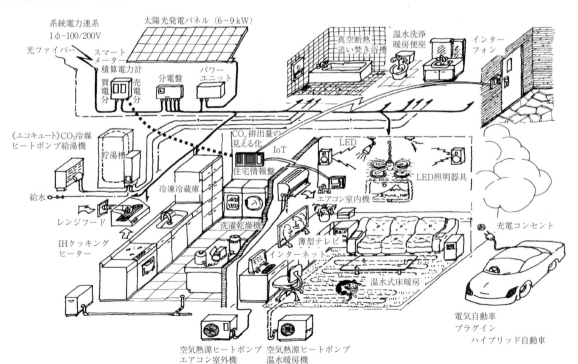

図1-3　全電化住宅とネット・ゼロ・エネルギー・ハウス

［VOC］volatile organic compounds 揮発性有機化合物の総称。国土交通省は住宅性能表示の中にホルムアルデヒド，トルエン，キシレン，エチルベンゼン，スチレンの5ガスの室内濃度の測定を義務付けるとともに，ホルムアルデヒド（指針値 0.08 ppm）の一定面積以上の使用禁止，シロアリ防除剤のクロルピリホス（指針値 0.07 ppb）の使用禁止，気密性の高い住宅に対する換気設備の設置を義務付ける。

［シックハウス症候群］新築住宅などで居住者が急性の不快感を訴えたり，アレルギー症状を発症し，そこを離れると症状が緩和する原因が必ずしも明確でない一種の病気をシックハウス症候群という。新建材の接着剤に含まれるホルムアルデヒドなどのVOCが主因と考えられているが，規制強化によって新規の発生は減少している。シックハウスという用語は，アメリカの（sick building）から作られた日本語である。

［シックビル症候群］SBS（sick building syndrome）。アメリカなどで石油危機後，省エネルギー化のために CO₂許容値を 2,500 ppm 以下とし，新鮮空気導入量を減らしたために多発した。在室者が不快を訴える症状で原因は明確ではないが，VOCやタバコの煙，塵埃，臭気などの複合汚染の結果と考えられている。日本ではCO₂許容値，1,000 ppm を維持したので大きな問題とはなっていない。

が設置される程度であったが，住宅の高気密化と新建材の多用で，**VOC**（揮発性有機化合物）によるぜん息などの**シックハウス症候群**の発生の問題から，新築住宅には強制的な**常時（24時間）換気設備**の設置が義務付けられた。

給湯設備としては，外壁に取り付けられる小型で高出力の都市ガス，LP ガス，灯油を燃料とする潜熱回収型の高効率瞬間給湯機からセントラル配管方式で供給されるものが主流であるが，前述の電気式の《エコキュート》も急速に増えている。これらの給湯機の多くには，日本独自の入浴文化に合わせて浴槽追い焚き装置が組み込まれ，温水暖房機能をもつものもある。

水道は，道路下の水道分岐管から量水器を経て各給水栓に，3階建以下の住宅であれば原則，直結で給水される。水道の蛇口から水が安全に飲める国は，日本と一部の先進国だけである。トイレからの汚水と調理台，浴槽などからの雑排水は，建物の外で合流して公共下水道に流される。下水道の未整備な地域では，住宅ごとの**合併処理浄化槽**あるいは，地域ごとの**コミュニティー合併処理施設**で完全に浄化して，河川に放流される。雨水は通常，敷地内は単独で排水されるが，幹線道路下では，汚水とともに合流式下水道で**下水処理場**へ流される。

ガスには，天然ガスを主成分とする都市ガスと，ボンベで供給されるプロパンガス，ブタンガスを主成分とする LP ガスなどがあるが，いずれもガスメーターで計量後，ガス栓を通して各ガス機器へ供給される。

電気は大，小住宅，電化住宅のいずれかにかかわらず，最近では原則として単相3線式 100/200V で供給され，住宅用分電盤を経て各機器へ 100 V，200 V で供給される。太陽光発電パネルなどの自家発電設備をもつ住宅では，電力会社が余剰電力を買い戻す積算電力計も設置される。

1.3 事務所建築の建築設備

大規模建築の建築設備の一例として，**図 1-4** には事務所建築の標準的な全体図を示す。建築設備は，大きく以下の3つの設備に分類することができる。

(1) 空気調和設備

(2) 給排水・衛生設備

(3) 電気設備

空気調和設備は冷暖房設備ともいい，居室の空気温度（室温），相対湿度，気流，空気清浄度などを，居住者にとって快適な状態に制御する役割をもっている。冷凍機やボイラーなどの熱源機器，配管，ダクト（空気導管）などの熱搬送系，空気吹出し口やファンコイルユニットなどの室内放熱機器，制御系，および換気系などから成り立つ。建物の規模，使い方，要求される室内環境の水準，あるいはエネルギー源の選択に応じて多くの方式が用意されている。図には示されていないが，最近では冷温水配管やダクトを用いず，施工が簡単な冷媒配管による個別分散空調システム，"ビルマルチエアコン" などが中小ビルなどに多く採用されている（第3章 2.1 参照）。

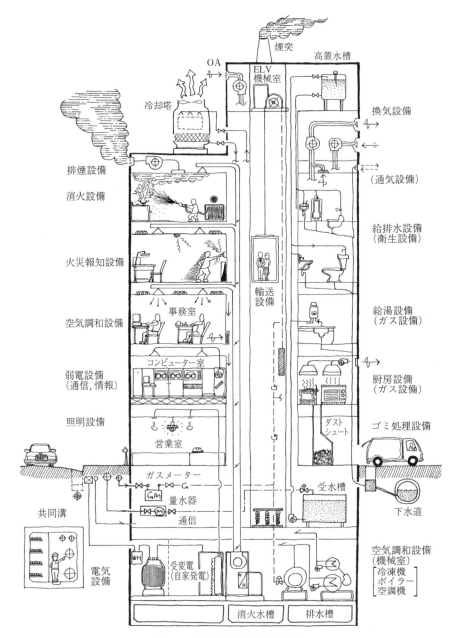

図1-4　事務所建築の建築設備

　給排水・衛生設備は，上水道から受水槽，高置水槽を経て洗面所やトイレ，厨房などの給水が必要な箇所に清浄な水，お湯を供給する給水・給湯配管系，その排水を下水道，あるいは浄化槽を経て排水溝へ流す排水・通気配管系，洗面器，大便器などの衛生器具などから成り立つ。比較的単純なシステムであるが，人の健康に直接関係するので，用途に応じて常に安全で十分な水を供給し，下水道や河川に定められた水質で排水しなければならない。河川からの取水，排水などと関連して，自然の水環境を保全するために節水，再利用（中水道），排水浄化などに最大限の配慮を払わなければならない。給排水・衛生設備には普通，給湯設備，ガス設備，厨房設備，消火設備なども含まれる。

電気設備は，電気を電力会社の送電線からビルの地下の電気室に受電し，必要な電圧に変圧してビルの照明器具やエレベーター，冷暖房機器などの電気機器に安全に電気を供給する役割をもっている。電気設備には電源設備，非常電源設備，配電設備，照明設備，動力・制御設備，弱電（通信）設備，輸送設備などが含まれる。

電気設備の設計・施工は，電気工学出身の技術者が担当してきたが，機器，システムの電化，情報化が進展するとともに，電力の規制緩和によってビルにおいて発電機を設置し，その排熱を冷暖房の熱源に利用する**コージェネレーションシステム**が注目されるようになり，建築学科や機械工学科出身の技術者にも電気工学と電気設備に関する十分な知識が要求されるようになってきた。

［コージェネレーションシステム］
cogeneration system　発電と同時にその発電機の排熱を利用する熱電供給システム。建物や工場に設置したエンジンで発電を行うと同時に，発生した熱エネルギー加熱に利用するシステム。年間にわたって給湯用などに熱を必要とするホテル，病院，スポーツセンター，プール，山間・離島のリゾート施設などで，省エネルギー効果・経済効果を発揮することがある。

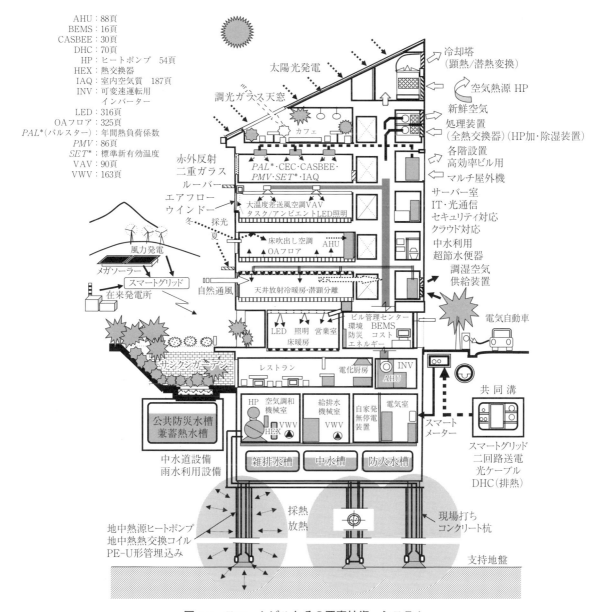

図1-5　スマートビルとその要素技術・システム

図 1-5 に示すように，建物の断熱・遮熱性能を高め，さまざまな省エネルギー設備を導入するとともに，建物内での太陽光発電など再生可能エネルギーを最大限に利用し，快適で利便性に優れた室内環境を実現しようとするオフィスビルなどをスマートビル，インテリジェントビルなどと呼んできたが，最近では，ビル内での太陽光発電などの再生可能エネルギーの発電量が，年間トータルで自己消費エネルギー量と合致または上回るビルを一般に《ネット・ゼロ・エネルギー・ビル ZEB：ゼブ》と呼んでいる。ソーラーパネルの設置可能な屋根面積が相対的に少ない多層建築では ZEB 化は容易ではなく，『ZEB』，Nearly ZEB，ZEB Ready，ZEB Oriented などいくつかの定義がある*。

*ZEB 化は関係する技術者にとっては一つの挑戦であるが，外部の大規模光発電や大規模風力発電などのグリーン電力が大量に系統電力に連系されるなかで，ZEB 化にあまりにこだわることには経済合理性に欠けるのではないかとの見方もある。

建築設備は，古くは建築に付属する付帯設備として軽視されたこともあったが，最近では地球環境問題から省エネルギー化への関心も高く，建築設備費がオフィスビルでも全体工事費の 30 ％以上，ホテルや病院建築では 50 ％以上となることもあって，その重要性を増しつつあり，建築設備技術者の責任は重い。

1.4　エネルギーの集中管理

大規模な建物における建築設備の制御や運転状況の監視は，一箇所で集中して管理すると効率が良い。そのため建築基準法および建築基準法施行令の規定により，一定の規模を超える建築物において中央管理室の設置が義務付けられている。中央管理室では，中央監視装置によって熱源設備，空調設備，給水設備，排水設備，照明設備等の遠隔操作，監視や防犯カメラの監視，録画，館内放送等が行われる。中央監視装置の機能には，個別の機器を制御する機能*1，エネルギーの管理を行う機能*2，施設の運用を支援する機能*3，建物や設備管理を支援する機能*4 が含まれる。これらを総称して BEMS*5（ベムス）と呼ぶ。一方，エネルギー管理だけを目的とした装置も BEMS と呼ぶことがある。BEMS によって計測，集計，表示されるデータを基に，建物の運用状態を最適にしながら使用電力のデマンドピークやエネルギー消費を抑制するための方法が検討される。近年では，住宅のエネルギーを管理する HEMS*6，工場のエネルギーを管理する FEMS*7 なども導入されている。

*1　BAS：building automation system
*2　EMS：energy management system
*3　FMS：facility management system
*4　BMS：building management system
*5　building energy management system
*6　home energy management system
*7　factory energy management system

1.5　建築設備と都市環境

環境(environment)とは，主体(人)の周囲にあって，相互作用を及ぼし合う，すべての外界を意味するもので，自然（物理）環境と社会（人工）環境に分けられる。

建築設備工学の主たる対象は，**人**と**室内環境**と，建築近傍の外部環境を含む**建築環境**である。**都市環境**は建築環境の外延であって，建築・建築設備に電気，上下水道，燃料，物資・廃棄物輸送などの**インフラストラクチャー**を提供するが，人間の社会・経済活動にともなう**大気汚染**，**水質汚染**，**土壌汚染**などの影響を受け，本来の自然環境とは異なる特殊な環境を形成している。

都市の**大気汚染問題**は，自動車排ガスによる NO_X など，一部，環境基準を満たしていないものがあるものの，石炭，石油から天然ガスへの燃料転換，厳しい汚染防止対策の施行によって，少なくとも建築の冷暖房に起因するものは

はとんど解消されたが，最近では，建築活動，都市活動による都市の高温化，すなわち，ヒートアイランド現象の顕在化が新たな問題となっている。

ヒートアイランド現象とは**図1-6**に示すように，地図上に，ある時刻の都市の地上気温を等温線として描くと，島状のパターンが現れることで，その成因は建物，道路のコンクリート化による太陽熱の吸収と蓄熱の増大，河川や農地，緑地などの減少による**蒸散効果**の減少，自動車やビルでの人工熱使用量の増加などが指摘されているが，その因果関係は必ずしも明確ではない。

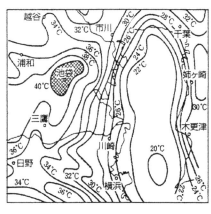

図1-6　夏期における東京の表面温度(引用1)

[蒸散効果] 樹木の葉や湿地に吸収された日射熱などの顕熱が，水分の蒸発熱として潜熱に変換して放出され，結果として都市気温の上昇が抑制，場合によっては降下することをいう。

ビルの室温は，外気温がピークになる14時頃には，26℃程度の定常状態になっていて，外部から流入する日射熱量などと排出する熱量は均衡しており，冷房用の入力（電気）エネルギー量しか都市を加熱していない。

よく**空気調和設備**の**冷房排熱**が都市気温の上昇の大きな要因の一つといわれるが，これは二つの意味で正しくない。その一つは，冷房排熱の大部分は外界から流入した熱を，再び外界に汲み出しているにすぎず，実質的に都市に熱を加えるのは冷房システムのために新たに投入された電気などのエネルギーのみであること，もう一つは大規模なビルや地域冷暖房で使用されている冷却塔は，冷房排熱の80％以上を緑と同じ蒸散効果で潜熱を大気に放出しているため冷房をしていないビルよりむしろ気温を低下させる働きがあることである。

また，最近ではビルの**屋上緑化**が，冷暖房負荷を減少させ，蒸散効果で都市気温を低下させるとして注目を集めている。屋上緑化に心理的，修景的効果があることは誰も否定できないが，物理現象としての冷暖房負荷軽減効果は，断熱強化のほうがはるかに確実で経済的であり，湿度上昇が許される範囲であれば，冷却塔のほうが蒸散効果が数倍大きいうえ，省エネルギー効果もある。

技術的にみれば，本来，低緯度で真夏に水平面日射量の多い日本の都市では，屋根面などを**白色化**して受熱量を減らし，大気を乾燥化させて夜間放射を促すとともに，都市内部での人工排熱が最小となる効率的な**電気による冷房装置，交通機関**を導入するのが最適な選択であるはずである。

給排水設備と都市環境の関連では，給水設備には安全な水源の確保という点から，都市河川の汚染と富栄養化に関連する塩素殺菌による発ガン性のトリハロメタンの生成，原虫・クリプトスポリジウムによる健康被害，トリクロロエチレンなどの有機溶媒による地下水汚染などの問題があり，排水設備では，生活排水による河川の汚染，湖沼の富栄養化などの問題がある。

いずれにしても，建築設備工学に携わるものは，これら建築設備と都市環境の問題にも十分な関心と責任をもって対処していかなければならない。

2 建築設備と地球環境問題

2.1 オゾン層破壊問題から地球温暖化対策へ

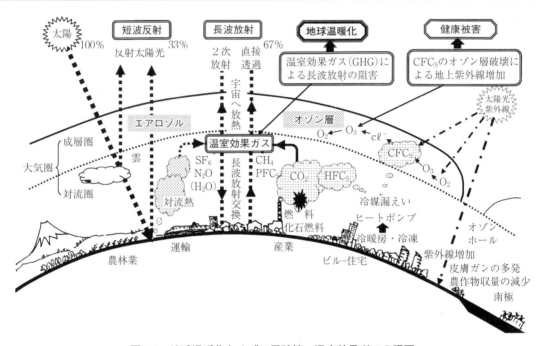

図 2-1 地球温暖化とオゾン層破壊・温室効果ガスの構図

[オゾン層] ozone layer オゾン濃度の高い 10～50 km の大気層で成層圏とほぼ一致している。0.32 μm 以下の日射中の紫外線を遮断し，地表に達しないようにしている。地上の大気圧に直すと，わずか 2.5 mm の厚さしかない。

[温室効果] ガラスでできた温室は，短波長の太陽光をよく透過し，室内を暖めるが，土壌や植物から出る長波長のふく射熱を透過せず，熱を温室内に閉じ込めるトラップ（わな）効果がある。これにならって，大気中の CO_2 などが地上からの赤外線をいったん吸収して大気を保温する効果も温室効果（greenhouse effect）という。COP3 において，温室効果ガス（GHG：greenhouse gas）として 6 種類のガスが指定されている。

　最近，大きな関心を集めている地球環境問題には，**地球温暖化**と**オゾン層破壊**の 2 つがあるが，いずれも建築設備に密接に関係がある。建築設備のうちでも，特に冷暖房は大量の電気と熱が必要であり，そのために使用する化石燃料の燃焼にともなって発生する二酸化炭素（CO_2）が地球温暖化を促進し，冷暖房におけるヒートポンプの作動に不可欠な「冷媒」の多くは，大気中に漏えいすると，成層圏で太陽エネルギーのうちの紫外線を吸収して，地上に到達することを防いでいたオゾン層を破壊し，地上の人類，動植物に「皮膚ガン」を多発させる原因となるなど，双方の問題で地球環境に大きな悪影響を与えている。したがって，建築設備の計画設計，施工管理に携わろうとする技術者，研究者には，快適で利便性の高い室内環境の創造を図るだけではなく，この地球環境問題にも正しい知識をもち，最大限に省エネルギーと CO_2 排出削減を図るように心掛ける必要がある。

　「地球温暖化」とは，例えば燃料の燃焼による CO_2 の放出など，人間活動によって発生するさまざまな**温室効果ガス**の大気中濃度が上昇すると，地表に入射した太陽熱が，地表からの赤外放射が直接，効率よく宇宙空間に放散することを妨げ，結果的に，地球に透明な「ふとん」を掛けたようになって，大気温度の上昇を招き，干ばつや豪雨，巨大台風の発生など，地球環境に破滅的な影響を与えるというものである。

［パリ協定・COP21］先進6カ国のみが温室効果ガス削減義務のある「京都議定書」では，地球の平均気温上昇を産業革命以前と比較して2℃以下に抑制するには不十分として，発展途上国を含めた国々（159カ国）に削減目標の作成を義務付けた新たな協定。アメリカが温暖化はないとして脱退を表明した。

［地球温暖化係数］GWP（global warming potential）。各種温室効果ガスの大気寿命期間中の地球温暖化効果を，CO_2 を基準としてその倍率を示したもの。自然冷媒としての CO_2 は1，アンモニアが1以下であるが，オゾン層を破壊しないとして推進されてきたCFC，HCFCに代わって推奨されてきたHFC冷媒R-134AはGWP＝2,090と大きく，最近のエアコンの冷媒はR-32（GWP＝675）に切り替えられたが，それでも大き過ぎるとしてさらなる冷媒の探求が急務とされている。

*1 「エネルギーの使用の合理化等に関する法律」は，2022年5月に改正され，法律名称が「エネルギーの使用の合理化及び非化石エネルギーへの転換等に関する法律」に変更された（2023年4月1日施行）。

この「地球温暖化問題」に対処するため，国連に設けられたIPCC（気候変動に関する政府間パネル）の第二次報告を基に，1997年に**気候変動枠組条約**の条約締約国京都会議（COP3）が開催され，1990年を基準に2010年までに，CO_2 を中心とする「温室効果ガス（GHG）」排出量を先進国平均で5％，EUが7％，日本が6％削減するなどという「京都議定書」が批准され，途中，アメリカが離脱するなど曲折があったが，2005年に発効した。

温室効果ガス（GHG）には，二酸化炭素（CO_2），メタン（CH_4），亜酸化窒素（N_2O），HFC，PFC，六フッ化硫黄の6ガスが指定され，それぞれの排出量は CO_2 の「**地球温暖化係数（GWP＝1）**」に換算されて計量される。**図2-2** はそれぞれのガスの温室効果に対する寄与率を示す。世界全体では CO_2 による比率が60％程度，沼地や家畜のゲップから出るメタンガスの比率が20％程度もあるが，日本の場合は燃料燃焼にともなう CO_2 比率がほとんどで，この意味でも省エネルギー化が重要であることがわかる。

このような地球温暖化防止の重要性に鑑みて，日本政府は二度の石油危機のあと，1979年に制定した「エネルギーの使用の合理化等に関する法律*1」（略称，**「省エネ法」**）を改正・強化するとともに，1998年には「地球温暖化対策の推進に関する法律」（略称，**「温対法」**）を制定して，建物の断熱化，設備機器・システムの効率化，太陽光発電や風力発電の開発・普及支援，「エネルギー管理指定工場」のエネルギー管理，CO_2 排出削減の強化などの指導・対策をとってきた（**図2-3** 参照）。

日本は二度の石油危機の経験から，1990年以前にすでに多くの省エネ対策に取り組んでいたが，運輸部門と民生部門（家庭・業務その他）の CO_2 排出量の増加が続き，全体でも2011年度の排出量は3.7％増加しており，2010年（2008〜2012年度の平均）の6％削減目標の達成は容易ではなかった。これは，2011年の東日本大震災の影響等により，火力発電の増加で化石燃料消費量が増

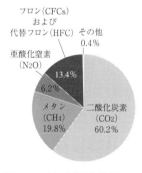

図2-2　ガス別温室効果への寄与率（世界全体ベース）（引用2）

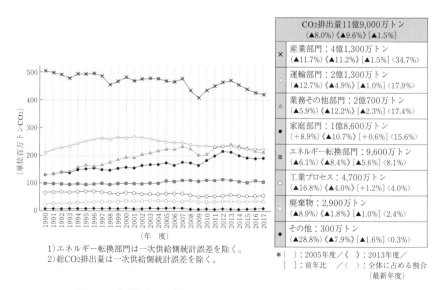

1）エネルギー転換部門は一次供給側統計誤差を除く。
2）総 CO_2 排出量は一次供給側統計誤差を除く。

図2-3　部門別 CO_2 排出量の推移（1990-2017年度）（引用3）

えたことも影響しているためである。その上に，IPCC 第 4 次報告[*2]では，精緻な地球シミュレーターによる研究成果を基に，2100 年に地球の平均気温を 1.1～2.8 ℃（1.8 ℃）上昇に抑制するためには，大気中の CO_2 濃度を現状の 2005 年の 379 ppm に対して 540 ppm 以下とする必要があり，そのためには先進国は CO_2 排出量を 2050 年までに現状の 60～80 %，2020 年までに 30～40 % を削減する必要があるとした。

その後，2015 年にパリで開かれた COP21 で合意されたパリ協定には，主要排出国を含む多くの国が参加して 2016 年に発効している。これは京都議定書に代わる 2020 年以降の温室効果ガス排出削減等のための新たな国際枠組みである。パリ協定では，世界の平均気温上昇を産業革命以前に比べて 2 ℃より十分低く保ち 1.5 ℃に抑える努力をすること，そのためにできる限り早く世界の温室効果ガス排出量をピークアウトし，21 世紀後半には温室効果ガス排出量と（森林などによる）吸収量のバランスをとることが長期目標として掲げられている。その際，日本からは，2030 年度の温室効果ガスの排出を 2013 年度の水準から 26 %削減するとした約束草案を提出している。2020 年 12 月には，菅義偉首相（当時）から 2050 年までに温室効果ガスの排出を全体としてゼロにする，すなわち 2050 年**カーボンニュートラル**，**脱炭素社会**の実現を目指すことが宣言された。

第 6 次エネルギー基本計画（2021 年 10 月）では，住宅・建築物の省エネルギー対策として，建築物省エネ法を改正し，省エネルギー基準適合義務の対象外である住宅および小規模建築物の省エネルギー基準への適合を 2025 年度までに義務化することや，2030 年度以降新築される住宅・建築物について，ZEH・ZEB 基準の水準の省エネルギー性能の確保を目指し，誘導基準・住宅トップランナー基準を引き上げるとともに，省エネルギー基準の段階的な水準の引上げを遅くとも 2030 年度までに実施することなどが掲げられている。また，2050 年において設置が合理的な住宅・建築物には太陽光発電設備が設置されていることが一般的となることを目指し，これに至る 2030 年において新築戸建住宅の 6 割に太陽光発電設備が設置されることを目指し，その実現に向け，例えば，新築の庁舎その他政府の新設する建築物について，新築における太陽光発電設備を最大限設置することを徹底するとともに，既存ストックや公有地等において可能な限りの太陽光発電設備の設置を推進するなどの施策が盛り込まれている。

図 2-4 に見るように，日本の温室効果ガスの排出量は中国，アメリカ，ロシア，インドに次いで世界 5 番目で，世界全体の 335 億トンのうち 3.2 %を占めるにすぎないが，省エネ・CO_2 削減に関する環境技術大国としての貢献が期待されている。

先に述べた，フロンガス冷媒の漏えい問題については，第 3 章 7.2 に詳述するが，「オゾン層破壊係数（ODP）」の最も大きな CFC-11，CFC-12 などの**特定フロン**，CFC（クロロフルオロカーボン）の先進国での使用が禁止され，わずか

＊2　2023 年 3 月に公表された IPCC（気候変動に関する政府間パネル）第 6 次評価報告書統合報告書では，「人間活動がおもに温室効果ガスの排出を通して地球温暖化を引き起こしてきたことには疑う余地がなく，1850～1900 年を基準とした世界平均気温は 2011～2020 年に 1.1 ℃の温暖化に達し，この 10 年間に行う選択や実施する対策は，現在から数千年先まで影響を持つ」と述べている。

[CO_2排出量] 単位（高位）発熱量 [GJ] の燃料の燃焼にともなう CO_2 生成量の表示方法には，CO_2 質量換算量（kg-C）と炭素質量換算量（kg-CO_2）の別があり，1 kg-C = 3.67 kg-CO_2 の関係がある。都市ガス 13 A の場合，高発熱量基準で 13.4 [kg-C/GJ] = 49.1 [kg-CO_2/GJ] である（直接分のみ）。

[CO_2排出権] 国や企業ごとに定められた CO_2（または温室効果ガス）排出量の上限を，CO_2 排出権または排出枠という。

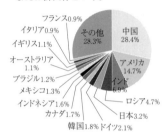

図 2-4　世界各国のCO_2排出量の比率（2018）*

＊2018 年の排出量統計では，中国が 28.4 %，アメリカが 14.7 %，インドが 6.9 %，ロシアが 4.7 %で，日本の 3.2 %（10.8 億トン）より大きくなっている。

[オゾン層破壊係数] ODP（ozone layer depletion potential）大気中に放出された化学物質が成層圏のオゾン層を破壊する強さを，冷媒として使われていた塩素元素を含む冷媒，CFC-11 を 1 として，その倍率を表したもの。現在では，先進国では原則として塩素原子を含まない代替フロンが使用されているが，それらは地球温暖化係数が大きいという問題がある。

[CFC] chloro-fluoro carbon　フッ素系化合物のうち，成層圏のオゾンを破壊する原因となる塩素とフッ素と炭素からなる特定のフロンガス。冷媒や発泡材，洗浄材として使用されてきたが，1996 年に製造中止となっている。

[HCFC] hydro-chloro-fluoro carbon　塩素と水素を含むフッ素化合物で，オゾン層破壊能力の小さな R-22，R-123 フロン系冷媒で，2020 年までに製造が禁止される。

[HFC] hydro-fluoro carbons　塩素を含まないため，オゾン層を破壊しないが，CO_2 の 1,000 以上の高い温室効果をもつ。

[SDGs] Sustainable Development Goals　2015 年 9 月の国連サミットにおいて全会一致で採択された，国連加盟 193 カ国が 2016 年から 2030 年の 15 年間で達成するために掲げた持続可能な開発目標のこと。17 のゴール（目標）と 169 のターゲットから構成され，地球上の「誰一人取り残さない（leave no one behind）」ことを誓っている。SDGs は発展途上国だけでなく，先進国自らが取り組むユニバーサルなものであり，この中には安全な水とトイレ，エネルギー，働きがい，まちづくり，つくる責任・つかう責任，気候変動対策といった建築・設備に関わるたいせつなテーマが多く含まれている。

にオゾン層を破壊する HCFC-22，R-123 などの**指定フロン** HCFC 冷媒（ハイドロクロロフルオロカーボン）の使用ないしは製造が順次，禁止されつつある。現在ではほとんどのヒートポンプの冷媒は，ODP＝0 の HCFC-134 a，HCFC-410 A などの**代替フロン**と呼ばれる HFC 冷媒（ハイドロフルオロカーボン），またはアンモニアや CO_2，イソブタン，水，空気などの自然中にも存在する**自然冷媒**に切り替えられ，オゾン層破壊の問題は解消する方向にある。

残された問題は，現在最も多く使用されている HFC 冷媒は ODP＝0 であるが，「地球温暖化係数（GWP）」が HCFC 冷媒などに比べてはるかに大きく，冷凍回路から漏えいすると地球温暖化に大きく影響する可能性があることであり，新たなフロン系冷媒である HFC-32，HFO-1234 yf，さらには自然冷媒への早期の移行が検討されている。モントリオール議定書は，オゾン層の保護を目的とするウィーン条約に基づいて，1987 年に採択，1989 年に発効された国際環境条約である。2016 年のキガリ改正では，これまで代替フロンとして活用されてきた，HFC などの物質に規制が加えられている。

産業部門，民生部門，運輸部門，それに非エネルギー部門に大別される日本の最終エネルギー消費のうち，これまで多かった**産業用消費**は産業構造の転換と省エネルギー化の努力で最近はほとんど増えていないが，住宅と業務ビル用の**民生用消費**は冷暖房の普及，情報機器の急激な増加などによって着実に増加している。また，**運輸用消費**もモータリゼーションの進展で大幅に伸びている（図 2-5）。民生用についていえば，快適で機能的な室内環境を求める居住者に対して応えてゆく必要はあるが，全体の約 3 割を占める民生用エネルギー消費を機器，システムの効率化と新エネルギーの導入などによって抑えてゆくことは，環境問題解決のために必要不可欠である。

図 2-6 は，日本の全 CO_2 排出量に占める建物の建設時と運用時の CO_2 排出比率を産業連関表に基づいて推計したもので，建設に関わるエネルギー消費よりも冷暖房などのエネルギー消費を中心とした毎年の運用エネルギーの消費量が大きいことがわかる。図 2-7 は平均的な事務所ビルとホテルのエネルギー消費量の用途別比率を，図 2-8 には住宅のエネルギー消費量とその内訳を示す。

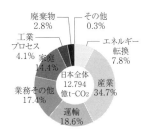

図 2-5　日本の CO_2 排出量の部門別構成比 (2017)

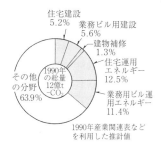

図 2-6　日本の CO_2 排出量に占める建築関連の比率

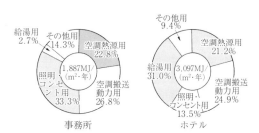

図 2-7　建物のエネルギー消費量と用途別比率 (引用4)（一次エネルギー基準）

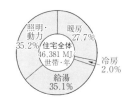

図 2-8　住宅の用途別エネルギー消費比率 (引用5)（二次エネルギー基準）

2.2 「建築物省エネ法」と建築設備

　　全面ガラスの開放的な建築は近代建築の象徴であり，建築家の憧れではあるが，一方で全面ガラスの建築は冷暖房負荷が大きく，地球環境にやさしい建築とは言いがたい。もちろん，庇やルーバーの採用，高性能な断熱，遮熱ガラスの利用などの建築的な対応，効率的な冷暖房システムや機器の採用，優れたシステム設計技術の適用などの設備的な対応によって，省エネルギー化を図ることも可能であり，さまざまな省エネルギーシステムやその設計法，省エネルギー性能，経済性などの評価法が提案されている。

　　こうしたなか日本政府は，地球温暖化防止対策を進めるため，「省エネ法」を強化し，工業用，運輸用などとともに，ビルや住宅の省エネルギー化の基準を定め，省エネルギー化の目標の達成を目指してきた。そして，社会経済情勢の変化にともない建築物におけるエネルギーの消費量が著しく増加していることに鑑み，建築物のエネルギー消費性能の向上を図るため，住宅以外の一定規模以上の建築物のエネルギー消費性能基準への適合義務の創設，エネルギー消費性能向上計画の認定制度の創設等の措置を講ずることとして，「建築物のエネルギー消費性能の向上に関する法律*（略称：建築物省エネ法）」が2015年7月に公布されている。それまでの省エネ基準は，建物全体の省エネ性能を客観的に比較しにくいこと，再生可能エネルギーの導入効果が適切に評価されにくいことなどから，住宅と建築物の省エネ基準について，一次エネルギー消費量を指標として，同一の考え方により，断熱性能に加えて，設備性能や再生可能エネルギーの利用も含め，総合的に評価できる基準に一本化されることになった。その際，室用途や床面積に応じて省エネルギー性能を評価できる計算方法となった。

　　建築物は「断熱」と「個別の建築設備（空調・機械換気・照明・給湯・昇降機）」の性能を規制する体系から，これらを統合した一次エネルギー指標による基準に改められた。また，住宅は「断熱」のみを定量的に規制する体系から，建築設備を統合した一次エネルギー指標による基準に改められた。

　　これらの基準値は，現在，市場に出ている標準的な性能以上の機器を導入することで達成できる水準である。**図 2-9** に建築物の一次エネルギー消費性能の算定フロー，**図 2-10** に住宅における外皮性能の考え方，**図 2-11** に建築物における外皮性能の考え方を示す。

2.3 ZEB / ZEH の概要

　　民生部門は，最終エネルギー消費の3割を占め，他部門に比べ増加が顕著であることから，徹底的な省エネルギーの推進はわが国にとって喫緊の課題となっている。また，東日本大震災における電力需給のひっ迫や国際情勢の変化によるエネルギー価格の不安定化等を受けて，エネルギー・セキュリティーの観点から，建築物や住宅のエネルギー自給（自立）の必要性が強く認識された。

[省エネ法]「エネルギーの使用の合理化等に関する法律」（略称：省エネ法）は，石油危機を契機として1979年に制定された法律である。1992年（住宅（新省エネ基準）），1993年（建築物），1999年（住宅（次世代省エネ基準）・建築物），2022年（エネルギーの定義の見直し，非化石エネルギーへの転換，電気需要の最適化）と強化され，省エネ法は2023年4月1日「エネルギーの使用の合理化及び非化石エネルギーへの転換等に関する法律」として施行された。

＊建築物省エネ法は2024年4月1日「建築物のエネルギー消費性能の向上等に関する法律」として施行される。

[一次エネルギー消費量]建築や住宅で用いるエネルギーを熱量換算した値のこと。ただし，電気については，電気そのものの熱量ではなく，発電所で投入する化石燃料の熱量を用いる。電力1 kWhは3,600 kJのはずであるが，例えば火力発電では，化石燃料の持つエネルギーのすべてを使うことができない。燃焼排ガスや復水器から冷却水に失う熱のほか，各種機械的損失，受配電損失などがありこれらを加味したものが一次エネルギー消費量ということになる。

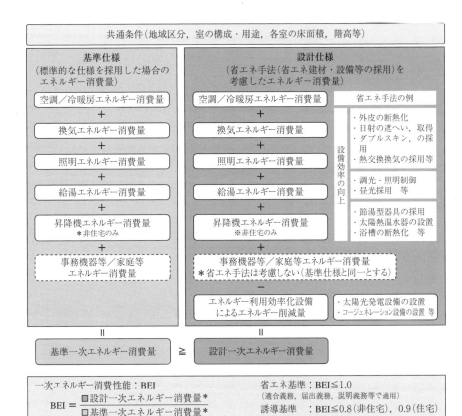

図2-9　建築物の一次エネルギー消費性能の算定フロー (引用6)

・住宅の外皮性能はU_A値とη_{AC}値により構成され，いずれも，地域区分に規定されている基準値以下となることが必要。

・算出にあたっては，建築研究所等のホームページで公開されている外皮性能計算シート(excel形式)が広く活用されている。

外皮平均熱貫流率(U_A)

・室内と外気の熱の出入りのしやすさの指標。

・建物内外温度差を1℃としたときに，建物内部から外界へ逃げる単位時間当たりの熱量*を，外皮面積で除したもの。*換気による熱損失は除く。

・値が小さいほど熱が出入りしにくく，断熱性能が高い。

$$U_A \, (\text{W/m}^2\cdot\text{K}) = \frac{\text{単位温度差当たりの外皮総熱損失量}}{\text{外皮総面積}}$$

地域区分	1	2	3	4	5	6	7	8
外皮平均熱貫流率の基準値：U_A[W/(m²·K)]	0.46	0.46	0.56	0.75	0.87	0.87	0.87	—

冷房期の平均日射熱取得率(η_{AC})

・太陽日射の室内への入りやすさの指標。

・単位日射強度当たりの日射により建物内部で取得する熱量を冷房期間で平均し，外皮面積で除したもの。

・値が小さいほど日射が入りにくく，遮へい性能が高い。

$$\eta_{AC} = \frac{\text{単位日射強度当たりの総日射熱取得量}}{\text{外皮総面積}} \times 100$$

地域区分	1	2	3	4	5	6	7	8
冷房期の平均日射熱取得率の基準値：η_{AC} [−]	—	—	—	—	3.0	2.8	2.7	6.7*

*令和2年4月より，3.2から6.7に見直し。

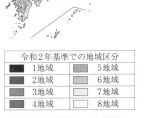

令和2年基準での地域区分
- 1地域
- 2地域
- 3地域
- 4地域
- 5地域
- 6地域
- 7地域
- 8地域

地域区分図（令和2年基準）

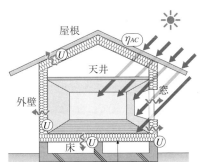

図2-10　住宅における外皮性能の考え方 (引用6)

・非住宅の外皮性能は，外皮の断熱性能ではなく，ペリメーターゾーンの年間熱負荷係数（*PAL**パルスター）によって評価を行う。
・*PAL**は，非住宅の義務基準の対象外（誘導基準のみ適用）であるが，*PAL**を向上させることにより，一次エネルギー消費性能の向上に寄与することが可能。
・*PAL**は，標準入力法やモデル建物法の計算支援プログラムにおいて，仕様等の情報を直接入力することにより，BEIと同時に自動で算出することが可能。

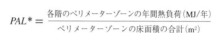

$$PAL* = \frac{各階のペリメーターゾーンの年間熱負荷（MJ/年）}{ペリメーターゾーンの床面積の合計（m^2）}$$

ペリメーターゾーンの年間熱負荷とは，1年間における①～④までに掲げる熱による暖房負荷および冷房負荷を合計したもの。
①外気とペリメーターゾーンの温度差…
②外壁・窓等からの日射熱…
③ペリメーターゾーンで発生する熱…
④換気により生じる熱負荷…

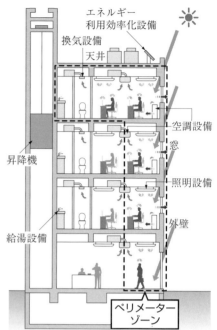

図 2-11　建築物における外皮性能の考え方 (引用 6)

　そこで室内外の環境品質を低下させることなく，大幅な省エネルギーを実現する ZEB（ネット・ゼロ・エネルギー・ビル）や，高い断熱性能と高効率設備による可能な限りの省エネルギー化と再生可能エネルギーの導入により，年間での一次エネルギー消費量が正味（ネット）でゼロ，またはおおむねゼロとなる ZEH（ネット・ゼロ・エネルギー・ハウス）に注目が集まっている。

（1）ZEB の定義・評価方法

ZEB：net-zero energy building

　わが国の業務部門における最終エネルギー消費量は石油危機以降約 3 倍に増加し，全体の 20 ％を占めている。また，東日本大震災後の電力需給のひっ迫やエネルギー価格の不安定化などを受けて，業務部門における省エネルギーの重要性が再認識されている。ZEB とは，先進的な建築設計によるエネルギー負荷の抑制やパッシブ技術の採用による自然エネルギーの積極的な活用，高効率な設備システムの導入等により，室内環境の質を維持しつつ大幅な省エネルギー化を実現したうえで，再生可能エネルギーを導入することにより，エネルギー自立度を極力高め，年間の一次エネルギー消費量の収支をゼロとすることを目指した建築物のことである。ZEB を実現，普及することにより，業務部門におけるエネルギー需給構造を抜本的に改善することが期待されている。

　わが国の「第 4 次エネルギー基本計画（2014 年 4 月閣議決定）」において，「建築物については，2020 年までに新築公共建築物等で，2030 年までに新築建築物の平均で ZEB の実現を目指す」とする政策目標が掲げられている。この政策目標の実現に向け，経済産業省では，エネルギー基本計画に明記された ZEBの実現と普及に向けて，「ZEB の定義・評価方法」，「ZEB の実現可能性」，「ZEB の普及方策」を整理した「ZEB ロードマップとりまとめ」を 2015 年 12

月に公表している。

　ZEB の設計段階では，断熱，日射遮へい，自然換気，昼光利用といった建築計画的な手法を最大限に活用しつつ，寿命が長く改修が困難な建築外皮の省エネルギー性能を高度化したうえで，建築設備での高度化を重ね合わせるといった，ヒエラルキーアプローチ＊の設計概念が重要となる。ZEB は運用時評価，設計時評価のいずれでも実現することが望ましいが，運用時評価では建築物の稼働時間，人口密度，気候，テナントの状況等建築物の仕様を決定する者では対応が困難であることから，設計時で評価することとしている。**図2-12**にZEBの概念を示す。

＊建築計画的な手法を最大限に活用して，さらに高効率な建築設備を採用する段階的な設計手法のこと。

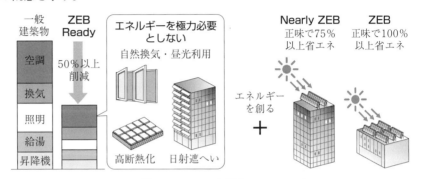

図 2-12　ZEB の概念 (引用 7)

　ZEB の実現・普及に向けて，以下の通り定義されている。

1）『ZEB』

年間の一次エネルギー消費量が正味ゼロ，またはマイナスの建築物。以下の①～②のすべてに適合した建築物。

①再生可能エネルギーを除き，基準一次エネルギー消費量（建築物省エネ法に基づく省エネルギー基準）から 50 ％以上の一次エネルギー消費量削減

②再生可能エネルギーを加えて，基準一次エネルギー消費量から 100 ％以上の一次エネルギー消費量削減

2）Nearly ZEB

『ZEB』に限りなく近い建築物として，ZEB Ready の要件を満たしつつ，再生可能エネルギーにより年間の一次エネルギー消費量をゼロに近づけた建築物。以下の①～②のすべてに適合した建築物。

①再生可能エネルギーを除き，基準一次エネルギー消費量から 50 ％以上の一次エネルギー消費量削減

②再生可能エネルギーを加えて，基準一次エネルギー消費量から 75 ％以上 100 ％未満の一次エネルギー消費量削減

3）ZEB Ready

『ZEB』を見据えた先進建築物として，外皮の高断熱化および高効率な省エネルギー設備を備えた建築物。以下の①に適合した建築物。

①再生可能エネルギーを除き，基準一次エネルギー消費量から 50 ％以上の一次エネルギー消費量削減

　その後，平成30年度ZEBロードマップフォローアップ委員会とりまとめ（2019年3月）において，延べ床面積10,000 m² 程度を超える建築物を対象として，以下の通りZEB Oriented が定義されている。

4）ZEB Oriented

　ZEB Ready を見据えた建築物として，外皮の高性能化および高効率な省エネルギー設備に加え，さらなる省エネルギーの実現に向けた措置を講じた建築物。対象は建築物の延べ床面積が10,000 m² 以上の建築物。以下の①および②の定量的要件を満たす建築物。

①該当する用途ごとに，再生可能エネルギーを除き，基準一次エネルギー消費量から規定する一次エネルギー消費量削減

　　a. 事務所等，学校等，工場等は40 %以上の一次エネルギー消費量削減

　　b. ホテル等，病院等，百貨店等，飲食店等，集会所等は30 %以上の一次エネルギー消費量削減

②「さらなる省エネルギーの実現に向けた措置」として，未評価技術（建築物省エネ法のエネルギー消費性能計算プログラムにおいて現時点で評価されていない技術）の導入

　図2-13 に ZEB の定義（イメージ）を示す。

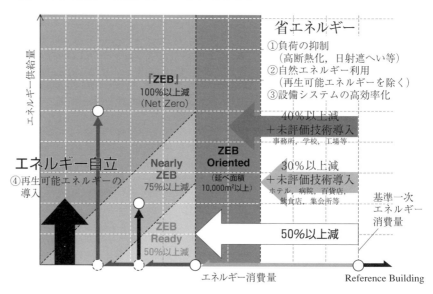

図2-13　ZEBの定義（イメージ）（引用8）

（2）ZEHの定義・評価方法

　民生部門は最終エネルギー消費の3割を占め，他部門に比べ増加が顕著であることから，徹底的な省エネルギーの推進はわが国にとって喫緊の課題となっている。また，業務部門と同様であるが，東日本大震災における電力需給のひっ迫や国際情勢の変化によるエネルギー価格の不安定化等を受けて，エネルギー・セキュリティーの観点から，住宅のエネルギー自給（自立）の必要性が強く認識された。また，節電協力要請に対応するなかで，「我慢の省エネ」を行い居住者が体調を崩すおそれもあったことを踏まえ，単に省エネをするのみなら

ず，居住者の健康状態等への配慮の必要性も認識された。そこで，室内外の環境品質を低下させることなく，高い断熱性能と高効率設備による可能な限りの省エネルギー化と再生可能エネルギーの導入により，年間での一次エネルギー消費量が正味（ネット）でゼロ，またはおおむねゼロとなる ZEH に注目が集まっている。さらに，「エネルギー基本計画（2014 年 4 月閣議決定）」において，「住宅については，2020 年までに標準的な新築住宅で，2030 年までに新築住宅の平均で ZEH の実現を目指す」とする政策目標が設定されている。経済産業省では，エネルギー基本計画に明記された ZEH の政策目標達成のために ZEH ロードマップ検討委員会を開催し，検討結果についてとりまとめを行い，2015 年 12 月に公表している。

ZEH のメリットとして，経済性，快適・健康性，レジリエンスがあげられる。今後数 10 年〜半世紀にわたり住宅分野における省エネルギーを確保し，優良な住宅ストックを形成するためには，竣工後に抜本的な改善が困難である躯体や外皮については，新築時に高性能なものが導入されることが必要である。高い断熱性能や高効率設備の利用によって，月々の光熱費を安く抑えることができ，さらには太陽光発電等の創エネについて売電を行った場合は収入を得ることが可能となる。高断熱の家は，室温を一定に保ちやすいため，夏は涼しく，冬は暖かい快適な生活を実現することができる。冬期には，効率的に家全体を暖められるので，急激な温度変化によるヒートショックによる心筋梗塞等の事故を防ぐ効果もある。また，台風や地震等，災害の発生にともなう停電時においても，太陽光発電や蓄電池を活用すれば電気を使うことができ，非常時でも安心な生活を送ることができる。**図 2-14** に ZEH の概念を示す。

ZEH : net-zero energy house

[**創エネ**] 自らエネルギーを創り出していくという考え方で，創エネルギーの略。発電所やガス供給会社によりエネルギーが提供されるが，創エネでは自治体や企業，家庭などでもエネルギーを創ることが可能となる。太陽光発電システムや水素を使った燃料電池などが利用されている。

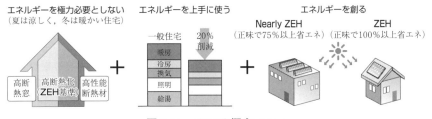

図 2-14　ZEH の概念 (引用 9)

ZEH の普及に向けて，以下の通り定義されている。

1）『ZEH』

外皮の高断熱化および高効率な省エネルギー設備を備え，再生可能エネルギー等により年間の一次エネルギー消費量が正味ゼロ，またはマイナスの住宅。以下の①〜④のすべてに適合した住宅。

①強化外皮基準（地域区分 1〜8 地域の平成 28 年省エネルギー基準（η_{AC} 値（冷房期の平均日射熱取得率），気密・防露性能の確保等の留意事項）を満たしたうえで，U_A 値（外皮平均熱貫流率）［W/(m²·K)］は 1，2 地域で 0.4 以下，3 地域で 0.5 以下，4〜7 地域で 0.6 以下）

②再生可能エネルギー等を除き，基準一次エネルギー消費量から 20 ％以上の

一次エネルギー消費量削減

③再生可能エネルギーを導入（容量不問）

④再生可能エネルギー等を加えて，基準一次エネルギー消費量から100％以上の一次エネルギー消費量削減

2）Nearly ZEH

『ZEH』を見据えた先進住宅として，外皮の高断熱化および高効率な省エネルギー設備を備え，再生可能エネルギー等により年間の一次エネルギー消費量をゼロに近づけた住宅。以下の①〜④のすべてに適合した住宅。

①強化外皮基準（地域区分1〜8地域の平成28年省エネルギー基準（η_{AC}値，気密・防露性能の確保等の留意事項）を満たしたうえで，U_A値 [W/(m²·K)] は1，2地域で0.4以下，3地域で0.5以下，4〜7地域で0.6以下）

②再生可能エネルギー等を除き，基準一次エネルギー消費量から20％以上の一次エネルギー消費量削減

③再生可能エネルギーを導入（容量不問）

④再生可能エネルギー等を加えて，基準一次エネルギー消費量から75％以上100％未満の一次エネルギー消費量削減

その後，令和元年度ZEHロードマップフォローアップ委員会とりまとめ（令和2年4月）において，以下の通りZEH Orientedが定義されている。

3）ZEH Oriented

『ZEH』を指向した先進的な住宅として，外皮の高断熱化および高効率な省エネルギー設備を備えた住宅（都市部狭小地および多雪地域に建築された住宅に限る）。都市部狭小地とは，北側斜線制限の対象となる用途地域等であって，敷地面積が85 m² 未満である土地。ただし，住宅が平屋建の場合は除く。多雪地域とは，建築基準法で規定する垂直積雪量が100 cm 以上に該当する地域。以下の①および②のいずれにも適合した住宅。

① ZEH強化外皮基準（地域区分1〜8地域の平成28年省エネルギー基準（η_{AC}値，気密・防露性能の確保等の留意事項）を満たしたうえで，U_A値 [W/(m²·K)] は1，2地域で0.4以下，3地域で0.5以下，4〜7地域で0.6以下）

②再生可能エネルギー等を除き，基準一次エネルギー消費量から20％以上の一次エネルギー消費量削減

図 2-15 に ZEH の定義（イメージ）を示す。

非住宅のZEBにおける課題と同様であるが，集合住宅では，延べ床面積と屋上面積の関係上，太陽光発電パネルの設置容量が十分に確保しづらいという特徴がある。また，一言で集合住宅といっても低層・中層・高層・超高層という規模の違いや，分譲・賃貸という形態，専有部と共用部や住戸と住棟の考え方など詳細な検討が必要となる。そこで経済産業省では2017年9月に，集合住宅におけるZEHロードマップ検討委員会を設置した。集合住宅（分譲・賃貸）においてもZEHの事例が出始めたことなどを踏まえ，2030年の施策目標の実現に向けた課題と対策について検討が実施された。また，集合住宅においては

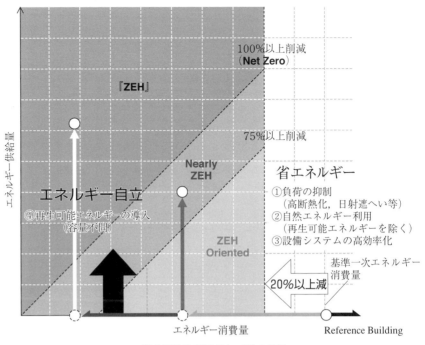

外皮平均熱貫流率（U_A値）の基準

地域区分	1地域 （旭川等）	2地域 （札幌等）	3地域 （盛岡等）	4地域 （仙台等）	5地域 （つくば等）	6地域 （東京等）	7地域 （鹿児島等）	8地域 （那覇等）
ZEH基準	0.40	0.40	0.50	0.60	0.60	0.60	0.60	―

図 2-15　ZEH の定義（イメージ）（引用 10）

ZEH の定義が確立されていないため，集合住宅の住棟および住戸についての ZEH の定義の検討を行い，そのうえで，2030 年に向けた集合住宅における ZEH の自立普及につなげるための課題と対策（産学官における取組み）を整理し，ロードマップとしてとりまとめて，2018 年 5 月に公表している。

　集合住宅の ZEH に関しては，政策的な意義と入居者の参考に資する観点での重要性に鑑みて，住棟単位（専有部および共用部の両方を考慮）と住戸単位（おのおのの専有部のみを考慮）の両方について評価方法を定めている。また，住棟と住戸の ZEH 評価は，独立して行うものとするが，評価結果が混同しないよう，住棟 ZEH を別名称としている。住棟全体での高断熱化や高い省エネの追及や，BELS（building-housing energy-efficiency labeling system：建築物省エネルギー性能表示制度）の評価方法との連動性を考慮し，住棟 ZEH の評価は下記の通りとすることとした。

①強化外皮基準

　共用部除く，すべての住戸を対象とする。強化外皮基準は，戸建住宅の ZEH の定義と同様に，1～8 地域の省エネルギー基準（η_{AC} 値，気密・防露性能の確保等の留意事項）を満たしたうえで，U_A 値 ［W/(m^2·K)］ は 1，2 地域で 0.4 相当以下，3 地域で 0.5 相当以下，4～7 地域で 0.6 相当以下

②省エネ率（BEI）

　共用部含む，住棟全体を対象

③一括受電の太陽光発電の評価上の扱いは，BELS の運用に準じる。住戸に優
　先的に配分（住戸の延べ床面積で案分）し，住戸で余剰が発生した場合は共
　用部に配分

　図 2-16 に集合住宅における ZEH の定義を，また，図 2-17 に住棟単位での
ZEH（ZEH-M）の評価イメージを示す。

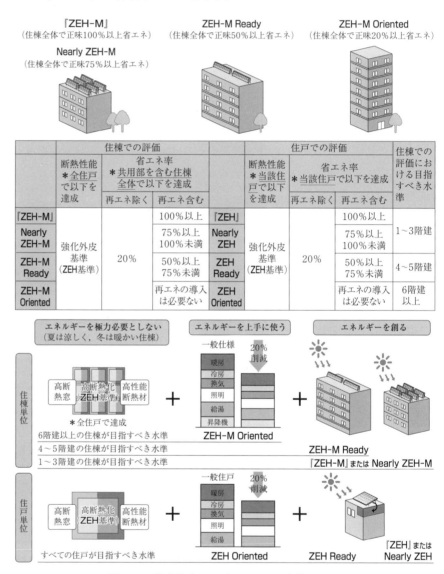

図 2-16　集合住宅における ZEH の定義 (引用 9)

2.4　各国の建築物の環境性能評価手法と CASBEE

　1990 年代後半以降，環境に配慮した建築物に対する関心は高まり，建築物
の環境性能評価が世界各国で注目されている。イギリスでは，建築研究所によ
り開発された BREEAM（Building Research Establishment Environmental
Assessment Method），アメリカでは，グリーンビルディング協議会により開
発された LEED（Leadership in Energy and Environmental Design），またカ

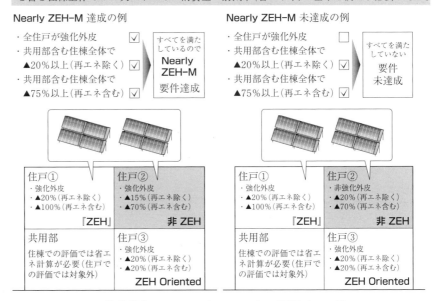

住棟単位での評価を行う場合には，全住戸において強化外皮基準を満たしたうえで，共用部を含む住棟全体での一次エネルギー消費量の削減率（省エネ率）の基準を満たす必要がある。

図 2-17　住棟単位での ZEH（ZEH‐M）の評価イメージ (引用 10)

［WELL 認証］1990 年代後半以降，世界各国でさまざまな総合環境性能評価ツールが開発され，建築物の環境性能の向上に貢献してきている。一方で，人は生涯の約 9 割を建築空間内で過ごすことや，オフィスの総運用コストの 9 割は人件費であること，良い空間は知的生産性の向上に値することなどが注目されてきており，健康・快適な空間を評価するための「ものさし」として，WELL Building Standard 認証制度（WELL 認証）が開発された。建築，医学，経営学，その他のさまざまな分野の既往研究や専門家の知見を基にして，2014 年 10 月 20 日に IWBI（International WELL Building Institute）から正式公開されている。世界で初めて健康とウェルビーイング（Health & Wellbeing）に焦点を当てた空間・建築の評価システムである。
WELL 認証の評価は，①空気，②水，③食物，④光，⑤フィットネス，⑥快適性，⑦こころの 7 つのカテゴリーに分類される。この 7 つのカテゴリーは，さらに 102 の評価項目で構成されており，すべての評価項目は，複数のパートに分かれており，パートは建物用途に合わせて調整されている。

ナダ天然資源省が主唱し，世界 19 カ国が参加，共同で開発された GB Tool（Green Building Tool）等がある。

また日本においても，「建築環境総合性能評価システム CASBEE（Comprehensive Assessment System for Built Environment Efficiency）」がある。これらの評価手法は，その評価手法独自の評価結果によって建物の性能が表示される。そのため，評価手法ごとに評価項目は異なるが，おもに「エネルギーの有効利用」，「省資源・材料のリサイクル」，「環境への低負荷」，「室内の健康・快適性」について共通している。

CASBEE は，LEED の開発からさらに 5 年遅れの 2001 年の開発スタートから，今日にかけて国土交通省の支援を得て，産官学の協働プロジェクトにより研究開発されてきている評価ツールである。

CASBEE とは，「環境」「経済」「社会」の三者の共存を目指し，特に地球環境問題に視点を当てた評価システムであり，「エネルギー消費」「資源循環」「地球環境」「室内環境」等の建築物の環境性能に着目し，その総合的な評価を行うためのツールである。しかし，建築物にかかわるすべての性能や質を評価することが目的ではないため，「審美性」「コスト・収益性」「防火性」等は評価の対象外となっている。

CASBEE では仮想閉空間領域を設定し，式(2.1)で表すその領域の中の建築物の環境品質・性能を Q とし，その領域から外への環境負荷を L として区別し，この建築物の環境品質・性能を，建築物の環境負荷で除した値を，建築物の環境効率（BEE：built environment efficiency）として環境性能の評価を行い，S ランクから C ランクの 5 段階の格付けが与えられる。

図 2-18 に仮想閉空間の概念に基づく Q と L の評価分野の区分，**表** 2-1 に
BEE 値によるランクと評価の対応を示す。

$$BEE = \frac{Q：建築物の環境品質}{L：建築物の環境負荷} \tag{2.1}$$

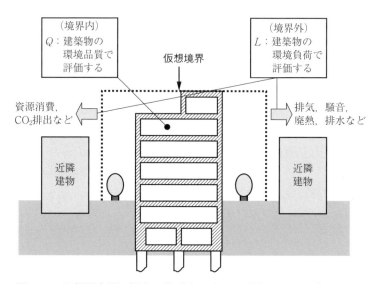

図 2-18　仮想閉空間の概念に基づく Q と L の評価分野の区分 (引用 11)

表 2-1　BEE 値によるランクと評価の対応 (引用 11)

ランク	評　価		BEE 値ほか	ランク表示
S	Excellent	素晴らしい	$BEE=3.0$ 以上，$Q=50$ 以上	赤★★★★★
A	Very Good	大変良い	$BEE=1.5$ 以上 3.0 未満	赤★★★★
B⁺	Good	良い	$BEE=1.0$ 以上 1.5 未満	赤★★★
B⁻	Fairly Poor	やや劣る	$BEE=0.5$ 以上 1.0 未満	赤★★
C	Poor	劣る	$BEE=0.5$ 未満	赤★

CASBEE の評価対象は，(1) エネルギー消費，(2) 資源循環，(3) 地域環境，
(4) 室内環境の 4 分野である。**図** 2-19 に Q と L による評価項目の分類・再構
成を示す。この評価項目の中身を整理して Q と L に再構成した，$Q1$：室内
環境，$Q2$：サービス性能，$Q3$：室外環境（敷地内），$L1$：エネルギー，$L2$：
資源・マテリアル，$L3$：敷地外環境の計 6 項目によって評価を行う。この評

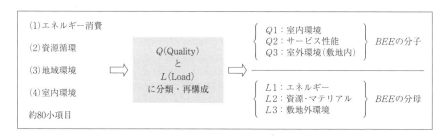

図 2-19　Q と L による評価項目の分類・再構成 (引用 11)

価結果を基にして，$LCCO_2$ を簡易に推定する標準計算機能も備えている。

CASBEE 戸建-新築では，評価項目を採点すると，BEE_H に加え，地球温暖化防止性能としてライフサイクル CO_2 排出量の目安が算定される。これは全 54 の採点項目のうち，住宅の寿命や省エネルギーにかかわる採点結果を参照して自動的に算定するもので，一般的な戸建住宅のライフサイクル CO_2 排出量（参照値）に対する割合（排出率）の大小に応じて取組みの高さを評価するものである。排出率の大小に応じて，「緑☆☆☆☆☆」から「緑☆」までの 5 段階にランク付けされる。

表 2-2 に CASBEE 戸建-新築におけるライフサイクル CO_2 排出率によるランク，図 2-20 にライフサイクル CO_2 排出率によるランク付けの例を示す。

CASBEE は，設計者等の環境配慮設計のための自己評価ツールとして，また，建築行政での活用や建築物の資産評価等に利用可能な環境ラベリングツールとして利用されることを目的に開発されたものだが，CASBEE の評価結果を第三者に提供する場合には，その信頼性や透明性の確保が重要となる。これらの観点から設けられた制度として，建築や住宅の評価認証制度があり，「CASBEE」による評価結果の的確性を確認することにより，その適正な運用と普及を図ることを目的としている。

表 2-2　CASBEE 戸建 - 新築におけるライフサイクル CO_2 排出率によるランク (引用 12)

排出率	低炭素化に関わる性能水準のイメージ	ランク表示
100 % を超える	非省エネ住宅	緑☆
100 % 以下	≒現在の一般的なレベルの住宅	緑☆☆
75 % 以下	≒建物や設備の省エネ，高耐久等の積極的な取組みで達成できるレベル	緑☆☆☆
50 % 以下	≒建物や設備の省エネ，高耐久等におおむね取組み，一般的規模の太陽光発電を設置するレベル	緑☆☆☆☆
0 % 以下	≒規模の大きい太陽光発電の導入等により達成できるレベル。例：LCCM 住宅	緑☆☆☆☆☆

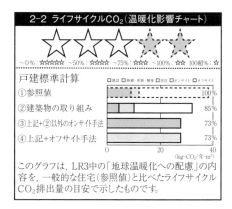

図 2-20　CASBEE 戸建 - 新築における BEE ランクと $LCCO_2$ の表示例 (引用 12)

2.5　LCCM 住宅認定制度

地球温暖化対策が緊喫の課題とされるなか，CO_2 排出の削減が最も重要な課題の一つとなっている。近年，世界各国において，建築分野の CO_2 削減の方策の一つとして，ゼロカーボン建築（zero carbon building：ZCB），カーボンニュートラル建築（carbon neutral building：CNB），ZEB，ZEH 等が提唱され，いくつもの活動が行われつつある。

日本国内でも，民生部門におけるエネルギー消費量の増加しているなかで，住宅分野についても低炭素化の取組みを一層強化することが求められている。このため住宅の省エネルギーをさらに一歩進め，住宅の長い寿命のなかで建設

時，運用時，廃棄時においてできるだけ省CO_2に取り組み，さらに太陽光発電などを利用した再生可能エネルギーの創出により，住宅建設時のCO_2排出量も含め，生涯でのCO_2の収支をマイナスにするライフサイクルカーボンマイナス（**LCCM**）が今後ますます重要となってきた。

こうした状況から，一般財団法人建築環境・省エネルギー機構は，住宅のライフサイクル全体を通じたCO_2排出量を低減した先導的な住宅の開発と普及の促進に寄与することを目的として，建築環境総合性能評価システムCASBEEの評価・認証の枠組みに基づき，「LCCM住宅認定制度」をスタートした。

LCCM住宅の認定は，究極の省CO_2住宅であるLCCM住宅の普及促進を図るためのものである。LCCM住宅の概念は，設計思想，生産思想のパラダイムシフトである。ライフサイクルにおけるCO_2排出量をマイナスとするということは，すなわち建設段階のCO_2排出量と運用段階のCO_2排出量が，トレードオフの関係とならなければいけない。これを実現するためには，最先端の技術を組み合わせることが必要となり，その評価も複雑となるので，専門的な判断が必要である。

そこで認定制度によって，LCCM住宅の信頼性を確保することが重要となる。LCCM住宅に対し，第三者による客観的評価を与え，これを認定し公表することで，住宅の「建設」「修繕・更新・解体」「居住」のライフサイクルを通じたCO_2排出量を低減した住宅の開発と普及を促進することができる。

LCCM住宅認定制度の対象となる住宅は，特定の一棟の新築一戸建専用住宅である。ここで新築と定義される住宅は，竣工後3年以内のものと定義される。

LCCM住宅として認定される住宅の評価は，LCCM住宅☆☆☆☆☆（緑5つ星）で，LCCM住宅☆☆☆☆☆の認定基準は，まずCASBEE戸建評価認証制度に基づき認証された環境効率ランクがAまたはSである必要がある。そのうえで，ライフサイクルCO_2ランクが☆☆☆☆☆のものがLCCM住宅☆☆☆☆☆となる。

2.6　長寿命建築とライフサイクルアセスメント

建築物の更新における環境負荷の低減を検討する際に，建物の長寿命化は効果の大きい施策の一つであると考えられる。建物を長期間使用するためには，物理的に長期間の使用に耐えられることが必要である。そこで建物の長寿命化の対策として**スケルトン・インフィル**等が提案されている。日本建築学会でも，「サステナブル・ビルディング普及のための提言」で，建築の"作り手"や"使い方・住まい方"の具体的方策を提案している。長寿命の要素について課題を大別すると，以下のようになる。

①高耐久化：防錆・防腐処理，コンクリートの中性化防止，鉄骨腐食分の断面増，耐久性の向上

②フレキシビリティ：スペースの余裕（階高，設備スペース等），耐荷重の余裕，設備容量の余裕，二重床・ワイヤリングシステム，システム化・ユニッ

[**スケルトン・インフィル**]（skeleton and infil）略して「SI」。スケルトンとは建物の骨組である躯体や共用設備の部分，インフィルとはそこに組み込まれた個々の室の内装や設備の部分を示す。両者を明確に分けることで，スケルトンの耐久性と，インフィルの更新性，可変性を活かすことができる。スケルトンとインフィルで構成された集合住宅を「スケルトンインフィル住宅（SI住宅）」という。

ト化，モジュール設計，交換容易な取付け方法

③メンテナンス：予防保全による維持管理システム，ビル運営・運用総合支援システム，日常点検・清掃，劣化診断

このような課題を解決することで，建物の寿命は延長すると考えられている。これらの課題は，計画段階からきちんと計画していれば，構造躯体の長寿命化は比較的容易と考えられている。

しかし建築設備に関しては，現状の機器の寿命が15〜25年程度であり，この分野の長寿命化は容易ではない。また熱源等の主要機器は，特に近年の性能向上がみられており，今後もこの性能向上が見込めるとすれば，いたずらに機器寿命を延長することは，性能の悪い機器を使い続けることになるため，望ましいこととはいえない側面も有している。

地球環境に対する影響を評価するためには，建設から解体までの建築物の一生（これをライフサイクルと呼ぶ）で評価することが重要であり，地球環境に与えるインパクト，すなわち環境負荷の大きさを定量的に評価することを**LCA（ライフサイクルアセスメント）** という。

LCA : life cycle assessment

さらに地球環境に対する影響のなかでも，現在，最も重要視されているのが地球温暖化問題であり，その影響を計るためには，地球温暖化ガスの代表的なCO_2がどれくらい排出されるかという総量に換算して比べることが一般的である。このようなCO_2排出の量を建築物の一生で足し合わせたものを，建築物の「**ライフサイクルCO_2（$LCCO_2$）**」と呼んでいる。

建築物のライフサイクルは，建設，運用，更新，解体・処分等に分けられ，そのさまざまな段階で地球温暖化に影響を与えるので，これらをトータルで評価しなければならない。

例えば，建設時では，建設現場で使われる建材の製造，現場までの輸送，現場で使う重機等で資材・エネルギーを使う。また，運用時には冷暖房，給湯，照明，OA機器等でエネルギーを消費し，10数年に一度行う改修工事においても，新たに追加される建材の製造や除去した建材の処分等にエネルギーを使う。そして，最後の解体時にも，解体工事と解体材の処分にエネルギーを使う。こうして使った資材・エネルギーを，地球温暖化の影響を計るためにCO_2排出の量に換算し，これらすべてを足し合わせたものがライフサイクルCO_2である。

［LCC］life cycle cost　建物の企画・設計から施工，運用，保全，取壊しまでにかかる建物の一生の総費用。

［$LCCO_2$］life cycle CO_2　建築活動の地球環境負荷の指標として用いられる，建物の建設から運用，取壊しまでの生涯にわたって発生する二酸化炭素総量。

建築・設備の分野では，経済性評価の手段として**LCC**（ライフサイクルコスト）が，従来から利用されてきたが，これに対して**$LCCO_2$** は，環境負荷評価に用いられる。具体的には，機器類に関しては，機器能力からCO_2排出量算出式により，建設分のCO_2排出量を算出する。ダクト・配管は，CO_2排出量原単位にダクト面積，配管重量を掛けて建設分のCO_2排出量を算出する。また，エネルギーについては，CO_2排出量原単位にエネルギー消費量を掛けて，運用におけるCO_2排出量を算出する。

図2-21における試算例では，LCCにおいては，建設後にかかる費用は全体

の 70 ％であるが，LCCO₂ では建設後の負荷は全体の 84 ％に及び，特に運用にともなうエネルギー消費が全体の 63 ％を占めている。これは，設計時に，建築の生涯全体を考える必要があることを示している。

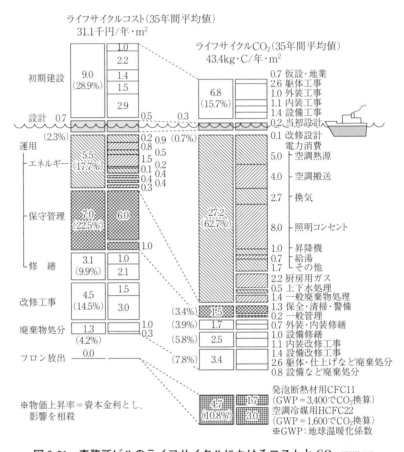

図 2-21　事務所ビルのライフサイクルにおけるコストと CO₂ (引用 13)

　鉄鋼やセメントの原材料，石油や天然ガス等の採掘から輸送，精製化工，建設現場への輸送と建設作業に必要なエネルギーや資材等，建築のライフサイクルの各段階で投入される直接，間接のエネルギー消費量と資材を完全に計算することはほとんど不可能に近いが，一般には産業連関表を基礎にした LCA が行われている。日本建築学会では建築物の LCA 指針（**図 2-22**）を，空気調和・衛生工学会では空気調和・衛生設備の LCA 評価法をとりまとめている。

　事業者自らの排出だけでなく，原材料調達・製造・物流・販売・廃棄など，事業活動に関連する一連の流れ全体から発生する，あらゆる温室効果ガス排出を合計した排出量である**サプライチェーン排出量**を用いた評価も行われている。サプライチェーン排出量は，以下に示す 3 つの Scope（スコープ）から構成されている。Scope1 は事業者自らによる温室効果ガスの直接排出（燃料の燃焼，工業プロセス），Scope2 は他社から供給された電気，熱・蒸気の使用に伴う間接排出，Scope3 は Scope1，Scope2 以外の間接排出（事業者の活動に関連

する他社の排出）であり，Scope1，Scope2，Scope3 の合計がサプライチェーン排出量になる。サプライチェーン排出量の全体像（総排出量，排出源ごとの排出割合）を把握することで，優先的に削減すべき対象を特定できる。

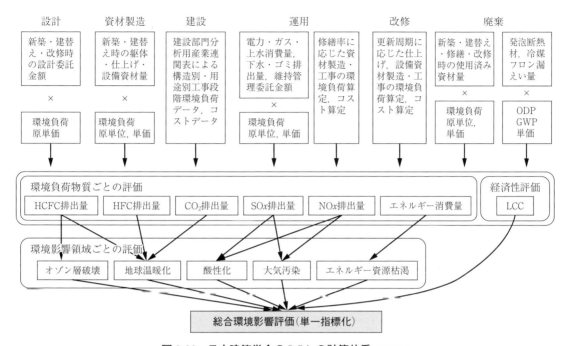

図 2-22　日本建築学会の LCA の計算体系 (引用 14)

演習問題

〔1〕 地球温暖化とオゾン層の破壊の原因と，それらの建築，建築設備の計画設計に与える影響について述べなさい。

〔2〕 「再生可能（更新性）エネルギー」の定義（意味）と種類について述べなさい。

〔3〕 SDGs が目指す持続可能な世界は，5つのP（People：人間，Prosperity：繁栄，Planet：地球，Peace：平和，Partnership：パートナーシップ）を基盤としており，17のゴール（目標）はこの5つに分類されている。SDGs が目指す目標を達成するために，建築設備ではどのような取組みをしていくべきか，建築雑誌やインターネット，実地見学などを通して得た知識をもとに考えを述べなさい。

〔4〕 インターネットで「スマートグリッド」について調べ，その意味，目的，期待される効果について述べなさい。

〔5〕 都市における「ヒートアイランド現象」の発生原因と建築設備から見たその夏期，冬期の利害損失について述べなさい。

〔6〕 「省エネ法（エネルギーの使用の合理化及び非化石エネルギーへの転換等に関する法律）」と「建築物省エネ法（建築物のエネルギー消費性能の向上に関する法律*）」のそれぞれの目的について述べなさい。

＊建築物省エネ法は 2024 年 4 月 1 日より「建築物のエネルギー消費性能の向上等に関する法律」として施行される。

〔7〕 あなたの住まいの住宅設備機器・システムを一覧表として示し，図1-2，図1-3を参考に，その配置を概略平面図，断面図，アイソメ図として示しなさい。

〔8〕 あなたの住まいの毎月の電気，ガス，灯油，水道などの使用量を1年間について調べ，図に表しなさい。

〔9〕 電力会社のホームページなどから「全電化住宅」，都市ガス会社のホームページなどから「家庭用燃料電池」と「ダブル発電」を調べ，その概要をまとめ，感じたところを述べなさい。

第2章 建築設備工学の基礎知識

1 熱の流れ

1.1 熱の移動

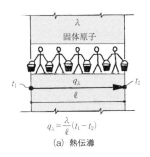

$$q_\lambda = \frac{\lambda}{\ell}(t_1 - t_2)$$

(a) 熱伝導

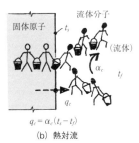

$$q_c = \alpha_c(t_s - t_f)$$

(b) 熱対流

$$q_c = \varphi_{12}\varepsilon_{12}\sigma(T_1{}^4 - T_2{}^4)$$

(c) 熱放射

熱移動のプロセス

熱の伝わり方には**伝導**，**対流**，**放射**の3種類がある。いずれの場合でも，水が高所から低所に流れるように，熱は温度の高いほうから低いほうへ流れる。熱の単位時間当たりの移動量を**熱流**（量）という。

熱伝導は，おもに固体中を熱が移動する現象であり，金属棒の片側を持ち，反対側を熱すると，手に持ったほうが熱くなってくるのは，熱伝導により熱が伝えられ温度が上昇したためである。流体についても，静止時には熱伝導による熱移動があるが，少しでも流動すると対流熱伝達が支配的になるので，実際には熱伝導は固体のみについて考えるとしてよい。

熱対流は，固体表面とそれに接する流体間の熱移動を支配する現象であり，対流による熱移動を対流熱伝達という。やかんで湯を沸かすときに，やかんから中の水へは対流によって熱が伝えられている。

熱放射は，物体表面から放出される電磁波による熱エネルギーである。放射によって，空気中や真空中の相対する物体表面間で直接，熱の移動が生じる。放射による熱の移動を放射熱伝達という。太陽から放出される放射は，約1億5,000万kmの真空中を通過して地球に到達する。**ふく射**ともいう。

建築設備では，伝導，対流，放射それぞれを単独に扱うことよりも，3種類すべて，あるいは2種類が組み合わさった場合が多い。

図1-1は暖房用の温水式放熱器の例である。温水式放熱器では，対流による放熱を促進させるためフィン付き管が用いられる。温水式放熱器では，フィン付き管に温水を流し，室内空気を加熱するが，まず熱は管内を流れる温水より管内表面へ対流で熱が伝えられる。次に，管内表面から管外表面へは伝導によ

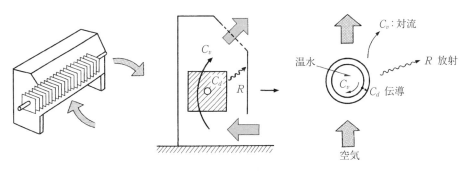

図1-1 放熱器の例

[フィン] fin　本来は魚のひれのこと。普通，水側より熱伝達率の小さい空気側の伝熱面積を大きくするため設けられる。

る熱移動である。管からフィンへも伝導で熱が伝わる。管外表面およびフィン表面から空気へは対流で熱が伝えられるが，この場合，同時に放熱器ケーシングとの間で放射熱伝達も生じる。

図1-2 は，建築の外壁の例である。建築外表面では，外気と外表面間の対流熱伝達のほかに，周囲の建物や地面および天空との間で放射熱交換もある。日中では，6,000 K の太陽からの放射である日射も加わる。建築外表面から室内表面へ壁体中の熱移動は，伝導による。室内側表面では，対流による室内空気に熱が伝えられるとともに床，天井，内壁など他の部位の表面への放射熱伝達がある。

C：熱コンダクタンス，熱の流れやすさを示す係数。
[W/(m²·K)] で熱抵抗 R の逆数。
$C = \dfrac{1}{R}$
$C_v = \alpha_c$：対流熱コンダクタンス
$C_d = \dfrac{\lambda}{\ell}$：伝導熱コンダクタンス
C_a　：空気層の熱コンダクタンス

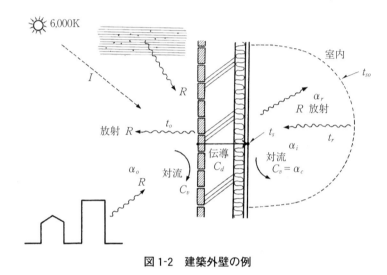

図1-2　建築外壁の例

1.2　外壁の熱貫流率

建築外壁を通過する熱流を求める方法を考える。まず，屋外については気温の影響のみを考えることとする。図1-2のように，表面では対流および放射による熱伝達が生じるので，外壁の室内表面熱流は，次のように表される。

$$q = q_c + q_r = A\{\alpha_c(t_r - t_s) + \alpha_r(t_{so} - t_s)\} \tag{1.1}$$

ここに，

q：室内表面熱流 [W]　　　　　　　q_c：対流による室内表面熱流 [W]

q_r：放射による室内表面熱流 [W]　　A：壁面積 [m²]

α_c：対流熱伝達率 [W/(m²·K)]　　　α_r：放射熱伝達率 [W/(m²·K)]

t_s：室内表面温度 [℃]　　　　　　　t_r：室温 [℃]

t_{so}：外壁内表面に相対する室内表面の平均表面温度 [℃]

ここで，$t_{so} = t_r$ と仮定すれば次式となり，表面総合熱伝達率が定義される。

$$q = A(\alpha_c + \alpha_r)(t_r - t_s) = A\alpha_i(t_r - t_s) \tag{1.2}$$

α_i は室内表面総合熱伝達率 [W/(m²·K)] である。壁体内部は定常熱伝導であるとすると，壁体内部各層を通過する熱流は等しいので，

$$q = A(\lambda_1/\ell_1)(t_s - t_1) = A(\lambda_2/\ell_2)(t_1 - t_2) = A(\lambda_i/\ell_i)(t_{i-1} - t_i)$$
$$\cdots\cdots = A(\lambda_N/\ell_N)(t_{N-1} - t_N) \tag{1.3}$$

ただし，各層の厚さを l_i [m]，熱伝導率を λ_i [W/(m·K)] とし，各層の境界面の温度を t_i [℃] とする。添字は，室内表面を s，外表面を N で表す。

外表面側についても室内表面と同様にして，外表面総合熱伝達率 α_o [W/(m²·K)] が定義される。

$$q = A\alpha_o(t_a - t_N) \tag{1.4}$$

ここで，t_a は外気温 [℃] である。式(1.2)〜(1.4)の熱流は等しいので，壁体の内部温度および表面温度を消去することにより，式(1.5)が得られる。ここで，q はこの外壁を貫流する熱量であり，U は熱貫流率と呼ばれる。式(1.5)では，壁体表面温度や内部温度は消去されており，室温と外気温の差によって貫流熱量を表すことができる。

$$\boldsymbol{q = AU(t_r - t_a)} \tag{1.5}$$

ここに，

$$\boldsymbol{1/U = R_T = R_{(i)} + R_1 + R_2 + \cdots + R_i + \cdots + R_N (+ R_a) + R_{(o)}}$$

$R_{(i)} = 1/\alpha_i \qquad R_{(o)} = 1/\alpha_o$

$R_i = \ell_i/\lambda_i \quad (i = 1, 2, 3, \cdots, N)$

U：熱貫流率 [W/(m²·K)] $\qquad$ R_T：熱貫流抵抗 [m²·K/W]

$R_{(i)}$, $R_{(o)}$：内表面熱抵抗および外表面熱抵抗 [m²·K/W]

R_i：i 層の熱抵抗 [m²·K/W]

R_a：空気層の熱抵抗 [m²·K/W]（空気層のある場合 ≈ 0.09）

[熱貫流率(熱通過率)] thermal transmittance 壁などの熱の伝わりやすさを示す値で，壁本体の熱伝導と壁表面の熱伝達の両者を総合して求められる。一般に建築系では熱貫流率，機械系では熱通過率を使う。

各種材料の熱特性は『最新建築環境工学改訂4版』（井上書院），186〜187頁などを参照。

例題1 　図 1-3 の壁体において，室内側より合板 12 mm，グラスウール 50 mm，コンクリート 150 mm で壁が構成されているとする。室温 22 ℃，外気温 5 ℃ とするとき，熱貫流率および壁体単位面積当たり（$A = 1$ m²）の損失熱量，室内表面温度を計算せよ。合板，グラスウール，コンクリートの熱伝導率は，それぞれ，0.14 W/(m·K)，0.04 W/(m·K)，1.4 W/(m·K) とする。また表面熱

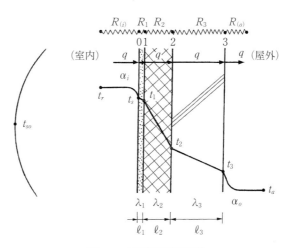

図 1-3　平面壁通過熱流

伝達率は，室内表面 9.3 W/(m²·K)，外表面 23 W/(m²·K) とする。

〔解〕　$R_T = \dfrac{1}{9.3} + \dfrac{0.012}{0.14} + \dfrac{0.05}{0.04} + \dfrac{0.15}{1.4} + \dfrac{1}{23} = 1.59$ m²·K/W

$U = 1/R_T = 1/1.59 = 0.63$ W/(m²·K)

$q = AU(t_r - t_a) = 1 \times 0.63 \times (22 - 5) = 10.7$ W

表面温度は，式(1.2)と式(1.5)から，

$t_s = t_r - q/A\alpha_i = (U/\alpha_i)t_a + (1 - U/\alpha_i)t_r$

で求められる。

$U/\alpha_i = 0.63/9.3 = 0.0677$ から，

$t_s = 0.0677 \times 5 + (1 - 0.677) \times 22 = 20.8$℃

または，q がすでに計算されているので，

$t_s = t_r - q/A\alpha_i = 22 - 10.7/9.3 = 20.8$℃

1.3　日射のある外壁の熱取得

(1) 相当外気温度

　図 1-3 に示したように日中，外壁には日射が入射している。外壁の外表面に入射し，吸収された日射は，壁体外表面をはじめ内部の温度を上昇させ，室内表面から室内への流入熱を生じさせる。冷房負荷算定において，日射を受ける外壁の熱取得は主要な要素の一つである。外表面に吸収される日射の影響を含めた室内への鉄板や合板などの熱的に薄い壁体の貫流熱の計算には，式(1.5)において，外気温 t_a のかわりに相当外気温 t_e〔℃〕を用いればよい。相当外気温度は，次式で示される。

$$t_e = \frac{a_s I}{\alpha_o} + t_a \tag{1.6}$$

ここに，

　　a_s：外壁表面の日射吸収率〔-〕

　　I：外壁に入射する日射量〔W/m²〕

(2) *ETD* と熱取得

　外壁に入射する日射は，時間とともに大きく変動するが，外壁を通して室内へ流入する熱は，日射の変動が瞬時に影響するわけではない。外壁の熱容量や熱抵抗などにより，時間遅れと変動の減衰が生じる。このような影響を正確にとらえるには，非定常熱伝導の理論を用いてコンピューターシミュレーションを行うが，手計算による計算法では，*ETD*(実効温度差)〔℃〕を用いる。

ETD : equivalent temperature difference

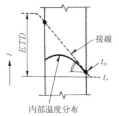

　ETD は，相当温度差（Δt_e）とも呼ばれ，室内外の温度差であるが，単なる相当外気温度と室温との差ではなく，相当外気温度と室温のほかに，外壁の材料構成，冷房の運転時間などの影響を含めて非定常熱伝導の計算理論を応用して算定されたものである。第 3 章に *ETD* の各種条件に対する表（115 頁，表4-5）が示されている。*ETD* を用いて，冷房負荷計算における外壁の熱取得は，次式で示される（第 3 章参照）。

$$\boldsymbol{q = AU \cdot ETD} \tag{1.7}$$

1.4　円筒管の熱損失

管内を流れる温水から外部空気への熱損失を計算するときにも，熱貫流率の考え方を用いることができるが，**図 1-4** のように管では，内側と外側の表面積が違うので，平面に対する熱貫流率をそのまま適用することはできない。このような場合には，線熱貫流率 U_L [W/(m·K)] が用いられる。

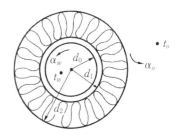

図 1-4　断熱された円管

$$q = \ell U_L(t_w - t_o) \tag{1.8}$$

ℓ：管の長さ [m]　　t_w：管内水温 [℃]　　t_o：管外周囲温度 [℃]

U_L は管単位長さ当たり，温度差 1℃ 当たりの熱流を示すもので，図 1-4 のように 2 層の場合，

$$1/U_L = \frac{1}{2\pi}\left\{\frac{1}{\alpha_w d_0} + \frac{\log_e(d_1/d_0)}{\lambda_1} + \frac{\log_e(d_2/d_1)}{\lambda_2} + \frac{1}{\alpha_o d_2}\right\} \tag{1.9}$$

で示される。α_w は管内の対流熱伝達率 [W/(m²·K)]，α_o は管外の総合熱伝達率 [W/(m²·K)] である。d_0, d_1, d_2 は，管および断熱材の半径 [m] である。

例題 2　内径 28 mm，外径 34 mm の鋼管が，厚さ 25 mm のグラスウールで断熱されている。このときの線熱貫流率を求めよ。ただし，鋼の熱伝導率を 43 W/(m·K)，グラスウールの熱伝導率を 0.04 W/(m·K)，また，$\alpha_w = 4{,}000$ W/(m²·K)，$\alpha_o = 17$ W/(m²·K) とする。

〔**解**〕　$d_0 = 28\,\text{mm}/2 = 0.014$ m，$d_1 = 34\,\text{mm}/2 = 0.017$ m，$d_2 = d_1 + 25\,\text{mm} = 0.042$ m である。

$$\frac{1}{U_L} = \frac{1}{2\pi} \times \left\{\frac{1}{4{,}000 \times 0.014} + \frac{\log_e(0.017/0.014)}{43} + \frac{\log_e(0.042/0.017)}{0.04}\right.$$

$$\left. + \frac{1}{17 \times 0.042}\right\} = 3.83\ \text{m·K/W}$$

$$U_L = 1/3.83 = 0.26\ \text{W/(m·K)}$$

であり，管長 1 m のとき，管内の温水と管外周囲の温度差 1℃ 当たり 0.26 W の熱損失があることがわかる。

2 流体の性質と流れ

2.1　圧力と流れ

(1) 圧 力

[**SI 単位**] international system of units　国際度量衡総会で採用され勧告された新しい単位系。基本単位，補助単位およびそれらから組み立てられる組立単位と，それらの 10 の整数乗倍からなる。SI は国際単位系の略称。

圧力は，ある点に作用する単位面積当たりの力であり，その単位は Pa＝N/m² である。大気圧は大気の質量と重力加速度 g による圧力であり，海面を基準とした基準大気圧は 101,300 Pa である。気象分野では，Pa に 100 を意味する接頭詞 h（ヘクト）をつけた hPa が使用されている。これは，SI 単位が使用される以前に気象分野で使用されていた mb（ミリバール）と数値が同じになるためである。工学単位では kgf/m²，kgf/cm²，mmAq，mmHg などさまざまな単位が使用されていたが，SI 単位では Pa のみが使用されている（9 頁，記号の表参照）。

地球上では通常，大気圧が作用しているので，**基準大気圧** P_{atm} ［Pa］との差で圧力を表示することもよく行われる。このように，大気圧との差で表示する圧力を**ゲージ圧** P ［Pa］と呼んでいる。大気圧を基準としない圧力は，**絶対圧**と呼ばれる。絶対圧を P_{abs} ［Pa］とすると，次の関係がある。

$$P = P_{abs} - P_{atm} \tag{2.1}$$

圧力は，基準とする面からの高さによって変化する。圧力を考える点に関係する流体の密度を ρ ［kg/m³］，基準面からの高さを h ［m］とすると，次式で示される。

$$P = P_o - \rho g h \tag{2.2}$$

ただし，g は重力加速度（＝9.8 m/s²），P_o は基準面における圧力とする。また，h は基準面からの高さを正とする。

例題 1　水深 10 m の水槽の底面における絶対圧力を求めよ。

〔**解**〕　圧力を求める点は，基準面より下方であるので，$h = -10$ m である。水面の大気圧を基準大気圧とし，水の密度を 1,000 kg/m³ として，

$$P = 101,300 - 9.8 \times 1,000 \times (-10) = 101,300 + 98,000 = 199,300 \text{ Pa}$$

あるいは，199.3 kPa，0.1993 MPa など。

例題 2　高さ 150 m の空中における大気の圧力を求めよ。

〔**解**〕　地面の大気圧を基準圧力として，絶対圧力を求めることにする。空気の密度 ρ を 1.2 kg/m³ として，

$$P_{abs} = P_o - \rho g h = 101,300 - 1.2 \times 9.8 \times 150 = 101,300 - 1,764 = 99,536 \text{ Pa}$$

となる。空気の場合には，基準圧との差はわずかであるので，ゲージ圧を用いたほうが便利なことが多い。この場合，ゲージ圧では，－1,764 Pa である。

(2) 流速と流量

ダクトや配管など管路中を流れる流体の平均速度を流速 v ［m/s］という。管路の断面積 A ［m²］を用いて，流量 Q ［m³/s］は次式で表される。

$$Q = vA \tag{2.3}$$

Q は単位時間当たり通過する流量を容積で表しており，容積流量とも呼ばれる。流量には，流体の通過する質量で表す質量流量 G [kg/s] もある。

$$G = \rho Q = \rho vA \tag{2.4}$$

流量の時間単位として，実用的には分あるいは時間が用いられることもあるが，計算においては単位を整合させるため，必ず秒を用いる必要がある。また，毎秒当たりの [m³/s] では，数値が小さすぎて実用上不都合に思われることもあるので，リットル [l] または [l/s] とする流量表示もある。しかしながら，この場合にも計算に用いるときは，[m³/s] とする必要がある。

(3) 連続の原理

　図 2-1 のように，途中に流入，流出のない管路中の任意の断面 1，2 において，流量 Q [m³/s] は不変である。すなわち

$$Q_1 = Q_2 \ \text{または} \ v_1 A_1 = v_2 A_2 \tag{2.5}$$

と表され，これを「**連続の原理**」という。断面 1，2 において，流体の

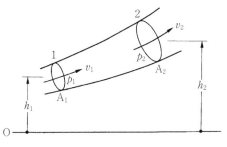

図 2-1　管路中の流れ

密度が変化すると考えられる場合には，質量流量 G [kg/s] を用いて表す。

$$G_1 = G_2 \ \text{または} \ \rho_1 v_1 A_1 = \rho_2 v_2 A_2 \tag{2.6}$$

連続の原理は，管路中で断面積が変化する場合の流速を求めるのによく使用される。

例題3　図 2-2 のように，途中で断面が大きくなる円管すなわち拡大管があり，内部を空気が流れている。断面 1 における流速を 6 m/s とするとき，流量および断面 2 における流速を求めよ。断面 1，2 における管内径は，それぞれ 5 cm，10 cm とする。

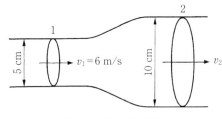

図 2-2　拡大管の流れ

〔**解**〕　流量は，式(2.3)から

$$A_1 = \frac{\pi d_1^2}{4} = \frac{3.14 \times 0.05^2}{4} = 1.96 \times 10^{-3} \ \text{m}^2$$

$$Q = v_1 A_1 = 1.96 \times 10^{-3} \times 6 = 11.76 \times 10^{-3} \ \text{m}^3/\text{s} \ \text{または，} \ 11.76 \ l/\text{s}$$

断面 2 における流速 v_2 は，連続の原理を用いて，式(2.5)から

$$v_2 = \frac{v_1 A_1}{A_2} = \frac{1.96 \times 10^{-3}}{7.85 \times 10^{-3}} \times 6 = 1.5 \ \text{m/s}$$

ただし，$A_2 = 3.14 \times 0.1^2 / 4 = 7.85 \times 10^{-3} \ \text{m}^2$

2.2　ベルヌーイの定理

　図2-1の管路中を流れる完全流体についてのエネルギー保存則を示したのが，**ベルヌーイの定理**である。ベルヌーイの定理は，ダクト系や配管系の設計の基礎となる理論であり，この定理を用いて流量算定やダクト，配管の寸法，ファンやポンプの必要能力などが算定される。完全流体の管路中の任意の点における流体の全圧力は一定 C（constant）[Pa] で，次式で表される。

$$P + \frac{1}{2}\rho v^2 + \rho g h = C \tag{2.7}$$

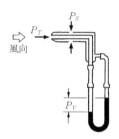

[ピトー管] 下図のような直径 10 mm 前後の二重金属管の先端部と側面に開口部を設けたピトー管を流れに平行におき，水を入れた U 字管（マノメータ）と図のように接続すると，動圧 P_V が水柱（mmH₂O）で読み取れる（1 mmH₂O ≒ 10 Pa）。P_V（動圧）$= P_T$（全圧）$- P_S$（静圧）

ここで，P は静圧 P_S[Pa]，$\frac{1}{2}\rho v^2$ は動圧 P_V [Pa]，$\rho g h$ は位置圧 [Pa] と呼ばれている。ベルヌーイの定理は，この**静圧，動圧，位置圧**の合計である**全圧**が，管路中の場所によらず一定であることを示したものである。**図2-3**のように，管路中に圧力計を入れることにより静圧，動圧を測定することができる。管路を流れる流体が摩擦を無視するとき，図2-1のような断面1，2において次式の関係がある。

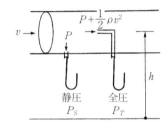

図2-3　静圧，動圧，位置圧

$$P_1 + \frac{1}{2}\rho v_1{}^2 + \rho g h_1 = P_2 + \frac{1}{2}\rho v_2{}^2 + \rho g h_2 \tag{2.8}$$

式(2.5)に示した連続の原理より，管路の断面積が一定ならば，動圧も一定である。位置圧についての高さは，相対的な高さの関係を表すものであり，基準面は任意に定めればよい。

例題4　**図2-4**の拡大管について，断面1の静圧が300 Paであったとする。ベルヌーイの定理から断面2の静圧を求めてみる。

〔**解**〕　拡大管は水平に置かれているものとするので，断面1，2に高低差はない。また，摩擦損失は考えないとする。式(2.8)で，$h_1 = h_2$，また空気の密度を $1.2\,\mathrm{kg/m^3}$ として

$$
\begin{aligned}
P_2 &= P_1 + \frac{1}{2}\rho(v_1{}^2 - v_2{}^2)\\
&= 300 + 0.5 \times 1.2(6^2 - 1.5^2)\\
&= 300 + 20.25 = 320.25\ \mathrm{Pa}
\end{aligned}
$$

すなわち，流路の拡大により断面2の速度が減少したことにより，静圧が20.25 Paだけ増加したことになる。こ

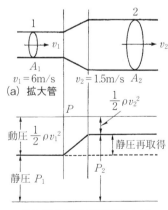

(b) 圧力分布（摩擦抵抗なし）

図2-4　拡大管の流速変化と圧力変化

のような静圧の増加を**静圧再取得**という。

　空気調和システムの配管系やダクト系では，管路中を流れる水や空気などの**摩擦抵抗**は無視できない。また，ポンプやファンなどにより流体を流動させるのに必要な仕事を流体に加えることも必要である。摩擦抵抗の影響やポンプ，ファンによる仕事を考慮するとき，ベルヌーイの定理は次式のように表される。

$$P_1 + \frac{1}{2}\rho v_1{}^2 + \rho g h_1 + P_E = P_2 + \frac{1}{2}\rho v_2{}^2 + \rho g h_2 + \Delta P_f \ [\mathrm{Pa}] \tag{2.9}$$

ここで，P_E は断面 1，2 の区間において，ポンプやファンによって流体に加えられた圧力 [Pa]，ΔP_f は断面 1，2 の区間における摩擦抵抗による圧力降下 [Pa] である。式(2.9)は，式(2.10)のように水頭 [m] で表すこともできる。

$$\frac{P_1}{\rho g} + \frac{1}{2}\cdot\frac{v_1{}^2}{g} + h_1 + \frac{P_E}{\rho g} = \frac{P_2}{\rho g} + \frac{1}{2}\cdot\frac{v_2{}^2}{g} + h_2 + \frac{\Delta P_f}{\rho g} \ [\mathrm{m}] \tag{2.10}$$

ダクト系においては，位置圧の影響は小さいので，次式に示すように，位置圧の項を省略して用いられる。

$$P_1 + \frac{1}{2}\rho v_1{}^2 + P_E = P_2 + \frac{1}{2}\rho v_2{}^2 + \Delta P_f \tag{2.11}$$

例題 5　　**図 2-5** のように，送風機出口側のみにダクトがあるとき，送風機全圧 P_{Tfan} [Pa]，静圧 P_{Sfan} [Pa] を求めよ。また，送風機出口からダクト出口までの圧力損失は 80 Pa とする。送風機の入口，出口およびダクト内の風速はすべて 7 m/s とする。

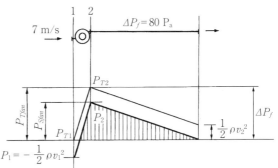

図 2-5　ダクト系と送風機

〔**解**〕　送風機全圧は，送風機の入口および出口における全圧の差であり，ダクト系の設計において，送風機の選定に関係する。送風機の入口，出口における全圧 P_{T1}，P_{T2} は，

$$P_{T1} = P_1 + \frac{1}{2}\rho v_1{}^2$$

$$P_{T2} = P_2 + \frac{1}{2}\rho v_2{}^2$$

であるが，入口においては，大気に開放されていると考えるので，$P_{T1} = 0$ である。ダクト出口の静圧も 0 であるので，送風機出口の全圧は，$P_{T2} = \Delta P_f$ とな

る。また，$v_1 = v_2$ であるので，

$$P_{Tfan} = P_E = P_{T2} - P_{T1} = \Delta P_f = 80\ \text{Pa}$$

となり，この場合，送風機全圧はダクト系の圧力損失に等しくなる。送風機静圧は，送風機全圧から出口の動圧を引いたものである。

$$P_{Sfan} = P_{T2} - \frac{1}{2}\rho v_2^2 = 80 - 0.5 \times 1.2 \times 7^2 = 80 - 29.4 = 50.6\ \text{Pa}$$

例題6　**図2-6** のような揚水回路において，配管系の圧力損失は 60 kPa であった。流速 3 m/s で揚水するときのポンプの揚程を求めよ。配管の内径はすべて同じとする。また，圧力は水頭で表すこととする。

〔**解**〕　ポンプの全揚程 H_E [m] は，ポンプ入口，出口における全圧の差である。

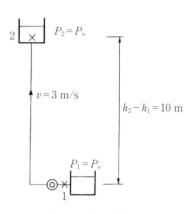

図2-6　揚水ポンプ

$$H_E = \frac{P_E}{\rho g} = \frac{P_2}{\rho g} + \frac{1}{2} \cdot \frac{v_2^2}{g} + h_2 +$$

$$\frac{\Delta P_f}{\rho g} - \frac{P_1}{\rho g} - \frac{1}{2} \cdot \frac{v_1^2}{g} - h_1$$

2つの水槽はともに大気に開放されているので，$P_1 = P_2$ である。また，管内径は一様であるので，$v_1 = v_2$ である。これより，

$$H_E = (h_2 - h_1) + \frac{\Delta P_f}{\rho g} = 10 + \frac{60 \times 10^3}{1,000 \times 9.8} = 10 + 6.12 = 16.12\ \text{m}$$

上式の右辺第1項 $(h_2 - h_1)$ は，実揚程であり，位置エネルギーに対する仕事を表している。

2.3　管内の摩擦抵抗

（1）直線部

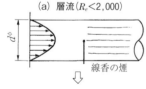

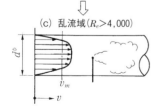

[**層流**] laminar flow　個々の流体粒子が滑らかな線を描いて交差することなく整然と運動する状態をいう。

ダクトや配管の設計において，摩擦抵抗 ΔP_l は主要な要素である。直線部分の摩擦抵抗を ΔP_l [Pa] とすると，次式で示される。式(2.12)は，ダルシー・ワイスバッハの式と呼ばれている。

$$\Delta P_l = \lambda \frac{\ell}{d} \cdot \frac{1}{2}\rho v^2 \tag{2.12}$$

ここで，λ は**管摩擦係数** [−]，ℓ は管の長さ [m]，d は管の内径 [m] である。管摩擦係数は，流体の種類，流速，管の内径，管内表面の粗さによって決まる値であり，いくつかの関係式が示されている。流れが層流のときには，

$$\lambda = 64/R_e \tag{2.13}$$

$$\text{レイノルズ数 } R_e = \frac{vd}{\nu} \qquad v:\text{流速 [m/s]}\quad \nu:\text{動粘度 [m}^2\text{/s]}$$

また乱流の場合には，カルマン・ニクラゼの式を使用することができる。

$$\lambda = \frac{1}{\left(1.74 - 2\log_{10}\dfrac{2\varepsilon}{d}\right)^2} \tag{2.14}$$

ε：管内表面の凹凸の差 [m]

［**乱流**］turbulent flow　層流に対して，流体粒子の不規則な混乱した運動を乱流という。建築設備における管内やダクト内の流れは，ほとんど乱流である。

図 9-7（166 頁）に示したムーディ線図は，これらの式のほか，コールブルックの式も含めて管摩擦係数の性状を図示したものであり，管摩擦係数の値を求めるのに用いられる。

例題 7　内径 58 cm の円形ダクトに，6 m/s で空気が流れている。管摩擦係数を 0.02 とするとき，このダクト単位長さ当たりの圧力損失を求めよ。ただし，単位長さであるので $\ell=1$ m，空気の密度を 1.2 kg/m³ とする。

〔**解**〕

$$\Delta P_l=\lambda\frac{\ell}{d}\cdot\frac{1}{2}\rho v^2=0.02\frac{1}{0.58}\times 0.5\times 1.2\times 6^2=0.744\ \mathrm{Pa/m}$$

(2) **局部抵抗**

曲がり，分岐，合流，吐出し口，流入口などでは，**局部抵抗**が形状により表示されている。式(2.15)は，局部抵抗係数 ζ［－］を用いた局部抵抗による圧力降下 ΔP_e［Pa］の表示である。

$$\Delta P_e=\zeta\frac{1}{2}\rho v^2 \tag{2.15}$$

局部抵抗を直線部分の抵抗に換算する相当長 ℓ'（ℓ_e と表すこともある）による方法も広く用いられている。

$$\Delta P_e=\lambda\frac{\ell'}{d}\cdot\frac{1}{2}\rho v^2 \tag{2.16}$$

例題 8　空調機内の冷却コイルの抵抗が 250 Pa であった。例題 7 と同じ設定条件として，これを円形ダクトの相当長 ℓ' に換算せよ。

〔**解**〕　内径 58 cm，風速 6 m/s，管摩擦係数 0.02 として

$$\ell'=\frac{2\Delta P_e d}{\lambda\rho v^2}=\frac{2\times 250\times 0.58}{0.02\times 1.2\times 6^2}=335.6\ \mathrm{m}$$

冷却コイルの抵抗は，ダクト長に換算して 335.6 m となる。冷却コイルによる圧力降下は，非常に大きいことがわかる。

2.4　流体回路と圧力分布

図 2-7 に，配管系についての圧力分布の例を示した。これらの図は，揚水システムの配管系，冷房システムの冷水配管系，冷却塔の配管系について管内の静圧の分布である。配管系やダクト系の圧力分布は，ベルヌーイの定理を基礎に作成することができる。図は配管中の各場所のポンプ停止時の静水頭に対するポンプ運転時の水頭（静圧）の差を表している。

［**膨張タンク**］膨張タンクには，大気(圧)に開放されている開放式膨張タンクと，空気や窒素ガスによって膨張・収縮を吸収する密閉膨張タンクなどがある。

密閉循環回路には，内部の水の膨張，収縮に対応するために，必ず膨張タンクが設けられており，一般には大気（圧）に開放されている。

図 2-8 には，冷暖房用の冷温水回路のポンプ停止時と，ポンプ運転時の圧力分布の違いを示す。配管回路の圧力分布は，配管中で循環ポンプが膨張管と循環配管の接続点の前にあるか，後ろにあるかによって大きく異なる。通常は図

(a)のように，循環ポンプは流れに対して接続点の後流側にあるように設計することが多い。この場合，配管の大部分は，循環ポンプを作動させると，ポンプ停止中の静水位より図示しただけ圧力が上昇し，大気圧より圧力が高くなって，配管にすき間などがあっても配管中に空気が漏れ込むことがない。逆に図(b)のように，ポンプを接続点より前に配置すると，配管中のポンプ運転中の圧力は大部分で静水位より低くなり，特にポンプ手前の配管の静水位が，マイナスの運転（動）水位の小さいところではすき間があるか，バルブを開けると空気を吸い込み，運転が不安定になることがある。

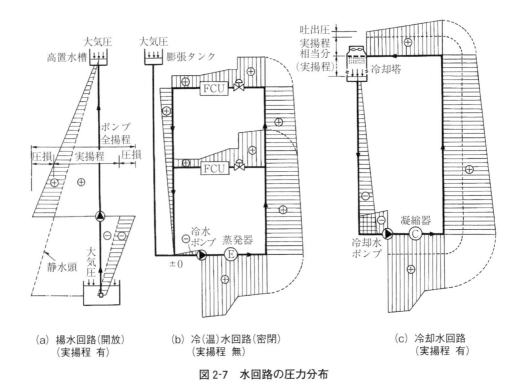

(a) 揚水回路（開放）
　　（実揚程　有）

(b) 冷（温）水回路（密閉）
　　（実揚程　無）

(c) 冷却水回路
　　（実揚程　有）

図2-7　水回路の圧力分布

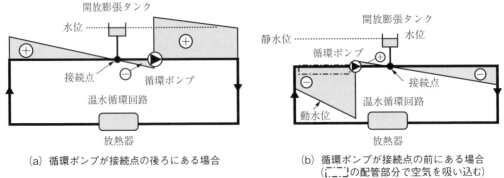

(a) 循環ポンプが接続点の後ろにある場合

(b) 循環ポンプが接続点の前にある場合
　　（　　の配管部分で空気を吸い込む）

図2-8　温（冷）水回路のポンプ位置による圧力分布の違い

3 エネルギー変換と熱力学の基礎

3.1 エネルギーの保存と第一法則

　　人が重力に逆らって小石を持ち上げることができるように，ある物体が他のものに**仕事**をする能力があるとき，その物体は**エネルギー**をもっているという。ある物体に一定の大きさの**力**(F)[N] を加えたとき，力の方向に動いた**距離**を(ℓ)[m] とすると，仕事(W)はその積，$W = F \times \ell$ で定義される。仕事の単位は，SI 単位系では**ジュール** [J]，仕事率の単位は**ワット** [W] である。

*1 J = 1 N·m = 0.186 cal,
1 N(ニュートン) = 1 kg·m/s²
1 W = 1 J/s = 0.86 kcal/h

　　また，イギリスの物理学者ジェームス（ジュール）は錘と滑車と水中の羽根車を使って，力学的エネルギーの一つである位置のエネルギーのなす仕事 W は，一定の割合で熱量 Q^* に変換されることを実験で証明した。これを**エネルギーの保存則**，または**熱力学の第一法則**という。すなわち，熱量を表す Q^* [cal] と仕事 W [J] の関係は，

$$W = J \times Q^* \tag{3.1}$$

で表される。

　　ただし，Q^*：熱量 [cal]　　　J：熱の仕事当量 = 4.188 [J/cal]

　　本書では SI 単位系にならい，化学エネルギーを表すときなど特に断らない限りカロリー表示は用いない。したがって，熱エネルギー量 Q の単位も，仕事のエネルギー W の単位も，同じくジュール [J] である。

　　エネルギー（en：内の，erg：仕事）という言葉は当初，運動のエネルギーと位置のエネルギーの**力学エネルギー**の概念でのみ使われたが，その後，熱や電気，光，化学，あるいは質量そのものもエネルギーの一形態であり，**図 3-1**

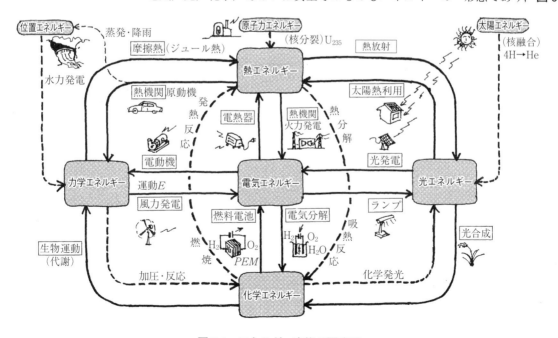

図 3-1　エネルギー変換の関連図

に示すように相互に変換できることがわかって，より広い意味で使われるようになった。

　このうち，建築設備工学では石油や天然ガスなど，非再生資源としての化石燃料のもつ**化学エネルギー**を燃焼によって**熱エネルギー**へ変換し，直接，熱として冷暖房に利用するか，熱機関によって**電気エネルギー**へ変換し，電動機によって**冷凍機**や**ヒートポンプ**を駆動し，再び冷水や温水などの熱エネルギーに変換して冷暖房に利用する経路が最も重要である。また，電気エネルギーは電動機を介してポンプなどの各種機械の運転に，蛍光灯などにより照明にも利用される。

　化学エネルギーからは，水の電気分解の逆過程を利用して燃料電池（71 頁，310 頁参照）により直接，電気エネルギーに変換することもできる。物質（質量）M〔g〕もアインシュタインによってエネルギー，$E = Mc^2$〔J〕，（c：光速 3 ×10^5 m/s）に変換できることが明らかにされた。**原子力発電***は U_{235} の質量の一部が熱エネルギーに変換される核分裂のエネルギーを，蒸気機関を介して発電に利用するものである。

　一方，今後のエネルギーとして期待される**再生可能**なエネルギー源としての**太陽エネルギー**は，光のエネルギーとして地球に到達し，太陽電池，太陽熱集熱器を介して**太陽光発電**，**太陽熱冷暖房・給湯システム**として，あるいは光合成の結果として得られる**バイオマスエネルギー**として利用されようとしている。力学エネルギーのうちの位置エネルギーを利用する**水力発電**と，運動エネルギーとして利用する**風力発電**なども，エネルギーの起源は太陽エネルギーであり，太陽エネルギーの間接利用といわれる。

　このように，エネルギーは相互に変換可能であり，熱力学の第一法則はその変換の前後でエネルギーの総計が一定であるというエネルギーの保存則を述べている。ただし，エネルギーは相互に変換可能であるが，実際にその操作を行うときに，移行させやすい方向とさせにくい方向がある。**熱力学の第二法則**は，力学エネルギーや電気エネルギーなどの仕事のエネルギーは理論的に 100 ％，熱エネルギーに変換可能であるが，熱はそれ自身で低温の物体から高温の物体に移行することはできず，どのような優れたエネルギー変換装置，すなわち熱機関を使っても，熱エネルギーを 100 ％仕事のエネルギーに変えることができないことを述べている。実際，現在の技術でいくら高性能の熱機関を使っても，60 ％以上の動力変換効率を得ることはほとんど不可能である。

3.2　水と熱のアナロジー

　熱エネルギーが高温の媒体から低温の媒体に流れる間で熱機関を作動させ，動力，電力を得る過程（プロセス）は熱力学によって説明されるが，この熱エネルギーとその流れは直接，目で見ることができないため，その過程を理解することは必ずしも容易ではない。

　しかしながら，**図 3-2** にあるように，熱と水，電気（直流）の流れはよく似

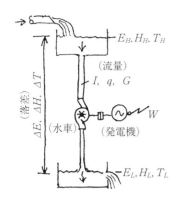

電気 (直流)	仕事(W)＝電流量(I)×電位差(電圧)$(\varDelta E)$	
水	仕事(W)＝水流量(G)×水位差(落差)$(\varDelta H)$	$\times g$
熱	仕事(W)＝熱流量(q)×温度差$(\varDelta T)$	$\times (1/T_H)$

W [W]，I [A]，$\varDelta E$ [V]，G [kg/s]，$\varDelta H$ [m]

$g：9.8$ [m/s^2]，q [J/s]，$\varDelta T=(T_H-T_L)$ [K]

T_H：高熱源温度[K]，T_L：低熱源温度[K]

図 3-2　水と熱と電気のアナロジー

た法則の下に支配されており，熱の流れを水の流れに置き換えると理解しやすい。これを水と熱の流れの**アナロジー**（相似性）という。もちろん，理論的にも実際的にも無視できない違いもあるが，全体的な熱利用システムの理解には十分，有効である。

図 3-3 に示すように，最近，省エネルギーシステムとして注目されているビル側に発電機を設置し，電力を得るとともに排熱を冷暖房や給湯に利用する**コージェネレーションシステム**を例にとると，まず燃料の燃焼で発生した約 1,100 ℃の熱源（**ヒートソース**）は，ガスタービン発電機で約 20 ％の熱エネルギーが電気エネルギーに変換され，500 ℃程度まで温度が低下する。次いで，

[**ヒートソースとヒートシンク**]
熱機関の熱源（ヒートソース）は普通，数 100 度以上の高温の熱エネルギーであり，冷却熱源（ヒートシンク）は外気や海水の低温の熱エネルギーである。ヒートポンプの熱源(ヒートソース)は冬の 0 ℃に近い外気や 10 ℃程度の河川水などで，ヒートポンプ熱機関は無価値なヒートシンクから暖房用などの有用な 40～60 ℃の温熱を生み出していることになる。

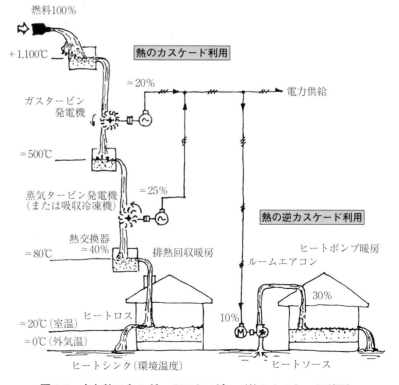

図 3-3　水と熱エネルギーのアナロジー（熱のカスケード利用）

この熱で蒸気タービンを駆動して約15％の電気を取り出したあと，80℃の熱，約30％を暖房や給湯用に利用する。このように燃料の熱エネルギーは，電気と熱に60〜70％近く利用し尽すことができれば，火力発電所で電力のみを35〜40％程度取り出し，残りを海水に捨ててしまうのに比べて大きな省エネルギー効果があるとされている。

　室内に供給された熱は，熱損失として最終的に低温の外気に流れる。外気はこの場合，**ヒートシンク**，熱の墓場ともいわれ，この温度の熱エネルギーはもはや価値をもたない。この流れは水と水力発電の関係と似ており，熱を温度レベルに応じて最適ないくつかの熱機関を利用して，多段に有効利用することを**熱のカスケード**（多段の滝のこと）**利用**という。普通，高温度領域は発電に利用し，低温度でも十分な暖房給湯用には低温度領域を利用するのが効果的である。また，発生した電気を利用して，外気のヒートソース（低熱源）から熱をルームエアコンで室内に取り入れる方法は，**熱の逆カスケード利用**であり，省エネルギー効果の高い空気熱源ヒートポンプ冷暖房システムとなる。

　このように熱の流れを水で表すと理解しやすいが，あくまでもアナロジーであるから，正しくは熱力学の知識を借りなければならない。

[ティヴォリ庭園の噴水とカスケード滝]　カスケードとは，何段にも分かれて流れる小さな滝のこと。イタリアのローマ郊外のティヴォリにあるヴィッラ・デステ（エステ荘）にある，テーベレ川支流のアニエーネ川の水を引き込んだ滝と噴水のある庭園が有名である。ここではポンプを使わず，土地の高低を利用して水を多段に巧みに利用しており，これになぞらえて熱エネルギーを高温から低温に多段に有効利用することを，熱エネルギーのカスケード利用というようになった。

3.3　第二法則と熱機関，ヒートポンプ

　ジェームス・ワットの蒸気機関の実用化当時，熱機関の開発，改良は試行錯誤で行われていたが，その後の熱力学の発達は，熱機関の効率化に理論的な根拠を与え，新しい熱機関の出現を促してきた。

　熱機関は図3-4(a)に示すように，絶対温度T_H［K］の高熱源からQ_H［J］の熱を得て仕事W［J］を発生させて，T_Lの低熱源にQ_Lの熱を捨てる。逆に，**図(b)**に示すように，外部から仕事Wを与えて低熱源からQ'_Lの熱を取り入れ，高熱源に$Q'_L + W$（$= Q'_H$）の熱を与える機関を**ヒートポンプ（機関）**と呼ぶ。ヒート（熱）ポンプはちょうど，水のポンプが低所の水を高所に汲み上げるのと同じ働きをするので，この名称がある。後述のように，ヒートポンプと冷凍機は基本的に同じものであり，従来は冷房のために低熱源側を利用するときは冷凍機，暖房・給湯のために高熱源側を利用するときはヒートポンプ（heat pump）と呼んでいたが，最近ではヒートポンプと総称している。

＊ヒートポンプの場合には，熱機関と区別するため，T_H，T_LはT'_H，T'_Lと，Q_H，Q_LはQ'_H，Q'_Lと表すことにする。

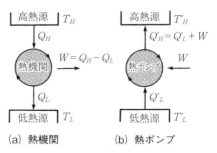

図3-4　熱機関と熱ポンプ

前述のように，熱力学の第二法則によれば，熱エネルギーをすべて有効な仕

事（動力や電力）に変換することはできない。熱機関は**図 3-5**(a)に示すように，絶対温度 T_H [K] の高熱源から Q_H [J] の熱を得て仕事のエネルギーW [J＝W・s] を発生し，T_L の低熱源に Q_L の熱を捨てる。ヒートポンプ機関は逆に，図(b)のように，外部から仕事 W を与えて低熱源から Q'_L の熱を取り入れ，$T'_{H'}$ の高熱源に $Q'_H + W$ の熱を放出する。図(a)の熱機関に供給した熱量 Q_H [J] のうち，仕事 W [J] に変換される比率を**熱効率**（thermal efficiency，変換効率ともいう）といい，その理論的に最大値を与えるのが仮想サイクルとしてよく知られている**カルノーサイクル**であり，その熱効率，カルノーサイクル効率 η_c は，

$$\eta_c = \frac{W}{Q} = \frac{T_H - T_L}{T_H} = 1 - \frac{T_L}{T_H} \tag{3.2}$$

で与えられる。T_H は高熱源温度 [K]，T_L は低熱源温度 [K] である。実用熱機関の効率は，このカルノーサイクル効率より必ず低く，この効率は上限を表すものであるが，この式から高熱源温度はできるだけ高く，低熱源温度はできるだけ低くするのが効率向上のため重要なことがわかる。

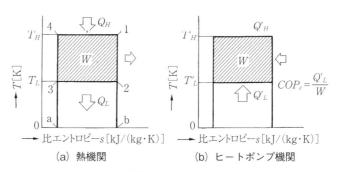

図 3-5　熱機関とヒートポンプの表示

一方，ヒートポンプ機関である**逆カルノーサイクル**機関の効率を表す**成績係数 COP_c** は，冷房のように低熱源を利用するときの冷凍機の場合は，

$$COP_c = T'_L / (T'_H - T'_L) \tag{3.3}$$

暖房のように高熱源を利用する場合の**ヒートポンプ（暖房）の成績係数 COP_h** は，

$$COP_h = T'_H / (T'_H - T'_L) \tag{3.4}$$

で表される。

一方，熱から動力を取り出す実用熱機関としては，最も長い歴史をもつ**外燃機関**としての蒸気機関，最近ビルのコージェネレーションシステムに用いられる**内燃機関**としてのガスエンジン，ディーゼルエンジン，ガスタービンなどがある。蒸気の蒸発と凝縮を利用した単純ランキンサイクル機関の系統図と T-s 線図を**図 3-6**，**図 3-7** に示す。

T-s 線図は，作動媒体としての蒸気の特性を，縦軸に絶対温度 T [K]，横軸に蒸気の状態値の一つである s（比エントロピー）をとって表したものである。ボイラーで発生した飽和水蒸気は，蒸気過熱器で過熱蒸気 1 となり，蒸気

[カルノーサイクル] Carnot cycle　等温放熱，断熱圧縮，等温加熱，断熱膨張よりなる熱機関のサイクル。このサイクルの効率は，熱エネルギーを仕事に転換するにあたっての最大値を示す。

＊絶対温度と摂氏温度には以下の関係がある。
絶対温度 T[K]＝摂氏 t[℃]＋273.15

[COP] coefficient of performance　冷凍機の性能を表す指標で，冷却熱量をこのために要した圧縮仕事の熱当量で除した値。「動作係数」とも呼ばれる。

[通年エネルギー消費効率（APF）] annual performance factor　ある一定条件のもとで1年間エアコンを使用したときの，消費電力量1kW 当たりの冷房・暖房能力のこと。COP は定格冷房・定格暖房時の消費電力1kW 当たりの冷房・暖房能力を表すが，ある一定の温度条件で運転したときの1点の性能ポイントになっている。一方で，エアコンの実使用においては，外気温度などの変化により冷房や暖房に必要な能力，消費電力が変化するため，季節に応じたエアコンの実運転状況は反映されていなかった。そこで新しい省エネルギーの指標として導入されたのが，通年エネルギー消費効率である。冷房期間および暖房期間を通じて室内側空気から除去する熱量および室内空気に加えられた熱量の総和と，同期間内に消費された総電力との比で表すため，実使用状態に近い省エネルギー性の評価を行うことができる。
APF ＝（冷房期間中に発揮した能力の総和＋暖房期間中に発揮した能力の総和）／（冷房期間中の消費電力量の総和＋暖房期間中の消費電力量の総和）

[過熱蒸気] superheated steam　ボイラーの蒸気ドラムで発生した飽和蒸気を高温の燃焼ガス中の過熱器で再加熱し，高温とした蒸気を過熱蒸気といい，発電効率の向上と，蒸気タービンの耐久性向上に効果がある。

[ランキンサイクル] Rankine cycle　断熱圧縮，等圧加熱，断熱膨張，等圧放熱よりなる熱機関のサイクル。蒸気タービンによる火力発電所では，このサイクルを基本としている。また太陽熱や低温排熱から動力を得る場合にも採用されることがある。

蒸気機関（ランキンサイクル），ガスエンジン（オットーサイクル），ガスタービン（ブレイトンサイクル）など熱機関の発明，改良の歴史は，いかにカルノーサイクルの効率に近づけるかの技術者の努力の歴史でもあった。

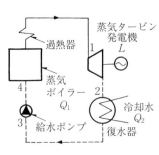

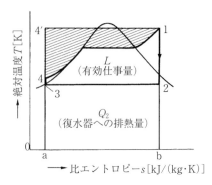

図3-6　単純ランキンサイクルダイヤグラム

図3-7　単純ランキンサイクル T-s 線図

タービンに導かれ，膨張して回転力を電動機に与えた後，排蒸気2となって復水器に至り，冷却水で冷却されて飽和水3となる。次に給水ポンプで加圧されて，4の状態でボイラーに戻り，再びこのサイクルを繰り返す。

T-s 線図では，図の1234に囲まれた面積が有効な仕事 L [J] に相当し，a41b がボイラー給熱量，a32b が復水器から外部に捨てられる熱量を示す。図中，3-4-4'-1 で示したものがカルノーサイクルを示し，その有効仕事は面積1234'となり，斜線の部分が蒸気機関のランキンサイクルとの効率差を示している。**図3-8** は，このサイクルの **h-s** 線図を示す。h は比エンタルピー（全熱量）[kJ/kg] で，この蒸気機関の理論変換効率（η_R）は，次式で表される。

$$\eta_R = (h_1 - h_2)/(h_1 - h_3) \tag{3.5}$$

蒸気タービンの内部効率が 100 % でないときは，h_2' の点になる。

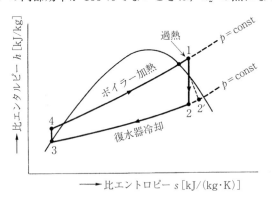

図3-8　単純ランキンサイクル **h-s** 線図

[エンタルピー] enthalpy　物体のもっている総エネルギー量で，内部エネルギーと圧力と体積の積からなるエネルギーの和で表される。比エンタルピーは0℃を基準とする物体の kg 当たりの全熱量をいう。

[エントロピー] entropy　熱が関係する体系において，可逆的現象ならば保存され，不可逆的ならば増大するような物理量で，体系が外部から受け取った熱を温度で割った次元をもつ。熱力学的状態を表す一つの尺度。比エントロピーは，0℃を基準とする物体の kg 当たりのエントロピーをいう。

[熱効率] 熱機関に投入した燃料の熱量 Q，得られる仕事（動力）の比率 W/Q を熱効率という。この場合，燃料の発熱量には表3-1の HHV が用いられる場合と，LHV が用いられる場合があるので注意が必要である（58頁参照）。

実用の蒸気機関はできるだけ蒸気タービンに入る蒸気の温度，圧力を高くとり，複雑なサイクルを利用して効率を高めるよう工夫しているが，大容量の火力発電所の**熱効率**でも 50 %（HHV）程度，地域冷暖房に用いられているような単純なサイクルでは 20 % 以下である。このため，蒸気を発電だけに用いず，膨張の途中で蒸気を抽気して暖房や給湯に利用する**熱併給発電システム**（コージェネレーションシステム）が寒いヨーロッパ諸国で広く取り入れられている。その場合の電気と熱エネルギーを合計した**総合熱効率**は 70〜80 % に達すると

＊電気エネルギーはいろいろな用途に効率よく利用できるから，同じエネルギー量 Q [J] でも，熱エネルギーより 2～5 倍の効用（価値）があると考えられる。

いわれるが，効用，価格の違う熱と電気の効率を単純に加算して大小をいうことには問題がある＊。

このほか，後述（69頁）のように，ビルにガスタービンやガスエンジン，ディーゼルエンジンを設置して発電するとともに，その排熱を冷暖房や給湯に利用する**ビルコージェネレーションシステム**も注目されている。

ヒートポンプ機関は，作動媒体に蒸気の代わりにフロンなどの冷媒を用い，動力を与えて熱を低熱源から高熱源に汲み上げる逆ランキンサイクル機関で，蒸気タービンの代わりにターボ圧縮機，往復式圧縮機などが用いられる。その詳細は第3章7.2で説明する。また，ガスや蒸気などの熱で冷熱を直接つくる熱駆動式冷凍機に**吸収冷凍機**があるが，これは熱機関とヒートポンプ機関が一体となったものと考えることができる。

3.4 燃料と燃焼

(1) 燃料の種類と選択

ボイラーや非常用自家発電，コージェネレーションなどに使われる燃料には，灯油や重油などの液体燃料，都市ガスや LP ガスなどのガス燃料，石炭や薪炭などの固体燃料がある。これらのうち，民生用に一般に使用される燃料の性質を**表 3-1** に示す。

これらのうち，都市部のビルや住宅で最も普通に使われているのが，都市ガス 13A である。この都市ガスは，液化して輸入した天然ガス（メタンガス）にエタン，プロパンガスなどを添加したもので，クリーンで燃焼制御が容易，安全で燃料貯蔵の必要がなく，ボイラーや直焚き吸収冷凍機，ガスエンジン，ガスタービンの燃料として広く用いられている。石油類（灯油，重油）は危険物

表 3-1　代表的燃料の熱特性

	燃料種別	比 重	燃料発熱量			理 論 空気量	実 際 排ガス量	備 考
			高発熱量 (HHV)	低発熱量 (LHV)	単 位			
気体燃料	都市ガス 13A	（空気＝1） 0.65	45.0	40.5	MJ/m³(N)	m³(N)/m³(N) 11.0	m³(N)/m³(N) 14.7	東京ガス（主要区域）
	都市ガス 6B	0.60	20.9	18.8	MJ/m³(N)	4.5	6.9	
	LP ガス （プロパン）	1.55	100.5	96.3	MJ/m³(N)	23.8	33.3	比重 1.865 kg/m³
	水素ガス	0.07	12.7	10.7	MJ/m³(N)	2.5		燃料電池用
液体燃料	灯 油	[kg/l] 0.79	46.5	43.5	MJ/kg	m³/kg 10.8	m³/kg 15.3	
	A 重油	0.86	45.2	42.7	MJ/kg	10.7	15.0	

注）m³(N)（ノルマル立方メートル）→標準状態（0℃，101.325 kPa のときの体積）

として，ボイラーや燃料貯蔵タンクの設置場所や容量に種々の規制を受ける。

　燃料の選択はその単価，取扱いの容易さ，入手の確実さなどを考慮して行われてきたが，最近では大気汚染防止法や自治体の条例による煤煙発生施設としての硫黄酸化物，煤塵，窒素酸化物の多寡がその選択に影響することが多い。さらに，地球温暖化問題とからんで，熱量当たりのCO_2発生量の少ない燃料の評価が高い。その意味で，都市ガス供給エリアでは，都市ガスが採用されることが多い。ただし，地震時でも都市ガスの供給が停止しない，消防署から認められた地域以外では，非常用自家発電などの燃料としては，貯蔵性のある石油系燃料を用いなければならない。都市ガス供給地域外では灯油，A重油が用いられることが多い。

　もちろん，エネルギー源全体としてみれば電力も有力な選択肢の一つであり，電力，ガスの規制緩和とともにビルの冷暖房用のエネルギー源，住宅の熱源としての競争が激しくなっている。

[A重油] bunker A, fuel oil A
重油のなかで最も軽質のもので，引火点は80℃前後。ボイラーやディーゼルエンジン用燃料として広く使用。

（2）燃料の発熱量とボイラー効率

HHV：higher heating value
LHV：lower heating value
N：normal＝大気圧，0℃の気体の基準体積を表す。

　燃料の燃焼にともなう発熱量には，**高発熱量（HHV）**（高位発熱量，総発熱量ともいう）と**低発熱量（LHV）**（低位発熱量，真発熱量ともいう）の区別がある。燃料の高発熱量とは，室温（25℃）状態の単位質量あるいは単位容積の燃料と必要十分な燃焼空気を混合して完全燃焼させたあと，カロリーメーター（熱量計）で燃焼ガスを初期室温まで冷却したときに計測されるすべての熱量[kJ/kg]，[kJ/m³(N)]をいう。都市ガスのように，含有ガスの成分比率があらかじめわかっているときは，化学反応熱から計算によって正確に求めることができる。

　一方，低発熱量とは通常，ボイラーからの燃焼排ガス温度は200℃以上あって，燃料中の水素分が燃焼してできた水蒸気はそのまま煙突から排出されるため，その保有潜熱（凝縮熱）は一般に利用不可能として，高発熱量から水蒸気の凝縮熱を差し引いた値をいう。両者は燃料の水素構成比率によって違うが，都市ガス（13A）の場合，表3-1のように約10％の差がある。

　通常，都市ガスは高発熱量で取引きされ，家庭用の湯沸し器や暖房機の熱効率なども**高発熱量基準**で表示されているが，ビル用の中型ボイラーやエンジンなどの熱効率は，慣習的に**低発熱量基準**で表示されることが多いので注意が必要である。例えば，中型のガスタービンの発電効率は，一般に低発熱量基準では30％程度といわれているが，高発熱量基準では約27％となる。電力会社の発電効率は通常高発熱量基準で示されているので，ガス方式などと一次エネルギー効率を比較するときは低，高いずれの発熱量を基準として表示されているかに注意する必要がある。

（3）燃焼，燃焼用空気と大気汚染

　燃料の燃焼過程，化学反応は大変複雑であるが，総合的にみれば，燃料中の可燃成分が空気中の酸素と結合し，化学反応熱を発生するものであるということができる。一般に，燃料を**完全燃焼**させるには，化学反応式で必要とされる

空気量（**理論空気量**という）以外に余剰空気が必要である。ボイラーなどに供給される実際の空気量を，理論空気量で除した値を**空気過剰率**（または空燃比）という。すなわち，

空気過剰率＝実際空気量／理論空気量　　　　　　　　　　　　　(3.6)

である。ボイラーでは，空気過剰率が1に近いと不完全燃焼を起こすおそれがあり，大きすぎると熱効率が低下する。通常は 1.1〜1.3 程度である。ただし，最近のボイラーは窒素酸化物（NO_X）濃度を下げるためにさまざまな燃焼方式が採用されており，煙突の計画などに際しては，メーカーの資料を確認しておく必要がある。

燃焼反応においては，燃料の主成分である炭素と水素が酸素と反応するだけでなく，燃料中の硫黄分が燃焼して硫黄酸化物（SO_X）となり，燃料中の窒素分と燃焼用の空気中の窒素ガスの一部が反応して窒素酸化物（NO_X）に，不完全燃焼の炭化水素などが煤塵，微粒子（SPM）として排出される。

都市ガスの場合は硫黄分を含まず，基本的に窒素酸化物のみが問題であるが，バーナー（燃焼器）の改良，排ガス循環法，蒸気噴射などの対策で多くの場合，排出濃度は **60 ppm** 程度でボイラーとしての排出基準を満足させることは比較的容易である。コージェネレーション用のガスエンジンの場合も，3元触媒の採用で大都市でも排出基準のクリアーはできるが，ディーゼルエンジンの場合は NO_X，微粒子（SPM）ともまだ問題があり，その適用は規制の緩やかな地方の場合に限られている。

都市の大気汚染と地球環境汚染の深刻化から，排気ガスに関する各種の規制は年々厳しくなっており，実施設計にあたっては各自治体の最新の法規制を十分調べておく必要がある。

[NO_X] nitrogen oxide　NO（一酸化窒素）や NO_2（二酸化窒素）などの窒素酸化物の総称。自動車の排気ガスや工場からの排煙がおもな発生源であり，呼吸器障害や発ガンの原因となる。また。紫外線と炭化水素と反応してオキシダントを生成することから，光化学スモッグの原因ともなる。

[SO_X] SO_2（二酸化硫黄），SO_3（三酸化硫黄）などの硫黄酸化物の総称。石油・石炭の燃焼にともなって発生するもので，呼吸器障害の原因となる。また植物の枯死にもつながる。

[SPM] suspended particulate matter　大気中に浮遊する粒子状物質で，その粒径が 10 µm 以下のものをいう（1 µm＝1 mm の 1/1,000）。大気中に長時間滞留し，高濃度で肺や気管に沈着して呼吸器に影響を及ぼす。

（4）省エネ法とカーボンニュートラル

＊「エネルギーの使用の合理化等に関する法律」は，2022 年 5 月に改正され，法律名称が「エネルギーの使用の合理化及び非化石エネルギーへの転換等に関する法律」に変更された（2023 年 4 月 1 日施行）。

「エネルギーの使用の合理化等に関する法律＊」（略称：省エネ法）では，事業者全体のエネルギー使用量（原油換算値）が 1,500 kl／年度以上であり，特定事業者または特定連鎖化事業者に指定ならびに認定管理統括事業者に認定された事業者は事業者全体としての義務として，エネルギー使用状況届出書（指定時のみ），エネルギー管理統括者等の選解任届出書（選解任時のみ），定期報告書（毎年度）および中長期計画書（原則毎年度）の提出や，判断基準に定めた措置の実践（管理標準の設定，省エネ措置の実施等）指針に定めた措置の実践（燃料転換，稼働時間の変更等）の取り組むべき事項に関する義務が課される。また，年度間エネルギー使用量によって第一種エネルギー管理指定工場等，第二種エネルギー管理指定工場等に区分されるとエネルギー管理指定工場等ごとの義務が課される。

省エネ法においては，すべてのエネルギーを一次エネルギー（原油）換算して報告することになる。それぞれのエネルギーの換算係数は，省エネ法施行規則で規定されている。例えば，灯油は 36.7［GJ/kl］，A 重油は 39.1［GJ/kl］，LPG は 50.8［GJ/t］，都市ガスはガス会社ごとに異なる数値，電気（買電）は

9.76［GJ/千kWh］（昼夜間格差あり）である。これらの発熱量［GJ］に原油換算係数 0.0258［kl］を乗じて報告することになる。現行の省エネ法では系統電気はその起源として太陽光，原子力，火力などが考えられるが物理的に特定できないため，全量を火力で発電されたと法令上はみなしており，電気換算係数を設定して全国一律で 9,760［kJ/kWh］（2003 年の火力発電の発電効率実績値）となっている。

地球環境負荷削減に向けて，2050 年にカーボンニュートラルを実現するという政府方針を実現するためには，徹底した省エネを進めるとともに，非化石電気や水素等の非化石エネルギーの導入拡大が必要になる。供給側の非化石拡大と需要側における電化・水素化等のエネルギー転換の促進などに向けた対策強化が議論されており，今後の方向性として，省エネ法における電気換算係数については，省エネ法の「エネルギー」の定義の見直しや，諸外国の制度，発電施設の設置場所の違いによるオンサイト・オフサイトの再生可能エネルギーの公平性等を踏まえて，全国一律の全電源平均係数を基本とすることや，「非化石エネルギーの導入拡大」の新たな枠組みにおいて購入電気の非化石化を促すために，小売事業者別の非化石電源比率を適切に反映した指標を使用すること，需要平準化を見直して「需要の最適化」の枠組みを設けて，電源の状況に応じて電気換算係数を変動させることなどが検討されている。

［エネルギー］オイルショックを契機に制定された省エネ法（1979年制定）では，エネルギーの安定供給確保のため化石エネルギーの使用を合理化・効率化することを目的としている。そのため，省エネ法における「エネルギー」という用語の定義は，「化石由来」の「燃料，熱，電気」といった一次・二次エネルギーのみが対象となっており，再生可能エネルギーや水素・アンモニアといった非化石エネルギーは合理化の対象外となっている。今後，需要側における非化石エネルギーの導入拡大が予想されることから，「エネルギー」の定義を見直し，非化石エネルギーを含むすべてのエネルギーの使用を合理化の対象にすることが議論されている。

4 再生可能エネルギーと省エネルギーシステム

4.1 概 要

[確認埋蔵量] 現在の価格と技術で採掘可能な可採埋蔵量のうち、現在までに確認されたものから、すでに採掘されたものを除いたものをいう。新たに発見されたり、技術が進歩すると増加することもある。

[再生可能エネルギー] renewable energy の訳語であるが、本来は太陽が毎年、renew（更新）してくれるエネルギーという意味で、「更新性エネルギー」のほうが正しく、誤訳といえる。「再生」はrecycle である。また「新エネルギー」という用語は、おもに更新性エネルギのことであるが、天然ガスコージェネ、天然ガス燃料電池利用なども含まれていて、日本では学術用語ではなく、補助金対象という役所用語である。

[バイオマス] biomass　樹木、家畜の糞など燃料となる生物体で、石油などの化石燃料に対して生物燃料といわれる。再生資源であり伐採後、植林等をすれば CO_2 は排出の点で地球温暖化につながらないとみなされる。

[メタンガス] CH_4　天然ガス（都市ガス）の主成分でガス田から採取されるが、木材などの有機物を嫌気性細菌で還元させることによっても得られる。空気を与えて好気性細菌で酸化させると、水と CO_2 となって、エネルギー源として利用できなくなる。

　われわれがこれまで、主として利用してきた「化石燃料」の確認埋蔵量を年間採掘量で割った**可採年数**は、1999 年段階で原油 41 年、天然ガス 62 年、石炭 230 年程度と、最も多く使われてきた原油は 21 世紀後半にも枯渇すると心配されていたが、その後の新規油田の開発や採油技術の向上で、最近でも可採年数はほとんど減少していない。

　それに代わって登場したのが、化石燃料の燃焼にともなって排出される CO_2 による地球温暖化問題である。このため、われわれは省エネルギー技術によって化石燃料を節約しながら、できるだけその寿命を延ばし、その間に枯渇の心配のないクリーンな太陽エネルギー、すなわち**再生可能エネルギー**の利用に転換する必要がある。

　地球に入射する太陽エネルギー量は膨大で、現在、人類が使用しているエネルギーの約 1 万倍もあり、0.1 ％でも有効利用できれば、人類はエネルギー問題から永久に解放される。しかしながら、太陽エネルギーは「**偉大なる貧鉱**」といわれるように、地上に届く太陽エネルギーは年平均で 150 W/m² と希薄であり、人類が太陽エネルギーを電力や暖房熱源として直接的に、経済的に利用するのは容易ではなかった。

　これに対して、太陽エネルギーを起源とする水力や風力は、位置のエネルギー、運動のエネルギーとして濃縮されているので、古くから水車や風車のエネルギーとして有効に利用されてきたが、今後はさまざまな方法で太陽エネルギーを大量に利用する技術を開発しなければならない。

　太陽エネルギーの利用は、集熱器などを用いる太陽熱給湯・暖房システム、太陽電池を用いる太陽光発電などの**直接利用分野**と、太陽エネルギーで位置のエネルギーに変換されたあと利用される水力発電、運動エネルギーとなった風を利用する風力発電、光合成で化学エネルギーに変換されたあと利用されるバイオマス発電などの**間接利用分野**に大別される。

　これまでおもに研究開発が進められてきたのは、**太陽熱温水器**や**太陽熱給湯・暖房**、大規模**水力発電**などであったが、最近では電子工学を背景として効率化と低価格化が急速に進む**太陽光発電**システムと、大型化の進む**風力発電**などが主流となっている。また、ゴミ焼却発電、間伐材を利用する**バイオマス発電**、下水処理にともなって発生するメタンガス発電、さらには温泉水発電、**小水力発電**なども登場している。

　一方、限りある化石燃料を最新の技術を活用して効率的に使うことも重要であり、天然ガスによるコージェネレーションシステムや燃料電池などの応用も従来型エネルギーの新利用形態として広義の**新エネルギー**に含めることもある。

表4-1　再生可能エネルギーのエネルギー需給の見通し (引用 15)

GW（億 kWh）	2030 年度の野心的水準	平成 27 年度策定時
太陽光	103.5〜117.6 GW（1,290〜1,460）	64 GW（749）
陸上風力	17.9 GW（340）	9.2 GW（161）
洋上風力	5.7 GW（170）	0.8 GW（22）
地熱	1.5 GW（110）	1.4〜1.6 GW（102〜113）
水力	50.7 GW（980）	48.5〜49.3 GW（939〜981）
バイオマス	8.0 GW（470）	6〜7 GW（394〜490）
発電電力量	3,360〜3,530 億 kWh	2,366〜2,515 億 kWh

＊2030 年度の野心的水準は概数であり，合計は四捨五入の関係で一致しない場合がある。

さらに，工場排熱や廃棄物発電の低温排熱，あるいは河川水や下水の保有する温度差エネルギーをヒートポンプの熱源や排熱源として利用し，冷暖房の省エネルギー化を図る**未利用エネルギー活用システム**も新エネルギーシステムの一つとして考えることもできる。**表4-1**は，2030 年度に温室効果ガスを 2013 年度から 46% 削減することを目指し，さらに，50% の高みに向けて挑戦を続けることを踏まえた日本の再生可能エネルギーのエネルギー需給の見通しを示したものである。

［**未利用エネルギーの活用**］低温排熱や河川水の保有する熱など，従来，利用されていなかった熱をヒートポンプなどを活用して省エネルギー化を図ることをいう。

4.2　太陽エネルギーの直接利用

（1）概　要

建築における太陽エネルギーの利用方法には，**図4-1**に示すようなものがある。これらのうち**太陽熱温水器**は，安価で一年中利用できることからかつては大量に販売されたが，国内では利便性に欠けることから少なくなっているものの，発展途上国ではまだまだ多く使われている。

アクティブ（能動型）システムの**太陽熱暖房・給湯**も日本では少なくなっているが，暖房期間が長く，後述のようにヒートポンプエアコンによる暖冷房が困難な北欧などの寒冷諸国では利用されている。また，窓や付設温室など集熱器を用いない**パッシブ（受身型）システム**は，建築デザインとしての受容性の観点から**パッシブソーラーハウス**として注目されている。

最近，特に増加しているのが屋上の太陽電池とヒートポンプ，それに高気密高断熱を組み合わせた太陽光発電型の全電化による自給自足の**ネット・ゼロ・エネルギー・ハウス（ZEH）**である。

このように，古典的ともいえる住宅における太陽熱利用システムであるが，環境工学の分野では熱の流れを理解するうえで興味ある対象である。

一般に太陽熱利用システムの構成は，**図4-2**のように太陽熱集熱器，蓄熱槽，補助熱源装置，放熱装置，集熱循環系，制御系から成り立つ。建築用に用いられる集熱温度が 100 ℃程度以下の集熱器には，**図4-3**の平板型集熱器，真空ガラス管型集熱器が用いられる。

集熱器の集熱量 $q_c[\mathrm{W}]$，集熱効率 $\eta_c[-]$ は，以下の式で示される。

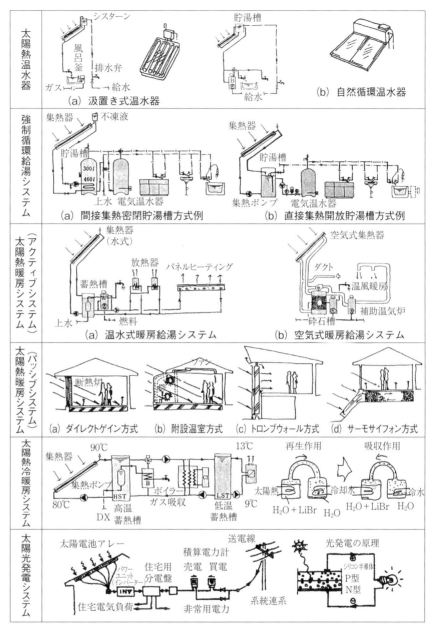

図 4-1　太陽熱冷暖房・給湯システムの分類

$$q_c = \{F_R(\tau\alpha)_e I - F_R U_o (t_i - t_o)\} A_c$$

$$\eta_c = q_c / I A_c \tag{4.1}$$

ここに，I：集熱面全日入射量 [W/m²]，$(\tau\alpha)_e$：実効日射透過率吸収係数 [－]

F_R：集熱器熱除去係数 [－]，U_o：集熱器熱損失係数 [W/(m²·K)]

A_c：集熱（全）面積 [m²]，t_i：集熱器入口流体温度 [K]，t_o：外気温度 [K]

$F_R(\tau\alpha)_e$：一重ガラス平板型集熱器で 0.77 [－] とする。

$F_R U_o$：一重ガラス平板型集熱器，選択吸収膜処理のとき 5.0 [W/(m²·K)] とする。

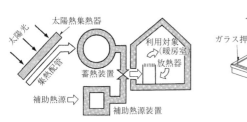

図 4-2　太陽熱利用システムの概念図
(引用 16)

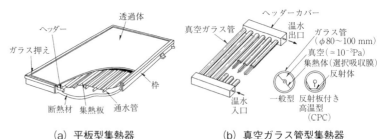

(a) 平板型集熱器　　　　　(b) 真空ガラス管型集熱器

図 4-3　平板型集熱器と真空ガラス管型集熱器

（2）太陽熱給湯システム

太陽熱給湯は，太陽熱利用システムのなかで最も省エネルギー効果が高く経済的なものである。その理由は，給湯は年間にわたって使用され，5〜25℃程度の比較的低温の給水温度から集熱するため，平均集熱温度が低くて集熱効率が高いために燃料の節約効果が大きいからである。

太陽熱給湯システムには，**図 4-4** に示すような太陽熱温水器を用いるものと，**図 4-5** のように集熱器とポンプ，貯湯槽を持つ強制循環式太陽熱給湯シス

中国は 2007 年に 1 億 m² の太陽熱温水器を生産し，世界の 97 % を占めていたといわれ，そのほとんどは真空ガラス管型である。

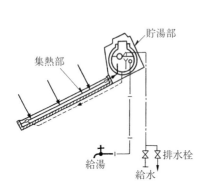

（a）自然循環式太陽熱温水器の構造

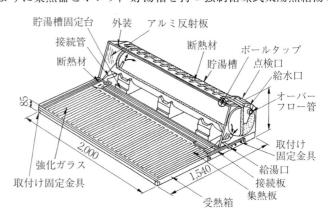

（b）自然循環式の外観（Y社）

図 4-4　太陽熱温水器による給湯システム

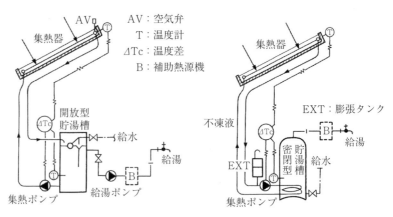

AV：空気弁
T：温度計
ΔTc：温度差
B：補助熱源機

EXT：膨張タンク

（a）強制循環式太陽熱給湯システム
　　（直接集熱方式）

（b）強制循環式太陽熱給湯システム
　　（不凍液による間接集熱方式）

図 4-5　強制循環式太陽熱給湯システム

テムがある。最も多く利用されている自然循環式太陽熱温水器は集熱面積が2
〜5 m²，貯湯槽は200〜300 l で，夏の晴天日には60〜70℃，冬は35〜40℃の
温水が得られる。集熱体は薄い特殊なステンレス鋼板でできているものが多
く，凍結時も板の変形で破壊を防ぐ構造となっている。太陽熱温水器は4〜7
年で投資を回収することができ，日本で約500万台程度使用されていたが，美
観上の問題，屋根荷重の大きさの問題とセントラル給湯システムとの相性の悪
さから最近ではあまり使われなくなった。

　強制循環式給湯システムは，図のように屋根には平板型の集熱器を20〜30
度の傾斜角で取り付けるだけで美観上の問題もなく，重量も小さい。図のよう
に集熱系には不凍液を用い，貯湯槽を間接的に加熱する。住宅用では集熱面積
4〜6 m²，貯湯槽300〜370 l 程度である。学校やホテルなど，大規模施設の太
陽熱給湯システムも基本的には同じである。

[不凍液] 自動車のラジエーター
用の不凍液は，エチレングリコー
ル水溶液で有毒であるが，太陽集
熱システム用には万一，漏えいし
ても安全な，食品添加物としても
認められているプロピレングリコ
ール水溶液が一般に用いられる。

**(3) 太陽熱暖房・
　　給湯システム**

　太陽熱暖房・給湯システムには，**図4-6**(a, b)に示す水（不凍液）循環集熱方
式と図(c)の空気集熱式がある。30〜50 m² の集熱器を傾斜角30〜50度の傾斜
角で屋根の上，または屋根と一体として配置し，不凍液を循環して蓄熱槽と貯

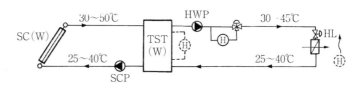

(a) 温水集熱温水暖房システム

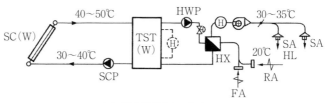

(b) 温水集熱温風暖房システム

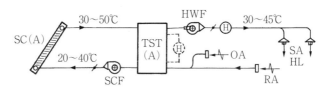

(c) 空気集熱温風暖房システム

SC(W)	：温水集熱器	HL	：暖房負荷	SC(A)	：温風集熱器
HX	：熱交換器	TST(W)	：蓄熱水槽	SCP	：集熱ポンプ
SA	：給気	TST(A)	：蓄熱体	SCF	：集熱ファン
HWP	：温水循環ポンプ	H	：補助熱源	HWF	：温風循環ファン
RA	：還気	OA	：外気		

図4-6　太陽熱暖房システム

湯槽を加熱する。蓄熱水槽の代わりに，コンクリート床に配管を通して，蓄放熱床暖房とすることが多い。

　空気式で最も実績の多い OM ソーラーハウスは，外気を軒先から取り入れ，ガラスのない屋根板の下で予熱した後，空気集熱器で加熱し，床下のコンクリートブロックなどに蓄熱させ，床暖房として機能させる。夏は給湯用のみに利用する比較的安価なシステムであり，広く普及している。

(4) 太陽熱冷暖房システム

　太陽熱を高性能集熱器で 85 ℃ 程度以上の温水温度で集熱し，特別に設計された吸収冷凍機を駆動することにより太陽熱で冷房ができる。これまでにも多くの戸建住宅や学校，病院などの公共施設で採用され，冷房が純技術的にはできることは証明されているが，設備費が非常に高いうえに省エネルギー効果が少ないため，最近ではほとんど実施されなくなっている。

(5) 太陽光発電システム

　太陽電池（セル）による光発電の原理は，**図 4-7** に示すように，太陽光（光子）が pn 接合をもつ 0.3 mm ほどのシリコンで高純度の半導体結晶の電子-正孔対に入射すると，光伝導効果と光起電力効果で跳ね飛ばされた電子と正孔が直流電気を発生させることを利用したものである。

　太陽電池の材料，構造によって利用可能な太陽放射の波長には限界があり，シリコン系太陽電池の理論変換効率は 30 % 程度とされている。一般に市販されているガラスと封止材で覆われた太陽電池モジュール（ソーラーパネルともいう）の変換効率は，単結晶シリコンで 18～20 %，多結晶シリコンで 16～18 % 程度，単結晶＋アモルファスシリコン（HIT）は 18～20 % 程度である。その他多くの種類の太陽電池が開発されている。

　日本における太陽光発電は，再生可能エネルギーのなかでは大規模水力を除いて最も導入量が多く，投資額は 10 年程度で回収できる。最近では，高気密・高断熱の戸建住宅の屋根にソーラーパネルを 40～60 m² のパネルを設置し，高効率のヒートポンプエアコンと CO_2 ヒートポンプ給湯機（エコキュート），

[太陽熱発電] アメリカ，地中海沿岸諸国で，反射鏡を用いて太陽光を集光し，300～500 ℃ の蒸気を発生させて発電する太陽光発電が導入されつつある。直射光（平行光線）の少ない日本では，実用化は困難と考えられている。

＊太陽光発電の導入量：2019 年の世界の累積導入量は 760 GW で，1 位の中国が 253 GW，2 位のアメリカが 93 GW，3 位の日本が 71 GW であった。

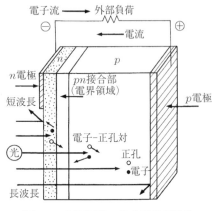

図 4-7　太陽電池の基本動作原理と
光子と電子の動き

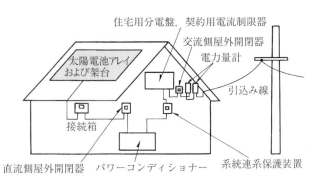

図 4-8　住宅用太陽光発電システムの概念図
（系統連系・逆潮流あり）

[系統連系] ゴミ焼却電源やコージェネレーション，太陽光発電，風力発電など電力消費地に分散して設置する分散型電源は，単独運転では小規模のため安定した電力供給を行うことができない。安定した電力供給を行うために商用電力系統との連系運転が必要となる。

[逆潮流] 系統連系している設備で，発電した電力を系統へ逆流させること。

*パワーコンディショナーの働き：太陽光発電システムや燃料電池などで発電された直流の電気を交流に変換する機器で，インバーターの一種。建物内での電気利用のほか蓄電池への充電，系統への売電などに適し，安定した出力に整える役割をもっている。「パワコン」，「PCS（power conditioning system）」とも呼ばれる。

[メガソーラー] 最大発電出力が1 MW（1,000kW）以上の大規模太陽光発電設備をいう。

LED照明などを採用して，昼間は余剰電力を電力会社に売電，夜間などの不足時は買電して結果的に自ら使用する電気やガスのエネルギー量を上回る発電を行う《ネット・ゼロ・エネルギー・ハウス ZEH：ゼッチ》が急速に普及している。また，住宅に蓄電池を備えて発電した電力を自家消費する方法もとられるようになってきている。

その要因の一つとして，太陽エネルギーの利用効率の観点から太陽熱暖房システムと太陽光発電＋ヒートポンプ暖房の比較をすると，図4-9に示すように，同じ暖房出力を得るための太陽光の必要受光面積は，光発電方式のほうが太陽熱暖房方式の半分ですんでいることがある。

これは，古典熱力学を背景とする熱利用に改善の余地が少なかったことなどに対し，量子熱力学に基づく太陽電池のコストと効率が向上していること，ヒートポンプエアコンの成績係数が大幅に改善されたことなどによる。すでに設備投資額，資材投入量の点でも光発電方式のほうが優位となっている。

一方，遊休地などに設置される大規模なメガソーラーは，購入単価の高い固定価格買取制度（FIT）の導入で急速な導入が進んだが，系統電力の運用への影響への懸念などから，買入単価の低下や競争入札の実施の点で停滞に転じている。

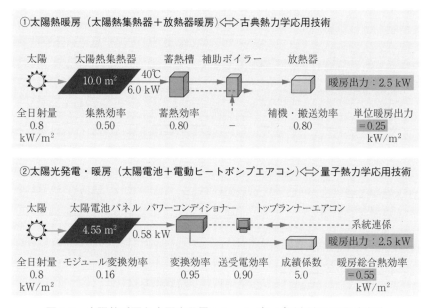

図4-9　太陽熱暖房と太陽光発電＋ヒートポンプ暖（冷）房の優勝劣敗

4.3　太陽エネルギーの間接利用

（1）風力発電システム

風力発電は，太陽熱による大気の加熱と地球の自転によって発生する風の運動エネルギーを利用する，太陽エネルギーの間接利用の一つである。発電量は風速の3乗に比例するから年間，風の強いところが圧倒的に有利であり，年平均風速が5～6 m/s以上あれば，経済的に引き合うとされている。

風車（wind turbine）の形式には多翼型，プロペラー型，サボニウス型，ダリウス型など多様なものが開発されてきたが，これまで本格的に実用化しているのは大型のプロペラー型風力発電機のみである。**図4-10**にはプロペラー型風力発電機の構造を示す。

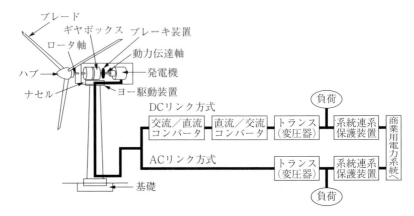

図4-10　プロペラー型風力発電機の構造と系統連系方式

最近，風力発電機の大型化が進んでおり，地上設置で定格出力が2〜6kWのものが増加している。風力発電機が大型化するのは，発電量が風速の3乗に比例するため，上空の高い風速を利用するのが有利であること，大型風車のほうが効率が良いことなどの理由による。

ヨーロッパではまだまだ陸上風力のほうが多いが，北海は沖合まで遠浅で，偏西風も強く，着床式の一基，5〜8kW出力の大型風力発電機が林立しはじめていることはよく知られている。一方，日本は東北，北海道などの沿岸部や離島，山岳部などを除いて一般に風力が弱く，海外に比べて導入が遅れている。広大な排他的経済水域（EEZ：exclusive economic zone）に設置する浮体式風力発電は高コストで，実用化には至っていない。

（2）廃棄物発電とバイオマス発電

家庭やビルから出るゴミ（一般廃棄物）には，石油を起源とするプラスチックと太陽エネルギーを起源とする紙や厨芥といったバイオマスなど可燃物が含まれている。日本では埋立て処分場の不足から，約60％が焼却処分されている。一時，焼却によって有毒なダイオキシンの放出が懸念されたが，燃焼方法の改良でほぼ解決された。

この焼却熱を利用して蒸気を発生させ，蒸気機関で発電するのが廃棄物発電である。現在，最も多く使用されている大型の連続ストーカー炉方式の場合，ゴミの保有する熱量のうち電気となる比率，発電効率は約15％であり，ゴミ1トン当たり，350kWhの電気が得られるが，所内で約130kWhを消費し，残りが電力会社に販売できる。蒸気・温水をそのまま近くの建物に供給することを，地域における「都市排熱の面的利用」といい，省エネ効果が期待されているが，電気で売電するか，熱を販売するかは十分検討する必要がある。

＊風力発電の盛んなドイツ，デンマーク，スペインなど大陸の西海岸では，地球の自転の影響などで安定した強い海洋性の西風が吹く。アメリカの砂漠地帯では，日中，太陽熱による上昇気流で峠を越える強風が吹き風力発電に向いている。日本でも日本海側や地形によって，風の強い所がある（NEDOのホームページで風況マップが見られる）。ただし，日本は地形が急峻で立地が限られ，山間にも民家があって低周波騒音の問題もあるので慎重な導入が必要である。

＊＊風力発電の導入量：2020年の世界の累積導入量は743GWで，中国，アメリカ，ヨーロッパなどの各国で増加している。日本は4.37GWで20位である。日本では低周波騒音，景観問題などにより立地難である。着床式や浮体式の洋上風力発電が期待されている。

[ORC発電装置]　間伐材や鋸屑などを燃料とする中小規模のバイオマス発電などには，（水）蒸気の代わりにペンタンなどの有機媒体やフロン系冷媒などを用いる，密閉型でコンパクトかつ高効率のORC（organic Rankin cycle）発電装置が利用されることがある。

4.4　省エネルギー熱源システム

**（1）コージェネレーション
　　　システム**

＊cogeneration system（熱併給発
電システム），CHP(combined heat
and power）ともいう。

　電力会社から電気を購入するのではなく，ビルや工場などに都市ガスなどを
燃料とするエンジン発電機を設置し，電気とともに，エンジンの排熱を暖冷房
や給湯の熱源として有効利用するシステムを「**コージェネレーションシステ
ム**＊」，略して「**コージェネシステム**」という。一般に電力会社の発電所は遠
隔地にあり，排熱を利用できないので，燃料のもつエネルギーの38％程度し
か利用できないが，コージェネシステムでは排熱を有効利用することが可能
で，上手に利用すれば電気と熱で80％以上を利用できる。欧米で活用されて
いる「省エネルギーシステム」の一つとして注目されてきた。

　しかし，発生する排熱を使い切らないと冷却塔で放熱することになり，利用
効率が低下するため，発電と排熱利用の計画を適切に行う必要がある。

　ビル・コージェネなどに使われるエンジンには，ガスタービン機関とガス焚
き往復動機関（ガスエンジン）などがある。前者の発電効率はやや低いが，利
用できる排熱温度が高く，排熱は暖房，給湯のほか，二重効用吸収冷凍機の熱
源としても利用できる。ガスエンジンは，発電効率は高いが，排熱の利用温度
は80℃以下で，おもに暖房，給湯のほか，一重効用（単効用）吸収機の熱源
として利用できる。

　図4-11は，ガスタービンを用いたコージェネシステムの構成例を示す。ガ
スタービンの効率は，出力によって異なるが，3MW程度で適切に計画された
コージェネシステムでは最大，発電効率は約30％，排熱利用効率は約45％，
総合熱効率で約75％（HHV基準）が期待できる。課題は，回収された熱が年
間にわたって有効に利用可能かどうかであるが，工場用のプラント・コージェ
ネでは年間，安定した熱需要があるが，温暖な日本ではビル・コージェネでは
暖房期間が短く，有効利用が困難である。夏期には吸収冷凍機の熱源として利
用することが多いが，電動冷凍機方式に比べて費用対効果として必ずしも有利

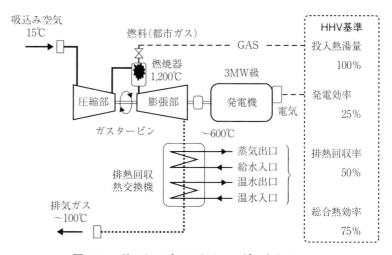

図4-11　ガスタービンによるコージェネシステム

ではない。最近では，排熱回収温度は低いが，小容量でも発電効率の高く，メンテナンスの容易な高効率ガスエンジンを利用するものの比率が高い。家庭用燃料電池《エネファーム》もコージェネシステムの一つである。

コージェネシステムは一時，省エネシステムとして政府からも奨励されたが，運転実績からみると，必ずしも十分な成果をあげていないものがあり，電動ヒートポンプの高効率化が進んで，高温の排熱が不要なビルシステムでは，系統電力による買電方式のほうが省エネ的である場合が多く，ビル・コージェネは反省期を迎えている。

(2) 地域冷暖房システム

*district heating (DH) という用語は，「地域暖房」ではなく「地域熱供給」と訳すべきで，ヨーロッパなどでは，ビル・住宅などの暖房用だけでなく，給湯用，工場のプロセス加熱用に供給する都市規模の広域のものが多い。
一方，district heating and cooling (DHC) は，都市中心部のおもにビルなどに冷暖房用の冷温熱を供給するもので「地域冷暖房」がふさわしい。地域配管費用と搬送動力の関係で，DH は数 10 km 以上の熱輸送が効果的に行えるが，DHC のそれは 1 km 以内である。

[都市エネルギーの面的利用] 都市特有のゴミ焼却熱，下水道熱，河川熱などの「未利用エネルギー」，あるいはビルの温熱，冷熱のうち，余剰・不足となっている熱エネルギーを相互に活用して，地域冷暖房をより広域に，効率的に利用することを「都市エネルギーの面的利用」という。

日本では都市再開発地域などを対象に，中心部に集約した「冷温熱源設備」から地域配管を通じて冷温水，蒸気などを多数の建物に供給・販売するシステムを，一般に「**地域冷暖房（DHC）***」，札幌などの寒冷地の都心地域，あるいは住宅団地などを対象に温水，蒸気などを一定出力（21 GJ）以上供給・販売するシステムを「**地域暖房（DH）***」といい，熱源設備の大型化と高度な運転管理によって都市の大気汚染防止効果，省エネルギー化による地球温暖化防止効果，都市美観効果，人件費削減効果，経済効果が期待できるとされ，いずれも熱供給事業法で供給エリア，供給条件，熱単価などが規制されている。

寒冷な北ヨーロッパでは，都市規模の地域熱供給が盛んであり，専用ボイラープラントのほか，市内や郊外の発電所，工場，ゴミ焼却場などから排熱の供給を受ける，複合型で広域的な大規模熱供給システムが多く存在する。

日本では，札幌の都心地域や住宅団地などの寒冷地を対象とする「地域暖房」以外は，本州の大都市部の都市再開発事業地域を対象とする「地域冷暖房」が大半であるが，供給エリアはその配管コスト，熱搬送動力の制約から，半径 1 km 程度内に限られる。

日本の現在，運用されている 130 地域を超える冷暖房プラントは，利用するエネルギー源，事業主体から，図 4-12 に示すように 3 つの形態におおよそ分類できる。その一つは，都市ガス会社が投資，運用するガス方式で，都市ガス焚き二重効用吸収冷凍機，あるいはコージェネの排熱による吸収冷凍機による冷

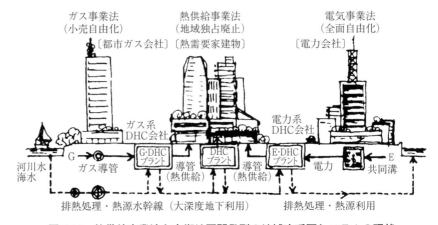

図 4-12　熱供給事業法と市街地再開発型の地域冷暖房システムの現状

水と蒸気をビル側に供給する。次に，電気方式は大容量の高効率ターボ冷凍機（ヒートポンプ）と大型の蓄熱水槽を用い，安価な夜間電力で冷熱，温熱を蓄熱し，昼間，冷水と温水を供給する。**未利用エネルギー**の河川水，下水の熱を冷凍機の冷却水，ヒートポンプの熱源水に利用することもある。もう一つは再開発事業者，自治体が主導するもので，設備費の安いガス方式と効率の高い電気方式の利点を半分ずつ取り入れた「**ベストミックス方式**」*である。

＊普通，系統電力のエネルギー源を調達の安定性，コストなどの観点から，ガス，石油，石炭，原子力の比率を最適に維持することを「ベストミックス」というが，熱供給の場合は，政治的・営業的な妥協の結果，電気とガスが50％ずつという場合が少なくない。

従来，地域冷暖房は省エネルギー，大気汚染防止を中心に，環境効果を強調するものの，実際には「熱単価」の競争で選ばれてきたが，エネルギー価格の高騰はもちろん，最近ではより省エネルギー効果，さらには CO_2 削減効果が重視されるようになって，地域冷暖房システム間の競合，個別ビルシステムとの競合が激しくなっている。

一般に地域冷暖房は，個別ビルシステムに比べて15％程度の省エネルギー効果があるとされてきたが，個々にみると，最近の電動高効率ヒートポンプ機器を利用するビルシステムは，既存のガス方式の地域冷暖房より効率が良く，CO_2 排出量も少ないことが多い。また地域冷暖房どうしでも，一般的に電気方式のほうが効率が良いことが実績値でも明らかになりつつあり，「ベストミックス方式」の既設プラントでも電動ヒートポンプの比率を増やす改修が盛んである。いずれにしても，日本の地域冷暖房は，「CO_2 削減」の観点から抜本的に見直すことが求められている。

（3）燃料電池利用

[燃料電池①] fuel cell　燃料電池は，燃料の化学反応エネルギーを電気化学的に電力に変換するので，カルノーサイクル効率の制約を受けず，低温でも高効率発電が可能なことが特長である。
燃料電池②：310頁参照

＊停電が多く天然ガスの安いアメリカでは，無停電電源用としてPAFCを常時運転している場合がある。

燃料電池とは，乾電池など電気を貯蔵する二次電池とは異なり，熱機関を用いず，天然ガスなどの燃料の化学エネルギーを直接，電気エネルギーに変換する一次電池であり，その排熱も利用できる効率的な発電装置として注目されている。窒素酸化物などの大気汚染物質をほとんど発生せず，基本的に運動部分がないので騒音も小さい。

種類としては，**固体高分子形燃料電池（PEFC）**，**リン酸形燃料電池**

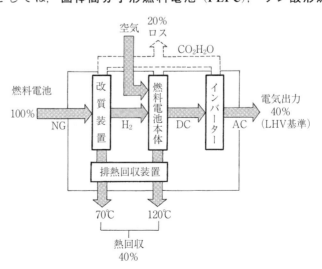

図4-13　燃料電池の構成（PAFC型）

（PAFC），**溶融炭酸塩形燃料電池（MCFC），固体酸化物形燃料電池（SOFC）**などがある。都市ガスを燃料として実用化されている。図4-13に示すリン酸形燃料電池では，燃料から改質装置で水素を取り出し，電解質とセパレータから構成される燃料電池本体で直流電池に変換し，インバーターで交流になって外部に取り出される。本体，改質装置で発生する余剰熱は，排熱回収装置で回収・利用できる。

　固体高分子形燃料電池は，電解質が固体高分子膜，作動温度が70〜90℃，発電効率が35〜45％であり，低温作動可能で取扱いや起動停止が容易といった特徴があり，家庭用・車載用の開発が進展している。家庭用の定置用燃料電池エネファームや燃料電池自動車用として活用され，低白金化等に向けた技術開発が進んでいる。固体酸化物形燃料電池は，電解質がセラミック，作動温度が700〜1,000℃であり，高効率発電，燃料改質器が簡素，省スペースといった特徴があり，業務用・産業用として期待されている。一部でエネファーム用の商品が市場投入され，業務用・産業用発電用途の実証実験が行われている。

5 建築設備とシステムシミュレーション

5.1 運転状況の予測

　建築設備は，建物自体と建物に設置されるさまざまな機器で構成されるシステムである。設計案作成時に，システムの運転状況が予測できれば，設計に大変有用である。建築設備システムの運転性能は，気象条件や建物の使用条件によって大きく影響されるため，年間にわたる運転状況の変動を把握するには，コンピューターシミュレーションが最も適している。シミュレーションの結果として得られた設備システムの全体的な性能あるいは機器の運転性能が，当初の予想と異なるときには，設計案を修正して，より適切な設計を行うことができる。

　シミュレーションには，設備システム全体のエネルギー性能予測を目的とするものとともに，制御システムの詳細な挙動を再現するもの，熱源機器や空調機器などシステム構成要素機器についての解析を行うものがある。また，大空間やクリーンルームなど特別な空間の熱，流体挙動の空間分布を分析するためのCFD（数値流体力学）シミュレーションも行われる。シミュレーションは，コンピューターの演算能力を活用し，コンピューター上に計算モデルを構築した一種の実験と考えられることから，数値実験とも呼ばれる。

5.2 空調システムのシミュレーション手法

　図5-1は，空調システムを建物における熱負荷の関係も含めて，模式的に示したものである。空調システムのエネルギー消費量の予測を主たる目的としたシミュレーションでは，図5-1のような関係を計算モデル化する。図は，熱源システム，空調システムおよび空調を行う部屋で構成されており，外気温・湿度，日射量などの気象条件および室内における照明，機器および人体などからの室内発熱によって冷房あるいは暖房負荷が発生し，空調システムが運転さ

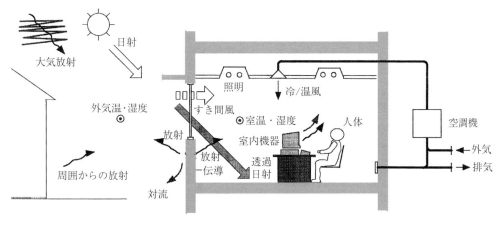

図5-1　空調システムの熱計算モデル

73

れる。このように建物の熱的な挙動は，空調システムの運転状況に大きく影響するため，空調システムシミュレーションでは，建物の熱負荷シミュレーションと密接な関係がある。

　このため，シミュレーションアルゴリズムの構成方針として，建物熱負荷シミュレーションと空調設備システムシミュレーションを一体とした統合型シミュレーションが考えられる。しかしながら，従来は，熱負荷シミュレーション結果をシステムシミュレーションの運転条件として入力する熱負荷・空調システム分離型のアルゴリズムの簡潔さの点から，多く使用されてきた。これは，統合型ではアルゴリズムが大規模化するため，コンピューターについて演算能力や記憶容量など高性能化が必要であったためである。今日のパソコンは十分な能力があることから，今後は，統合型のシミュレーションソフトウェアが普及してゆくと考えられる。

　シミュレーションを活用するには，汎用性の高いソフトウェアが必要であり，アメリカで DOE，BLAST，TRNSYS，ENERGY-Plus，イギリスで ESP など，わが国でも HASP/ACSS，BECS/ACSS があり，宇田川も EESLISM を開発している。また，最近では BEST が開発されている。前述の分類に従えば，DOE，HASP/ACSS，BECS/ACSS は分離型であり，他は統合型である。

5.3　空調システムのシミュレーション例

　EESLISM は，宇田川が開発している統合型のシミュレーションソフトウェアである。ここでは，EESLISM を例にして，シミュレーション手法の概要を述べる。**図 5-2** は，シミュレーションモデルを説明するための空調システムの例である。このモデルでは，建物についての熱負荷シミュレーションと設備システムシミュレーションを一体としてシミュレーション手法を構築している。シミュレーションの対象となるシステム全体は，室および空調システムのほか，給湯システムで使用される機器をシステムの構成要素とし，これら構成要素が配管系やダクト系によって接続されていると考える。

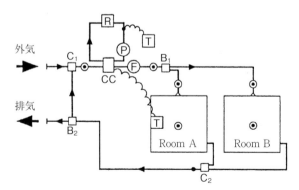

R：冷凍機　　P：ポンプ　　C₁ C₂：合流 • 温度　　T：温度設定器
CC：冷却コイル　F：ファン　　B₁ B₂：分流 ◉ 温・湿度

図 5-2　空調システムのシミュレーションモデル化

　シミュレーション結果としては，建物の熱負荷を含めシステムを構成する要素機器各部分の温・湿度や熱量が得られるが，このためにはシミュレーションの過程でシステム構成要素の入口，出口温度を決定してゆく必要がある。汎用的なシミュレーション手法では，構成要素が接続されている経路に沿って上流から下流へ順次構成要素についての計算を行う方法があるが，この方法では，空調システムの冷温水系統や冷温風系統の大部分に見られる循環形の経路では，収束計算を必要としてしまう。また，構成要素が水系統と空気系統のような複数の経路に関連するときは，計算の順序が収束過程に影響を及ぼすことも懸念される。

　一方，システム構成要素についての各熱収支式を連立方程式として解き，構成要素に関する温度を求める方法もあり，収束計算が不要であるのでアルゴリズムが簡潔になる利点があるが，システムを構成する熱収支式のすべてを直接的に解くのは，連立方程式の次元数が大きくなるので，扱えるシステムを小規模なものに限定されるおそれがある。このため，EESLISM では，システム構成要素についての熱収支式を各システム構成要素を通過する水，空気の入口温度，出口温度の関数として表示する方法により，システム全体を記述する連立方程式の次元数を減少させる方法を特徴としている。

　図5-2の空調システムの例では，構成要素は部屋が2室，冷却コイル，ファン，合流ダクトおよび分岐ダクト各2，冷凍機，ポンプであり，部屋の室内温湿度と各要素の出口温度およびダクト系については，出口温湿度が一般に未知数である。各構成要素の熱収支式は，室内温湿度や各要素の出口温度・湿度の関数として表すことができるので，各要素についての熱収支式は，システム構成要素全体として，連立方程式を構成することになる。各時刻ごとの計算では，気象条件や運転条件からこの連立方程式の係数を作成し，解いて，未知数である入口，出口温度・湿度を決定してゆくことになる。EESLISM では，ア

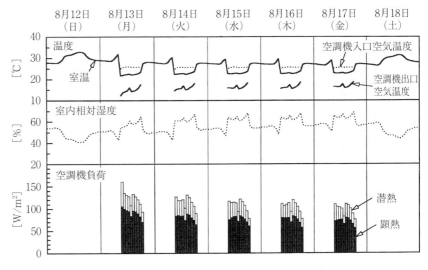

図5-3　事務所ビルの空調システムシミュレーション例

ルゴリズムを工夫し，システム構成要素の内部の温度をシステム全体の連立方程式から除外しているので，システム全体を記述する連立方程式の次元数は，室内温湿度と各要素の出口温湿度の総数でよく，システム全構成要素の全未知数の大きさの連立方程式を解く必要はない。システム構成要素の内部温度の削減効果は，建物の熱計算モデルについて特に大きく，大規模なシステムのシミュレーションを可能にしている。

　図5-3は，事務所ビルの空調システムシミュレーション例である。気象データを用意し，室内の使用時間帯，室内発熱や空調運転時間などを設定し，シミュレーションを実行すると，室温，湿度およびシステム構成要素各部の温度，湿度が刻々計算される。これらの結果から，システム運転状況の時間変化がわかるとともに月間，年間などの長期間にわたる熱負荷やエネルギー消費量が計算される。

5.4　太陽熱給湯システムのシミュレーション

　太陽熱利用システムでは，日射がエネルギー源であることから，システムの性能は気象条件によって大きく変動する。システムシミュレーションによって性能予測が期待される分野である。

　図5-4は，太陽熱給湯システムであり，このシステムを例にしてシミュレーション手法を具体的に述べる。シミュレーション上の構成機器要素は，太陽熱集熱器および蓄熱槽である。集熱ポンプ，配管および給湯補助熱源もシステム構成要素であるが，ここでは簡単のためこれらを無視したシミュレーションモデルについて説明する。

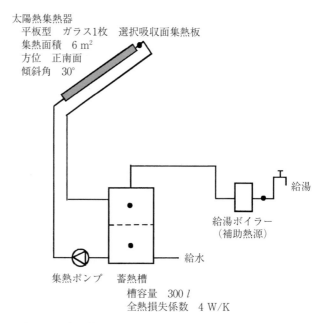

図5-4　太陽熱給湯システムのシミュレーションモデル

(1) 太陽熱集熱器の計算法　　水を集熱媒体とすると，太陽熱集熱器の熱媒の出口温度と入口温度の関係は，次式で示される。

$$t_{out} = t_e - (t_e - t_{in}) \exp\left(-\frac{A_c U_c}{c_w G_c}\right) \tag{5.1}$$

ここで，t_e は太陽熱集熱器の相当外気温度 [℃] であり，与えられた気象条件および集熱器特性において到達可能な集熱媒体の集熱器出口温度を示している。

$$t_e = \frac{(\tau\alpha)_e I}{U_o} + t_o$$

　　　t_{in}：集熱器入口水温 [℃]　　　t_{out}：集熱器出口水温 [℃]

　　　t_o：外気温 [℃]　　c_w：水の比熱 [J/(kg・K)]

　　G_c：熱媒の集熱器通過流量 [kg/s]　　　A_c：集熱器面積 [m²]

　　I：集熱面入射日射量 [m²]　　　U_o：集熱器熱損失係数 [W/(m²・K)]

　　U_c：集熱器貫流率 [W/(m²・K)]

　　$(\tau\alpha)_e$：集熱器実効日射透過吸収係数 [－]

(2) 蓄熱槽の計算法　　蓄熱槽の計算モデルは種々あるが，ここでは完全混合連槽モデルによる計算法を示す。集熱システムの蓄熱槽は，温度成層を配慮して縦長であるので，ここでは，これを仮想的に2分割した計算モデルとする。分割したそれぞれの槽内は，完全にかくはんされていると仮定するので，各槽内水温は均一である。図5-4のように，槽下部から集熱器に入った水は，集熱器で加熱され槽上部に流入する。給湯用には，槽下部から水道からの給水があり，槽上部から湯が供給される。各槽内の水についての熱収支は，次式で示される。

注）式(5.2a)，(5.2b)の左辺は水温変化を微分で示している。例えば，式(5.2a)の左辺の $\frac{dt_{S1}}{d\tau}$ は，2分割した蓄熱槽上部の水温の微小時間 $d\tau$ における微小変化 dt_{S1} を示している。実際の計算にあたっては，式(5.3a)の左辺のように，dt_{S1} を $t_{S1} - t_{S1}^*$，$d\tau$ を $\Delta\tau$ で近似する差分法を用いている。

$$\rho V_1 \frac{dt_{S1}}{d\tau} = c_w G_c(t_{out} - t_{S1}) + c_w G_{DHW}(t_{S2} - t_{S1}) + S_1 U(t_{ox} - t_{S1}) \tag{5.2 a}$$

$$\rho V_2 \frac{dt_{S2}}{d\tau} = c_w G_c(t_{S1} - t_{S2}) + c_w G_{DHW}(t_w - t_{S2}) + S_2 U(t_{ox} - t_{S2}) \tag{5.2 b}$$

ここに，t_{S1}，t_{S2}：槽上部および下部の水温 [℃]　　　t_{ox}：槽周囲温度 [℃]

　　　t_w：給水温度 [℃]　　　V：槽内貯水量 [m³]

　　U：蓄熱槽熱貫流率 [W/(m²・K)]　　　S：蓄熱槽表面積 [m²]

　　G_{DHW}：給湯流量 [kg/s]　　τ：時間 [s]　　ρ：水の密度 [kg/m³]

　　（V_1，V_2 は槽上部，下部の貯水量を，また S_1，S_2 は槽上部，下部の表面積を表す）

　　式(5.2)に後退差分を適用して，次式を得る。Δt は差分の計算時間間隔 [s] であり，t_S^* は Δt 前の時刻における槽内水温である。

$$\rho V_1 \frac{t_{S1} - t_{S1}^*}{\Delta\tau} = c_w G_c(t_{out} - t_{S1}) + c_w G_{DHW}(t_{S2} - t_{S1}) + S_1 U(t_{ox} - t_{S1}) \tag{5.3 a}$$

$$\rho V_2 \frac{t_{S2} - t_{S2}^*}{\Delta\tau} = c_w G_c(t_{S1t} - t_{S2}) + c_w G_{DHW}(t_w - t_{S2}) + S_2 U(t_{ox} - t_{S2}) \tag{5.3 b}$$

シミュレーションに用いるのは，式(5.1)と式(5.3)である。配管や集熱ポ

ンプの影響は無視することにしたので，集熱器入口水温は槽内水温に等しい，すなわち $t_{in} = t_{S2}$ である。t_{S1}，t_{S2} と t_{out} 以外の温度や係数は，気象条件や機器仕様，運転条件によってすべて値が与えられる。これより，各時刻についての計算では，式(5.1)と式(5.3a)，式(5.3b)の3式を連立方程式として，t_{S1}，t_{S2}，t_{out} を未知数として求めてゆく。

(3) シミュレーションの実行

　機器の仕様をまず設定する必要がある。集熱器に関しては，性能試験により得られている機器特性値，面積，設置傾斜角・方位角などであり，蓄熱槽については槽内蓄熱水量，熱損失係数などである。

　気象データとしては，日射量，外気温の毎時データが必要であり，給湯使用量のスケジュールも与える必要がある。給水温度は気象条件ではないが，給湯負荷算定では重要である。給水温度は，月ごとの値を与えるとする。気象条件は東京とし，HASP用気象データを用いることとする。これらの計算条件を与えてシミュレーションを実行する。図5-4の太陽熱給湯システムについてのシミュレーション結果として，直接的に得られるのは，毎時の蓄熱槽水温，集熱器出口水温度である。これらの水温から集熱量や太陽熱供給熱量が計算される。結果を**図5-5**に示した。

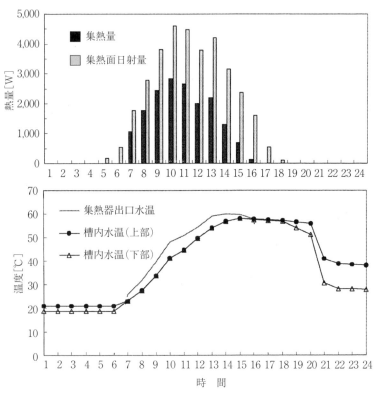

図5-5　太陽熱給湯システムのシミュレーション例 （東京 HASP 標準年 5 月 5 日）

演習問題

〔1〕 複層ガラスは，2枚のガラス板の間に，厚さ1cm程度の中空層を設けて，断熱性を向上させた窓ガラスである。複層ガラスの熱貫流率 U は，中空層(空気層)の熱コンダクタンス $C_a = \dfrac{1}{R_a}$ を用いて，次式で示される。ただし，ガラス板の熱抵抗は，小さいことから無視している。

$$U = \frac{1}{1/\alpha_i + 1/C_a + 1/\alpha_o}$$

$$C_a = C_c + C_r$$

中空層の熱コンダクタンスは，対流・伝導成分 C_c と放射成分 C_r とからなる。

$$C_r = \frac{4\sigma T_m{}^3}{1/\varepsilon_1 + 1/\varepsilon_2 - 1}$$

σ：黒体の放射定数 （$=5.67 \times 10^{-8}$ [W/(m²·K⁴)]）

T_m：2枚のガラス温度の平均温度 [K]

$\varepsilon_1,\ \varepsilon_2$：外側，内側ガラスの中空層側表面の放射率 [−]

複層の室内側ガラスの中空層内表面に低放射率皮膜処理を施すことにより放射熱伝達を減少させ，さらに断熱性能を向上させる低放射率ガラス（Low−E ガラス）も使用されている。

以上を用いて，複層ガラスについて次の問いに答えなさい。ただし，$T_m = 15 + 273 = 288$ [K]，また，$C_c = 2.5$ [W/(m²·K)]，室内表面および外表面総合熱伝達率は，$\alpha_i = 9.3$ [W/(m²·K)]，$\alpha_o = 23$ [W/(m²·K)] とする。

1) 普通の透明ガラスの放射率を0.9とする。2枚のガラスとも普通のガラスとするとき，複層ガラスの熱貫流率を求めなさい。

2) 2枚のガラスのうち，内側ガラスを放射率 $\varepsilon_2 = 0.1$ の低放射率ガラスとしたときの複層ガラスの熱貫流率を求め，1)の結果と比較しなさい。

3) 室温を22℃，外気温を4℃とするとき，1)，2)の結果を用いて，ガラス窓単位面積当たりの損失熱量を求め，比較しなさい。

4) 前問の結果から，1)，2)のそれぞれについて，室内側ガラスの温度を求め，比較しなさい。

〔2〕 内径22mmの給湯管を流速0.6m/sで湯が流れている。この給湯管から浴槽に150l給湯するのに要する時間を求めなさい。

〔3〕 46頁，図2-3からわかるように，全圧 P_T と静圧 P_S の差である動圧を測定することにより，風速を求めることができる。これは，風速の測定に用いられるピトー管の測定原理でもある。

1) P_T，P_S が測定されているとき，風速 v は次式で表されることを導きなさい。

$$v = \sqrt{\frac{2(P_T - P_S)}{\rho}}$$

2)　ダクト内に16℃の冷風が流れており，そのときの動圧が32 Paであったとき，風速を求めなさい。ただし，16℃の空気の密度は，1.22 kg/m³とする。

〔4〕　図に示すオリフィスは，管内の流れの途中で意図的に摩擦抵抗を生じさせることにより，流量を計測することができるので，流量計として用いられる。

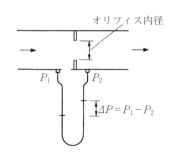

1)　オリフィス前後の静圧の差（差圧）を，$\Delta P = P_1 - P_2$とすると，管内の流量は，次式で表される。局部抵抗と流量の関係（式(2.15)）を用いて，これを導きなさい。ただし，Aはオリフィスの断面積，αは流出係数である。

$$Q = \alpha A \sqrt{\frac{2\Delta P}{\rho}}$$

2)　内径4 cmのオリフィスが設置された管内に，50℃の温水が流れている。オリフィス前後の差圧が，2.05 kPaであったとき，流量を求めなさい。ただし，50℃の温水の密度は，988 kg/m³，また，$\alpha = 0.8$とする。

〔5〕　逆カルノーサイクルに関して，次の問いに答えなさい。

1)　冷凍機の理論成績係数COP_cは，冷凍機サイクルを作動させるための仕事Wと冷却熱量Q'_Lから，

$$COP_c = \frac{Q'_L}{W}$$

で定義される。冷凍機からの排出熱をQ'_Hとするとき，

$$COP_c = T'_L / (T'_H - T'_L)$$

で表されることを導きなさい。ただし，T'_H, T'_Lは高熱源および低熱源温度である。$W + Q_L = Q_H$ および $Q'_L / Q'_H = T'_L / T'_H$の関係がある。

2)　ヒートポンプの理論成績係数COP_hは，Q'_Hを加熱量，Q'_Lを吸熱量とするとき，

$$COP_h = \frac{Q'_H}{W}$$

で定義される。$COP_h = COP_c + 1$となることを示しなさい。

3)　仕事率2 kWの圧縮機を用いる暖房用ヒートポンプで，低熱源温度が−5℃，高熱源温度が50℃のとき理論上の加熱量を求めなさい。

4)　前問で，低熱源温度が8℃になったときの加熱量を求め，前問の結果と比較しなさい。

〔6〕　$T_H = 350 + 30 \times N$［℃］，$T_L = 27$℃のときのカルノーサイクル効率η_cを計算しなさい。

〔7〕　$T'_L = 5$［℃］，$T'_H = 27 + N$［℃］の冷凍機のCOP_cを求めなさい。また，この冷凍機を上記〔6〕

の熱機関で運転したときの一次エネルギー基準成績係数 $COP_c{}^*$ を次式で求めなさい。

$$COP_c{}^* = \eta_c \times COP_c$$

〔**8**〕 ピトー管で直接動圧が読み取れる理由を簡単に説明しなさい。また，測定した水柱が $10+N$ 〔mm〕であったときの流速を求めなさい。

〔設問中の N は，学籍番号末尾 1 桁の数値とする。〕

第3章　空気調和設備

1 空気調和の概要

1.1　空気調和の目的と定義

*1　air conditioning

　　空気調和[*1]とは，住宅や事務所建築などの居住空間，あるいは病院の手術室，工場の生産工程などを，その利用目的に応じて室内空気温度（室温）DB，平均放射温度MRT，相対湿度φ_R，気流（風速）v_a などの温冷熱環境，塵埃（じんあい），臭気，有害ガスなどに関する室内空気質の水準を，定められた数値の範囲に制御し，快適，効率的，健康的な環境をつくり出し，維持すること，またはその技術をいう。空気調和は略して空調，エアコンと呼ばれることもある。

*2　space heating and cooling

　　また，冷暖房[*2]という用語も空気調和と同じ意味で使われることもあるが，暖房システムや冷房システムの一部には，単に室内の温度のみを制御し，厳密な湿度制御や換気（ventilation）のできない（しない）ものもあるため，空気調和のほうがより高級な概念として，学術用語として一般に使われている。なお，英語の heating and cooling は加熱・冷却を意味し，本来，冷暖房を意味しないので注意が必要である。

*3　comfort air conditioning

　　空気調和の対象が居室内の人間を対象として，快適で健康的，あるいは作業効率の高い空間をつくることを目的とする場合は，保健用（または快適）空気調和[*3]といい，特に清浄な空気が要求される IC 工場のクリーンルームや厳密な温度制御の要求される精密機械工場，特殊な温湿度制御が必要な繊維工場や食品工場などを対象とする空気調和を産業用空気調和[*4]，あるいは工程用空気調和[*5]という。

*4　industrial air conditioning

*5　process air conditioning

　　空気調和の操作は基本的に，空気の冷却・除湿，加熱・加湿，ろ過，換気によって行われる。空気調和に必要な冷凍機やボイラーなどの熱源機器，空気を加熱，冷却，ろ過，送風する空気調和機器，配管やダクト，ポンプや送風機などの熱搬送設備，制御設備などのハードを総称して空気調和設備といい，それら全体の機能，構成，方式などのソフト面に着目して空気調和システムと使い分けることがある。

1.2　冷暖房の原理

　　冷暖房の原理は2章の3.2でならったように，水と熱のアナロジーによるとわかりやすい。図1-1に示すように，冷房は穴のあいたボートに流入する水を水位を一定に保つためにポンプで外に汲み出していることに，暖房は逆に破れバケツから流出する水を外から補っていることに似ている。すなわち，冷房時

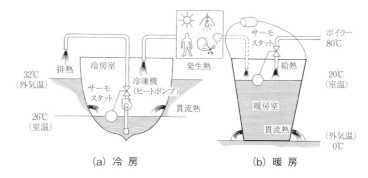

(a) 冷 房　　　　　　　　(b) 暖 房

図1-1　冷房・暖房の原理 (引用 17)

は高温の外気や日射熱が，外壁やガラスを通して室内に侵入した熱（外部負荷）と室内で発生する人体や照明の熱（内部負荷）が室温を上昇させないように，ヒートポンプ（冷凍機）でその熱を外気に放出している。一方，暖房時は外壁を通して外気に逃げる熱をボイラーやヒートポンプで補っている。

　図1-2のように実際はもう少し複雑で，図(b)の暖房時は，外壁から外気に流出する貫流熱損失とすき間風や換気のために導入する外気を加熱するための熱がおもな暖房負荷で，これから日射熱，照明，人体，機器の発熱分を差し引いたのが実際の暖房負荷であり，この熱をボイラー，または空気熱源ヒートポ

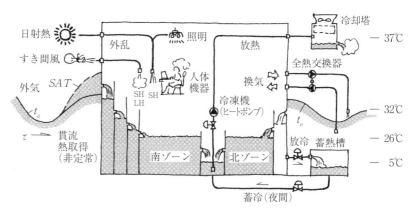

(a) 冷房システム

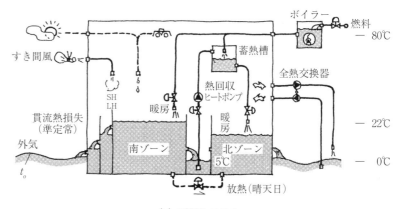

(b) 暖房システム

図1-2　冷暖房システムの水と熱のアナロジー表示

ンプで補う必要がある。日射による受熱量などの内部発熱量のほうが貫流熱量などより大きく，南側の部屋などが高温になるときは，ヒートポンプで熱を蓄熱槽に回収・貯蔵し，北側の部屋に供給するか，翌日の朝にビル全体に供給することもできる。

注）水と熱のアナロジーでは，冷房時の除湿，暖房時の加湿の潜熱は熱量としては大きいが，凝縮すると水量は顕熱の表示に比べてわずかになるので，その重要性をアナロジーとしては表現しにくい。この意味で，ここでは「冷暖房の原理」とした。

　図(a)の冷房時には，貫流熱や内部発熱はすべて冷房負荷となり，すべての熱を冷凍機（ヒートポンプ）で外部に捨てなければならない。冷房時は壁面の方位などによって大きく変動する日射熱の影響が大きいため，冷房負荷の計算は暖房時より厳密に行う必要がある。さらに，冷房時の高温で多湿なすき間風や導入外気（新鮮空気）の保有する水蒸気，あるいは人体から発生する水蒸気を室内の空気から除去するため，その温度を下げるための顕熱（冷却）と湿度を下げるための潜熱（除湿）を除去する必要があるが，その熱量は冷房負荷全体の40％以上となることもあるので留意する必要がある。冷房時，安価な夜間電力で冷水や氷を作っておき，昼間に利用する蓄熱式冷暖房方式も図に示されている。

1.3　空気調和に関する基本事項

(1) 空気調和設備の基本構成

　空気調和設備の機器構成やそのシステムは建物の用途，規模，気候条件，要求される室内の環境条件などによって多様であるが，**図1-3**には空気調和設備の代表的な構成の一例を示す。空気調和設備は冷温熱源設備，空気調和機設備，室内端末設備とそれらをつなぐ配管設備，ダクト設備（熱搬送系設備ともいう），換気設備，制御設備などから成り立つ。

　冷温熱源設備は，都市ガスや灯油などを燃料として温水や蒸気などの温熱を供給するボイラー，冷熱を供給する**吸収冷凍機**（吸収冷温水機）あるいは電気をエネルギー源として冷熱を供給する**冷凍機**，冷温熱を供給する**ヒートポンプ**とそれらに付随する**冷却塔**などから成り立つ。

　空気調和機設備は，室内から一部は排気（exhaust air：EAと略す）され，戻った還気（return air：RAと略す）と外気から取り入れた新鮮空気（outdoor air，fresh air：OAと略す）を浄化する**空気ろ過器**[*1]，加湿器，空気を加熱，

*1　air filter

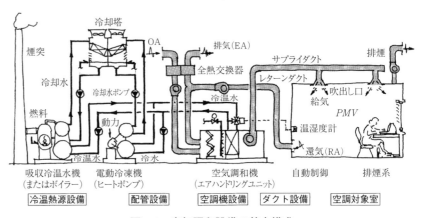

図1-3　空気調和設備の基本構成

*2 heating coil
*3 cooling coil
*4 air handling unit

冷却・除湿する**加熱コイル***2 または**冷却コイル***3，冷風，温風を送り出す送風機（fan）から構成される**空気調和機***4 とその付属品から成り立つ。

室内端末設備とは，空気吹出し口（air diffuser），吸込み口（return grill）やファンコイルユニット（fan-coil unit），放熱器（radiator, convector）などをいう。

配管設備にはボイラー，冷凍機などから空気調和機に熱を搬送する冷水配管，温水配管，冷温水配管，蒸気配管，冷却塔とを結ぶ冷却水配管，冷水，温水などの冷媒を循環させるためのそれぞれのポンプがあり，**ダクト設備**には部屋に冷温風を供給する給気ダクト（supply duct），部屋から空調機に戻る還気ダクト（return duct），新鮮空気ダクト（outdoor air duct），排気ダクト（exhaust duct），それにそれぞれの送風機，排風機があり，これらを総称して

*5 heat distribution system

熱搬送系設備*5 という。

また，これらの設備の発停，調節によって室内の温湿度，空気清浄度などの水準をいつも最適に維持するための温湿度計，制御弁，調節計，中央制御盤など

*6 automatic control system

からなる**自動制御設備***6 がある。

(2) 空気調和設備の設計条件

空気調和設備を設計するときは，設計対象の建物のある地域の気候条件から，外気温，湿度，日射量，風速などの外部の設計条件を，建物の用途，居住者の要求などに応じて，室温，湿度，気流，空気の清浄度などの室内設計条件をあらかじめ定めておかなければならない。

設計用外界条件として，例えば冷房用に外気温として過去の最高気温（極値）をとると，設備が過大となり不経済である。そこで，一定の冷房期間中の毎時

*7 アメリカのASHRAE（American Society of Heating, Refrigerating and Air-conditioning Engineers）の前身の協会における技術助言委員会（TAC）が定めた温度という意味。

累積温度分布の超過度数（%）により定めた温度を冷房用 TAC*7 温度といい，一般に上位から 5 %の値，TAC 5 %を採用し，特に重要な建物では 2.5 %が用いられる。ということは，特に暑い 5 %，2.5 %の時間は冷房能力の不足を認めていることになる。これと同様に，設計用外気湿度，日射量が定められている。通常，このように定められた外界条件によって，外壁からの貫流熱量やガラスからの透過日射量を求める熱負荷計算用の設計用データが用意されている。**表 1-1** は設計用外気温，相対湿度の一例である。

表 1-1　設計用外気温湿度条件 (引用 18)

都市名	TAC 5 %		TAC 2.5 %	
	乾球 DB [℃]	湿球 WB [℃]	乾球 DB [℃]	湿球 WB [℃]
札　幌	28.7	23.5	30.0	24.4
東　京	32.5	28.5	33.5	27.2
大　阪	33.9	26.7	34.3	27.0
福　岡	33.1	27.2	34.1	27.1

また，コンピューターシミュレーション用に年間，8,760 時間ごとの外気の乾球温度，絶対湿度，法線面直達日射量，水平面天空日射量，雲量，風向，風速の 7 つの冷暖房負荷に影響する気象要素を，全国の主要 23 都市について定

＊8　『最新建築環境工学改訂4版』
井上書院、49頁参照。

［**PMV**］predicted mean vote
予測冷温感申告。熱環境の快適性
を規準化するための指標の一つ。
温熱4要素に代謝量と着衣量も考
慮して求めるもので、デンマーク
のファンガーにより提案された。
ISO（国際標準機構）にも快適性
指標として標準化されている。
$-0.5 \leqq PMV \leqq +0.5$が快適範囲で
ある。

［**PPD**］predicted percentage of
dissatisfied　予測不快率。PMD
が上記快適範囲内でも、10％程
度の不快を訴える人がいる。実際
のビルでは、50％以上の人が不
快を訴えることも少なくない。

［**ET***］new effective tempera-
ture　1972年からASHRAE（ア
メリカ暖房冷凍空調学会）で採用
されている温熱指標で、実際の室
内と同一の温熱感を示す。相対温
度が50％の室温。「イー・ティ
ー・スター」と読む。

［ヒートショック］急激な空気温
度の変化が、血圧の変動などを引
き起こし、極端な場合、死亡する
こともある現象をいう。冬期が特
に問題で、夏期は不快を感じる程
度が多い。「コールドショック」
ともいう。

＊9　「建築物における衛生的環境
の確保に関する法律」の略称。

めた**標準気象データ**が用意されており、負荷計算だけでなく年間のエネルギー消費量の推定や省エネルギー計画のために活用されている。

室内設計条件は、建築環境工学の快適条件＊8から決定される。温熱環境条件は**PMV**値、**PPD**値、**ET***などで決められるが、詳細は参考文献に譲るものとして、ここでは一般の設計条件として用いられる室内の設計条件を**表1-2**に示す。また、**表1-3**には建築基準法、ビル管理法に定められた条件を示す。ただし、建築基準法では冷暖房を強制していないので、温湿度の条件は冷暖房がある場合、この範囲にあることが望ましいという意味である。

建築基準法では室温の範囲を18〜28℃としているが、冷房時室温は設計実務では26℃を原則としている。真夏に冷房室に入室したときのヒートショックを防止するために、内外温度差を7K以下とする考えもある。相対湿度は設計値として50％とするが、夏期は相対湿度を下げると冷房負荷が増大し、冬期は上げると暖房（加湿）負荷が増大する。気流については0.25 m/s、住宅や病院など、特に冷気流を嫌う所では0.15 m/sとしたほうがよい。スマートビルなど特に高級なビルでは、快適性の総合的な指標である**PMV**値をビル竣工後に測定して、$-0.5 \sim +0.5$の快適範囲に制御されているか確認することがある。

表1-2　設計用室内温湿度条件

	夏　　期	冬　　期
室内乾球温度 DB	26℃（25〜27℃）	22℃（20〜22℃）
室内相対湿度 ϕ_R	50％（40〜60％）	50％（40〜50％）

注）アメリカでは1年を通じて DB 25℃、ϕ_R 50％とすることが多い。

表1-3　建築基準法、ビル管理法＊9における室内環境基準

項　　目		基　　準
温熱環境	温度	18〜28℃
	相対湿度	40〜70％
	気流	0.5 m/s 以下
空気環境	浮遊粉塵の量	0.15 mg/m³ 以下
	一酸化炭素	6 ppm 以下
	二酸化炭素	1,000 ppm 以下
	ホルムアルデヒド	0.1 mg/m³ 以下

**(3)　冷暖房負荷と
　　　ゾーニング**

ゾーニング（zoning）とは、冷暖房負荷特性の異なる冷暖房対象室をいくつかのゾーン（区域）に分割して負荷計算を行い、それぞれに空調機・制御装置を用意して、寒い日も暑い日も過不足なく冷暖房を行えるようにすることをいい、基本的に方位別ゾーニングと用途別ゾーニングがある。

方位別ゾーニングは**図1-4**に示すように、建物の外乱（窓や外壁の日射熱、貫流熱など）により熱負荷が変動するのに対処するため、建物内をいくつかのゾーンに分けることをいう。事務所建築などの基準階平面で外乱の影響を受け

*10 perimeter zone

*11 「建築物のエネルギー消費
性能の向上に関する法律」の略称。

*12 interior zone

やすい外周部を**ペリメーターゾーン***10 といい，窓面より 3〜5 m 以内のゾーン，建築物省エネ法*11 では 5 m 以内のゾーンをいう。負荷計算上の仮のゾーンで間仕切りなどがなくてもよい。

　一方，それより内部の外乱を受けない部分を**インテリアゾーン***12 という。さらに，ペリメーターゾーンは時刻により太陽位置が変化するので，コアプランの大きな建物では東側ゾーン（E ゾーン），南側ゾーン（S ゾーン），西側ゾーン（W ゾーン），北側ゾーン（N ゾーン）などに細分して負荷計算を行う。この場合，熱負荷特性は**図 1-5** のようになるので，各ゾーンをカバーする空調機を配置し，制御する。これにより例えば，ペリメーターゾーンで暖房，インテリアゾーンで冷房，あるいは N ゾーンで暖房，S ゾーンで冷房等が可能になる。

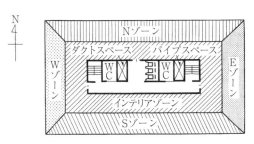

図 1-4　方位別ゾーニング

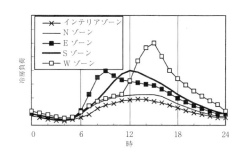

図 1-5　各ゾーンごとの単位面積当たり冷房負荷特性

　用途別ゾーニングは，事務所建築における食堂や病院の手術室などのように，使用する時間帯や要求する空気の温湿度，清浄度が他の部屋と異なるときに行われる。ゾーニングは空調システムの選択と密接な関係がある。個室の多い欧米では，事務スペースでも部屋の間仕切りを自由に変更できるように，例えば 3×3 m ごとのモジュールを一つのゾーンとし，それぞれに制御可能な空調システムを用意する方式（**モジュラーシステム**）が多い。

2 空気調和方式の種類と特徴

　冷凍機やボイラーなどハードとしての空気調和設備機器に対して，配管やダクトなどの熱搬送設備と室内端末設備を中心に，室内の快適性を達成する制御性，省エネルギー性，経済性などの特性をソフトとして見るとき，空気調和設備を**空気調和方式***として分類，定義することがある。

* air-conditioning system

　古くは，事務所建築では，規模の大小を問わず，ビルの地下に配置された空調機械室の大型空気調和機からダクトを経て，冷温風を各階に送るセントラル式の**全ダクト式空調システム**がほとんどであったが，最近では，ビルの規模，要求される機能，省エネルギー性に応じてさまざまな空気調和方式が用意されている。特に搬送動力を軽減させるために，搬送効率の悪い空気搬送から水搬送，冷媒の使用，大型機器から小型分散化，パーソナル化の方向に変わりつつある。このため，空調システムの設計者は，各空調システムの特徴，欠点をよく把握し，要求性能に合致した最適なシステムを選定する必要がある。

　表 2-1 に，搬送熱媒体による空調方式の分類の一例を示す。

　ここではまず，各空調方式の特性と適用について説明した後，それらの組合せ方式についても解説する。

表 2-1　空気調和方式の分類

搬送熱媒体 による分類	空　調　方　式
空　気	単一ダクト方式，各階ユニット方式（CAV 方式，VAV 方式） （二重ダクト方式）
水	ファンコイルユニット方式（新鮮空気供給有・無） 天井ふく(放)射冷暖房方式（ダクト方式併用）
冷　媒	空冷パッケージエアコン方式 空冷ビルマルチエアコン方式 水冷ヒートポンプユニット方式 ルームエアコン方式

2.1　空気調和方式の種類と特徴

(1) 単一ダクト方式

a．ダクト方式の概要

　空調機械室に設置された空気調和機 AHU（エアハンドリングユニット：129頁，**図 6-1**）から多数の部屋に冷・温風を送風する中央式空気調和方式には，夏，冬で冷風，温風を切り替えて1つの給気ダクトで送風する**単一ダクト方式***1 と，2つのダクトで常に冷風，温風を送風し，各部屋で負荷に応じて混合して自由に冷暖房を行える**二重ダクト方式***2 がある。

*1　single duct system
*2　dual duct system

　単一ダクト方式は安価であるが，負荷の大きく異なる多くの部屋をいつも設計温度条件に保つことが困難であるのに対して，二重ダクト方式は各部屋の居住者の要求に応じて冷風，温風を適宜，混合して送風できるため，室温を自由に制御できるという利点がある。

　二重ダクト方式は，過去には高級な事務所建築の一部で利用されたが，設備費が高いこと，温風と冷風の混合によるエネルギーの混合損失（mixing loss）が多いこと，ランニングコストも高いこと，湿度の制御が難しいことなどから，最近ではほとんど採用されなくなった。

　一方，単一ダクト方式には**定風量（CAV）方式**と**変風量（VAV）方式**がある。ダクト方式では後述のように，室内冷暖房負荷の変動に対して，風量を変えず送風温度で調整する方法（定風量）と吹き出す空気の量を調整する（変風量）方法がある。

　すなわち，室内設計気温（t_i）を一定に保つためには，後述のように，室内顕熱負荷（q_{rs}）と送風量（Q），送風（吹出し）温度（t_d），吹出し温度差（Δt_d）の間には，次の関係が成り立っている必要がある。

$$q_{rs} = c\rho(Q \times \Delta t_d) \quad （ただし，c\rho は比熱×密度で略一定） \tag{2.1}$$

負荷変動に対しては送風量，送風温度いずれを調節しても室温を制御できる

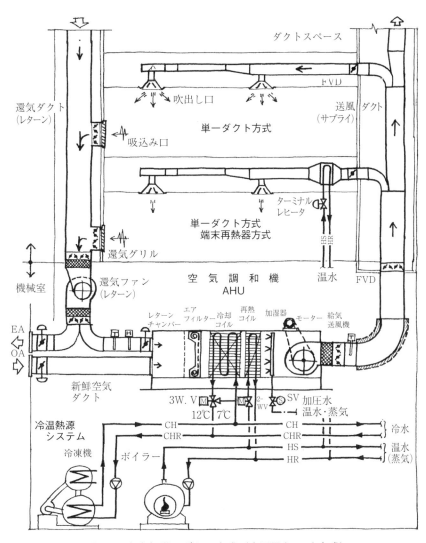

図2-1　全空気単一ダクト方式（定風量（CAV）方式）

が，従来は，空調機で冷風温度のみを調整する変温吹出しの定風量方式が多かったが，最近では制御機器，システムの発達により，送風機動力を大幅に低減できる変風量方式が，省エネルギーシステムの一つとして次第に普及している。

b. 単一ダクト定風量方式

*3　constant air volume system

定風量（**CAV**）方式[*3]は，**図2-1**に示すように，空気調和機，給気（サプライ）ダクト，吹出し口，吸込み口（還気グリル），還気（レターン）ダクト，新鮮空気ダクト，排気ダクトおよび関連する送風機などから成り立つ。CAV方式では，基本的にその系統のピーク時に合わせてダクトの大きさが設定され，竣工時に風量調整ダンパーで風量が固定されるため，換気量，風量を常に確保できるが，例えば，東向きの部屋と西向きの部屋が同一系統に割り付けられているような，部屋ごとの時刻別負荷パターンが大きく異なる場合，設計室温が維持できない欠点がある。

このため，定風量方式は負荷変動の少ないインテリアゾーンによく用いられ，負荷特性の大きく変わる部屋群を対象とするときは，2以上の系統にダクトを分割するゾーニングをするか，次の変風量方式としたほうがよい。

c. 単一ダクト変風量方式

*4　variable air volume system

[**VAVユニット**] 一般に絞り型（スロットル型）の風速センサー内蔵式のもの（下図）などが多く用いられる。各空調ゾーンに設置したサーモスタットにより室内負荷変動を検知し，負荷に対応する要求風量を満たすように風量調整ダンパーを動作させ，所定の室温となるようにする。

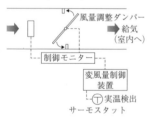

変風量（**VAV**）方式[*4]は，**図2-2**に示すように，給気ダクトの末端に負荷によって吹出し風量を調節するVAVユニットを持っている。VAVでは室内負荷変動を温度計で感知し，内蔵の風速計で要求負荷に応じた風量を演算して風量制御ダンパーの開度を調整する。これにより給気ダクト内の圧力（静圧）変動を静圧センサーで検出し，風量調整ダンパーの開度情報も加味して送風機の

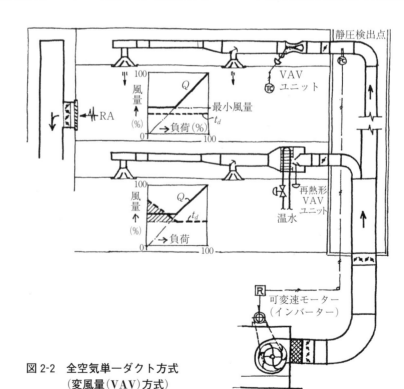

図2-2　全空気単一ダクト方式
（変風量（VAV）方式）

*5 送風機の風量と軸動力
158 頁，式(8.11)より，
$$\frac{Q_2}{Q_1} = \frac{N_2}{N_1}$$
$$\frac{W_2}{W_1} = \left(\frac{N_2}{N_1}\right)^3$$
より
$$\frac{W_2}{W_1} = \left(\frac{Q_2}{Q_1}\right)^3$$
よってダクト系動力消費は風量の
3 乗に比例する。
Q：風量，N：送風機の回転数
W：軸動力

回転数をインバーター制御で送風圧力を調整する。風量調整ダンパーへの抵抗の最小化が図れる制御方式である。空気調和設備の中で送風機の動力は，年間では冷凍機の運転動力と匹敵するほど大きいが，ダクト系の動力消費は風速（v），風量（Q）の 3 乗に比例*5 するから，適切に設計された VAV 方式の省エネルギー効果は非常に大きい。ただし，居住人員 1 人当たり 25〜30 m³/h 程度の新鮮空気を確保する必要があるから，負荷の少ない特定の部屋への送風量を極端に減らすことはできないので，図中に示すような設計上の注意が必要である。

(2) 各階ユニット方式

*6 レンタブル比：233 頁参照

各階ユニット方式は，図 2-3 に示すように，中・高層ビルの基準階などの各階に，ゾーンごとの空気調和機を配置する単一ダクト方式の一つで，(1)の中央式の単一ダクト方式に比べて，ダクト延長を短くして送風動力を軽減できること，ダクトスペースを減らしてレンタブル比*6 を向上させられること，貸しビルなどで執務時間に応じて各階で自由に冷暖房でき，空調料金も個別に容易に徴収できることなどの利点がある。VAV 方式や新鮮空気の取入れと全熱交換器を組み込み，故障の事前診断などもできるインテリジェントなシステムエアハンドリングユニットなど高機能な機器が用意されている。冷凍機やボイラなどの熱源機器は別途，地下機械室などに配置される。

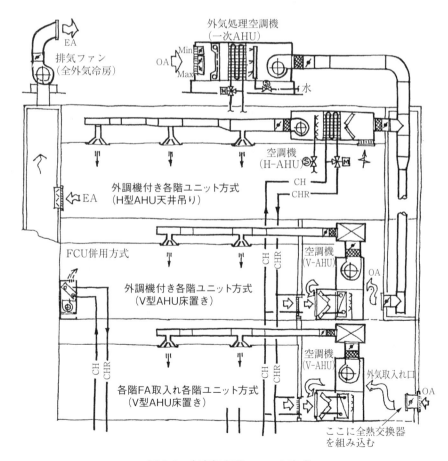

図 2-3　全空気各階ユニット方式

（3）ファンコイルユニット方式

*7 fan-coil unit system

ファンコイルユニット方式*7 は，室内まで冷水，温水を供給するシステムで搬送動力が少なく，個別制御が容易なことが特色である。一般に，日射などによる負荷変動の大きい大規模建築のペリメーターゾーンに，インテリアゾーンの単一ダクト方式と併用して利用されることが多い。出力の制御は内蔵送風機の強，中，弱，あるいは無段変速の手動，あるいはサーモスタットによる自動制御によって行う。普通，外気の取入れはできないが，ホテルの客室には別途処理された新鮮空気系統と併用して用いられることが多い。住宅にも冷暖房にはファンコイルユニット，暖房にはファンコンベクターなどが用いられる。

［ファンコンベクター］fan convector コンベクターに電動送風機を内蔵させ，強制対流により温風を室内に供給する装置。

図2-4 のように，中央機械室から冷水，温水が供給されるが，制御方式により2管式，3管式，4管式があり，ファンコイルのコイル数に1コイル式，2コイル式などがある。3管式で1コイル式の場合は，できるだけ冷温水の混合損失が起きないように系統分け，制御方式，配管方式を考慮することが重要である。

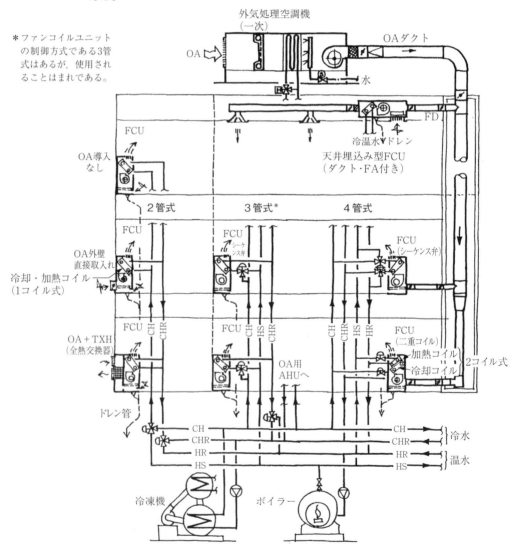

＊ファンコイルユニットの制御方式である3管式はあるが，使用されることはまれである。

図2-4 空気・水併用方式（ファンコイルユニットの諸方式）

**（4） マルチパッケージ
空気調和機方式**

　ビルの屋上や設備バルコニーなどに設置した圧縮機と空気熱交換器をもつ熱源ユニットと，室内に多数配置した室内ユニットを冷媒配管で接続した，図2-5に示すような空気熱源ヒートポンプシステムを，一般にマルチパッケージ空調機システム，商品名ではあるが通常，ビルマルチエアコンまたはビルマル方式と呼んでいる。

　一般に天井に組み込まれる室内ユニットには，蒸発・凝縮コイル，送風機，エアフィルターが組み込まれ，個別に発停，温度制御が可能である。取付け施工が冷媒配管工事と電気工事，それに機器の設置のみと簡単で，比較的に設備費が安く，中小ビルを中心に最も多く採用されている方式である。

　市販当初はフィルターの性能が中央式に比べて劣る，換気機能を有さないことから外気の導入ができないなどの欠点が指摘されたが，最近では電気集じん機，脱臭装置が組み込まれ，全熱交換器（192頁，**図13-3**）を内蔵した外気供

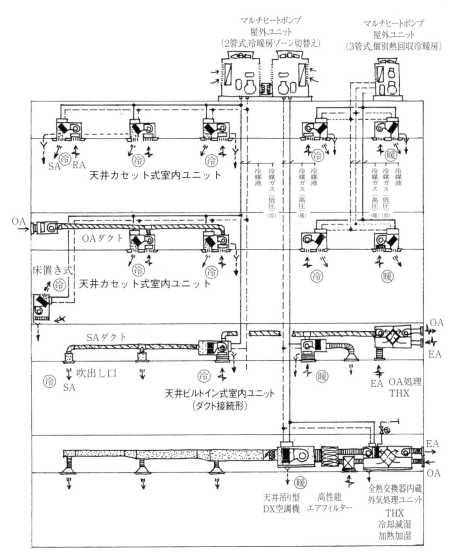

図2-5　冷媒集中配管式マルチパッケージユニット（ビルマルチ®）方式

給ユニットなども用意されており，それを設置し換気を行う。また，室内熱交換器ごとに冷房，暖房が自由に選択でき，冷房室から暖房室に熱回収ヒートポンプ運転可能のものもある。システム成績係数が2〜3と低いことが改善点である。

さらに**図2-6**に示すように熱源ユニットに氷蓄熱槽を併設し，安価な夜間電力で氷に蓄熱し，昼間の電力ピーク時に電力使用量を軽減するか（peak shift），ピーク時間帯にはヒートポンプを停止できる（peak cut）装置，氷蓄熱マルチパッケージ空調機（氷ビルマル，エコアイス）も開発されている。

これに類似したシステムとして，水熱源ヒートポンプエアコンを部屋の天井などに多数配置し，冷却塔から冷却水を，ボイラーから熱源水を供給して機器ごとに冷房，暖房を自由にできるユニタリーヒートポンプシステムもある。

[氷蓄熱] 氷の融解熱を利用することにより冷熱を蓄えること。氷の融解熱は約335 kJ/kgであるので，水と比較して体積当たりの蓄熱量は4〜8倍にもなり，コンパクトに蓄熱できるメリットがある。

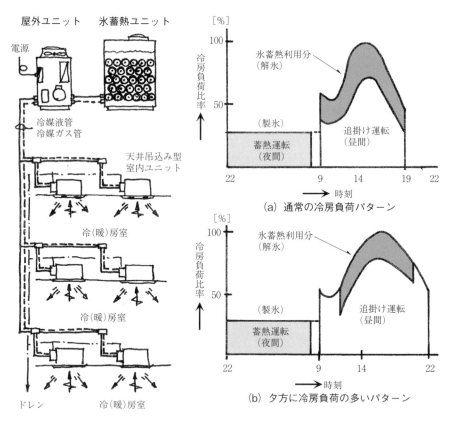

図 2-6　氷蓄熱分散パッケージユニット

(5) パッケージ型空気調和機方式

*8　packaged air conditioner

[パッケージ型空気調和機] 工場で製作された単一のケーシング内に，電動機，圧縮機，直接膨張コイル，凝縮器，加湿機，送風機などを組み込んだもの。

パッケージ型空気調和機*8とは本来，冷凍機と空調機の構成要素を収納した格納容器に，冷却塔からの冷却水とボイラーからの温水を接続することによって，冷暖房を可能とする小規模商店，飲食店などをおもな対象とする簡易的な空調方式であったが，最近では空気熱源ヒートポンプ方式の一つとして，屋外ユニットと冷媒配管で接続するスプリット型パッケージエアコンが，商店だけでなく，業務時間外にも自由に冷暖房のできる点が評価されて，会議室などでも使われている（**図2-7**）。

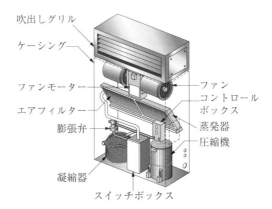

図2-7　パッケージ型空調機の構造（一体型水冷式）

（6）放射冷暖房方式

*9　radiant panel heating and cooling system

放射冷暖房方式[*9]は，**図2-8**のように天井面や床面を冷却，加熱して冷暖房を行う方式で，一般に対流以外に放射の効果があり，上下温度分布の少ない快適な冷暖房方式とされている。

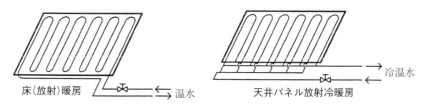

図2-8　ふく射（放射）冷暖房方式

ビル用としては，天井内に冷水配管を配置し，熱伝導で天井仕上材の有孔金属パネルを冷却する方法（フレンガー方式）と，天井の裏面にプラスチックの細管を全面に配置する方式がある。いずれも冷却体は，結露防止のため室内空気の露点温度（約20℃）以上に保つ必要があって，冷却能力は限られており，日本では除湿のためにも，新鮮空気供給を兼ねたダクト方式と併用する必要がある。

放射冷房は，直射日光を受けるガラスや高照度の照明器具などからの放射を相殺するときか，室内の顕熱発生量が大きくて，送風量が増大することを回避するときには有効であるが，その原因を取り除いたほうがよい場合が多い。不快な冷気流を回避するために，老人ホームや病室の冷暖房システムとして利用されることがある。放射冷暖房とは言わないが，天井全面吹出しや床吹出しの空調システムで天井面，床面をやや低温にすることは，放射環境の改善に有効である。

*10　floor panel heating

主として住宅を対象とする放射暖房には，**床暖房**[*10]と天井暖房があるが，日本では前者が頭寒足熱の原理にかなうとして好まれている。床暖房には，軽量コンクリートの中に銅管や耐熱性のある架橋ポリエチレン管，ポリブテン管などのプラスチック管を15 cmほどの間隔で埋め込む湿式工法と，工場生産の厚さ2〜5 cmのプラスチック管が入ったパネルを床に並べる乾式工法があるが，最近では後者がほとんどである。

(7) 床吹出し空調方式

[**置換換気方式**] 一般に比重の重い空気を床面から供給し，暖まった軽い空気を天井近くから排気して，空気・汚染物質が混合することなく置き換わる換気・空調方式をいう。

　床下の空気層（エアチャンバー）より，専用の床吹出し口や有孔金属パネルの上の通気性カーペットから室内全面に冷温風を低速で吹き出す方式で，居住域の温度を均一に保ちながら，室内で発生する汚染物質を拡散させることなく，天井から排気することができるので温熱環境，空気質環境ともに快適な**置換換気**による新しい空調方式の一つである。天井の高い部屋などでは，上部の空気を冷却する必要がなく，放射冷房の効果もあり，設計によっては搬送動力も軽減できるので，省エネルギー効果が大きいといわれている。

　もともと，コンピューター室などで配線の変更が容易で，大型サーバーなどに床下から直接，冷風を吹き込むためのエアチャンバーの上の 50 cm 角程度の着脱式の床パネル（OA フロアタイル）から発展したもので，最近は高級なビルの事務室などにもよく使われる。

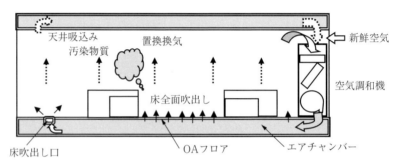

図 2-9　床吹出し空調システム

2.2　コンビネーションシステム

(1) コンビネーションシステムとアプライドシステム

　前項で説明した種々の空気調和システムのうち，小規模建築では単独で使用されることが多いが，大規模建築では多様な用途の部屋があり，冷暖房負荷の性状も違い，使用時間帯も多様で，室内環境水準の要求も異なるために，いくつかの空調システムを組み合わせて使用されてきた。

　従来から大規模な事務所建築の基準階では，インテリアゾーンにセントラルダクト方式，ペリメーターゾーンにはファンコイルユニット方式を採用することが多かった。これは年間，安定した内部負荷を効率良く処理でき，外気の導入と空気清浄機能に優れたダクト方式を採用し，日射や外気温度の変化など，外乱の大きい外周部の負荷を個別制御の容易なファンコイルユニット方式で処理しようとするものである。

　このようなコンビネーションシステムは，パッケージユニット方式やビルマルチ方式などの工場製品とは異なり，優れた設備設計者などが計画から設計，運転制御，メンテナンスまで含めて，そのビルの利用特性，熱負荷特性などを慎重に分析，計画して初めて大きな省エネと快適環境を実現することができる。大規模な現場工事をともなう一品生産の複合空調システムを「**アプライド（適応）システム**」と呼ぶことがある。

　最近は，一方で延べ床面積 2 万 m² 程度のビルでも，おもに初期コストの点

から「ビルマルチ方式」を採用する例が増えているが，それ以上の規模のビルではインテリアにダクト式，ペリメーター，特殊室に個別制御性に優れた「ビル用マルチ」方式を採用する例も出ている。

(2) ペリメーターレス空調システム

[ペリメーターレス空調] perimeterless air-conditioning 建物外周の断熱や日射遮へい性能を向上させ，ペリメーターゾーンとインテリアゾーンの熱負荷の差を小さくして，両ゾーンを一つの単一ダクト方式でカバーする空調方式。

[エアフローウインドー] 窓を二重とし，2枚のガラスの間にブラインドを設置して，空気を通過させる方式。室内を通過する際に，夏期は窓内の熱を取り去り，冬期は窓ガラスが温まることにより，窓からの日射や外気の熱の通過を防ぐことができる。室内空気が窓内に吸い込まれ，通過した空気は排気または空調機に戻される。

[ダブルスキン] 建物の外壁の外側にもう1枚，透明の壁を設置し，その間に外気を通過させる方式。夏期はダブルスキン内が日射により温まるので，その熱を自然対流で排気する。冬期は空気を通過させず，断熱性能を高めることで室温の低下を防ぐ。また，日射により温まった熱を積極的に暖房熱源として室内に取り入れる場合もある。

ペリメーターレス空調システムは事務所建築の基準階で，外周の窓システムに熱線反射断熱ガラス（Low-E二重ガラス）やエアフローウインドーを採用して，ペリメーター部の外乱負荷を減少させ，単一ダクト方式のみで省エネルギー的，かつ快適，ローコストで空調しようとするものである（図2-10）。VAVユニットを持ち，ゾーンコントロールも可能である。

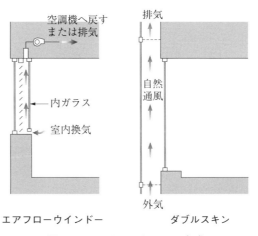

図 2-10 ペリメーターレス方式

(3) 顕熱・潜熱分離空調システム

空調システムでは，室内の相対湿度を50%程度に保とうとすると，空調機の冷却コイルには，除湿のために7℃程度の冷水入口が必要である。しかしながら，26℃の室内空気を温度だけ下げるのであれば，冷水入口温度は18℃程度で十分であり，その分，冷凍機の効率（成績係数）は大幅に改善される可能性がある。

顕熱・潜熱分離空調システムは冷房負荷のうち，3分の2を占める室内負荷を，除湿をしないセントラルダクト方式とし，外気導入系統を吸着除湿システム，あるいは低温冷水で除湿・冷却することを併用して省エネ化を図ろうとするものである。

(4) デシカント空調システム

[デシカント空調システム] デシカント（desicant）とは，水分を吸い取る吸着材，乾燥剤，除湿剤のことで，シリカゲルやゼオライトが用いられる。

デシカント空調システムは，温度と湿度を分離して制御することにより，冷却除湿にかかるエネルギーを削減することが可能な空調システムである。処理フローと再生フローに分かれており，処理フローでは，高湿の外気をシリカゲル，ゼオライトなどの除湿剤からなるデシカントローターに通過させ，水分を吸着させ乾燥した空気は顕熱ローター，冷却コイルを経て室内に給気する。また，再生フローでは，室内からの還気を顕熱ローター，加熱コイルにより加熱し，デシカントローターに吸着した水分を脱着して排気する（図2-11）。デシ

カントローターの水分を脱着させる温度は，80℃程度であるため，排熱や太陽熱などの未利用・再生可能エネルギーを有効に活用できることなどの利点がある。

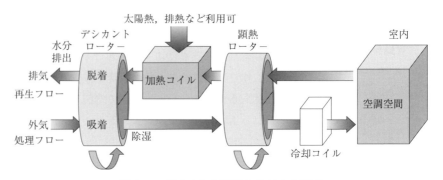

図2-11　デシカント空調システムの構成

3 空気調和設備の計画

建築は，建築主（施主）から委託された建築家が，構造設計者，空気調和設備設計者，給排水設備設計者，電気設備設計者などの協力を得て進める計画・設計作業，完成した設計図に基づいて総合建設会社が設備業者と共同して行う施工作業などの一連の過程を経て完成する。

空調設備設計者は，建築設計の構想（エスキース）段階から建築家と密接な共同作業を行い，快適で機能的，経済的，かつ地球環境にやさしい建築，設備となるように努力しなければならない。

特に，最近の省エネルギー化への強い要請に応えるためには，建築計画の初期の段階から省エネルギー的な平面計画，断面計画，あるいは外壁，開口部の断熱計画，遮熱計画など，建築設計における環境工学的手法

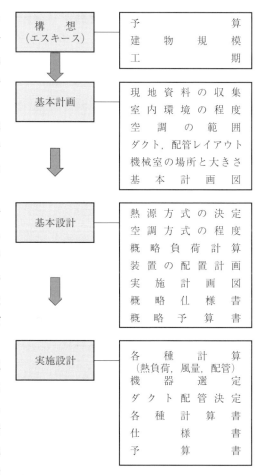

図 3-1　空調設備設計の流れ

の採用について積極的に提案していく必要がある。**図 3-1** には，基本構想から実施設計までの作業の流れを示す。

3.1　空調計画の基本

建築は基本的に，長持ちして維持費が安いこと，すなわち竣工から取り壊すまでの総費用，**ライフサイクルコスト**が最も安いことが望ましい。しかしながら，実際には初期建設費（**イニシャルコスト**）の制約から，安価ではあるが効率が低く，寿命の短い機器，システムを採用せざるを得ず，運用費用（**ランニングコスト**）の高い建物になりがちである。特に，竣工後は建築本体の維持管理費より建築設備のエネルギー費などを含めた維持管理費のほうがはるかに高く，ビル経営の採算性に大きく影響するので，できるだけ効率的で耐久性のある機器，システムの採用をすすめることが重要である。一般に，建設時のイニシャルコストを抑えるために安価な機器，システムを採用しがちであるが，そ

の場合は快適な環境が得られにくく，ランニングコストが高くつくことが多い。

　最近では特に大規模な重要建築では，コンピューターによる年間負荷計算とシステムシミュレーション技法を利用して，システムごとの**ライフサイクルエネルギー**，**ライフサイクルコスト**，**ライフサイクル CO_2** などを算出し，システム選択に利用することもある。

3.2　計画設計資料の収集

　建築設計においては，敷地の現状調査が重要である。市役所等の建築課などで，用途制限，容積率，建ぺい率，斜線制限などを確認する必要がある。

　建築設備関連でも，気温，湿度，日射量，風向，風速，雨量など気候要素を知る必要があるが，現在では多くの都市に対し，空気調和設備設計用標準気象データが用意されているのでそれらを利用すればよい。地方のデータが不備の所では，アメダス（AMeDAS）気象データの利用をすることもある。近隣建物による日照障害，風害などのほか，最近では過去に記録されたことのない降雨量があるので，雨水排水管の設計や地下の排水対策のため，被害状況を調査しておく必要もある。

　電気，**ガス**などの引込みに関しては，事前に地域の電力会社，ガス会社などと十分打ち合わせておく必要がある。電力の場合，引込み位置，受電方式，受電容量，引込み負担金などの確認が必要である。大規模ビルで 20 kV 受電となるときには，特別高圧変電設備とそのスペースが必要となるので，電気のあまりいらないガス冷房の採用を含めて十分な検討が必要である。都市ガスを利用する場合には，ガス引込み管の口径，引込み負担金の問題がある。**石油**の場合は，石油貯蔵タンクの法的規制，タンクローリー車の進入，駐車の可能性などがある。

　水道引込み管と**下水道管**に関しては，原則として地方公共団体等が管理運営しているので，担当部課との打合せにより，水道引込み管の位置，口径，公共下水道の有無，下水管の口径を決定する必要がある。特に大切なのは水道水の水圧で，時間変動，季節変動をチェックする必要がある。これは現地でないと情報が得られないことがあるので，近隣から情報を入手する必要がある。朝夕の水圧の低下が激しい所は，給水方法の設計に反映しなければならない。

[**PFI**] private finance initiative
例えば，現在の非効率な公営の上下水道事業に対して，浄水場の建設から運営まで，あるいは水道事業全体を一定の条件のもとで民間の資金，ノウハウを生かして行うことをいう。普通，企業が資金等を回収したあとは，施設は国，自治体に返還される。

3.3　熱源と熱源機械室の配置

　空気調和設備における**熱源**という用語の意味は 3 つある。第一はボイラーや冷凍機に供給される石油，ガス，電気などの**エネルギー源**，第二はヒートポンプの採熱源としての外気や地下水，河川水，下水などの**低温熱源**，第三はボイラーや冷凍機などで製造され，冷暖房に用いられる温水や冷水，蒸気などの**熱源**である。

　熱源機器とは一般にボイラー，冷凍機，ヒートポンプなどをいう。暖房用，または給湯用の温熱源は通常，温水または蒸気で，温水ボイラー，蒸気ボイラ

ーで得られる。冷熱源は電動冷凍機またはガスなどを熱源とする吸収冷凍機によって得られる。

　これら熱源機器は，システムによって違いはあるが，一般に大型で重量もあって建物の平面計画，断面設計，構造設計に大きな影響があるので，その設置位置などは建築計画の初期段階で決定しておく必要がある。

　ボイラー室は通常，地下に配置されるが，火災時の延焼を防止するために防火区画をとり，煙突を屋上まで立ち上げなくてはならない。冷凍機の場合，大型冷凍機はやはり，地下の冷熱源機械室に配置されるが，小型，分散型の空気熱源ヒートポンプなどは，屋上に設置されることが多い。水冷式の大型冷凍機には，屋上に冷却塔のスペースが必要である。冷却塔には，その性能を発揮するために十分な周囲空間が必要であり，低周波の騒音や振動，時として梅雨時などに白煙を発生することがあるので，近隣に迷惑のかからないように配慮しなければならない。

　一方，空気調和機は，容積は大きいが比較的軽量なこととゾーニング，送風機の動力軽減のために，地下機械室以外にも中間階，各階，屋上等に設置することも多い。熱源機器と空気調和機の設置例を図 3-2 に示す。

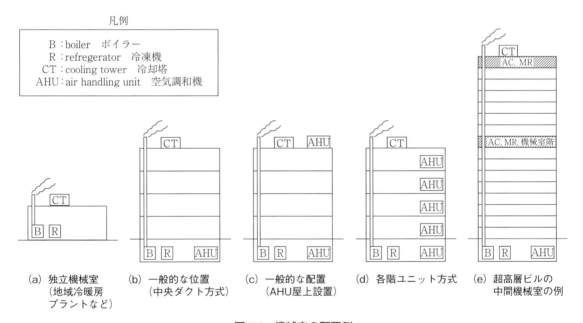

凡例

| B ：boiler　ボイラー |
| R ：refregerator　冷凍機 |
| CT ：cooling tower　冷却塔 |
| AHU：air handling unit　空気調和機 |

(a) 独立機械室
（地域冷暖房
プラントなど）

(b) 一般的な位置
（中央ダクト方式）

(c) 一般的な配置
（AHU屋上設置）

(d) 各階ユニット方式

(e) 超高層ビルの
中間機械室の例

図 3-2　機械室の配置例

　空調熱源機械室，空気調和機械室，給排水機械室などの機械関連室は，重く背の高い機器が配置され，水を取り扱うので，おもにビルの地下室に配置され，冷却塔，高置水槽などの一部の機器が当然，屋上に配置される。また，電気室も重量物が多いので，おもに地下に配置されるが，直上階に厨房など漏水のおそれのある所は避ける必要がある。最近では，**都市型洪水**によるビル機械室の浸水が問題とされていて，遮水壁の設置など防水対策もとられ始めているが，情報関連のビルなどでは，大雨による浸水のないように電気室，機械室を地上

［**都市型洪水**］都市の気温が周辺より高くなるとヒートアイランド現象にともなって，局地的な豪雨が増えており，都市の中小河川がはんらんして，地下鉄やビルの地下室に流れ込む都市型災害の一つである。

101

に配置することもある。東日本大震災以降，臨海部の建物では津波による被害も考慮し，想定する津波の高さより高い階に機械室を設置するように計画される場合も増えている。

　機械室スペースは施主にとって，直接収益を生むところでもないため，最小のスペースしか与えられないことが多いが，機器を効率よく維持管理し，改修を容易にするために，十分なスペースを確保するように努力する必要がある。機械室の階高と延べ床面積は，表3-1の概略値を参考とする。また，空調方式によっても異なるが，空調機械室と延べ床面積の関係は，おおむね表3-2の通りである。さらに事務所ビルの基準階に対するダクト，配管スペースは，表3-3に示す通りである。

表 3-1　主要機械室（電気室）の階高概略値 (引用19)

延べ床面積 [m²]	階高（ボイラー室も含む）[m]	備　考
1,000	4.0	①梁せいを 0.7～1.0 m 見込む。
3,000	4.5	②電気室，受水タンク室，
5,000	4.5	ポンプ室なども左の階
10,000	5.0	高と同じである。
15,000	5.5	
20,000	6.0	
25,000	6.0	
30,000	6.5	

表 3-2　事務所ビル等の空調設備機械室概略床面積

延べ床面積 [m²]	(1) 空調設備機械室（一般的概略値）[m²]	(2) 空調方式による空調設備機械室		
		単一ダクト方式（定風量・変風量とも）[m²]	単一ダクト方式とファンコイルユニット方式併用 [m²]	1系統の単一ダクト方式 [m²]
1,000	70 (7.0)	75 (7.5)	—	50 (5.0)
3,000	200 (6.6)	190 (6.3)	120 (4.0)	130 (4.3)
5,000	290 (5.8)	310 (6.2)	200 (4.0)	220 (4.4)
10,000	450 (4.5)	550 (5.5)	350 (3.5)	—
15,000	600 (4.0)	750 (5.0)	550 (3.7)	—
20,000	770 (3.8)	960 (4.8)	730 (3.7)	—
25,000	920 (3.7)	1,200 (4.8)	850 (3.4)	—
30,000	1,090 (3.6)	1,400 (4.7)	1,000 (3.0)	—

備考）カッコ内は［％］を示す。

表 3-3　事務所ビル等の基準階ダクト・配管スペース (引用20)

項　目	基準階床面積に対する比率 [％]	備　考
ダクトスペース（排煙ダクトを含む）	1.6～2.5	外気導入・排気のための共有シャフトは含まず
空調配管スペース	0.4～1.0	
衛生配管スペース	0.3～0.8	
電気配管・配線スペース	0.3～1.0	分電盤スペース，トランス室を含む

3.4 受電方式の選択と電気室

　一般家庭用の電源は普通，単相2線式100Vまたは単相3線式100V/200V
で，戸建住宅やアパートの場合は柱上変圧器から直接，集合住宅では敷地内の
電力会社の借室変圧器室から供給される。最近では小規模住宅，大規模住宅，
全電化住宅の区別なく，すべての住宅で単相3線式100V/200Vが採用されて
いるが，単相3線式の200Vの対地電圧は100Vのため，感電に対する危険度
は100Vのときと変わらない。

　契約電力が50kW以下の商店やビルなどでは，単相3線式100V/200Vも
しくは三相3線式200Vで直接受電し，変電器室は不要である。これを超える
場合は，三相6kV受電でビル側に受変電装置が必要で，屋内の電気室または
屋外に設置されるキュービクルと称するユニット化した受変電設備が必要であ
る。

　電力会社によって違いはあるが，おおむね契約電力が2,000kWを超えると，
三相3線式66kVまたは22kVの特別高圧受電になり，建物内に高価な特別高
圧受電設備を設置する必要がある。大規模で重要度の高いビルなどでは，停電
の危険性を回避するために2回線受電，スポットネットワーク受電が可能か電
力会社と事前に協議しておく必要もある。また，自己負担となるこの費用を回
避するために，電力のピークを抑える蓄熱式冷房の採用，電気をあまり使用し
ないガス焚き吸収冷凍機の利用，コージェネレーションシステムの導入，ある
いは最近では非常用電源を兼ねて，NAS電池という二次電池の利用を図るこ
とがある。建物と受電電圧の関係を，**表 3-4**に示す（詳細は第5章「建築電気
設備」を参照のこと）。

表 3-4　受電電圧

電　圧	電　圧	引込み建物
特別高圧	3φ　66 kV	超高層ビル・大工場
	3φ　22 kV	
高　圧	3φ 6.6 kV	中規模ビル
低　圧	3φ　200 V	小規模ビル
	1φ 100 V/200 V	家庭用

3.5 既存建物の省エネルギー改修

　建物の省エネルギー化を推進するためには，新築の建物の計画時に環境負荷
削減手法の採用を検討するだけでなく，既存建物，いわゆる建物ストックの省
エネルギー性能の向上を図る，空調をはじめとする建築設備を高効率のものに
更新したり，空調負荷そのものを低減するための躯体の断熱気密性能を向上さ
せる省エネルギー改修を促進することが重要となる。

　建築設備はシステムが複雑であり，さらに毎日稼働しているという特徴もあ

るため，的確な省エネルギー改修のためには，日常のメンテナンスや定期的な検査，診断が不可欠となる。環境に配慮した建築物の整備を促進する必要があるため，省エネルギー性能を確保するための適切な措置に対する低利融資などを行う例もある。

一般建築では，建築設備の劣化や老朽化による更新時期と重なる竣工後 16〜20 年程度で，省エネルギー改修を行うことが多い。改修の対象とされる建築設備としては，空調設備，熱源設備，照明設備がある。空調設備では，ゾーンごとの個別制御や工事が比較的容易であるといった理由から，中央式空調方式を個別分散型空調方式に変更する事例も多く見られる。

不具合がある部分や異常のある機器が限定される場合には，その機器の修繕や部品の交換によって機能回復が期待できるが，不具合や故障が各種の機器に関連する場合には，システムの性能向上や快適性，経済性，環境負荷低減性等を考慮した大がかりな工事となる。その場合には，施主，設計者，管理者を交えた合理的な計画を検討する必要がある。

改修工事において最も注意する事項としては，その工事の規模や実施する時間帯，時期である。基本的には，移転をともなわない「居ながら工事」が好まれるため，夜間や週末に工事を実施したり，暖冷房負荷の少ない中間期に集中して工事を実施したりすることになる。断熱気密性を向上するための躯体工事は，改修工事の初期投資が大きいことと建物使用の制約が課題となることが多い。また，大規模な建物の場合には，ペリメーター部と比較してインテリア部の面積が大きくなるため，外壁の断熱気密性による効果があまり大きくないということもあり得る。

一方，住宅の場合には，冬の暖房時は熱の 58 ％が窓などの開口部から流出し，夏の冷房時は熱の 73 ％が開口部から流入することから，省エネルギー改修はまず，開口部の断熱性能を向上させることが重要となる。もちろん開口部以外の屋根，壁，床などの断熱性能を高め，熱の出入りを少なくすることも必

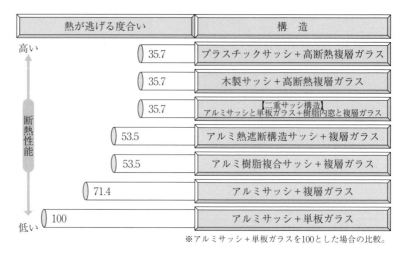

※アルミサッシ＋単板ガラスを100とした場合の比較。

図 3-3　ガラスとサッシの種類による断熱性能 (引用 21)

要である。

　窓の断熱性能の向上のためには，ガラスを単板ガラスから複層ガラスなどの熱を伝えにくいものにすることや，サッシをアルミ製から樹脂製や木製などにすることが効果的であり，また，窓の日射遮へい性能の向上のためには，片側のガラスの表面に金属膜をコーティングした低放射（Low–E）複層ガラスを使用する方法もある。また住宅，非住宅を問わず，太陽熱利用技術や太陽光発電技術の導入が注目されている。**図 3-3** にガラスとサッシの種類による断熱性能を示す。

3.6　空気調和設備のコミッショニング

　コミッショニングとは，目標性能を具体的に定め，それが達成されていることを検証するプロセスである。空気調和設備をはじめとする建築設備を単に計画するだけでなく，その要求性能が確実に達成されていることがきわめて重要であることはいうまでもない。欧米では数十年の歴史があり，そこで行われる性能評価の歴史も長い。日本でも当初はなじみのないものであったが，最近では少しずつ定着しはじめている。

　日本では，これまで多くの場合に，性能検証行為はおもに施工者が自ら行い，評価も自らが行ってきた。また，その方法もさまざまであり，その評価基準も曖昧で，必ずしも目標性能への到達を判定するものではなかった。

　これまで試運転調整や要求性能の評価がおろそかにされてきた理由としては，発注者の性能要求が明確でない，建築設備設計図書の性能表記がされていない，試運転調整が施工者の請負範囲に入っており，利害関係のない第三者による公平な試運転調整が行われない，試運転調整の工期が十分でない，発注者が建物受取り時点での性能確認の重要性を認識していない，性能評価の方法が確立していない，等の理由があった。

　最近は，建設業界で ISO 9000 s の認証取得が一般的になり，顧客要求性能の実現を目指すシステムが定着しつつある。空気調和・衛生工学会では，建築設備の性能検証過程指針，設備システムに関するエネルギー性能計測マニュアル，室内環境測定マニュアルが提案されている。

　建築設備におけるコミッショニングの目的は，建築設備が建物の生涯にわたって，環境，エネルギーならびに使いやすさの観点から，使用者にとって最適な状態に保たれるように，求めに応じて性能を診断，検証し，必要に応じて発注者，所有者あるいは使用者に性能改善法を提示することである。

　ここでいう環境とは，第一に室内環境の健康・快適性の保持をいい，第二にエネルギーおよび排出物質を最小限にして，地域・地球環境保全に貢献することを意味する。検証すべき事項としては，室内環境の健康・快適性，消費エネルギーおよび排出物質，使いやすさ等があげられる。

　これらの性能を確実に検証し，目標性能を確保するためには，企画段階において発注者の要求性能を明らかにし（企画書の作成），基本設計段階において

設計者が設計意図を明確にし（設計趣旨文書），実施設計段階において設計者が建設段階の性能検証の方法と所掌範囲および建築設備の運転マニュアルを含めた設計図書を明確にし（設計図書の作成），施工者が設計図書に記された性能実現を忠実に行い，工事監理者が設計図書に記された性能実現を確実にし，発注者および建物管理者が建物の受取り時にその性能を確認することが求められる。

　コミッショニングは図3-4に示した実施フローの通り，新築建物と既存建物に適用する場合で内容が異なることに留意する必要がある。

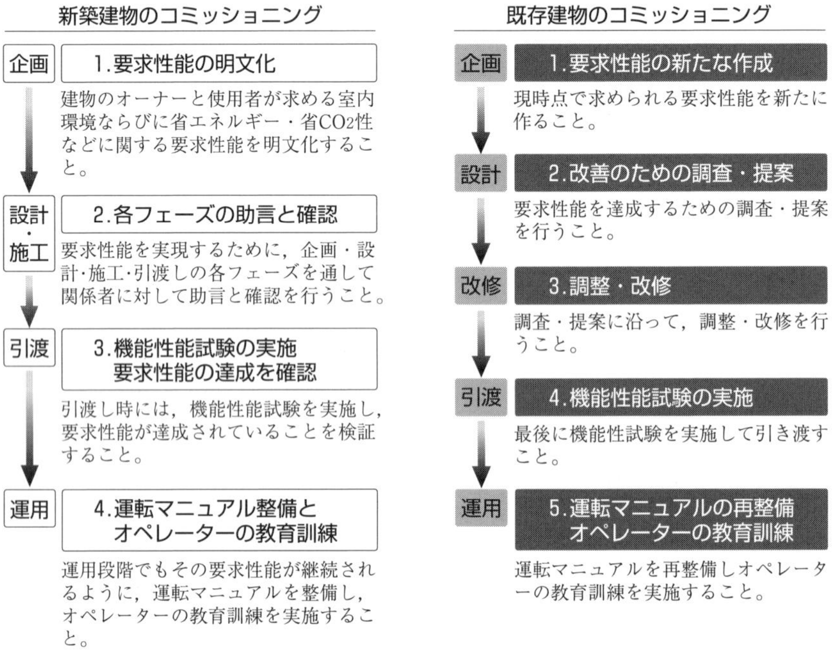

図3-4　新築・既存建物のコミッショニング実施フロー

4 冷暖房負荷計算法

4.1 概　要

　冷暖房負荷計算の目的は，大きく分けて2つある。その一つは夏，冬それぞれのピーク日の最大熱負荷を求めて冷暖房機器の容量の決定，ダクトや配管の寸法を決定するための設計用熱負荷計算であり，もう一つは365日，8,760時間の気象データを用い，1年間の冷暖房負荷を求めて，その冷暖房装置の年間エネルギー使用量の算定や経済性評価を行うための資料を提供することで，「年間熱負荷シミュレーション」とも呼ばれている。

　前者の場合は，あらかじめ用意された諸データを利用して，手計算によって比較的簡単に負荷を求めることができる。4.2，4.3では，この手計算による負荷算定法について説明する。実用的な手計算による設計用熱負荷計算法は，巻末の第3章の参考文献1）～5）などに詳しく述べられているので，本書では基本的な方法について述べる。

　冷房時の設計用熱負荷計算，すなわち冷房負荷計算では，**図 4-1** に示すように，室内を設計温湿度に維持するときに毎時，外部から流入する熱量と室内で発生するすべての顕熱と潜熱，すなわち室内熱負荷（冷房負荷）を算定する。窓からの日射熱取得は，窓ガラスでの日射吸収熱によるものと，ガラスを透過して室内へ入る日射によるものである。外壁からの貫流熱量は，別途，壁の熱容量を含めた熱特性，方位，日射吸収率に応じてあらかじめ算定されている実効温度差 **ETD**（相当温度差 Δt_e ともいう）を用いて計算する。室内発生熱は照明，機器，人体などからの発熱によるものである。このような熱取得で構成される室内熱負荷に外気負荷（新鮮空気負荷）を加えたものが，冷却コイルの

＊ **ETD**：42頁参照

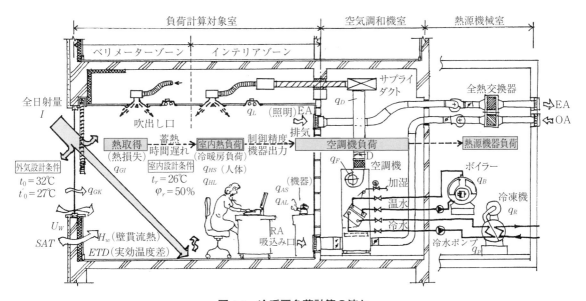

図 4-1　冷暖房負荷計算の流れ

除去熱量になる。これに配管熱取得などを加えたものが，最終的に冷凍機の冷凍負荷となる。

　暖房時の計算の基本的な流れも同様であるが，最大暖房負荷は外気温が低く，一日中あまり変動しない曇天や雪の日に発生するため，貫流熱は定常熱計算で行うとともに，暖房効果となる照明や人体などの室内発生熱を考慮しないのが普通で，計算は冷房時より簡単である。

　年間熱負荷シミュレーションの概要については，第 2 章 5.2 にも述べたが，壁体の熱伝導計算には，熱容量すなわち蓄熱の影響を考慮し得る非定常熱伝導の計算法を用いる。また，室内表面における対流，放射熱伝達もできるだけ伝熱計算理論に忠実な計算モデルとしているが，考慮すべき熱取得の要素，室内熱負荷は図 4-1 と同じである。

　年間熱負荷シミュレーションでは，膨大な計算量が必要となるが，今日ではパソコンを用いて，短時間に年間の熱負荷シミュレーションが行える。熱負荷シミュレーションの計算方法を用いて，室温のシミュレーションもできるため，年間シミュレーションでは空調運転時には室温や湿度を設定して熱負荷を計算し，空調を行わない非空調時には室温を計算する。これにより非空調時の室温変動の様子もわかる。また，暖房期における日射や室内発熱によるパッシブ暖房効果も，シミュレーションで示すことができる。

　このように，シミュレーションでは，手計算による熱負荷計算では予測不可能であった熱負荷や非空調時の室温の時刻変動を時々刻々，計算することができる。年間熱負荷シミュレーションは，当初の目的である年間冷暖房負荷予測，空調用エネルギー使用量予測に使用されるとともに，年間シミュレーション結果の熱負荷のうちの最大値などを設計用熱負荷とするような装置設計用負荷の検討にも用いることができる。

　非定常伝熱計算に基づくシミュレーションプログラムは，1970 年代後半から国内外で開発されてきており，いくつかのプログラムは市販あるいは公開されている。国内では HASP/ACLD，Micro HASP，Micro PEAK，SMASH，EESLISM，BEST などがあり，海外ではイギリスの ESP，アメリカの TRNSYS，ENERGY plus などがある。

［用語の定義］	負荷計算に用いる用語は，それぞれ特別の意味をもち，用法を誤ると正しい負荷計算ができない。ここでは以下に，重要な用語の定義を示す。
顕熱　sensible heat	顕熱とは，物質の温度変化に使われる熱エネルギーで t ［℃］，体積 V ［m³］ の物体は，顕熱量 $Q_S = c\rho V t$ ［kJ］ を保有する（ただし，c：物体の比熱 ［kJ/(kg·K)］，ρ：物体の密度 ［kg/m³］）。物体に与えた熱量が，温度(計)の変化として顕れるため**顕熱**という。
潜熱　latent heat	潜熱とは，物質の蒸発や凝縮，凍結や融解の相変化（固相，液相，気相）に使われる熱エネルギーで，例えば，x kg の蒸気は，蒸発潜熱 $q_L = xr$ ［kJ］ を保有する（ただし，r：単位蒸発潜熱 ［kJ/kg］）。熱を与えても物体の蒸発が続く間，温度が一定で温度計に変化が顕れないために**潜熱**という。

熱取得 heat gain		冷暖房対象室において，室の境界を越えて流入する熱量や室内での発生熱を**熱取**
熱損失 heat loss		**得**という。暖房時のように，熱が外部に流出するときは**熱損失**と呼ぶこともあるが，
		理論的にはマイナスの熱取得として考えてもよい。

室内熱負荷 space heat load

室内の温湿度を設計条件に保つときに，室内空気に与えられるべき熱量をいう。これには，日射熱などが躯体などに蓄熱後，一定の時間遅れをもって室温の上昇に影響する蓄熱負荷を含む。実務上，冷房負荷，暖房負荷と呼ぶのはこの負荷のことである。室熱負荷，室負荷ともいう。

室内除去熱量
heat extraction rate

冷暖房装置が実際に室内から除去する熱量である。冷房時を正，暖房時を負とする。冷暖房装置の冷却，加熱能力が過不足するか，制御が完全でない場合，室内温湿度が設計値を維持できず，設計上の室内熱負荷と室内除去熱量にはずれが生ずる。手計算では，室内熱負荷と同じと考えてよい。

装置負荷 equipment load

室内熱負荷に導入外気負荷，送風機動力の発熱量，ダクトの貫流熱取得，漏えい損失などを加えた，空気調和機の冷却・加熱コイルにかかる負荷をいう。

熱源負荷
primary equipment load

装置負荷に配管熱取得，ポンプ動力による熱取得を加えたもので，冷凍機やボイラーなど，熱源機器にかかる全体の負荷である。ボイラー負荷には，給湯負荷が含まれることがある。これに見合うのが，冷凍機もしくはボイラーの定格出力である。

定常伝熱と非定常伝熱
steady state heat transfer and
unsteady state heat transfer

定常伝熱とは，一定常熱伝導を用いる方法で，壁体の内外の気温等を理論的には∞時間，一定に保ったときの伝熱・温度分布状態を仮定する。壁体の熱容量は伝熱量に無関係となり，単位貫流熱量は熱貫流（通過）率Uと内外温度差Δtの積で求められる。手計算による設計熱負荷計算法は，定常伝熱に基づく計算法である。非定常伝熱計算では，壁体伝熱について非定常熱伝導計算を用いるので，壁体の熱容量を熱抵抗とともに考慮することができる。年間熱負荷シミュレーション法は，非定常伝熱を基礎として作成されている。

全日空調と間欠空調
all day operation and
intermittend operation

全日空調とは24時間，連続して空調することをいう。間欠空調とは，執務時間を中心に限られた時間のみ空調を行うもので，空調時間帯に室温が変動するので，空調開始時などに蓄熱負荷が生じる。

周期定常伝熱
periodic steady state heat
transfer

計算方法としては，非定常伝熱に基づく年間熱負荷シミュレーション法を用いるが，外気温，日射量など1日24時間分の気象データを用意し，24時間分の計算を5〜7日程度繰り返す。1日分の気象データを毎日繰り返し使用して計算するのは，非定常伝熱計算における初期条件の影響を除去するためである。冷房負荷あるいは暖房負荷の最大値が発生すると考えられる1日分の設計用気象データを用意して周期定常計算を行えば，設計用熱負荷が求められる。

相当外気温度（SAT）
sol-air temperature

外気温度t_o［℃］のもとで日射量I［W/m²］を受ける日射吸収率a［−］，外側熱伝達率α_oの外壁面において，日射量Iの等価気温aI/α_oに外気温を加えた$(aI/\alpha_o)+t_o$をSATという。一種の環境温度であり，日射を受ける外壁は，見掛け上SATの外気温にさらされていることになる。鉄板などの熱的に薄い壁体が日射を受けるときの貫流熱量の定常計算に，外気温に代わって用いられる。

実効温度差（ETD）
equivalent temperature
difference

日射を受ける外壁から室内側に流入する熱流q_w［W/m²］を，ETDと定常伝熱式で表現したものである。ETDによって，日射とともに壁体の熱容量が考慮される。ETDは壁体構造，方位，季節などに応じてコンピューターによる非定常計算から逆算して一覧表で示されている。熱的に厚い壁の非定常熱貫流量の手計算に用いられる（1.3, 42頁参照）。

日射遮へい係数（SC）
shading coefficient

3 mm標準ガラス（3 mm透明単板ガラス，遮へい物なし）の日射取得熱量を1としたときの，他のガラスや遮へい物（ブラインド，カーテン等）を付けた場合の取

得熱量の比をいう。標準ガラスの標準日射熱取得に，対象となる窓の SC を乗じて，その窓の日射熱取得が求められる。

4.2　冷房負荷計算法

　手計算を前提とする設計用熱負荷計算法を述べる。熱負荷はさまざまな熱取得要素で構成されるので，表を用いて計算を行うと便利である。**表4-1** は，表計算ソフトを使用することを想定して作成した熱負荷計算表＊である。また，**図4-2** に，計算例で用いる事務室を示した。この例題について，表4-1を用いながら式(4.1)，(4.2)で示される室内熱負荷に関する各要素の計算法を述べる。

　表4-1では，表の行（縦）方向に，式(4.3)〜(4.19)で表される熱取得・熱損失の要素や室内熱負荷，外気負荷，空調機負荷などを示し，列（横）方向にそれぞれの計算に必要な数値や計算式を記入するように作成されている。表中の数値は，計算条件についての入力値と計算結果である。表4-1は，冷房負荷計算と暖房負荷計算の両方に用いることができる。

（1）室内熱負荷

　室内の冷房負荷は，室顕熱負荷 H_{RMS} ［W］，室潜熱負荷 H_{RML} ［W］，それぞれ式(4.1)，(4.2)で表される。室顕熱負荷は壁，天井，床，窓などの建築外周部や隣室からの熱取得，室内発熱である照明，室内機器，在室者およびすき間風による熱取得の合計である室顕熱取得としてもよいが，ここでは空調機の風量計算や SHF への利用も考慮し，ダクトや送風機などからの熱取得 ΔH_s ［W］を加えたものとする。室潜熱負荷についても，室内機器，在室者，すき間風による潜熱取得に，安全割増し（余裕率）の熱取得 ΔH_L ［W］を加えたものとする。

$$H_{RMS} = (\sum_{窓}H_G + \sum_{外壁}H_W + \sum_{内壁}H_{Wi} + H_{IS} + H_L + H_{AS} + H_{HS}) + \Delta H_S$$
$$= H_{RS} + \Delta H_S \tag{4.1}$$

$$H_{RML} = (H_{AL} + H_{HL} + H_{IL}) + \Delta H_L$$
$$= H_{RL} + \Delta H_L \tag{4.2}$$

ここで，H_G：窓からの熱取得［W］

　　　　H_W：外壁など外気に接する部位からの貫流(通過)熱取得［W］

　　　　H_{Wi}：内壁など隣室からの貫流熱取得［W］

　　　　H_{IS}：すき間風による顕熱取得［W］

　　　　H_{IL}：すき間風による潜熱取得［W］

　　　　H_L：照明器具からの熱取得［W］

　　　　H_{AS}：室内機器からの顕熱発熱［W］

　　　　H_{AL}：室内機器からの潜熱発熱［W］

　　　　H_{HS}：在室者からの顕熱取得［W］

　　　　H_{HL}：在室者からの潜熱取得［W］

　　　　H_{RS}：室顕熱取得［W］

　　　　H_{RL}：室潜熱取得［W］

表 4-1　熱負荷計算表

室名・ゾーン名	事務室
A_F 床面積 [m²]	81.92
V 室容積 [m³]	245.76

冷房負荷 14時	外気温 [℃]	絶対湿度 [kg/kg']	室温 [℃]	相対湿度 [%]	絶対湿度 [kg/kg']
外気条件 / 室内条件	32.9	0.0181	26.0	50	0.0105

暖房負荷	外気温 [℃]	絶対湿度 [kg/kg']	室温 [℃]	相対湿度 [%]	絶対湿度 [kg/kg']
外気条件 / 室内条件	0.0	0.0014	22.0	50	0.0082

H_G 窓熱取得・損失

方位	A_G 面積 [m²]	U_G [W/(m²·K)]	SC	冷房 Δt [K]	q_{GI} [W/m²]	冷房 H_S 顕熱 [W] $=A_G(SC \cdot q_{GI}+U_G\Delta t)$	暖房 Δt [K]	暖房 H_S 顕熱 [W] $=A_G \cdot U_G \cdot \Delta t$
南	16.8	3.35	0.5	6.9	108	1,296	22.0	1,238
西	7.2	3.35	0.5	6.9	400	1,606	22.0	531

H_W 外壁熱取得・損失

方位	A_W 面積 [m²]	U_W [W/(m²·K)]	ETD [K]	冷房 H_S 顕熱 [W] $=A_W \cdot U_W \cdot ETD$	暖房 Δt [K]	暖房 H_S 顕熱 [W] $=A_W \cdot U_W \cdot \Delta t$
南	34.4	0.63	10.1	219	22.0	477
西	18.4	0.63	8.1	94	22.0	255

H_{Wi} 内壁熱取得・損失

部位	A_{Wi} 面積 [m²]	U_{Wi} [W/(m²·K)]	冷房 Δt [K]	冷房 H_S 顕熱 [W] $=A_{Wi} \cdot U_{Wi} \cdot \Delta t$	暖房 Δt [K]	暖房 H_S 顕熱 [W] $=A_{Wi} \cdot U_{Wi} \cdot \Delta t$
内壁	25.6	2.85	3.45	252	11.0	803

H_i すき間風熱取得・損失

風量 Q_i [m³/s]（夏期）	風量 Q_i [m³/s]（冬期）	冷房 Δt [K]	冷房 H_S $=1.206 Q_i \Delta t$	冷房 Δx [kg/kg']	冷房 H_L 潜熱 [W] $=3\times10^6 Q_i \Delta x$	暖房 Δt [K]	暖房 H_S $=1.206 Q_i \Delta t$	暖房 Δx [kg/kg']	暖房 H_L 潜熱 [W] $=3\times10^6 Q_i \Delta x$	暖房 全熱 $H_T=H_S+H_L$ [W]
0.00683	0.02731	6.9	57	0.0076	156	22.0	725	0.0068	557	1,282

H_{LT} 照明熱取得

q_L [W/m²]	冷房 H_S $=A_F \cdot q_L$	冷房 全熱 [W]
20	1,638	1,638

H_A 室内機器熱取得

q_{AS} [W/m²]	冷房 H_S $=A_F \cdot q_{AS}$	q_{AL} [W/m²]	冷房 H_L $=A_F \cdot q_{AL}$	冷房 全熱 [W]
20	1,638	0	0	1,638

H_H 人体熱取得

N 在室人数 [人]	q_{HS} [W/人]	冷房 H_S $=N \cdot q_{HS}$	q_{HL} [W/人]	冷房 H_L $=N \cdot q_{HL}$	冷房 全熱 [W]
16.38	53	868	64	1,048	1,916

H_R 室熱取得・熱損失（合計：H_{RS}, H_{RL}）

冷房 H_{RS}	冷房 H_{RL}	冷房 全熱 [W]	暖房 H_{RS}	暖房 H_{RL}	暖房 全熱 [W]
7,668	1,204	8,872	4,029	557	4,586

H_{RM} 室熱負荷

冷房 H_S $=1.15 H_{RS}$	冷房 H_L $=1.5 H_{RL}$	冷房 全熱 [W]	暖房 H_S $=1.05 H_{RS}$	暖房 H_L $=1.05 H_{RL}$	暖房 全熱 [W]
8,818	1,264	10,082	4,230	585	4,815

H_F 外気負荷

外気量 Q_F [m³/s]	冷房 Δt [K]	冷房 H_S $=1.206 Q_F \Delta t$	冷房 Δx [kg/kg']	冷房 H_L $=3\times10^6 Q_F \Delta x$	冷房 全熱 [W]	暖房 Δt [K]	暖房 H_S $=1.206 Q_F \Delta t$	暖房 Δx [kg/kg']	暖房 H_L $=3\times10^6 Q_F \Delta x$	暖房 全熱 [W]
0.11384	6.9	947	0.0076	2,596	3,543	22.0	3,020	0.0068	2,322	5,342

H_C 空調機負荷（$H_{RM}+H_F$）

冷房 H_S	冷房 H_L	冷房 全熱 [W]	暖房 H_S	暖房 H_L	暖房 全熱 [W]
9,765	3,860	13,625	7,250	2,907	10,157

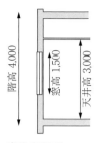
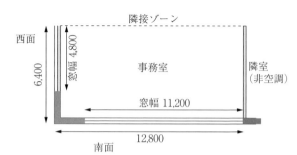

事務室概要

床面積：$12.8 \, \text{m} \times 6.4 \, \text{m} = 81.92 \, \text{m}^2$　　室容積：$81.92 \times 3 = 245.76 \, \text{m}^3$

隣室条件：事務室周囲の隣接スペースは，事務室と同じ温湿度とする。

　　　　　天井裏は事務室に含める。

外皮部位　　窓：複層ガラス(吸熱 8 mm + 透明 8 mm)

　　　　　　　　南窓面積　　$11.2 \times 1.5 = 16.8 \, \text{m}^2$

　　　　　　　　西窓面積　　$4.8 \times 1.5 = 7.2 \, \text{m}^2$

　　　　　外壁：コンクリート壁(第 2 章 1.2 例題1)　$U_W = 0.63 \, \text{W/(m}^2 \cdot \text{K)}$

　　　　　　　　南外壁面積　$12.8 \times 4 - 16.8 = 34.4 \, \text{m}^2$

　　　　　　　　西外壁面積　$6.4 \times 4 - 7.2 = 18.4 \, \text{m}^2$

　　　　　内壁：プラスター20 mm + コンクリート 120 mm + プラスター 20 mm

　　　　　　　　$U_{Wi} = 2.85 \, \text{W/(m}^2 \cdot \text{K)}$　面積 $6.4 \times 4 = 25.6 \, \text{m}^2$

室内発熱：照明　20W/m²　　機器　20W/m²

在室者：0.2人/m²　人体発熱　顕熱53W/人　潜熱64W/人

外気導入量：$0.00695 \, \text{m}^3/(\text{s} \cdot \text{人})$ $(25 \, \text{m}^3/(\text{h} \cdot \text{人}))$

図 4-2　例題の事務室

H_G の $\sum$ は，室に複数の窓があるとき，各外壁の合計を示す。また，H_W, H_{Wi} についての $\sum$ は外壁，内壁が複数あるときの合計を示す。

a. 室内条件および外気条件

負荷計算では，気象条件として外気温度，湿度や日射量が必要である。**表 4-2** に設計用外気温度および湿度を示した。冷房負荷計算では，夏期とともに秋期の気象条件を用いた計算も行われるが，ここでは夏期14時についての計算例を示すことにした。表4-2から室内温湿度の設計条件は，26℃，50％，絶対湿度は $0.0105 \, \text{kg/kg}$ とする。また，夏期14時の外気条件は，外気温 32.9℃，

[夏期，秋期の日射と冷房負荷]
夏期の計算では，窓や外壁に入射する日射量の影響が大きいことから，10時，14時，16時のように，いくつかの時刻について計算し，その最大値を設計用負荷とすることも行われる。また，秋期についての計算を行うのは，南ガラス面への入射日射量は夏期よりも秋期のほうが大きいため，秋期の外気温は低くても，最大負荷が生じる可能性があるためである。

＊表4-2 (b) について：気象観測データから外気設計条件を作成する際，TAC 5 ％のような超過危険率の設定や気象データの統計期間などについて種々の考え方がある。外気設計条件については，340 頁に掲載した参考文献・第 3 章5）に詳しい。

表 4-2　東京における冷暖房設計時刻別温湿度（TAC 5.0 ％）

(a) 室内設計条件

冷房：夏期	室温26℃	相対湿度50％	絶対湿度0.0105 [kg/kg]
中間期	室温24℃	相対湿度50％	絶対湿度0.0092 [kg/kg]
暖房：冬期	室温22℃	相対湿度50％	絶対湿度0.0082 [kg/kg]

(b) 外気設計条件（東京，1972〜1979 冷房6〜9月，暖房12〜3月）

時刻(中央標準時)		5	6	7	8	9	10	11	12	13	14	15	16	17	18	19
冷房設計用	乾球温度［℃］	26.5	26.7	27.6	28.9	30.4	31.4	32.2	32.6	32.8	32.9	32.6	32.2	31.4	30.3	28.4
	露点温度［℃］	23.1	23.2	23.1	23.3	23.5	23.6	23.5	23.3	23.3	23.4	23.5	23.4	23.5	23.4	23.3
	絶対湿度［g/kg］	17.8	18	17.8	18.1	18.2	18.2	18.3	18.4	18.3	18.1	18.1	18.2	18.3	18.2	18.1
暖房設計用	乾球温度［℃］	-0.5	-0.8	-0.8	0	1.3	2.6	3.3	3.9	4.5	4.6	4.6	4.4	3.9	3.2	2.7
	露点温度［℃］	-11	-11	-11	-12	-12	-12	-12	-13	-13	-13	-12	-12	-13	-13	-12
	絶対湿度［g/kg］	1.4	1.4	1.4	1.4	1.4	1.3	1.3	1.3	1.3	1.3	1.3	1.3	1.3	1.3	1.3

（絶対湿度は露点温度より換算）

絶対湿度 0.0181 kg/kg である。

b. 窓からの熱取得　　　　窓からの熱取得は，式(4.3)に示すとおり，窓ガラスからの日射熱取得と室内外温度差による貫流熱取得の合計で表される。

$$H_G = A_G(SC \cdot q_{GI} + U_G \Delta t) \quad [\text{W}] \tag{4.3}$$

$$\Delta t = t_o - t_r \tag{4.4}$$

ここで，A_G：窓ガラスの面積 $[\text{m}^2]$

　　　　SC：日射遮へい係数 $[-]$

　　　　q_{GI}：標準ガラス日射熱取得 $[\text{W/m}^2]$

　　　　U_G：窓の熱貫流率 $[\text{W/(m}^2\cdot\text{K)}]$

　　　　t_o：外気温度 $[\text{℃}]$　　　t_r：室内設定温度 $[\text{℃}]$

日射熱取得は，ガラスを透過して室内に入る透過日射量と，ガラスでの吸収日射量のうちの室内流入熱量の合計であり，3 mm 透明ガラスを標準ガラスとして q_{GI} の表が作成されているので，これを用いて計算する。**表4-3**に，東京の夏期の3 mm 標準ガラスの日射熱取得を示した。SC は日射遮へい係数であり，3 mm 透明以外のガラスや窓に，ブラインドなどの日射遮へい材が設置されている場合の日射熱取得を計算するときに使用する。**表4-4**に，SC と熱貫流率の例を示した。

窓の熱貫流率は，第2章1.2例題1と同じ方法で計算することができる。また，第2章の演習問題〔1〕には，窓ガラスの計算問題を示してある。巻末の第3章の参考文献6)，7) にも窓，壁体の熱貫流率計算法が示されている。

図4-2では，窓は南面と西面である。標準ガラス日射熱取得は，表4-3の夏期14時から，南面，西面それぞれ108 W/m^2，400 W/m^2 である。また，窓ガラスの仕様は，吸熱ガラス8 mm＋透明ガラス8 mm の複層ガラスである。表4-4から，$SC=0.5$，$U_G=3.35$ W/(m$^2\cdot$K) である。これらから，南面および西面窓からの熱取得は，それぞれ1,296 W，1,606 W である。

表4-3　標準ガラス日射熱取得 q_{GI}（透明ガラスおよび熱線吸収ガラス用）(引用22) $[\text{W/m}^2]$

都市名 時期 (月/日)	方位	時　刻															日積算
		5	6	7	8	9	10	11	12	13	14	15	16	17	18	19	
東京 夏期 (7/23)	水平	16	122	308	498	653	765	829	843	807	723	591	419	224	63		6,862
	日影	8	24	33	38	42	43	43	43	43	43	40	36	30	20		486
	N	20	100	55	38	42	43	43	43	43	43	40	38	76	99		722
	NE	43	430	476	394	245	92	43	43	43	43	40	36	30	20		1,978
	E	43	480	603	591	491	319	121	43	43	43	40	36	30	20		2,902
	SE	20	236	363	417	409	341	224	93	43	43	40	36	30	20		2,315
	S	8	24	33	40	77	131	171	180	157	108	56	36	30	20		1,071
	SW	8	24	33	38	42	43	48	147	279	377	420	402	317	153		2,331
	W	8	24	33	38	42	43	43	50	202	400	543	609	572	349		2,957
	NW	8	24	33	38	42	43	43	47	152	315	441	478	329			2,036
東京 秋期 (10/24)	水平		2	98	266	428	541	595	591	526	405	237	76				3,764
	日影		1	22	30	35	37	37	37	36	34	29	20				319
	SE		1	470	642	669	608	484	309	123	34	29	20				3,388
	S		1	180	350	480	567	608	605	556	463	326	148				4,284
	SW		1	22	30	36	151	340	508	623	671	627	413				3,422

注）窓ガラスに入射した日射のうち，吸収日射と透過日射が室内熱取得に関係する。吸収日射はガラスの温度を上昇させ，ガラスの内表面，外表面で放熱されるが，このうち室内側への放熱分が，吸収日射による熱取得になる。

ガラス透過日射量は，透過による日射熱取得ではあるが，室内空気を直接加熱するわけではなく，透過日射が床など室内表面に入射，吸収されてその部位が加熱された後，徐々に室内空気に熱が伝えられて冷房負荷となる。

表4-3のガラスの日射熱取得は，吸収日射熱取得と透過日射の合計であり，透過日射が冷房負荷になるまでの時間遅れは考慮していない。

非定常熱伝導計算を取り入れた熱負荷シミュレーションでは，当然，透過日射が室内各部位に吸収されて，やがて熱負荷になる過程は正確に計算される。また，手計算による冷房負荷計算法でも，時間遅れを考慮する方法も利用されている。

表4-4　日射遮へい係数〔−〕および熱貫流率〔W/(m²·K)〕

ガラス番号	ガラスの種類	内部遮へいなし		明色ブラインド	
		遮へい係数	熱貫流率	全 遮へい係数	熱貫流率
	（　）内の数字は厚さ〔mm〕	SC	U_G	SC	U_G
1	透明(3)	1	6.48	0.53	4.49
2	透明(5)	0.98	6.37	0.53	4.43
3	透明(6)	0.97	6.33	0.53	4.41
4	透明(8)	0.95	6.22	0.53	4.36
5	透明(12)	0.92	6.03	0.53	4.27
6	吸熱(3)	0.86	6.48	0.53	4.49
7	吸熱(5)	0.77	6.37	0.52	4.43
8	吸熱(6)	0.73	6.33	0.51	4.41
9	吸熱(8)	0.67	6.22	0.49	4.36
10	吸熱(12)	0.57	6.03	0.47	4.27
11	透明(3)＋透明(3)	0.91	3.49	0.52	2.81
12	透明(5)＋透明(5)	0.88	3.42	0.52	2.27
13	透明(6)＋透明(6)	0.86	3.4	0.53	2.76
14	透明(8)＋透明(8)	0.83	3.35	0.53	2.71
15	吸熱(3)＋透明(3)	0.74	3.49	0.45	2.81
16	吸熱(5)＋透明(5)	0.63	3.42	0.41	2.77
17	吸熱(6)＋透明(6)	0.58	3.4	0.38	2.76
18	吸熱(8)＋透明(8)	0.5	3.35	0.38	2.71

c. 外壁熱取得

屋根やピロティ床など，窓以外の外周部位を一括して「外壁」と呼ぶことにすると，外壁からの熱取得は，次式で示される。

$$H_W = A_W U_W ETD \ [\text{W}] \tag{4.5}$$

ここで，A_W：外壁の面積〔m²〕

U_W：外壁の熱貫流率〔W/(m²·K)〕

外壁の面積は，幅は壁心基準とし，高さは階高として計算する。高さを階高とするのは，天井裏空間も空調スペースと考えて計算するためである。

ETD〔K〕は実効温度差であり，外表面で吸収される日射と外気温による外表面での熱流が，室内側表面に熱流が到達するまでの時間遅れを考慮した温度差である。したがって，ETD は温度差ではあるが，室内外温度差のほかに，外壁に吸収される日射量，外壁の構成材料の熱容量，熱抵抗が関係する。外壁で入射日射量は，外壁表面の方位，傾斜に関係するため，ETD は，**表4-5** のように壁体構成，方位別の値が季節別に必要である。

図4-2の外壁は，150 mm のコンクリート壁に 50 mm の断熱が施してある（第2章1.2参照）。この外壁についての熱貫流率は，第2章1.2から，$U_W =$

＊表4-5の外壁の種類は4種類しか示されていないが，コンクリート壁の厚さを基準に計算しようとする壁体をどれかにあてはめてETDを求めても，実用上，問題はない。

表4-5 外壁および屋根の時刻別実効温度差(*ETD*)(夏期)(東京)[K]

熱容量	内容	方位	時刻														
			5	6	7	8	9	10	11	12	13	14	15	16	17	18	19
I 軽い外壁および屋根	熱容量の無視できる壁体	水平	1.2	5.1	10.7	17	22.8	27.1	30.6	31.9	31	28.3	23.7	18.3	11.9	6.1	3.7
		N(日影)	1.2	3.8	4.9	5.3	7	8.1	8.7	9	9.2	9.3	9	8.8	8.6	5.5	3.6
		E	1.6	8.8	14.1	17.2	17.7	15.8	12.4	9	9.2	9.3	9	8.5	7.3	5.2	3.6
		S	0.9	2.1	3.7	5.3	8.9	11.7	13.7	14.4	13.9	12.5	10.2	8.5	7.3	5.2	3.6
		W	0.9	2.1	3.7	5.3	7	8.1	8.7	9.9	15.2	19.5	21.3	20.4	14.9	6.4	3.6
II 軽量外壁および屋根	普通コンクリート50mm厚相当	水平	0.8	2.2	5.7	10.8	16.5	21.8	26.2	29.4	30.7	31.1	27.5	23.5	18.2	12.5	7.7
		N(日影)	0.8	1.8	3.4	4.5	5.5	6.8	7.8	8.5	8.9	9.1	9.1	9	8.8	7.8	5.8
		E	0.9	3.5	8.5	13	15.9	16.5	15.1	12.4	10.3	9.6	9.3	9	8.3	7	5.4
		S	0.7	1.2	2.2	3.7	5.8	8.6	11.2	13	13.7	13.4	12.2	10.4	8.8	7.2	5.4
		W	0.7	1.2	2.2	3.7	5.2	6.7	7.8	8.7	11.1	15	18.4	20	18.6	13.7	8.2
III 中量外壁および屋根	普通コンクリート150mm厚相当	水平	2.3	2	2.4	3.9	6.4	9.8	13.6	17.3	20.7	23.3	24.8	25	23.9	21.6	18.5
		N(日影)	1.7	1.5	1.8	2.4	3.1	3.8	4.6	5.7	6.5	7.1	7.6	8	8.2	8.3	7.9
		E	1.7	1.7	2.7	4.9	7.5	9.9	11.5	12.1	11.8	11.2	10.7	10.3	9.9	9.4	8.5
		S	1.7	1.5	1.5	1.8	2.6	3.8	5.4	7.2	8.8	10.1	10.8	10.9	10.5	9.9	8.9
		W	2.1	1.7	1.7	2	2.7	3.5	4.5	5.5	6.5	8.1	10.4	12.8	14.7	15.2	14
IV 重量外壁および屋根	普通コンクリート250mm厚相当	水平	6.6	5.8	5.2	4.9	5.2	6.1	7.6	9.6	11.9	14.3	16.4	18.2	19.3	19.7	19.4
		N(日影)	3.4	3.1	2.8	2.7	3	3.1	3.4	3.9	4.4	5	5.5	6	6.4	6.8	7
		E	3.9	3.5	3.2	3.5	4.3	5.5	6.8	8	8.9	9.3	9.5	9.5	9.5	9.4	9.2
		S	3.8	3.4	3	2.8	2.8	3	3.4	4.2	5.2	6.2	7.2	8	8.5	8.7	8.7
		W	4.8	4.2	3.8	3.5	3.4	3.4	3.7	4.1	4.6	5.3	6.2	7.5	9	10.3	11.2

0.63 W/(m²·K) である。*ETD* は表4-5で求める。コンクリート150mm の外壁であることから，タイプIIIとし，14時についての南面，西面の値を読むと，それぞれ10.1 K，8.1 K となる。また，面積は南壁34.4 m²，西壁18.4 m² である。これらから，外壁からの熱取得は219 W および94 W である。

　カーテンウォールや木造壁など軽量の壁については，日射の影響を考慮する相当外気温度 t_e [℃] を用いてもよい。この場合，*ETD* は次のようになる。

$$ETD = t_e = \left(\frac{a_s I}{\alpha_o} + t_o\right) - t_r \tag{4.6}$$

ここで，a_s：外表面での日射吸収率 [−]

I：外表面入射全日射量 [W/m²]

α_o：外表面総合熱伝達率 [W/(m²·K)]

t_o：外気温度 [℃]

t_r：室内設定温度 [℃]

d. 内壁熱取得

　内壁や天井の上部，床の下部が室内であるとき，隣室からの熱取得を内壁熱取得とする。内壁熱取得は，次式で示される。

$$H_{Wi} = A_{Wi} U_{Wi} \Delta t_n \; [\text{W}] \tag{4.7}$$

ここで，A_{Wi}：内壁の面積 [m²]

U_{Wi}：内壁の熱貫流率 [W/(m²·K)]

温度差 Δt_n [K] は，隣室温度 t_{rnx} [℃] との温度差であり，

$$\Delta t_n = t_{rnx} - t_r \tag{4.8}$$

　隣室の空調の状況から隣室温度を推定するが，北側外壁の相当外気温度，外気温度と設定室温との平均値などを用いる。隣室も同じ室温で冷房されている場合には，$\Delta t_n = 0$ である。この場合，内壁熱取得は考えなくてよい。

　図4-2では，計算対象室の北側の隣接ゾーンは空調室であるため熱取得は考えない。東側は非空調室であるので，内壁熱取得を考慮する。内壁はコンクリ

ート120 mmで，両側にプラスター20 mm（熱伝導率 $\lambda = 0.79$ W/(m·K)）である。両側の表面熱伝達率をそれぞれ9.3 W/(m²·K) とすると，$U_{Wi} = 2.85$ W/(m²·K) である。内壁面積は，壁高さを階高として計算し，25.6 m² である。

　　隣室温度は，設定室温と外気温の平均温度として，温度差 Δt_n は，

$$\Delta t_n = 0.5(26 + 32.9) - 26 = 29.45 - 26 = 3.45 \ [\text{K}]$$

また，内壁熱取得は，252 [W] である。

e. すき間風熱取得

　　すき間風による顕熱および潜熱の熱取得は，式(4.9)，(4.10)から計算する。Δt は室内外温度差 [K]，Δx は室内外絶対湿度差 [kg/kg] である。すき間風量は，室換気回数 n [回/h] から設定するとすれば，式(4.11)で示される。ただし，V は室容積 [m³] である。

$$H_{IS} = c_a \rho_a Q_I \Delta t = 1{,}005 \times 1.2 \times Q_I \Delta t = 1{,}206 \times Q_I \Delta t \ [\text{W}] \tag{4.9}$$

$$H_{IL} = r_w \rho_a Q_I \Delta x = (2{,}501 \times 1{,}000) \times 1.2 \times Q_I \Delta x = 3.00 \times 10^6 \times Q_I \Delta x \ [\text{W}] \tag{4.10}$$

$$Q_I = nV/3{,}600 \tag{4.11}$$

ここで，すき間風量 Q_I [m³/s] は，毎秒当たりであることに注意する。

　　c_a：空気の定圧比熱（1,005 J/(kg·K)）

　　ρ_a：空気の密度（1.2 kg/m³）

　　r_w：水の蒸発潜熱（2,501 kJ/kg）

　　すき間風は，窓や扉，エレベーターホールなどのすき間からの外気の漏入量であり，室内外の温度差が大きいときにすき間風量が大きくなる。すき間の圧力差とすき間長を想定した計算も可能であるが，換気回数相当量を仮定するのが簡単である。最近の建物は高気密であること，夏期は室内外温度差が小さいことから，冷房負荷計算では，すき間風量を0とすることもある。

　　ここでは，換気回数を0.1回/hとしてすき間風量を求める。室容積は，天井高を用いて計算し，245.76 m³ である。したがって，すき間風量は，

$$Q_I = 0.1 \times 245.76/3{,}600 = 0.00683 \ [\text{m}^3/\text{s}]$$

　　これを用いてすき間熱取得は，顕熱，潜熱それぞれ式(4.9)，(4.10)から57 W，156 W となる。

f. 照明熱取得

　　照明器具からの熱取得は，照明器具の所要電力から計算する。電球1W当たりの発熱量は，白熱灯では1W であるが，蛍光灯の場合は安定器での消費電力を加え1.16W とする。床面積当たりの発熱量から求める場合は，

$$H_{LT} = A_F q_L \ [\text{W}] \tag{4.12}$$

ここで，A_F：床面積 [m²]

　　　　q_L：床面積当たり照明発熱 [W/m²]

　　図4-2では，照明発熱は20 W/m² とした。床面積は81.92 m² であるので，照明熱取得は1,638 W である。

g. 機器熱取得

　　室内に設置された事務機器，家電機器などで発生する顕熱量，潜熱量である。潜熱は，厨房や湯沸し室など水蒸気発生がある場合に潜熱負荷も発生する。床面積当たりの発熱量を用いて，機器熱取得は式(4.13)，(4.14)から求め

られる。事務室では，OA 機器からの発熱が多い。ここでは，事務室であるので，顕熱のみとし 20 W/m² を用いた。

$$H_{AS} = A_F q_{AS} \; [\text{W}] \tag{4.13}$$

$$H_{AL} = A_F q_{AL} \; [\text{W}] \tag{4.14}$$

h. 人体熱取得　　　1 人当たりから発生する顕熱，潜熱と在室人数 N_H から計算する。**表 4-6** に 1 人当たりの発熱量を示した。

$$H_{HS} = N \cdot q_{HS} \; [\text{W}] \tag{4.15}$$

$$H_{HL} = N \cdot q_{HL} \; [\text{W}] \tag{4.16}$$

ここで，N　：在室人数［人］

　　　　q_{HS}：1 人当たり発生顕熱量［W/人］

　　　　q_{HL}：1 人当たり発生潜熱量［W/人］

表 4-6　人体の放熱量 q_{HS}, q_{HL}

作業内容	適用	顕熱		潜熱			
		室温		室温			
		22℃	26℃	22℃		26℃	
		[W/人]	[W/人]	[W/人]	[g/h·人]	[W/人]	[g/h·人]
静かに腰掛けている	劇場	65	52	26	38	40	57
事務作業	事務所	71	53	48	69	64	92
軽い作業	工場	88	62	109	157	138	198
歩行	工場	112	83	151	218	183	264
重作業	工場	150	123	233	336	261	375

例題では，在室者は，床面積当たり 0.2 人/m² として，$N_H = 0.2 \times 81.92 = 16.38$ 人。1 人当たりの発生熱量は，表 4-6 で，事務作業，室温 26℃ として，1 人当たり顕熱，潜熱それぞれ 53 W/人，64 W/人である。これらから，人体からの熱取得は顕熱，潜熱それぞれ 868 W，1,048 W である。

i. 室熱負荷の計算　　　以上で式(4.1)，(4.2)のすべての要素の計算法を示した。この合計が室顕熱取得 H_{RS}，室潜熱取得 H_{RL} である。式(4.1)に示した空調システムでの顕熱取得 ΔH_S，潜熱取得 ΔH_L は，それぞれ 5～15 %，5 % 程度とされている。

$$H_{RMS} = H_{RS} + (0.05 \sim 0.15) H_{RS} = (1.05 \sim 1.15) H_{RS} \tag{4.17}$$

$$H_{RML} = H_{RL} + 0.05 H_{RL} = 1.05 H_{RL} \tag{4.18}$$

$$H_{RM} = H_{RMS} + H_{RML} \tag{4.19}$$

ここで，H_{RMS}：室顕熱負荷［W］

　　　　H_{RML}：室潜熱負荷［W］

　　　　H_{RM}：室熱負荷［W］

（2）外気負荷　　　外気負荷は，必要換気量を確保するために導入する，外気による顕熱負荷，潜熱負荷である。外気量 Q_F［m³/s］を用い，次式で計算する。

$$H_{FS} = c_a \rho_a Q_F \Delta t = 1{,}005 \times 1.2 \times Q_F \Delta t = 1{,}206 \times Q_F \Delta t \tag{4.20}$$

$$H_{FL} = r_w \rho_a Q_F \Delta x = (2{,}501 \times 1{,}000) \times 1.2 \times Q_F \Delta x = 3 \times 10^6 \times Q_F \Delta x \tag{4.21}$$

$$H_F = H_{FS} + H_{FL} \tag{4.22}$$

ここで，H_{FS}：外気顕熱負荷［W］

H_{FL}：外気潜熱負荷［W］

H_F　：外気（全熱）負荷［W］

外気量は，在室者1人当たりの必要換気量を決め，在室者数 N を乗じて求める。なお，1人当たりの必要換気量は，$25\,\mathrm{m^3/(h\cdot 人)} = 25\,\mathrm{m^3}/3,600\,\mathrm{s} \fallingdotseq 0.00695\,\mathrm{m^3/(s\cdot 人)}$ とする。

(3) 空調機負荷，冷凍機負荷

室熱負荷と外気負荷から，空調機負荷を求めることができる。

$$H_{ACS} = \sum (H_{RMS} + H_{FS}) \tag{4.23}$$

$$H_{ACL} = \sum (H_{RML} + H_{FL}) \tag{4.24}$$

$$H_{AC} = H_{ACS} + H_{ACL} \tag{4.25}$$

ここで，H_{ACS}：空調機顕熱負荷［W］

H_{ACL}：空調機潜熱負荷［W］

H_{AC}　：空調機負荷［W］

式(4.23)，(4.24)の $\sum$ は，1台の空調機で複数室（ゾーン）に冷風を供給する場合に，各室（各ゾーン）冷房負荷を合計することを示している。

図4-2の例では，空調機は事務室1室のみを空調するとして，1室の室負荷と外気負荷の合計から表4-1に示すように，空調機負荷は顕熱，潜熱，全熱それぞれ，9,765 W，3,860 W，13,625 W である。

冷凍機負荷 H_{RF}［W］は，空調機が冷水方式とした場合，空調機負荷に冷水ポンプや配管での熱取得3～5 %を考慮して求める。

$$H_{RF} = (1.03\sim1.05)\sum H_{AC} \tag{4.26}$$

上式の $\sum$ は，複数の空調機に冷水を供給する場合に，空調機負荷を合計することを示している。

4.3　暖房負荷計算法

暖房負荷の計算では，窓，外壁，内壁およびすき間風による熱損失の合計を室熱損失とする。冷房時の計算で熱取得要素であった日射，照明，室内機器，在室者などは，暖房期でも熱取得であるが，暖房負荷計算ではこれら熱取得は無視する。顕熱については，式(4.27)で計算する。潜熱については，室内要素はすき間風のみであり，式(4.28)から求める。

$$H_{RMS} = \left(\sum_{窓} H_G + \sum_{外壁} H_W + \sum_{内壁} H_{Wi} + H_{IS}\right) + \Delta H_S$$
$$= H_{RS} + \Delta H_S ［W］ \tag{4.27}$$

$$H_{RML} = H_{IL} + \Delta H_L ［W］ \tag{4.28}$$

窓，外壁からの熱損失は，式(4.29)，(4.30)で計算する。

$$H_G = A_G k_x U_G \Delta t ［W］ \tag{4.29}$$

$$H_W = A_W k_x U_W \Delta t ［W］ \tag{4.30}$$

ただし，k_x は冬期に外表面熱伝達率やすき間風量の増加等の影響を考慮する

係数であり，北面1.1，東西面1.05，南面1.0などが用いられるが，無視する場合も多い。内壁については，式(4.7)を用いる。ただし，熱損失計算の場合，室内外温度差は，室内から室外への熱貫流を正とするので，

$$\Delta t = t_r - t_o \tag{4.31}$$

$$\Delta t_n = t_r - t_{rnx} \tag{4.32}$$

とする。

　表4-1には，暖房負荷の計算例も示した。暖房時の室内条件は，表4-2から，22℃，50%，絶対湿度は0.0082 kg/kgとする。外気条件は，ここでは表4-2の8時の値とし，外気温0℃，絶対湿度0.0014 kg/kgとする。暖房負荷計算では，日射の影響を考えないことから，暖房開始時を想定した外気条件のみについて行うことが多い。

　表4-1の計算例では窓，外壁すべてについて，割り増し係数は考慮せず，k_x = 1とした。面積，熱貫流率は，冷房負荷計算時と同じであり，外気温は0℃であるので，$\Delta t = 22$ Kである。これらから，表4-1に示すとおり，南，西の窓，外壁の損失熱量が計算される。内壁についての温度差Δt_nは，隣室の室温を設定室温と外気温の平均温度である11℃として，

$$\Delta t_n = 22 - 11 = 11 \ [\text{K}]$$

を用いた。すき間風については，顕熱，潜熱それぞれ式(4.9)，(4.10)で計算する。例題では，すき間風量を換気回数n = 0.4回/hとして計算した。

$$Q_l = 0.4 \times 245.76/3,600 = 0.02731 \ [\text{m}^3/\text{s}]$$

これを用いて，すき間風による熱損失は顕熱，潜熱それぞれ725 W，557 Wである。

　日射や室内発熱に関する要素はないので，室暖房負荷は，窓，外壁，内壁およびすき間風による熱損失の合計である。表4-1に示すとおり，顕熱，潜熱，全熱それぞれ4,029 W，557 W，4,586 Wとなる。これにダクトなどからの顕熱，潜熱とも熱損失5%を見込むことにし，熱負荷H_{RS}，H_{RL}，H_Rを求めた。

　外気負荷は式(4.20)，(4.21)で計算する。外気導入量は，冷房負荷計算時と同じ値を用いる。空調機の暖房（加熱）負荷は，式(4.23)～(4.25)で計算する。この例について暖房時の空調機負荷は，顕熱，潜熱，全熱それぞれ7,250 W，2,907 W，10,157 Wとなる。

予熱負荷　　夜間暖房を停止するような間欠暖房では，暖房負荷の最大値は，朝の暖房開始時に発生する。暖房停止中に建築躯体の温度が低下するため，暖房装置を運転開始してから室温が設定に達するまでに時間を要することになる。室使用時間の前に暖房運転を開始し，室使用開始時刻には設定室温とするための運転は，予熱運転と呼ばれ，必要な熱量を予熱負荷，また，予熱運転の必要時間は予熱時間と呼ばれている。予熱負荷や予熱時間についての検討は，熱負荷シミュレーションが必要であるが，手計算による空調機負荷や熱源負荷を基礎とする概算方法もある。予熱負荷については，室暖房負荷の10%程度を見込むとされている。

5 湿り空気線図と空気調和プロセス

5.1　湿り空気の性質

*1　dry air
*2　moist air

乾燥空気の組成は，容積比で窒素 78 %，酸素 21 %，アルゴン 1 %，炭酸ガス 0.035 % からなる。
湿り空気中の水蒸気は，乾燥空気 1 kg 当たり 10～20 g とわずかであるが，その多少は在室者の温冷感や健康に大きく影響する。

乾球温度 t を DB，湿球温度 t' を WB，露点温度 t'' を DP，相対湿度 φ_R を RH と表すこともある。

屋外，室内における空気は，乾燥空気*1 と水蒸気の混合物であり，湿り空気*2 と呼ばれる。空気調和システムでは，単に空気を冷却あるいは加熱するだけではなく，除湿や加湿も行われるので，空気の温度変化とともに，水蒸気の含有量の変化も扱う必要がある。このため空気調和設備で扱う空気は，すべて湿り空気である。

水蒸気の含有量の表示法には相対湿度，φ_R[%]，水蒸気圧 p_w[Pa]，絶対湿度 x[kg/kg]，湿球温度 t'[℃]，露点温度 t''[℃] などがある。相対湿度 φ_R[%] は，そのときの水蒸気圧 p_w[Pa] と飽和水蒸気圧 p_{ws}[Pa] との百分率である。

$$\varphi_R = \frac{p_w}{p_{ws}} \times 100 \tag{5.1}$$

水蒸気圧は，湿り空気の圧力のうち水蒸気の分圧である。飽和空気はある温度において含むことのできる最大の水蒸気量を含むが，このときの水蒸気圧を飽和水蒸気圧という。温度と飽和水蒸気圧との関係は，湿り空気の状態値を求めるときの基礎である。温度と水蒸気圧の関係には，ゴフ・グラッチの式が用いられていたが，最近ではウェクスラー・ハイランドの式が用いられている。

絶対湿度は，乾燥空気の質量に対する水蒸気の質量の比である。乾燥空気 1 kg に対して，水蒸気の質量を x kg とすると絶対湿度は，

$$\frac{水蒸気\, x[\mathrm{kg}]}{乾燥空気\, 1[\mathrm{kg}]} = x\ [\mathrm{kg/kg}] \tag{5.2}$$

で表される。絶対湿度は，除湿量や加湿量の計算に使用するので，空気調和設備においては頻繁に用いられる湿度の表示方法である。絶対湿度の単位として，乾燥空気に対する質量であることを強調するため，乾燥空気を kg[DA]，kg′ と表示して，kg/kg[DA]，kg/kg′ などと書くこともある。絶対湿度と水蒸気圧とには，次式の関係がある。ただし，P[Pa] は大気圧である。

$$x = 0.622 \frac{P_w}{P - P_w} \tag{5.3}$$

湿球温度 t'[℃] は，通風式乾湿計の湿球の表示値であるが，通常，断熱飽和温度とも呼ばれる。湿球温度の定義はやや複雑であり，後述するエンタルピー h[kJ/kg] を用いて表される。$t' \geqq 0$ のとき，式(5.4)を満足する温度 t' である。ただし，h'_s, x'_s を t' における飽和空気のエンタルピーおよび絶対湿度，c_p を水の比熱 [kJ/(kg·K)] とする。

$$h'_s - h = (x'_s - x) c_p t' \tag{5.4}$$

露点温度は，湿り空気を冷却してゆき，飽和空気となったときの温度である。温度と飽和空気の水蒸気圧の関係から，そのときの水蒸気圧に対する露点温度が求められる。

湿り空気のエンタルピー h [kJ/kg] は，湿り空気の保有する全熱量を表す状態値である。通常，0℃の乾燥空気の全熱量を0として次式で表されるように，乾燥空気のエンタルピー h_a と水蒸気 h_{vx} のエンタルピーの合計で表される。

$$h = h_a + h_{vx} = c_a t + (r_o + c_v t)\, x = c_s t + r_o x \tag{5.5}$$

ここで，$h_a = c_a t$

$\qquad\quad h_{vx} = (r_o + c_v t)\, x$

$\qquad\quad c_s = c_a + c_v x$

ここで，c_s [kJ/(kg・K)] は湿り比熱である。c_a は乾燥空気の定圧比熱 1.005 [kJ/(kg・K)]，c_v は水蒸気の比熱で 1.846 [kJ/(kg・K)] である。r_o は0℃の水の蒸発潜熱で，$2,501 \times 10^3$J/kg = 2,501 [kJ/kg] である。

ここで述べたエンタルピーは，乾燥空気1kgについてのエンタルピーであり，厳密な定義では比エンタルピーといわれるが，本書では，建築設備分野の習慣にならいエンタルピーとする。なお，エンタルピーについても絶対湿度と同様に，乾燥空気1kgについての質量を基準にしたものであり，湿り空気全体の質量を基準にしたものではないことに十分留意すべきである。

5.2 空気調和プロセス

(1) 湿り空気線図

湿り空気線図は，湿り空気の状態値を図に表したものであり，絶対湿度とエンタルピーを斜交軸とした h–x 線図，温度と絶対湿度を直交軸とした t–x 線図などがある。**図 5-1** に標準大気圧における h–x 線図を示した。湿り空気線図は，単に湿り空気の状態値を示すのみではなく，空気調和設備のプロセスを図上に示すことができるため，空気調和システムの設計や評価にきわめて有用である。このため，空気調和設備において最も重要な線図といえる。「湿り」を省略して，単に「**空気線図**」* と呼ばれることもある。

*psychrometric chart

図 5-2 は，h–x 線図を模式的に表したものである。横軸に温度，縦軸に絶対湿度が表示されているが，よく見ると温度と絶対湿度は直交しておらず，温度の軸は上方が開いている。これは，前述のとおり絶対湿度とエンタルピーを最初に定め，他の状態値は h–x 軸を基準に作図されたためである。

図に示すように，温度と相対湿度あるいはエンタルピーと温度など，湿り空気の2つの状態値を与えることにより，他のすべての状態値を知ることができる。図の例では，温度 26℃，湿度 50% のとき，絶対湿度 0.0105 kg/kg，水蒸気圧 1.68 kPa，湿球温度 18.7℃，露点温度 14.8℃，エンタルピー 53.0 kJ/kg などが読み取れる*。

*実際には，図5-2からはこれらの数値の小数点以下は正確には読み取りにくい。必要な場合は，参考文献（340頁，第3章1)，5)）または「空気線図計算表」ソフトなどによること。

空気調和システムで必要となる空気の加熱，冷却，除湿，加湿，混合などのプロセスを，空気線図を用いて表すことができる。さらに，これらの基礎的なプロセスを組み合わせて表示することにより，空調システムの運転状態を空気線図上に表示することが行われる。

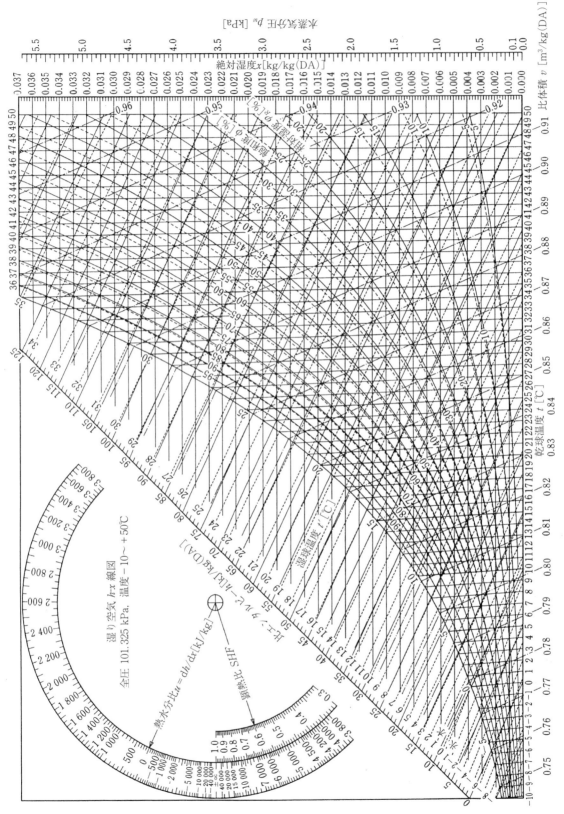

図 5-1　$h-x$ 湿り空気線図（標準大気圧）　(引用23)

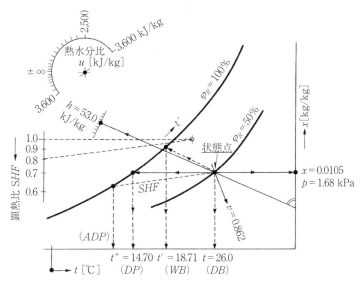

図 5-2 　$h-x$ 湿り空気線図と湿り空気の状態

(2) 熱水分比と顕熱比

図 5-3 は，ダクト内で通過空気に熱量と水分が与えられるときの状態を示したものである。入口における空気の温度，絶対湿度，エンタルピーを t_1，x_1，h_1，出口状態を t_2，x_2，h_2 として，このときの熱平衡および物質平衡は，次のように表される。

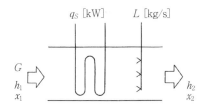

図 5-3 　熱平衡および水分平衡

$$Gh_1 + q_s + Lh_L = Gh_2 \quad [\text{kW}] \tag{5.6}$$

$$Gx_1 + L = Gx_2 \quad [\text{kg/s}] \tag{5.7}$$

注) 107 頁「4 冷暖房負荷計算法」では，q の単位を [W] としているが，本節では [kW] としていることに注意すること。
また，風量 G [kg/h]，[kg/s] の kg は，乾燥空気に対するものであり，以下の計算式はすべて乾燥空気の kg を基準としている。

通過空気の風量を G [kg/s]，加熱量を q_s [kW]，加える水分の質量およびエンタルピーをそれぞれ L [kg/s]，h_L [kJ/kg] とする。式 (5.6)，(5.7) は，加熱および加湿を正としており，冷却および除湿は負の加熱，負の加湿と考える。式 (5.6)，(5.7) から，q_T [kW] を全熱として，

$$q_T = G(h_2 - h_1) = q_s + Lh_L \tag{5.8}$$

$$G(x_2 - x_1) = L \tag{5.9}$$

ここで，式 (5.8) と (5.9) を用いて，熱水分比 u [kJ/kg] が定義される。

$$u = \frac{q_s + Lh_L}{L} = \frac{q_s}{L} + h_L = \frac{h_2 - h_1}{x_2 - x_1} \tag{5.10}$$

熱水分比が一定ならば，$h-x$ 線図上では勾配が一定となるので，状態 1 から 2 への変化はそのときの熱水分比に平行な線で示される。このため，空気線図には熱水分比が示されている。

[**SHF**] sensible heat factor　湿り空気の状態変化で，全熱量変化に対する顕熱変化量の割合。「顕熱比」ともいう。

熱水分比とともに，**顕熱比 SHF** [-] も空気の状態変化の表示に用いられる。顕熱比は，全熱変化に対する顕熱変化の割合を表したものであり，室内に吹き出した冷風または温風の室内での状態変化の表示にもっぱら用いられる。

$$SHF = \frac{q_S}{q_T} = \frac{q_S}{q_S + Lh_L} \tag{5.11}$$

SHF は，熱水分比を用いて表すこともできる。

$$SHF = \frac{1}{u} \cdot \frac{q_S}{L} \tag{5.12}$$

SHF も一定ならば，h–x 線図上では一定の勾配となる。

（3）加熱および冷却　　図5-4 に，空気線図上での加熱および冷却による状態変化を示した。図（a）の加熱，冷却は顕熱変化であり，絶対湿度は一定であるので，加熱時には空気線図上で左から右に，冷却時は右から左に動くのみである。

加熱時

$$q_T = q_S = G(h_2 - h_1) = c_a G(t_2 - t_1) \quad [\text{kW}] \tag{5.13}$$

冷却時

$$q_T = q_S = G(h_1 - h_2) = c_a G(t_1 - t_2) \quad [\text{kW}] \tag{5.14}$$

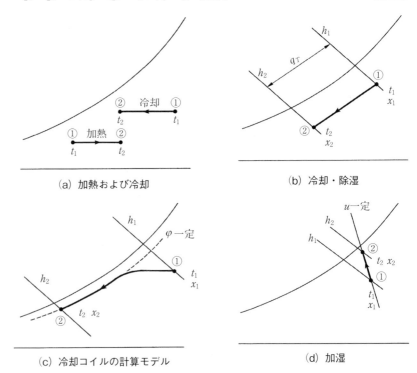

（a）加熱および冷却　　　　　　　　（b）冷却・除湿

（c）冷却コイルの計算モデル　　　　　　（d）加湿

図5-4　湿り空気線図上の空気調和プロセス

（4）除湿をともなう冷却　　冷房時には，空調機内の冷却コイルでは冷却とともに除湿も行われるのが一般的である。このときの空気の状態変化は，図（b）のように表される。このときの全熱，顕熱，潜熱は，次の通りである。

$$
\begin{aligned}
q_T &= G(h_1 - h_2) = G\big[\{c_a t_1 + (r_o + c_v t_1)x_1\} - \{c_a t_2 + (r_o + c_v t_2)x_2\}\big] \\
&\approx G\{c_a(t_1 - t_2) + r_o(x_1 - x_2)\} = q_S + q_L \quad [\text{kW}] \tag{5.15}
\end{aligned}
$$

(5) 冷却コイルの
計算モデル　　冷却コイルでは，図(c)に示すように，入口付近では冷却のみが行われ，途中から冷却と除湿が同時に行われはじめ，出口付近では相対湿度一定の線上を移動し出口に達すると考える。この場合でも，熱量は式(5.15)で計算される。

(6) 加　湿　　加湿を行う場合は，式(5.10)で，$q_S = 0$ であるので，熱水分比は

$$u = h_L \ [\mathrm{kJ/kg}] \tag{5.16}$$

となり，加湿に用いる水あるいは蒸気のエンタルピーに等しい。空気線図上では，図(d)のように熱水分比一定の線が状態線となる。

$$q_T = G(h_2 - h_1) \approx G\{c_a(t_2 - t_1) + r_o(x_2 - x_1)\} = q_S + q_L \ [\mathrm{kW}] \tag{5.17}$$

(7) 混　合　　図5-5のように混合を行う場合，混合後の状態値は，エンタルピー，絶対湿度については，混合するときの風量比の重み平均となり，計算では，次のようになる。温度についても，ほぼ同様となる。ただし，$k = G_1/G_3$ とする。

$$G_1 h_1 + G_2 h_2 = G_3 h_3 \ [\mathrm{kW}] \tag{5.18}$$

$$h_3 = \frac{G_1 h_1 + G_2 h_2}{G_3} = k h_1 + (1-k) h_2 \ [\mathrm{kJ/kg}] \tag{5.19}$$

また，

$$t_3 = k t_1 + (1-k) t_2 \tag{5.20}$$

$$x_3 = k x_1 + (1-k) x_2 \tag{5.21}$$

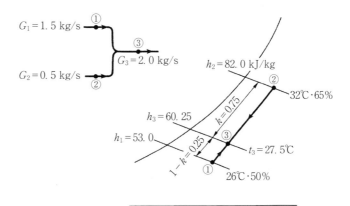

図5-5　空気線図上での混合

例題1　　図5-5のように，冷却コイル入口で，室内からのレターン空気 $G_1 = 1.5\,\mathrm{kg/s}$ と導入外気 $G_2 = 0.5\,\mathrm{kg/s}$ とが混合される。室内からの空気の温湿度を 26 ℃・50 %，外気の温湿度を 32 ℃・65 % とするとき，混合後の温度 t_3，絶対湿度 x_3，エンタルピー h_3 を求めよ。

〔解〕　　空気線図より，室内空気の絶対湿度，エンタルピーはそれぞれ $x_1 = 0.0105$ kg/kg，$h_1 = 53.0$ kJ/kg，外気の絶対湿度，エンタルピーは $x_2 = 0.0196$ kg/kg，$h_2 = 82.0$ kJ/kg である。また，$k = G_1/G_3 = 1.5/(1.5 + 0.5) = 0.75$，$1 - k = 0.25$ として，

$$t_3 = 0.75 \times 26 + 0.25 \times 32 = 27.5℃$$

$$x_3 = 0.75 \times 0.0105 + 0.25 \times 0.0196 = 0.0128 \, \text{kg/kg}$$

$$h_3 = 0.75 \times 53.0 + 0.25 \times 82.0 = 60.25 \, \text{kJ/kg}$$

これらの状態点は，状態①，②を結ぶ線を 0.75：0.25 に按分する点である。

5.3　空調機負荷

(1) 吹出し空気の状態変化
**　　と SHF**

　　吹出し口から室内空気温湿度への状態値変化は，SHF 一定の線で示される。SHF は，空調室についての熱負荷計算結果による室の顕熱負荷と潜熱負荷を用いて計算されるものである。室内空気の状態値より，SHF 一定の線を用いて吹出し空気の状態値を求めることができる。冷房時について説明すると，吹出し温度 t_d は，室温を t_r，室顕熱負荷を q_{rs} [kW] として，

$$t_d = t_r - \frac{q_{rs}}{c_a G} \tag{5.22}$$

であり，SHF の線上の t_d が吹出し空気の温度となる。

　　例題 2　　室内の状態値が 26 ℃・50 ％で，室熱負荷が顕熱負荷 $q_{rs} = 21 \, \text{kW}$，潜熱負荷 $q_{rL} = 5.8 \, \text{kW}$ のとき，吹出し空気の状態値を求めよ。ただし，吹出し風量は 2.0 kg/s とする。また，空気の定圧比熱は 1.0 kJ/(kg・K) とする。

　　〔解〕　全熱は，$q_{room} = q_{rS} + q_{rL} = 21 + 5.8 = 26.8 \, \text{kW}$ である。これより，

$$SHF = \frac{21}{26.8} = 0.78$$

また，吹出し口の温度は，式(5.22)を用いて，

$$t_d = 26 - \frac{21}{1.0 \times 2.0} = 15.5℃$$

また，吹出し口のエンタルピーh_d は，

$$h_d = h_r - \frac{q_{room}}{G} = 53.0 - \frac{26.8}{2.0} = 39.6 \, \text{kJ/kg}$$

となり，吹出し口ⓓから室内空気ⓡへの状態変化は，**図 5-6** のようになる。な

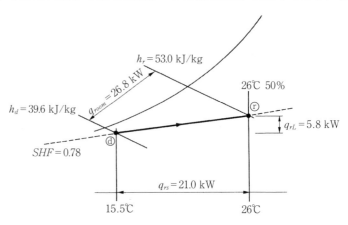

図 5-6　吹出し空気の状態変化と SHF

お，26 ℃，50 ％の空気のエンタルピーh_r は，53.0 kJ/kg である。

(2) 空気線図上の状態変化

空気線図を用いて，冷房時の湿り空気の状態変化の例を表してみる。**図5-7**は，図に示した単一ダクト方式による空調システム各部についての空気の状態を表している。室内からのリターン空気ⓡは一部排気され，再循環分は導入外気Ⓞと混合されて状態①となり，空調機の冷却コイルに入る。冷却コイルでは，冷却・除湿が行われ，状態②となる。冷却コイルを出た空気は，送風機による加熱と供給ダクトにおける熱取得により温度上昇があり，状態ⓓで吹出し口から室内に吹き出され一様に混合されて，室内の状態ⓡになる。

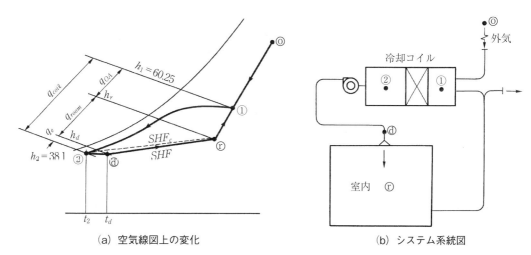

(a) 空気線図上の変化　　　　　(b) システム系統図

図5-7　空調システムにおける湿り空気の状態変化

コイル出口②から室内の状態ⓡまでは，SHF の状態線上を移動するが，送風機・ダクトからの熱取得を室顕熱負荷に含める場合は，図の点線が SHF となる。点線の場合の顕熱比を SHF_c とする。送風機・ダクトからの熱取得を，室熱負荷と分けて考えるときには，状態変化は②-ⓓ-ⓡのように実線となる。この場合，SHF は室熱負荷のみから計算したものである。送風機および供給ダクトの熱取得は，顕熱変化であるので，②からⓓへの状態変化は，絶対湿度一定での変化であり，温度のみが上昇する。

(3) コイル負荷

空調システムに関する負荷は，システム各部の状態値とコイル通過風量から計算される。

室熱負荷 ［kW］　　$q_{room} = G(h_r - h_d) = G(c_a(t_r - t_d) + r_o(x_r - x_d))$ (5.23)

外気負荷 ［kW］　　$q_{OA} = G(h_1 - h_r)$　　　　　　　　　　(5.24)

送風機・ダクト熱取得 ［kW］　　$q_e = G(h_d - h_2) = c_a G(t_d - t_2)$ (5.25)

冷却コイル負荷 ［kW］　　$q_{coil} = q_{room} + q_{OA} + q_e = G(h_1 - h_2)$ (5.26)

例題3　空調システムにおいて，図5-7のような状態変化があるとき，冷却コイル負荷，室熱負荷，外気負荷を求めよ。外気状態Ⓞ，室内状態ⓡ，吹出し口状態ⓓ

は例題1, 2と同じとする。また，コイル出口②のエンタルピーは38.1 kJ/kgとする。コイル通過風量は2.0 kg/s，外気導入量は0.5 kg/s，リターン空気量は1.5 kg/sとする。

〔**解**〕　冷却コイル負荷は，コイルの入口，出口の状態①，②におけるエンタルピーから，

$$q_{coil} = 2.0 \times (60.25 - 38.1) = 44.3 \text{ kW}$$

除湿量 L も求めると，

$$L = G(x_1 - x_2) = 2.0 \times (0.0128 - 0.0094) = 6.8 \times 10^{-3} \text{ kg/s} = 6.8 \times 10^{-3} \text{ } l/s$$

室熱負荷は，送風機・ダクトからの熱取得も含むものとして，室内と吹出し口の状態Ⓡと②とから，

$$q_{room} = 2.0 \times (53.0 - 38.1) = 29.8 \text{ kW}$$

送風機，ダクトからの熱取得を計算すると，

$$q_e = 2.0 \times (39.6 - 38.1) = 3.0 \text{ kW}$$

外気負荷は，室内空気と外気との混合点の状態①と室内空気の状態Ⓡとから，

$$q_{OA} = 2.0 \times (60.25 - 53.0) = 14.5 \text{ kW}$$

このとき，計算に用いる風量はすべて2.0 kg/sである。外気負荷はまた，外気と室内空気の状態ⓄとⓇとからも計算できる。この場合には，風量は外気導入量 G_{OA} である。外気条件および導入量は，〔例題1〕と同じとして，

$$q_{OA} = G_{OA}(h_o - h_r) = 0.5 \times (82.0 - 53.0) = 14.5 \text{ kW}$$

5.4　風量の計算

[**大温度差送風**] 最近では送風量を減らし送風動力を節減させるため，氷蓄熱システムと組み合わせて Δt_d を15 K以上とする大温度差送風が採用されることがある。

ここでは，コイル通過風量 G は与えられるものとしてコイル負荷を計算したが，空調システムの設計においては，風量を決定する必要がある。冷房時とすると，風量の決定は，室顕熱負荷より吹出し温度差 $\Delta t_d(t_r - t_d)$ を設定して，次式より計算することができる。冷房時の吹出し温度差は，10 K程度にとることが多い。

$$G = \frac{q_{rs}}{c_a(t_r - t_d)} \text{ [kg/s]} \tag{5.27}$$

$$Q = \frac{q_{rs}}{c_a \rho (t_r - t_d)} \text{ [m}^3\text{/s]} = \frac{3,600 \cdot q_{rs}}{c_a \rho (t_r - t_d)} \text{ [m}^3\text{/h]}$$

6 空気調和機

6.1 空気調和機の概要

*1 air handling unit，略して AHU。

空気調和機[*1]（空調機ともいう）とは普通，冷却コイル，加熱コイル，加湿器，空気ろ過器（エアフィルター），送風機などから構成され，ボイラーや冷凍機から温水，蒸気，冷水の供給を受けて室内に要求される温度，湿度，空気清浄度を満足する空気を製造する機器をいう。

*2 packaged air conditioner，略して PAC。
*3 multi-packaged air conditioner
*4 fan-coil unit

　広義には，冷凍機を組み込んだ**パッケージエアコンディショナー**[*2]，**マルチパッケージ空調機**（ビルマルチ）[*3]，**ファンコイルユニット**[*4]，**ルームエアコンディショナー**などが含まれる。最近は多様な空気調和機器が開発されているので，圧縮機や蒸発器を持たない通常の空気調和機は，エアハンドリングユニット（AHU）と呼ぶのが通例である。

6.2 空気調和機

　空気調和機（**エアハンドリングユニット：AHU ともいう**）には，かつては建築躯体を容器代わりに利用し，各部品を現地で組み立てる大容量の現場施工型もあったが，現在では工場組立て型（プレハブ型）が一般的である。床置きの縦型（V 型）と天井吊り式の横型（H 型）に分けられる。単一ダクト用がほとんどであるが，二重ダクト用の AHU もある。高層の事務所ビルでは，居室と廊下の間に設けた機械室に効率よく納まるコンパクト型が主流である。**図 6-1** には，単一ダクト用の縦型エアハンドリングユニットの一例を示す。エアハンドリングユニットの構成部品とその役割は，空気の流れる方向に，以下の通りである。

① エアフィルター　　　　　④ 加湿器
② 冷水コイル（冷却コイル）　⑤ 送風機
③ 温水コイルまたは蒸気コイル　⑥ 自動制御機器

　この他に風量調節ダンパー，空気予熱器（予冷器），エアワッシャー（air washer）などが用いられることがある。

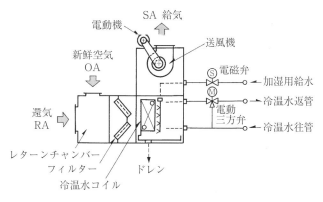

図 6-1　エアハンドリングユニット（縦型）

（1）冷温水コイル

＊1　chilled water / hot water cooling coil

冷水コイル，温水コイルは別々に2つ置く場合もあるが，通常，夏冬共用して使い，**冷温水コイル**＊1と称している。冷温水コイルは，**図6-2**のような形状をしており，アルミ製のプレート（板状）フィンとそれを貫通する銅製のチューブ（管）から成り立っている。

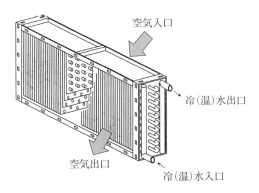

図6-2　プレートフィン型冷（温）水コイル

フィンは，水側より熱伝達率の小さい空気側の熱伝達を改善する役割をもっている。コイル，銅チューブの上下方向の数を段数，空気の流れに対して奥行方向の数を列数と呼び，例えば4列，6列，8列などのコイルが用いられる。

冷水コイルの場合，チューブ内を5〜7℃の冷水が空気の流れに対して対向流で流れ，フィン表面で空気が冷却される。空気がコイルの1列目，2列目と通過するに従い空気の温度が下がり，コイル表面温度が空気の露点温度以下になると，チューブの表面に結露を生じ，空気の除湿が行われる。結露水（ドレン）は外部に排水（間接排水）される。暖房時は温水が流されるが，加熱機能だけで加湿は後述の加湿器で別途行われる。冷却・加熱出力の制御は，冷温水量の**二方弁**による絞り制御，**三方弁**によるバイパス制御によって行う。

負荷計算から得たコイル負荷に見合った冷温水コイルの選定は，計算によっても行えるが，設計実務ではAHUメーカーあるいはコイル専業メーカーの設計資料により容易に行うことができる。

（2）直接膨張コイル（DXコイル）

＊2　direct expansion coil

直接膨張コイル＊2は，冷凍機から供給される冷媒の蒸発，凝縮効果によって空調用空気を直接，冷却，加熱するコイルであり，冷媒回路中の冷媒四方切替え弁によって加熱，冷却ができる。

（3）蒸気コイル

＊3　steam heating coil

蒸気コイル＊3は，暖房専用の場合は単独で，冷暖房のときは冷水コイルと併用して用いられる。蒸気コイルは，蒸気の凝縮熱を利用するもので普通，100℃以上で凝縮し，熱伝達もよいのでフィンの間隔（フィンピッチという）は温水コイルより一般に粗い。蒸気は凝縮水（ドレン）となり，蒸気トラップを経てボイラーに戻る。蒸気コイルも周囲の空気を暖める役目のみで，加湿，除湿の役目はない。

空調機に用いられるコイルの種類を，**表6-1**に示す。

表6-1　空気調和機内コイルの種類

熱 源 機 器	熱媒	空調機内コイル
冷凍機 大型ヒートポンプ （冷房サイクル）	冷水	冷水コイル
蒸気ボイラー	蒸気	蒸気コイル
温水ボイラー 大型ヒートポンプ （暖房サイクル）	温水	温水コイル
空冷マルチエアコン方式 空冷ヒートポンプパッケージエアコン ルームエアコンディショナー方式 （冷暖房サイクル）	冷媒*	冷媒コイル （直膨コイル）

*141頁，表7-2参照。

（4）加湿器

*4　humidifier

冬期，暖房時に加温すると相対湿度が低下し，快適でないだけでなく健康にもよくないので，AHU内部または室内に**加湿器**[4]が必要である。加湿用には水，温水，蒸気が用いられる。加湿方法には，水（温水）を容器（加湿パン）に溜めておくだけのパン加湿法，蒸気を噴霧する蒸気噴霧法，水（温水）を超音波により噴霧する超音波加湿法などがあるが，蒸発にともなう容器の腐食，目詰まり，蒸発残留分の飛散，有害菌類の増殖などがあるので慎重に選定する必要がある。いずれも制御は，**ヒューミディスタット**（湿度調節器）（humidistat）と連動して行う。

（5）送風機

*5　fan, supply air fan, return air fan

最近は搬送動力を減らすため，インバーターを用いる可変速送風機を利用するものが多い。

フィルターで除塵し，コイルと加湿器で設定温湿度に制御した空気は，送風機によりダクトを通して室内へ送られる。このように空気を搬送する機器を**送風機**[5]という。

送風機の駆動には電動機（モーター）が用いられ，電動機の回転は直結またはVベルトを介して送風機に伝達される。送風機としては，**図6-3**に示すような前進翼型の**多翼送風機**（シロッコファンともいう）が普通である。多翼送風機は小型で風量が多く，ダクト系の圧力損失が小さいときに向いている。最近では，送風効率の高い後退翼の**ターボファン**の系統が用いられることもある。

送風機の選定は，ダクト設計で求めた送風量と必要静圧をもとに行うが，メ

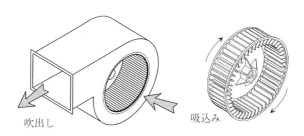

吹出し　　　吸込み

図6-3　多翼送風機

ーカーの技術資料で容易に求めることができる。

(6) エアフィルター

*6　air filter

外気およびレターンエア（再循環空気）に含まれている塵あいを除去するもので，**表6-2**のように分類される。一般に用いられるのは乾式**エアフィルター***6で，ガラス繊維，合成繊維，不織布などをろ材として用いる。ろ材を袋形，折込み形，ユニット形フィルターに工夫すれば，$1\,\mu m$（マイクロメートル）以上の塵あいを90％以上捕集できるが，フィルター面の穴が詰まると空気抵抗が大きくなるので，短期間で取り換えなければならない。

表6-2　エアフィルターの種類 (引用24)

除塵メカニズムによる分類	静電式（電気集塵器）（electrostatic type）	ゴミを含む空気を放電電場に通し，ゴミに帯電せしめ，この帯電したゴミを陽極板に吸引し除去する。
	乾性ろ過式（dry filtration type）	ふるいのようにフィルターの目より大きいゴミをこして除去する。中性能・高性能はほとんどこの方式である。
	粘性式（viscous impingement）	フィルター中を通る気流がろ材の繊維を避けながらジグザグに進む間に，ゴミがろ材表面（油塗布）に付着し，除去される。
保守管理面による分類	自動洗浄形	連続してろ材が洗浄油タンクを通過し，ろ材は洗浄されて再利用される。
	自動更新形	汚れた部分のろ材は，自動的に巻き取られる。
	定期洗浄形	ろ材が汚れたとき，これを取り外して洗浄し再利用する。
	ろ材交換形	汚れたろ材を捨てて，新しいものに入れ換える。
	ユニット交換形	ろ材が汚れると，ユニットそのものを入れ換える。

一般空調用では，塵あいの捕集率はやや低くなるが，乾式巻取り形フィルターを用いる。**図6-4**のように，ロール状にしたろ材をモーターで少しずつ巻き取り，長時間使用できるようにしてある*7。巻取りはタイマーで作動するものと，塵あいでフィルター面が詰まると空気抵抗が大きくなるのを感知（フィルター前後の差圧を感知）して作動するものとがある。

*7　最近では，プラズマ放電でインフルエンザウイルスや花粉を分解する「ストリーマ放電」を利用した空気清浄器も登場している。

フィルターにはまた，**電気集塵器**（electrostatic filter）がある。集塵原理は，塵あいに高電圧をかけて荷電させ，極板に付着させるものである。代表的なものは二段荷電式を用いており，**図6-5**に示すように，第一段の電極部で

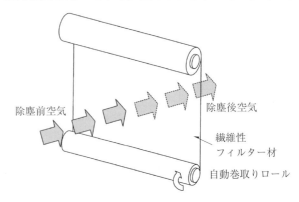

除塵前空気　　　　　　　　除塵後空気

繊維性フィルター材

自動巻取りロール

図6-4　ロール式エアフィルターの原理

10～12 kV の直流電圧を加え，放電させ電場内を通過する塵あいをプラスに荷電する。第二段目は集塵部で，交互に極板に 5～6 kV の直流電流をかけ，プラスに荷電された塵あいをマイナスの極板に付着させる。付着した塵あい粒子が凝集して，大きな粒子になって飛散するのを下流のろ材で捕集する。電気集塵器は，タバコの煙など 1 μm 以下の微粒子の除去に適する。

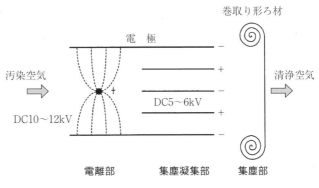

図 6-5　電気集塵機器

[**HEPA フィルター**] high efficiency particulate air filter
DOP 法効率（超高性能なフィルターの集塵効率を求める試験法）が 99.97％以上の超高性能フィルター。クリーンルームや放射性物質を扱うところで使われる。

クリーンルームでは，高性能フィルター（**HEPA フィルター**）を用いる。中性能フィルターと高性能フィルターを組みで用い，中性能フィルターを前処理フィルターとして用いる。清浄度は 1 m³ 中 0.5 μm の粒子が，屋外が数 10 万個に対し，数 10 個～数 100 個程度まで減らすことができる。半導体を中心とする電子工業製品の製造，製薬，手術室の空調は，この HEPA フィルターがないと成立しない。

(7)　自動制御装置

AHU のおもな制御項目は温度，湿度，風量である。**図 6-6** に示すように，温度を制御するセンサー（sensor）はサーモスタット（温度調節器）（thermostat）で，その温度を感知して冷水コイルおよび温水（蒸気）コイル内を流れ

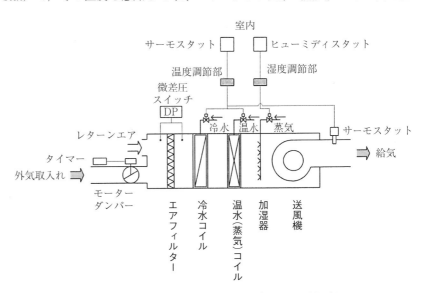

図 6-6　空気調和機の自動制御計装（恒温恒湿制御）例

る流量を制御する。湿度を制御するセンサーは**ヒューミディスタット**で，その湿度を感知して除湿の場合は冷却コイルの流量を制御し，加湿の場合は加湿器の加湿量を制御する。

＊8　constant air volume system
＊9　variable air volume system

　風量の制御は**定風量（CAV）方式**[8]と**変風量（VAV）方式**[9]に分かれるが，定風量方式の場合，竣工時，設計風量になるように風量調節ダンパーの開度を調節し固定させる。変風量方式の場合は，風量を制御するセンサーは差圧検出器で，その差圧を感知して送風機のモーターの回転数を制御，または風量調節ダンパーの開度を制御して風量を目標値に到達させる。

　なお，梅雨時など，外気の気温が低く，相対湿度が高いうえに日射がなくてコイルの顕熱比（SHF）が低いときに，除湿が十分に行えず，室内の相対湿度が上昇するときがある。このようなときは空調機で空気をいったん十分に冷却減湿した後，**再熱コイル**で再加熱する方法があるが，最近では冷却の後加熱という熱の無駄使いになるこのような再熱方式はあまり採用されず，建物の気密化と後述の全熱交換器の利用ですませることが多い。

　最近の研究と実績調査で，エアハンドリングユニットとダクト系の最適設計で大きな省エネルギー効果のあることが明らかになっている。このため，**図**6-7に示すようなシステムエアハンドリングユニットが使用されることも多い。**システムエアハンドリングユニット**は，**VAV方式**のダクト系と内蔵のインバーターによる可変速，高性能のサプライファンとリターンファン，外気負荷を減らす全熱交換器，CO_2濃度と連動した外気取入れ量制御システム，あるいは自己故障診断機能をもち，マイコンによる**DDC**（direct digital control）で最適

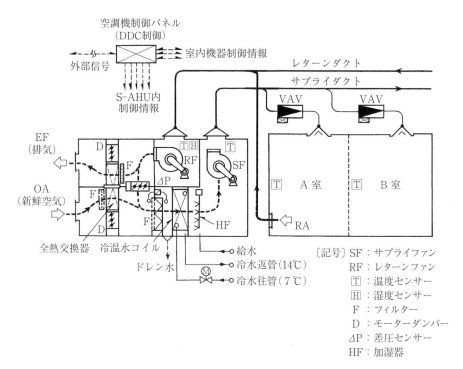

図6-7　システムエアハンドリングユニット

運転を遠隔で監視，制御できる最新のエアハンドリングユニットである。

6.3　個別式空気調和機

　　個別式空調機には，外から冷温水などの供給を受けるファンコイルユニット，インダクションユニットなど小型の空調機の一種と，みずから圧縮機を持っているマルチパッケージユニット，パッケージユニットおよびルームエアコンディショナーをいうが，ここではファンコイルユニットとインダクションユニットについて説明する。

(1) ファンコイルユニット

*1 fan-coil unit

　　ファン（送風機），コイル（冷，温水コイル）およびフィルターにより成り立っている小型空調機[1]で，**図6-8**ような形をしている。設置位置は床置き形，天井吊り形，天井埋込み形などがある。オフィスビルの負荷変動の激しいペリメーターゾーンに最も多く使用されている機器で，その他，住宅，ホテルの客室などに使用されている。

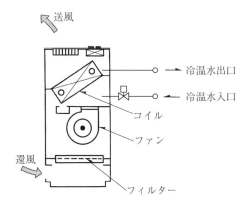

図6-8　ファンコイルユニット（シングルコイル）

　　通常，ファンコイルユニットは外気の取入れおよび加湿ができないが，ホテルなどでは別途，新鮮空気を予熱，予冷，除湿して各室に送風している。送風機は一般に小型多翼送風機，ラインフローファンが電動機に直結して用いられ，単相100 V で3段階程度に風量が調節できる。居室に設置されるので静穏性が要求される。エアフィルターは乾式のラフフィルター（低性能）で定期的に取り外し洗浄して再使用する。

(2) インダクションユニット

*2 induction unit

　　インダクションユニット[2]は，ファンコイルユニットのファンの代わりに，新鮮空気分の空気をノズルで高速で噴き出し，室内空気を誘引してコイルで冷却させるユニットであるが，送風動力や騒音が大きいため現在では使われていない。

7　冷温熱源機器

7.1　ボイラー

(1) ボイラーの種類と適用　ボイラーは，燃料の燃焼によって発生する熱エネルギーを水に伝熱し，暖房や給湯に必要な温水，蒸気を得る装置で**温水ボイラー**，**蒸気ボイラー**に大別される。基本的な構成要素はバーナー，燃焼室（炉），ボイラー本体，給水装置，通風装置，自動ボイラー制御装置（ABC）などである。

　住宅用には，ガスまたは灯油を燃料とする瞬間湯沸し器，瞬間式給湯（暖房）ボイラー，小型鋼板製ボイラー，ビル用には鋳鉄製（セクショナル）ボイラー，竪型貫流ボイラー，炉筒煙管ボイラー，真空式温水機が，大規模ビル，地域冷暖房用には水管式蒸気ボイラー，高温水ボイラーなどが用いられる。

(2) ボイラーの性能　ボイラーの基本的な性能は熱出力，ボイラー効率，最高使用圧力で表される。ボイラーの容量は**連続最大熱出力**（**定格出力**）[kW] を，蒸気ボイラーの場合は**実際蒸発量**，または**換算蒸発量** [kg/h] で表示し，温水ボイラーの場合はそのまま**熱出力** [kW] で示す。これらの関係は下式で表される。

熱出力　　　　$q_s = G_a(h_1 - h_2)$ [kW]　　　　　　　(7.1)

換算蒸発量　　$G_e = (q_s/2,256)$ [kg/h]　　　　　　(7.2)

ここに，G_a：実際蒸発量 [kg/s]

　　　　h_1：発生蒸気のエンタルピー [kJ/kg]

　　　　h_2：給水のエンタルピー [kJ/kg]

温水ボイラーの場合は，

熱出力　　　　$q_w = G_w(h_{w0} - h_{w1})$ [kW]　　　　(7.3)

ここに，G_w：温水流量 [kg/s]

　　　　h_{w1}：ボイラー入口温水のエンタルピー [kJ/kg]

　　　　h_{w0}：ボイラー出口温水のエンタルピー [kJ/kg]

　ボイラー効率は，ボイラーに供給された燃料の保有する熱量の何％が熱エネルギーとして温水や蒸気に取り入れられたかを示す重要な指標で，次式で表される。

$$\eta_B = \{q_B/(G_f \times H_L)\} \times 100$$　　　　　　(7.4)

ここに，η_B：ボイラー効率（LHV 基準）[%]

　　　　q_B：ボイラー熱出力 [kW]

　　　　G_f：燃料消費量 [kg/s または m³(N)/s]

　　　　H_L：燃料の低発熱量 [kJ/kg，または kJ/m³(N)] ただし，ガス湯沸し器では高発熱量 H_H とする*。

*表3-1（57頁）参照。

(3) ボイラーの形式と用途
a. 鋳鉄製ボイラー　セクショナルボイラーとも呼ばれ，**図7-1**のように，燃焼室と水の入る水室，煙道を持つ厚さ 15 cm ほどの鋳物製のセクションを熱出力に合わせた枚数分，

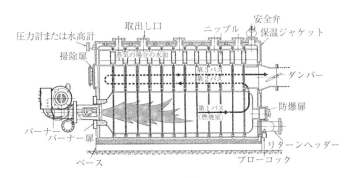

図7-1　鋳鉄製ボイラー断面図 (クボタ) (引用25)

[ゲージ圧] gauge pressure　圧力計により測定される大気圧を基準とする圧力。大気圧はゲージ圧0となる。単位の後ろにGなどと記す。

図7-1では11枚ボルトにより緊結したボイラーで，耐圧力は蒸気ボイラーとして使用するときは$0.098\,$MPa（$1\,$kgf/cm²·G）以下，温水ボイラーの場合は水頭圧$0.49\,$MPa（$50\,$m）以下で，ボイラー効率もあまりよくないが，鋳物のため耐久性があり，分解，搬入も容易なため古くからビルの暖房用温水ボイラー，蒸気ボイラーとして用いられてきた。新たにはほとんど採用されない。

b. 炉筒煙管ボイラー

機関車型蒸気ボイラーから発展した鋼板製のボイラーで，**図7-2**のように，円筒状の筐体の中に燃焼室としての炉筒と多数の煙管（焔管）を持ち，炉筒入口に設けられたバーナーにより，炉筒で発生する燃焼ガスが煙管を通過する間にその外にある水を加熱し，温水または蒸気を得るものである。使用圧力は通常，$0.69\,$MPa（$7\,$kgf/cm²·G）でボイラー効率は比較的高く，ビルや工場の蒸気ボイラー，温水ボイラーとして最も普通に用いられる。普通，ボイラー給水は軟水とし，防食対策が重要である。

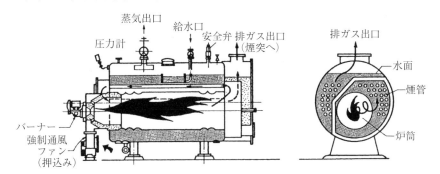

図7-2　炉筒煙管式蒸気ボイラーの構造 (タカオ FTX 型) (引用26)

c. 水管式ボイラー

大容量の高圧型のボイラーで，**図7-3**のように，上部の蒸気ドラムと下部の水ドラムの間を炉壁にある多数の細い水管で結び，広い燃焼室中の高温の燃焼ガスから主としてふく射熱で水管を加熱し，自然循環，または強制循環作用で蒸気ドラムから蒸気を得るものである。一般に，排気ガスによる給水予熱器（エコノマイザー）または，燃焼空気予熱器などを用いるのでボイラー効率が高く，高圧の蒸気が得られるので大規模ビルや地域冷暖房プラント，大規模病院，ホテルなどで用いられる。腐食等のないようにボイラー給水の管理が重要であり，蒸気タービンを駆動するときなどでは，純水供給装置を設ける必要がある。

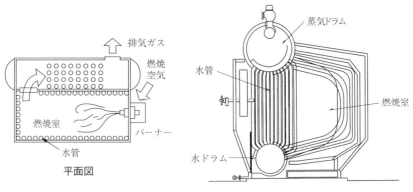

図 7-3　水管式ボイラー

d. 貫流式ボイラー

燃焼室を取り巻く水管を給水が通過する間に，完全に蒸発する比較的小容量の蒸気ボイラーで，**図 7-4** のように構造が簡単で効率も高く，安価なためにビルや工場などで用いられる。複数台，並列に接続し，負荷に応じて台数運転をすると，部分負荷時も熱効率が高い。これとは別に，大規模火力発電所で使用される超臨界圧ボイラーも貫流式ボイラーの一種である。

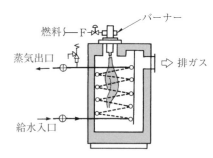

図 7-4　貫流式ボイラー

e. 真空式温水機

いくつかの温度，水質の水を自由に，かつ安全に加熱できるボイラーで，**図 7-5** のように，大きな蒸気室を持つ鋼板製，もしくは鋳鉄製のボイラーの蒸気室に熱交換用のコイルをいくつか配置し，ボイラー内部の蒸気で間接的に暖房用水，給湯用水，プール水などいくつかの系統の温水を一つのボイラーで加熱するものである。内部の蒸気圧は，原則として大気圧以下で爆発の危険性がなく，ボイラー技士などの有資格者が不要であるという利点がある。

表 7-1 には，各ボイラーの用途とボイラー効率（低発熱量基準）の概略値を示す。

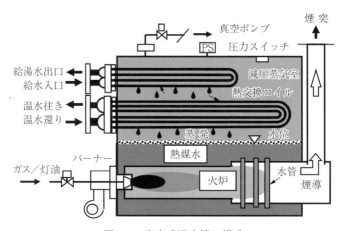

図 7-5　真空式温水機の構造

表7-1　ボイラーの種類と適用，ボイラー効率

ボイラーの種別	ボイラー効率［%］(LHV)	適　　　用	
鋳鉄製ボイラー	80～85	温水型	中小規模のビル暖房給湯用
		蒸気型	同上
炉筒煙管ボイラー	82～87	温水型	中規模ビルの暖房給湯用
		蒸気型	同上＋吸収冷凍機熱源用
水管式ボイラー（エコノマイザーあり）	88～91	温水型	高温水地域暖房用
		蒸気型	ホテル，病院，工場プロセス用
貫流式ボイラー	88～91	温水型	暖房・加熱用
		蒸気型	工場プロセス用
真空式温水機	80～85	温水型	暖房，給湯，プロセス加熱多目的用
住宅用鋼板ボイラー	70～80	温水型	暖房給湯用
住宅用ガス給湯器	80～105*	温水型	給湯用，給湯暖房用

＊給湯用では，低発熱量基準（LHV）のとき，ボイラー効率が100 %を超えることがある。

(4) 燃焼装置（バーナー）と自動制御装置

　ボイラーには，灯油や重油を燃焼させるオイルバーナー，都市ガスやLPガスを燃焼させるガスバーナーが必要である。通常，バーナーはボイラーメーカーによって各ボイラーに適合したものが用意されているが，システム設計者はボイラーの使用目的に応じて，制御方式，制御範囲，NO_X 排出量など適切なものを選定しなければならない。

　最近のボイラーのほとんどが，全自動のボイラー自動制御装置（ABC）を装備しており，起動から運転中のボイラー出口蒸気圧（出口温水温度）の維持，給水量の制御，燃料供給量の制御，ボイラーの安全な停止までの一連の制御，シーケンス制御を行っている。小型のボイラーはON-OFF制御の場合もあるが，多くの場合は比例制御であり，複数のボイラーがある場合は群管理運転が行われる。

　ボイラーの排気ガスについては，地方自治体によって SO_X，NO_X，煤塵量などが規制されている。SO_X ついては，ガスの場合は問題ないが，液体燃料の場合は自治体の規制に応じてA重油，または灯油を使用する。NO_X は自治体の規制にしたがって，低 NO_X バーナーや排ガス循環法，炉内蒸気噴射法などを選択する。

7.2　ヒートポンプと冷凍機

(1) 機械圧縮式冷凍機
a. 冷凍機の基本構成

［ヒートポンプ］冷房用の冷凍機，暖房用のヒートポンプは，いずれも熱エネルギーを低温の流体から高温の流体に汲み上げる「熱のポンプ」であるが，最近は両方ともに「ヒートポンプ」と呼ぶことが多い。

　機械圧縮式冷凍機の基本的な構成（ヒートポンプ）は，**図7-6** に示す通りで，圧縮機，凝縮器，膨張弁，蒸発器とこれらを結ぶ冷媒配管，および圧縮機を駆動する電動機である。圧縮機で加圧された冷媒ガスは，凝縮器で外部に高温の熱を放出して凝縮し，冷媒液となり，膨張弁で減圧されて蒸発器で外部から低温の熱を奪って蒸発し，冷媒ガスとなるサイクルを構成する。

　蒸発器において，外部から熱を奪って冷却・冷房作用や冷凍作用を行うこと

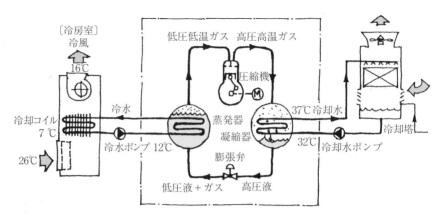

図7-6　冷凍機の構成（チリングユニット）

を目的とするときを冷凍機と呼び，その媒体，すなわち蒸発器で冷房用に利用される水を**冷水**（chilled water），凝縮器の熱を放熱する媒体を**冷却水**（cooling water）という。

　凝縮器において外部に熱を放出して加熱，暖房作用を行うときをヒートポンプと呼び，凝縮機で得られる暖房用の水を温水，蒸発器で外部から熱を供給する水を熱源水という。さらに，冷却作用で得た熱を同時に加熱作用に利用するとき，**熱回収ヒートポンプ**という。

b. 冷　媒

　冷凍機の中を循環して凝縮，蒸発を繰り返し，冷却効果を発揮する物質を**冷媒**（refrigerant）という。圧縮すると高温で凝縮して外部に放熱し，減圧すると低温でも沸騰して大きな冷凍・冷房効果を発揮し，化学的に安定で漏えいしても人体に危険でないものが望ましい。この意味では，アメリカの化学会社デュポンで開発された塩化フッ化炭素系の“フレオン”，いわゆる**フロンガス**が最も優れた冷媒であり，多用されてきた。

　フロンガスには圧縮機の形式，利用温度範囲などによって，**表7-2**に示すようないろいろなものがある。フロンガスはCFC（クロロフルオロカーボン），HCFC（ハイドロクロロフルオロカーボン），HFC（ハイドロフルオロカーボン）の3種に大別されるが，CFCは**特定フロン**と呼ばれ，R-11，R-12などの代表的な冷媒が大気中に漏えいすると，そのなかの塩素が大気上層の**オゾン層**を破壊し，危険な紫外線を透過させて皮膚がんを発生するとして製造を禁止された。HCFCは，CFCよりオゾン層破壊係数の小さい**指定フロン**と呼ばれ，R-22，R-123が代表的であるが，少ないといえどもオゾン層を破壊するため，先進国では2020年，開発途上国では2030年に全廃とした。R-134aなど塩素を含まないHFCは，**代替フロン**と呼ばれオゾン層はまったく破壊しないが，地球温暖化効果が大きいという欠点がある。当面はHFCが使用されていくが，オゾン層を破壊せず，温暖化効果もほとんどない理想とされる冷媒に**自然冷媒**がある。

　自然冷媒とは，もともと自然界に存在し，地球環境に悪影響のないと推定される炭化水素，アンモニアなどをいう。炭化水素の一つであるイソブタンガスは，冷蔵庫の冷媒として，アンモニアは古くから冷凍用冷凍機の冷媒として用

表7-2　ヒートポンプ用冷媒の種類と用途

冷　媒　種　別			ODP[*1]	GWP[*2]	ヒ　ー　ト　ポ　ン　プ　用　途
Ⅰ．特定フロン オゾン層を破壊する作用が大きい塩素を含むので，モントリオール議定書で先進国では使用禁止済み。	CFC	R-11	1	4,600	ターボ冷凍機（禁止）
		R-12	1	10,600	容積圧縮式小型冷凍機一般（禁止）
Ⅱ．指定フロン オゾン層破壊作用は少ないが，GWPが大きく，2020年までに製造禁止。	HCFC	R-22	0.055	1,700	容積圧縮式冷凍機一般（禁止）
		R-123	0.02	120	大型低圧ターボ冷凍機
Ⅲ．代替フロン オゾン層の破壊はないが，GWPが大きいので，COP3のGWG規制対象。現在の主流冷媒であるが，EUなどがR-134a，R-410A，R-407などの禁止を検討中。	HFC	R-32	0	650	低GWPでエアコン用の転換候補
		R-134 a	0	1,300	ターボ冷凍機（ヒートポンプ） カーエアコン（EU禁止の方向）
	HFC 混合	R-410 A	0	1,900	ルームエアコン パッケージエアコン，ビルマル
		R-407 C R-407 E R-245 fa	0 0 0	1,500	（パッケージエアコン） スクリュー冷凍機（ヒートポンプ） 低圧ターボ冷凍機（非共沸）
HFOは，ODP＝0でGWP＝4.6と小さく，新規代替冷媒候補。	HFO	R-1234 yf R-1234 ze	0 0	4 6	カーエアコン（ルームエアコン，パッケージAC，ターボ冷凍機）
Ⅳ．自然冷媒 自然界に以前から存在し，ODP＝0でGWP＝0か非常に小さく，地球環境的には理想的な冷媒。 CO_2はGWP＝1の基準物質	CO_2	R-744	0	1	給湯用ヒートポンプ 低温冷凍機（2次冷媒）
	NH_3	R-717	0	0	低温容積圧縮式冷凍機
	イソブタン	R-600 a	0	3	家庭用冷凍冷蔵庫
	水	R-718	0	0	吸収冷凍機，吸着冷凍機
	空気	R-729	0	0	航空機用冷却機，冷凍庫冷却機

*1　ODP：オゾン層破壊係数，R-11のODP＝1とする倍率。
*2　GWP：地球温暖化係数，CO_2のGWP＝1とする倍率。R-410 Aは疑似混合冷媒で（R-32／R-125（50％／50％），R-407 Cは非共沸冷媒でR-32／R-125／R-134 a（23／25／52％）

いられ，最近では空調用にも用いられ始めているが，漏えい時の火災の危険性，有毒性などの問題も残されている。その意味では空気や炭酸ガス，水も立派な冷媒であり，空気サイクル冷凍機，炭酸ガス冷媒ヒートポンプ給湯器，吸収冷凍機としてすでに実用化されている。

c. 冷凍サイクルと　モリエ線図

　ある冷媒の温度，圧力，エンタルピーなどの状態値を示したものが**p‐h線図**，あるいは**モリエ線図**（mollier diagram）と呼ばれるもので，冷凍機の性能の概略を知るために用いられることがある。**図7-7**に示すように，モリエ線図は横軸にエンタルピーh〔kJ/kg〕，縦軸に絶対圧力P〔MPa〕をとり，その冷媒の飽和液線，飽和蒸気線，乾き度線，等エントロピー線，温度T〔K〕，〔℃〕などを記したものである。

　モリエ線図は，冷凍機やヒートポンプの冷凍出力や必要動力，**成績係数COP**（coefficient of performance）などを基本的に理解し，理論的に分析するために用いられる。冷凍機中の冷媒の動きは，図(b)中に示したようなサイクル，冷凍サイクルを描く。すなわち，①の冷媒ガスは，圧縮機によって②の凝縮圧力（P_c）まで圧縮され凝縮器に入る。凝縮器において高温の冷媒ガスは，凝縮圧力に相当する凝縮温度（T_c）で冷却水に冷却されて③の飽和冷媒液

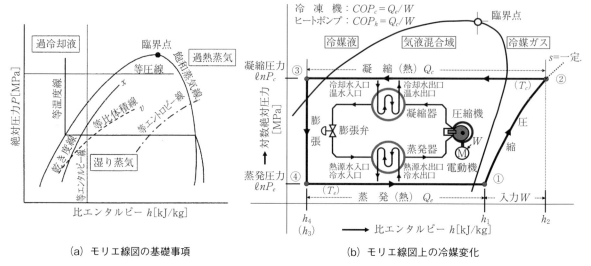

（a）モリエ線図の基礎事項　　　　　（b）モリエ線図上の冷媒変化

図7-7　モリエ線図

となる。③の冷媒液は膨張弁で減圧，断熱膨張して④の蒸発器に入り，気液混合状態の冷媒は蒸発圧力（P_e）に相当する蒸発温度（T_e）で冷水に加熱されて（冷水自身は逆に冷却されて）冷媒ガス①となり，サイクルを完結する。

　図に示すように，この冷凍サイクルを描く冷凍機の性能は，以下のようになる。

冷凍（冷房）出力	$Q_e = m_R(h_1 - h_4)$ ［kW］	(7.5)
凝縮器放熱量	$Q_c = m_R(h_2 - h_3)$ ［kW］	(7.6)
圧縮機入力	$W = m_R(h_2 - h_1)$ ［kW］	(7.7)
冷凍機の成績係数	$COP_c = Q_e/W = (h_1 - h_4)/(h_2 - h_1)$ ［－］	(7.8)
ヒートポンプの成績係数	$COP_h = Q_c/W = (h_2 - h_3)/(h_2 - h_1)$ ［－］	(7.9)

　ここで，m_R：冷媒循環量　［kg/s］

　　　　　　　h：各点の冷媒の比エンタルピー　［kJ/kg］

　　　　　　　W：圧縮仕事（動力）　［kW］

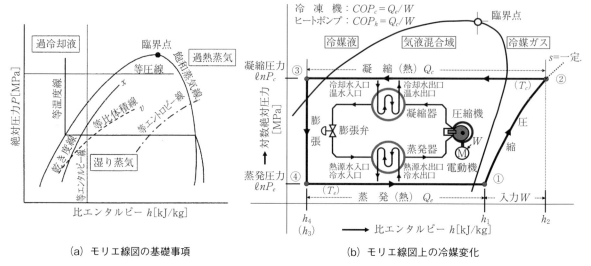

［**冷凍トン（RT）**］冷凍機の熱出力は kW で表すが，別に**冷凍トン（RT）**という単位で表すことがある。これは冷凍機がその名の通り，おもに製氷のために用いられた頃，1日で1トンの氷を製造することのできる冷凍機の冷却能力を「1冷凍トン」と呼んだ名残りで，日米では実務の分野で**1 USRT**（アメリカ制冷凍トン）＝3.52 kW＝3,024 kcal/h，日本の法律用語で，1日本制冷凍トン＝3.86 kW＝3,320 kcal/h を用いることがある。

　モリエ線図上の冷凍サイクルを分析すると，例えば同じ蒸発温度に対し，凝縮温度が上昇すると圧縮機の入力電力が増大し COP が低下すること，蒸発圧力が低下すると，圧縮機の冷媒吸込み量が減少して冷凍出力が低下することなどがわかる。

　ただし，これらの数値は理論値であって，実際の値は圧縮機の効率，摩擦による圧力損失などにより悪くなる。また，5℃の冷水入口温度が必要なとき，熱交換のための温度差のために，例えば蒸発温度が2℃とする必要があるなど，熱交換器（蒸発器）の設定で COP も変わってくる。また，同一サイクル上では $COP_h = COP_c + 1$ の関係があるが，運転条件が変わればこの関係は成立しない。

　モリエ線図は，かつては空調設計技術者が必要な冷凍出力に対して圧縮機や凝縮器，蒸発器の設計，選定などに利用したが，最近では空調用にはメーカー

において製品に関する全体的な実際の性能が技術資料として用意されているので，実務あるいはシステムシミュレーションなどではそれらを利用するのが普通である。

d. 冷凍機（圧縮機）の種類と適用

レシプロ式冷凍機　図7-8に示すように，シリンダー中で往復運動するピストンで冷媒ガスを圧縮するレシプロ（往復動）型圧縮機を用いる冷凍機の総称で，空調用，冷凍用の中容量の冷凍機として広く用いられている。安価で信頼性は高いが，往復式のため振動，騒音がやや大きく，ヒートポンプ用など高圧縮比（凝縮圧力・蒸発圧力）が大きいときに圧縮効率が低下し，成績係数が低下する欠点がある。

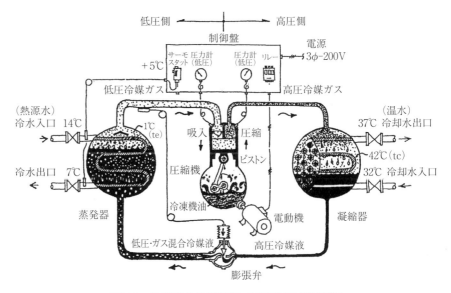

図7-8　冷凍機の作動機構（電動往復式冷凍機）

　圧縮機のみのものをコンプレッションユニット，水冷式，空冷式の凝縮器と組み合わされたものをコンデンシングユニット，圧縮機と凝縮器，冷水式の蒸発器と組み合わされたものをチリングユニットなどと呼ぶ。圧縮機と電動機が格納容器によって密封された密閉型（ハーメティック）の小型冷凍機は，冷媒の漏えいがなく信頼性が高いが，修理点検が原則としてできない。

　冷凍出力の制御は，冷水出口温度が設定値（例えば5℃）を下回らないように，多気筒圧縮機の場合はアンローダー装置で段階的に，あるいはON-OFF制御で調整する。中容量のチリングユニット，パッケージユニット，分散型パッケージユニットなどに多用されている。

ターボ冷凍機　図7-9に示すように，回転する羽根車による遠心力によって冷媒ガスを圧縮する遠心式（ターボ）圧縮機を用いる大型の冷凍機で，ビルや地域冷暖房，工場の冷房用に用いられる。やや高価であるが，振動が少なく，成績係数が高い。圧縮機と凝縮器，蒸発器は一体として，原則として工場で製作される。

　冷房出力100〜500kWの小型ターボ冷凍機は普通，単段圧縮で密閉式であるが，中・大型のターボ冷凍機は効率の良い多段圧縮式で開放式のものが多い。地域冷暖房用のターボ冷凍機には，1台で延べ床面積30万m²のビルを冷房で

きる，熱出力 30,000 kW 以上で，成績係数が 6 を超えるものもある。動力源は電動機が普通であるが，地域冷暖房用の大型ターボ冷凍機には，蒸気タービンで駆動されるものもある。

ターボ冷凍機は，圧縮機入口に配置された案内羽根の角度を調整するベーンコントロール装置によって冷房出力を制御する。最近の高性能大型ターボ冷凍機は，成績係数が 6.4 程度（0.54 kW/Rt）と省エネルギー効果が高い。

さらに，インバーターを用いる可変速のターボ冷凍機は，中間期以降，冷却水温度が低下すると，COP が 22 以上となる。

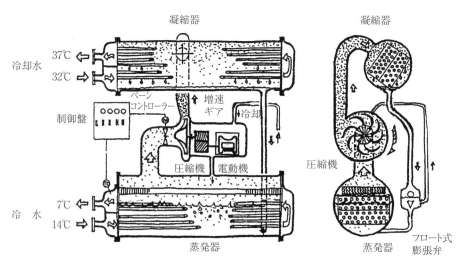

図 7-9　ターボ冷凍機の構造（密閉・単段圧縮二胴形）

スクリュー式冷凍機　　図 7-10 に示すように，吸込み口から，ネジ状の 2 つのローター，固定されたメスローターと回転するオスローターの間に取り込まれた冷媒ガスが，長軸方向に進むにつれてすき間が小さくなり，圧縮されて吐出し口に排出されるスクリュー圧縮機を用いる冷凍機で，ヒートポンプ用など高い圧縮比のときに高い圧縮効率を得られる。

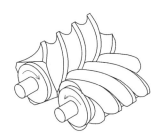

図 7-10　スクリュー圧縮機

精度の高いローターの設計，切削加工がかつては困難であったが，最近では非対称形ローターの加工が容易となり，冷媒のローター間の漏えいのない，高効率で騒音，振動の少ない冷凍機ができるようになって，中容量の冷凍機，低温冷凍用など特殊な運転条件の冷凍機，ヒートポンプ用として利用されることが多くなった。

ロータリー式冷凍機　　図 7-11 に示すように，背の低い円筒状のシリンダーの中に，回転軸が偏心したローターが配置され，吸込み口から導入された冷媒ガスが，ローターの回転につれて容積が減じて圧縮され，吐出し口から排出される形式のロータリー圧縮機を用いる小容量の冷凍機で，振動が少なく騒音も少ないため，主として

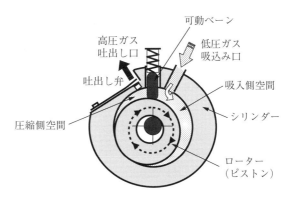

図 7-11　ロータリー式冷凍機の圧縮機

ルームエアコン用として利用される。圧縮効率は高いが，ローターとシリンダーの間で漏えいがなく，摩擦を最小限とするために，高い加工精度が要求される。

スクロール式冷凍機　　図 7-12 に示すように，吸込み口から取り入れられた冷媒ガスが，渦巻き状の固定スクロールと一対となった旋回スクロールが回転するにつれて圧縮され，吐出し口に排出される形式のスクロール圧縮機を用いる小容量の冷凍機で，構造上 1 回転で多気筒の圧縮作用を行うため，回転が滑らかでロータリー圧縮機より振動が少なく，圧縮効率も高い（教科書を手にとって小さく回転すると，圧縮機の動きが理解できる）。

　　ルームエアコンや小型の業務用エアコンへの利用が進んでいる。ロータリー式冷凍機とともにヒートポンプタイプとして利用されることが多く，インバーターによる変速運転（回転数制御）を行うことが多い。スクロールの形状設計と切削加工に高度の技術が要求される。

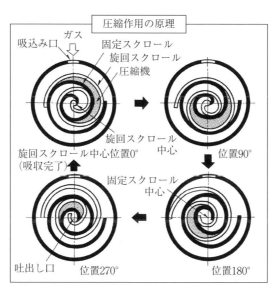

図 7-12　スクロール式冷凍機

(2) ヒートポンプ　　　　ヒートポンプを利用すると，1 W の電気エネルギーの投入で 3〜6 W の熱エネルギーを暖房や給湯の熱源に利用でき，電気を電熱器として用いるよりはる

かに効率的である。年間空調を行う最近の大規模建築で，電動式冷凍機を採用するときは，中間期や冬期に日中の南側室の冷房の排熱を回収し，蓄熱槽を介して翌朝の北側室の暖房に利用する，省エネルギー効果の高い蓄熱式**熱回収ヒートポンプシステム**を採用することが多い。

冬の暖房負荷のピーク期間に暖房能力が不足するときは，空気熱源ヒートポンプや補助ボイラーにより補う。地域冷暖房などでは，外気より夏は冷たく，冬は暖かい河川水や下水，海水などの**未利用エネルギー**を冷却水，熱源水として利用することがある。

図 7-13 は，空気熱源のヒートポンプエアコンの構成と冷媒回路を示し，冷房，暖房の切り替えは，冷媒回路の四方弁で冷媒の流れを逆転することによって行う。基本的に，大型の空気熱源パッケージエアコンも同じである。

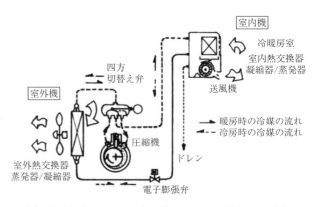

図 7-13　空気熱源とするヒートポンプエアコンの構成とサイクル (引用 27)

最近では，ルームエアコンやビル用の分散型パッケージエアコンのほとんどが，冷暖房可能なヒートポンプタイプである。

また，ヒートポンプはインバーターでピーク負荷時は回転数を上げて出力を増加させることができるので，寒冷時でも暖房能力不足になるおそれは少な

表 7-3　ヒートポンプの各方式

熱媒体		適用機器の名称	圧縮機の種類
熱源側	利用側		
空気	空気	空冷マルチエアコン方式 空冷ヒートポンプパッケージエアコン ルームエアコンディショナー方式	ロータリー スクロール
空気	水	空気熱源ヒートポンプチラー	往復動 遠心 スクロール
水	空気	水熱源パッケージユニット	往復動 ロータリー スクロール
水	水	水熱源ヒートポンプチラー	往復動 遠心 スクリュー

い。水対水のヒートポンプでは，水側で冷房，暖房の切り替えを行うのが原則である。**表7-3**は，各種のヒートポンプの例を示す。

(3) 熱駆動冷凍機と吸収冷凍機
a. 熱駆動式冷凍機

都市ガスや蒸気で加熱することによって冷却効果を発揮する熱駆動冷凍機が，初学者にとって奇異なものに思われるのはやむを得ない。しかしながら，歴史的に見ると電動冷凍機より熱駆動式冷凍機のほうが先に発明され，ガス冷蔵庫も長い歴史をもっている。電動冷凍機もその元をたどれば，火力発電所で燃料を燃焼させて得た蒸気で発電した電気を利用しているわけであるから，この意味では熱駆動といえる。また，地域冷暖房用の大型ターボ冷凍機は，プラント内の蒸気ボイラーによって得た蒸気で蒸気タービンを利用して圧縮機を駆動しており，やはり熱駆動の冷凍機である。ただ，本来の熱駆動冷凍機では，熱エネルギーを動力に変換することなく物質の物理化学的な吸収，吸着作用を利用して冷却効果を得ようとするもので，機械的な駆動部分がない。

NaClやLibr等の塩（エン）がもつ潮解性（水蒸気を吸収して融けること）を利用した冷凍機などを**吸収冷凍機**（absorption refrigerating machine）*，シリカゲルやゼオライトなどが水蒸気を，内部の微細な構造に物理化学的に取り込む機構を利用する冷凍機を**吸着冷凍機**といい，合わせて収着式冷凍機ということがある。これらの冷凍機は電気料金が高いとき，排熱が安価に得られるときに経済効果を発揮する。

収着式冷凍機は一般に，真空に近い低圧下で密閉容器中で運転されるが，シリカゲルやゼオライト，エチレングリコール水溶液などと循環空気を直接接触させて除湿，断熱冷却を行う**開放式除湿冷房**システムも一部で利用されている。

冷房用の吸収冷凍機は，冷媒に水，吸収液にはLiBr水溶液を用いる**H_2O-LiBr吸収冷凍機**で，**図7-14**にその作動原理を示す。純水の入った容器（蒸発器）とLiBrの濃水溶液（吸収液）の入った容器（吸収器）を接続し，水蒸気以外のガスを排気すると，蒸発器から純水が沸騰・蒸発し，吸収液に吸収されるが，蒸発器では純水が3℃以下に冷却され，間接的に冷水が7℃程度に冷却されて冷凍効果が発生する。吸収器の吸収液は，凝縮熱と吸収熱で温度が上昇するので，外部から冷却水で冷却して40℃程度に維持すると冷凍作用が継続する。

吸収が進行し，溶液濃度が低下すると吸収能力が低下するので，今度は吸収液側を120℃程度に加熱し，純水側を40℃程度に冷却すると吸収液は濃縮，再生され，純水側では純水が凝縮し，初期の状態に戻る。このような間欠的なサイクルでも冷房効果は得られるが，より効率的に，連続的に冷却効果を得られるようにしたのが，**図7-15**の一重効用（単効用）吸収冷凍機である。

吸収冷凍機は基本的に吸収器，再生器（発生器），蒸発器，凝縮器と溶液熱交換器から成り立っている。吸収器で冷媒としての水蒸気を吸収して，希容液となった吸収液は再生器に送られ，蒸気などで加熱，濃縮されて吸収器に戻る。このとき溶液熱交換器での溶液から希溶液に熱を回収する。一方，再生器から

*吸収冷凍機は，電動冷凍機に比べて一次エネルギー効率が低く，保守管理費がかさむので，最近の建築分野では，コージェネレーションシステムなどの排熱などがあるとき以外ほとんど使用されなくなった。

b. 吸収冷凍機の作動原理

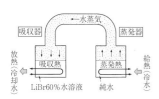

図7-14　蒸発と吸収の原理

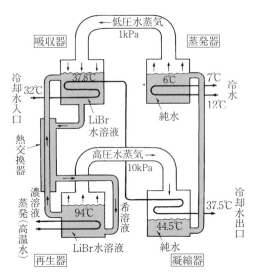

図7-15　一重効用（単効用）吸収冷凍機の構成図

出た水蒸気は，凝縮器で冷却水によって冷却されて凝縮水となり，蒸発器に送られて蒸発し，冷水を冷却し，冷却効果を発生する。

　この一重効用の吸収冷凍機の熱源は蒸気の場合，普通 0.1 MPa（1 kg/cm²·G）（120℃）程度でよく，工場の排熱なども利用できる。また，特別に設計された低温熱源用の吸収冷凍機は，85℃ 程度の熱源でも運転可能で，ガスエンジンの排熱や太陽熱などで駆動することができる。

　より省エネルギー的な吸収冷凍機として，**図7-16** に示す**二重効用**タイプがある。一重効用では，再生器で冷媒蒸気に与えられた蒸発熱は凝縮器にすべて捨てなければならないのに対して，二重効用では高圧再生器で与えられた蒸発熱を低圧再生器の熱源として二重に利用するので，同じ冷凍出力に必要な加熱量が一重効用より少なくて済む。ただし，加熱源は約 0.8 MPa（8 kg/cm²·G）（170℃）と高圧蒸気もしくは高温水が必要になる。

　吸収冷凍機の成績係数（*COP*）は，

$$COP = 冷凍出力[\text{kW}]/再生器加熱量[\text{kW}] \tag{7.10}$$

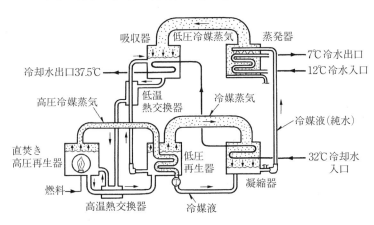

図7-16　二重効用吸収冷凍機の構成図

で表され，高発熱量基準（HHV）で一重効用では 0.7〜0.8，二重効用では 1.0〜1.2 程度である。この値は，電動冷凍機の一次エネルギー基準の成績係数〔電力の需要端効率 0.35×電動冷凍機の成績係数（4〜6）〕＝1.4〜2.1 より低い。

　ここ 20 年ほどは，都市ガス単価が冷暖房用として安価で提供され，夏期ピーク期の冷房用電力が比較的高価であったことから，中・大規模のビルセントラル空調の熱源機としてはもっぱら冷房，暖房に共用できて機械室，電気室のスペースが節約できる**ガス焚きの二重効用吸収冷温水機**が採用されてきた。しかし，維持管理コストが高いことと電動ヒートポンプの性能の改善が急速に進んで，電動方式のほうが一次エネルギー効率が高く，CO_2 排出量も少ないことから，最近では新設の場合，電動ヒートポンプとすることが多く，コージェネレーションなどの排熱がある場合には，排熱回収型吸収冷凍機を用いて排熱を吸収液の再生に用いる。

　ビルの熱源改修においても，特にスペースが限定されるときには，吸収冷温水器で更新されることもあるが，小規模ビルでは電動，またはガスエンジン駆動のビル用マルチヒートポンプ，中規模ビルでは電動チラーヒートポンプ，大規模ビルでは電動ターボ冷凍機，ターボヒートポンプ，熱回収ターボヒートポンプなどにとって代わられつつある。

（4）CO_2 冷媒空気熱源ヒートポンプ給湯機《エコキュート》

　図 7-17 に示す，漏れても地球温暖化効果，オゾン層破壊の心配のない自然冷媒，二酸化炭素（CO_2）を用いた住宅用空気熱源ヒートポンプ給湯機《エコキュート》は，安価な夜間電力を利用し，外気を熱源として，15℃程度の給水を CO_2 冷媒の 100 気圧，120℃を超える超臨界圧ガスの特性を生かして，一度に 80〜90℃に昇温して 370〜460 ℓ の貯湯槽に貯蔵し，昼間・夕方に出湯する効率的な，全電化住宅で採用されている装置である。

　その年平均 COP は，貯湯槽の熱損失などを考慮しても 3.5 程度であり，発電効率を考慮してもガス給湯器と比較して省エネ効果があり，設備費はやや高価であるが，エネルギー費用もガスの 1/4 以下である。この《エコキュート》

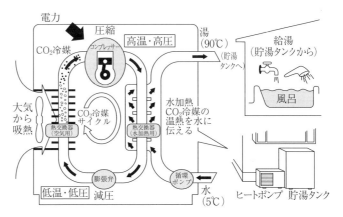

図 7-17　CO_2 冷媒空気熱源ヒートポンプ給湯器の作動原理

には，おもに寒冷地向けに温水暖房機能をもった給湯暖房機もある。また，ホテルやレストラン，老人施設の浴槽給湯用などの大型の業務用給湯機も用意されている。

(5) 熱源機器の補機
冷却塔

　ターボ冷凍機や吸収冷凍機など水冷式の冷凍機では普通，冷却塔が必要である。冷却塔は図7-18のような構造で，冷凍機の凝縮器で温まった冷却水は上部，散水装置から充てん材に散水され，流下するにしたがい外気に蒸発冷却作用で冷却される。空気中の水滴は，長い距離を落下すると理論的に湿球温度（WB）まで冷却されるが，普通，冷却塔では外気温度32℃，湿球温度27℃の設計外気条件で，冷却水は37℃程度から32℃程度まで冷却される。外気の湿球温度と冷却水の出口温度の差を**アプローチ**，冷却水の温度降下を**レンジ**といい，冷却塔の大きさ，選定上の重要な数値である。

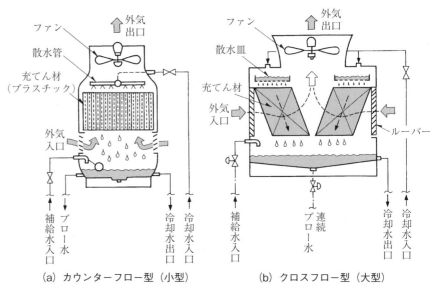

図7-18　冷却塔の構造

　空冷式の冷凍機では，外気温が設計値より高くなると冷凍能力不足になりやすいが，冷却塔を利用すると，酷暑日でも湿球温度はあまり上昇しないので能力低下はわずかであるという特徴がある。ただし，冷却水はその循環水量の0.6～0.8％が蒸発するので，飛散損失と合わせて循環水量の1～2％が失われるため，常時補給する必要がある。冷却塔には，空気と水の流れが逆のカウンターフロー型と直交するクロスフロー型があり，大規模ビルでは設置スペースの小さい後者が利用されることが多い。

　冷却塔から放熱される熱量は，冷凍機の種類によって異なり，電動圧縮冷凍機では冷凍（房）出力の1.2～1.3倍，二重効用吸収冷凍機では1.8～2.2倍程度である。冷却塔を利用する冷房は，ビルの冷房負荷の大部分を潜熱に変換するため，都市の湿度は上昇するが，顕熱による気温上昇はわずかで，ヒートアイランド現象を緩和する働きがある。

［ヒートアイランド］heat island 都市部における気温上昇現象。都市の過密化，大規模化，生産活動の活発化等にともなう高温排気などにより，都市部の気温が周辺部に比べ高くなり，同じ温度を結んでいくと島状になることから，「熱の島」と呼ばれる。夏期の熱中症の多発，都市型豪雨の発生が指摘されているが，冬期は脳卒中の減少，暖房負荷の軽減，水道管の凍結破損の減少などのメリットもあるといわれている。

8 熱搬送機器

8.1 ポンプ

(1) ポンプの種類

空調設備用，給排水設備用など建築設備用に用いられるおもなポンプの種類には，**表8-1**に示すようなものがあり，その基本的な構造，性能，選定方法は空調用，給排水用とも共通するところが多いので両者を本項で説明する。

表8-1 建築設備用ポンプの形式と用途

大 分 類			小 分 類	おもな用途
ポンプ	ターボ型	遠心ポンプ	渦巻きポンプ（単段・多段）	冷温水循環ポンプ・揚水ポンプ
			ディフューザーポンプ	揚水ポンプ，消火ポンプ ボイラー給水ポンプ
	容積型	往復ポンプ	ピストンポンプ	手押し井戸ポンプ
			プランジャーポンプ	薬注ポンプ
			ダイヤフラムポンプ	薬注ポンプ
		回転ポンプ	歯車ポンプ	オイルポンプ
	特殊型		渦流ポンプ	井戸ポンプ
			気泡ポンプ	井戸ポンプ（仮設用）
			ジェットポンプ	深井戸用井戸ポンプ

空調用の冷温水循環ポンプの必要揚程は配管，機器の圧力損失のみで普通，**実揚程**（後述）がなく低揚程のため，一般に揚程の小さい単段の**渦巻きポンプ**[*1]が用いられる。一方，給水設備の揚水ポンプ，消火ポンプは実揚程が大きいので，揚程の大きい**渦巻きポンプ（多段）**や**ディフューザーポンプ**が用いられる。

図8-1のように，遠心式ポンプのうち，ディフューザーポンプには羽根車（インペラー）の外に流れの乱れを防ぎ，ポンプ効率を改善する固定案内羽根（ディフューザー）があり，渦巻きポンプにはない。高揚程のときは，単段ポンプを直列に重ねた多段タービンポンプが用いられる。

特殊なポンプでは，ビル用の深井戸用のポンプとして，多段タービンポンプ形式の**水中モーターポンプ**，小規模な冷温水循環のための**図8-2**に示すような配管途中に直接取り付けられる**ラインポンプ**，軸受からの循環水の漏えいのまったくない**キャンドモーターポンプ**，**マグネットポンプ**，燃料油を送る歯車式の**オイルギヤーポンプ**などがある。

[*1] 汎用の渦巻きポンプは，水流を逆転することによって水車（発電機）となり，出力100 kW以下の小水力発電に転用することができる。

[**渦巻きポンプ**] 羽根車の外側に渦巻き状のケーシングを設け，このケーシングの巻き始めからスロート部まで，羽根車から吐き出された水を一定速度で導き，速度エネルギーを圧力エネルギーに変換し揚水する（図8-1(a)参照）。高揚程を必要とする場合は，2枚以上の羽根車を直列に組み込んだ構造とする（多段）型を用いる。

[**ディフューザーポンプ**] 羽根車の外側に，速度エネルギーを圧力エネルギーに変換する羽根車と反対向きに数枚の曲面をなした翼からなるディフューザーを設置し，高速で羽根車から吐水できるような構造のポンプ（図8-1(b)参照）。

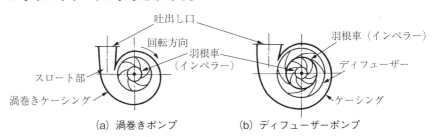

(a) 渦巻きポンプ   (b) ディフューザーポンプ

図8-1 遠心ポンプの構造 (引用28)

151

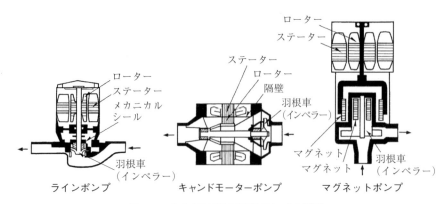

図 8-2　小容量冷温水循環ポンプの構造

（2）全揚程・実揚程・圧力

　ポンプの能力は水量と揚程で表され，揚程は水頭（water head）とも呼ばれ，単位は［m］，［mAq］または［Pa］である。吸込み水面（下水面）から吐出し水面（上水面）へポンプが汲み上げる高低差を**実揚程**（h_a）という。このとき吸込み配管および吐出し管で発生する圧力損失を損失水頭（h_f），配管吸込み部と吐出し部で発生する圧力損失を速度水頭（h_v）という。ポンプの**全揚程**（H）は，実揚程と損失水頭と速度水頭の合計であり，下式で表せる。

$$H = h_a + h_f + h_v = h_a + (h_{fs} + h_{fd}) + (h_{vs} + h_{vd}) \tag{8.1}$$

速度水頭は，ポンプの場合は他項より小さく，省略するのが普通である。

　ここに，添え字 s：吸込み管，d：吐出し管

　図 8-3 にポンプが①吸上げ状態で使用されている場合，②押込み状態で使用されている場合のポンプの全揚程，実揚程ならびに水頭の関係を示す。ポンプ

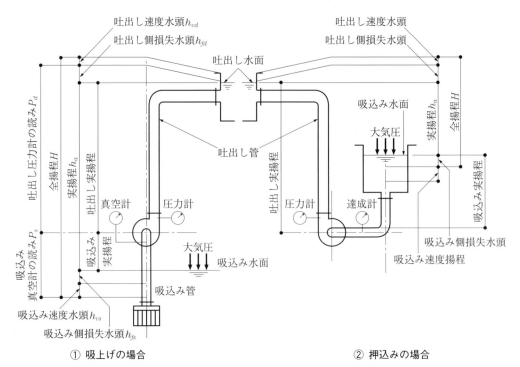

① 吸上げの場合　　　　　　　　　② 押込みの場合

図 8-3　全揚程と実揚程

が開放水面より上部にあるとき，吸込み揚程は負圧（大気圧以下の圧力）となり，下部にあるときは吸込み揚程が正圧（大気圧以上の圧力）となる。

水頭（揚程）と圧力との関係式は下式となる。

$$P = \rho g H/1{,}000 \tag{8.2}$$

ここに，P：圧力［kPa］，ρ：水の密度［kg/m³］

g：重力加速度9.8［m/s²］，H：全揚程［m］

全揚程（H）は，図の吐出し側圧力計（P_d）と吸込み側連成計[*2]，または真空計の読み値（P_s）の差に等しい。

$$H = P_d - P_s \tag{8.3}$$

*2　正圧と負圧の両者が測定できる計器。

ポンプより下に位置する水面からポンプが水を汲み上げられるのは，大気圧が約10 m 相当分，水面に作用しているからである。ポンプ吸込み側の静圧が，水温に相当する飽和蒸気圧に近くなると，羽根車上に気泡が発生し，振動，騒音，羽根車の潰食の発生など，ポンプの運転に支障をきたす。これを避けるため，ポンプ特性図には，ポンプごとの有効吸込みヘッド（**NPSH**）[*3] が示されていることがある。

［潰食］crosion　金属が電気的，化学的に損耗することを腐食（corrosion）というのに対し，強い水流や気泡の破壊などの機械的な作用で損耗することを潰食（エロージョン）という。

*3　必要 NPSH：net required positive suction head

建築設備の代表的な配管系の圧力分布は，第2章2.4，図2-7（50頁）に示されている。

(3) ポンプの必要動力

ポンプの運転に必要な理論動力は全揚程，流量ならびに密度の積で求められ，これを**水動力**という（式8.4）。この水動力を**ポンプ効率**で除した値が，ポンプの**軸動力 P_a** である。この軸動力に伝動効率ほか，10 %程度の余裕をみて適当な定格出力のモーターを選定する。

$$P_w = \rho g H Q/1{,}000 \tag{8.4}$$

$$P_a = P_w/\eta_p \tag{8.5}$$

ここに，P_w：水動力［kW］

P_a：軸動力［kW］

H：全揚程［m］

Q：吐出し量［m³/s］

η_p：ポンプ効率

ポンプ効率には，**図8-4** のように最高効率（A効率）およびそのポンプの使用範囲での効率（B効率）が日本産業規格で定められている。

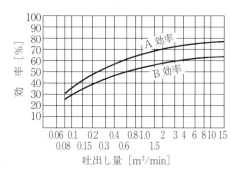

図8-4　ポンプの効率（JIS B 8313-1991）

(4) ポンプの特性図とその使い方

a. 遠心ポンプの特性

ポンプの運転特性を表すポンプ特性図（**図8-5**）には，横軸に流量，縦軸に全揚程，軸動力，ポンプ効率，NPSH が示されている。市販の一般的な渦巻きポンプには，計算した揚程と流量から必要なポンプとモーター容量（定格出力）を選ぶ。メーカーが用意した選定線図が用意されている。

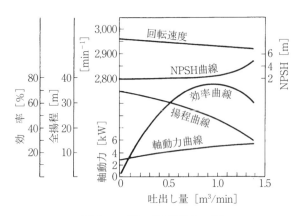

図 8-5　ポンプの特性の一例

b. 配管系の抵抗曲線とポンプの運転点

　　配管の抵抗は大略，流量の 2 乗に比例するため，配管系の**抵抗曲線**は**図 8-6**のような二次曲線になり，ポンプの**運転特性（P-Q）曲線** R_0 との交点が運転点 a_0 となって，流量 Q_0，揚程 H_0 で運転される。この配管系のバルブを絞るなど抵抗を大きくすると，配管抵抗曲線は R_1 に変化し，バルブを開けると抵抗が減少し，R_2 となって流量 Q，揚程 H がそれぞれ図示のように増減する。

c. ポンプの特性変化

　　遠心式ポンプの流量と揚程は，羽根車の毎分回転数 [rpm] で変化し，流量は回転数に比例し，揚程は回転数の 2 乗に，軸動力は回転数の 3 乗に比例する（式 8.6）。

$$\frac{Q_2}{Q_1} = \frac{N_2}{N_1} \qquad \frac{H_2}{H_1} = \left(\frac{N_2}{N_1}\right)^2 \qquad \frac{P_2}{P_1} = \left(\frac{N_2}{N_1}\right)^3 \qquad (8.6)$$

ここに，N：回転数 [rpm]，Q：吐出し量 [m³/s]，H：揚程 [m]

　　　　P：軸動力 [kW]，添字 1：変化前，添字 2：変化後

　図 8-7 に示すように，ピーク時に a 点，吐出し量（流量）Q_a，回転数 N_1，揚程 H_a で運転していた循環ポンプの必要流量が，Q_a から Q_b まで減少したため，回転数 N_2 に切り替えると，運転点は b 点，揚程は H_b となり，軸動力は

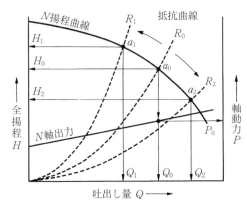

図 8-6　ポンプの P-Q 特性，配管系の抵抗曲線と運転点

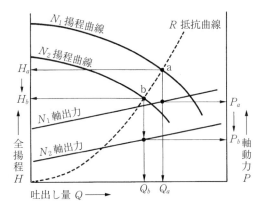

図 8-7　ポンプの回転数変化と運転点

P_a から P_b と大きく減少する。

従来，ビル用の中・小容量の交流モーター直結型ポンプでは，ポンプの回転数はモーターの極数で決まり，回転数を変えることはできなかったが，最近のインバーター技術の発展で，大幅な搬送動力の節減ができるポンプの回転数制御による可変水量(VWV)運転が可能となった。この意味で，ポンプの回転数とポンプ特性の関係は重要である。

ポンプは普通，交流電動機（モーター）で駆動され，その同期回転数 N [rpm] は，

$$N = (120 \times f)/p \qquad p：電動機の極数 \qquad f：周波数$$

標準的な4極電動機の場合，周波数50 Hz地域で1,500 rpm（毎分回転数），60 Hz地域で1,800 rpmである。

(5) 連合運転特性

*4 合成した曲線（合成特性曲線）と配管の抵抗曲線 R との交点が運転点となる。

複数のポンプを並列または直列に配置するときは，単体のポンプ特性曲線を以下のように合成する[*4]。

a. 並列配置

ポンプ A，B の並列運転特性は，**図 8-8** のように揚程が単体特性と等しく，2つの特性曲線に各吐出し量を加算して作図すればよい（$Q = Q_a + Q_b$）。

b. 直列配置

ポンプ C，D の直列運転特性は，**図 8-9** のように吐出し量が単体特性と等しく，2つの特性曲線に各揚程を加算して作図すればよい（$P = P_a + P_b$）。

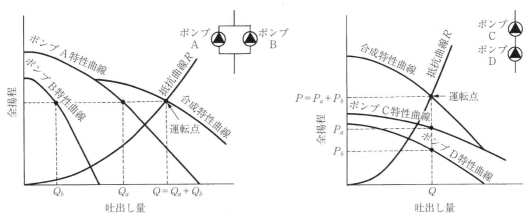

図 8-8　ポンプ並列運転　　　　　　　図 8-9　ポンプ直列運転

8.2　送風機

(1) 送風機の種類

空気調和設備の冷暖房，換気のための空気搬送系に用いられる送風機（fan）の形式と用途を**表 8-2**に示す。これらに用いられる送風機の多くは，遠心式送風機であり，そのうちでも大きさのわりに送風量の大きい，**シロッコファン**とも呼ばれる前曲型の多数のブレード（羽根）を持つ**多翼送風機**が一般に用いられてきた。ただし，多翼型はファン効率がやや低く，高い圧力が出ないので，

表8-2　空気調和設備用送風機の形式と用途

種　　類		一般名称	形　状	静圧効率 [%]	静圧範囲 [Pa]	用　　途
遠心式	多翼型	シロッコ		35〜65	30〜13,000 (5〜130)	一般空調用，換気用 排煙用 （　）は mmH₂O
	後曲型	ターボ		65〜85	300〜6,000 (30〜600)	省エネ空調用 一般空調用 排煙用，一般換気用
	リバース型	リミット ロード型		65〜85	200〜2,500 (20〜250)	省エネ空調用 一般空調用 排煙用，一般換気用
軸流式	プロペラ型	無圧扇		—	—	小規模工場換気
				—	—	低層住宅換気扇
		有圧扇		50〜85	50〜1,000 (5〜100)	換気，排煙 冷却塔ファン
				10〜50	5〜15	中・高層住宅換気扇
	軸流遠心式	チューブ型		55〜65	50〜1,000 (5〜100)	大風量換気，排煙用 大型冷却塔ファン
特殊	横流型	クロスフロー		40〜50	0〜80 (0〜8)	ファンコイルユニット ルームエアコン エアカーテン

高い省エネルギー性を求める大規模システムでは，より効率の高い後曲型の羽根を持つ**ターボファン**を使用する例が増えている。

　リミットロード型は，送風系統の抵抗に大きな変化があっても，過負荷になって電動機が焼損することがなく，効率も高いために工場などの工程用によく

[ベルトの掛け方] 電動機がベルトの下側を引っ張る右図のような配置とするのが，ベルトが滑らない正しい掛け方である。

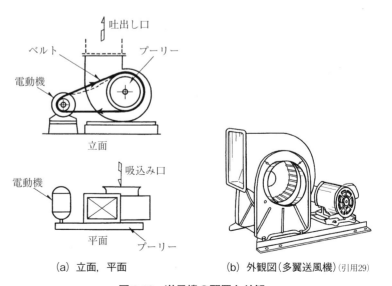

(a) 立面，平面　　　(b) 外観図（多翼送風機）(引用29)

図 8-10　送風機の配置と外観

用いられた。遠心式の送風機の外観は，**図8-10**に示す通りで，普通，電動機によりベルト掛けで駆動され，ホイールの口径の選定で送風機の回転数を選定し，目的の圧力と風量を得ることができる。空気を片側から取り入れる片吸込み型と両側から取り入れる両吸込み型がある。

軸流式は，換気扇としてプロペラ型が主として用いられているが，チューブ型，斜流型の軸流遠心式のファンもダクトの途中に取り付けるなどして利用されることもある。横流型のクロスフローファンはエアコン，ファンコイルユニット，室内空気のサーキュレーターなど機器組込みの低圧ファンとして利用されている。

(2) 送風機の特性曲線

送風機の特性は，ポンプとほぼ同様に，**図8-11**のように横軸に風量Qを，縦軸に全圧（P_t），静圧（P_s），軸動力W，全圧効率ηをとって表す。

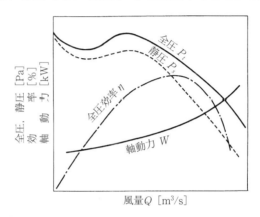

図8-11 送風機の特性曲線

空気搬送系の全圧損失に等しい送風機の必要全圧P_tは，送風機の吸込み口の全圧（P_{t1}）と吐出し口の全圧（P_{t2}）との差で下式となる。

$$P_t = P_{t2} - P_{t1} \ [\text{Pa}] \tag{8.7}$$

送風機の静圧P_sは，全圧P_tから送風機吐出し口の動圧P_d（$= \rho v_d^2/2$）を減算すればよい。

$$P_s = P_t - P_d = P_t - (\rho v_d^2/2) \ [\text{Pa}] \tag{8.8}$$

ここに，ρ：空気の密度（標準大気では$1.2 \ [\text{kg/m}^3]$）

v_d：送風機の吐出し風速$[\text{m/s}]$

(3) 送風機の軸動力

送風機全圧$P_t \ [\text{Pa}]$のとき，風量$Q \ [\text{m}^3/\text{s}]$を送風するときのエネルギーを空気動力$W_a \ [\text{kW}]$という（式8.9）。この空気動力を発生させるための軸動力$W_s \ [\text{kW}]$とすると，送風機全圧効率ηは，式(8.10)で表せる。

$$W_a = P_t Q/1,000 \tag{8.9}$$

$$\eta = (W_a/W_s) \ \text{または} \times 100 \ [\%] \tag{8.10}$$

ここに，Q：風量$[\text{m}^3/\text{s}]$

（4）送風機の運転点と装置抵抗曲線

　空気搬送系全体の装置抵抗は風量の2乗に比例するから，送風機特性（P-Q）曲線図上では，**図8-12**に示すように二次曲線で表される。装置抵抗曲線Rと，送風機の圧力曲線Pとの交点Aが運転点となる。送風系のダンパーなどを絞ると，抵抗は増加し，運転点はA′点に移動し，風量はQ_AからQ'_Aに減少する。

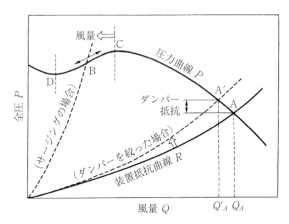

図8-12　送風機の変化

　多翼送風機では，圧力曲線の頂点Cと，左下がりの下限点Dとの間で送風機を運転すると，運転状態が不安定になり，騒音・振動を発生する。この現象をサージングという。送風機の効率は，図の特性曲線の肩の部分，A近辺が高いので，このあたりで送風機を選ぶのがよい。

　同じ送風装置で送風機の回転数（N）を変化させると，風量（Q），圧力（H），軸動力（W）の関係に，ポンプの場合と同様に下式の関係が成立する。これを「送風機の比例法則」という。

$$\frac{Q_2}{Q_1} = \frac{N_2}{N_1} \qquad \frac{H_2}{H_1} = \left(\frac{N_2}{N_1}\right)^2 \qquad \frac{W_2}{W_1} = \left(\frac{N_2}{N_1}\right)^3 \qquad (8.11)$$

　したがって，回転数（N）を1/2とすると，風量（Q）は1/2，圧力（H）は1/4となり，軸動力（W）は理論上1/8まで減少することになって，90頁で述べた変風量(VAV)方式において送風機の回転数を適切に制御すると，搬送動力を大きく削減できることが理解できる。

8.3　管材および配管付属機器

（1）管　材

　空調用配管の管材は，鋼管，銅管，ライニング鋼管，プラスチック管などがあり，用途に合わせて使用するが，最も一般的に使用される管材は，「配管用炭素鋼鋼管（JIS G 3452，略号SGP）」で，黒管と亜鉛めっきした白管と区別される。**表8-3**に鋼管と銅管の管材の仕様と用途を示す。

　管材のサイズは鋼管の場合，管外径と肉厚で規定され，規格寸法の内径の概略寸法を「呼び径」で表し，1インチを25 mmと換算する。例えば4インチ管をmm単位で「100 A」，インチ単位で「4 B」と表す。

　銅管の場合はロウ付け，フレアー継ぎなどで外径の精度が重要であるため，

表 8-3　管材の種類と適用

	名　称	略　号	規　格	適　用
鋼管	水道用亜鉛めっき鋼管	SGPW	JIS G 3442	1 MPa 以下の水。給水，冷却水
	配管用炭素鋼鋼管	SGP	JIS G 3452	1 MPa 以下，−15〜350℃の蒸気，水，油など (黒管)蒸気，温水，油など，(白管)冷温水など
	圧力配管用炭素鋼鋼管	STPG	JIS G 3454	350℃以下の圧力配管 蒸気，冷温水など
	一般配管用ステンレス鋼管	SUS 304	JIS G 3448	1 MPa 以下の水 冷却水，給水など
	配管用ステンレス鋼管	SUS 304 TP ほか	JIS G 3459	耐食，低温，高温用 冷温水，冷却水
銅管	銅及び銅合金継目なし管	C-1220 K, L, M	JIS H 3300	K 高圧用，L 中圧用，M 一般用 冷温水，冷媒，給湯など
樹脂管	硬質ポリ塩化ビニル管	VP VU	JIS K 6741	一般流体輸送用 排気，通気など
	耐熱性硬質ポリ塩化ビニル管		JIS K 6776	90℃以下の水 冷温水など
	架橋ポリエチレン管	PN 10 PN 15	JIS K 6769	95℃以下の水 冷温水，冷却水，床暖房など
	ポリブテン管		JIS K 6778 JPBPA 102	90℃以下の水 冷温水，冷却水，床暖房など

製品の呼称も外径を基準にしている。管材や配管付属機器は，使用圧力・温度によって使用規格が定められており，圧力に対して呼び圧力 5 K，10 K などの規格がある（日本産業規格参照）。

(2) **管継手**

　　管の接続法には，ねじ込み，フランジ，溶接およびロウ付けがあり，管曲り部，分岐部，拡大縮小部に管継手が使用される。冷温水配管に用いられるねじ込み式可鍛鋳鉄管継手では，直管に外ねじを切り，継手にねじ込むが，管と継手に段差が出る。排水管用の継手，ドレネージ継手は汚水がスムーズに流れるように段差がない。

(3) **弁　類**

　　空調用の弁類には，①玉形弁，②仕切り弁（外ねじ型），③バタフライ弁，④ ボール弁が使用され，弁は流量と開度の関係にバルブ特有の特性があり，一般に流量調整用には①，遮断用には②〜④が使われる。弁には青銅製と鋼製があり，使用圧力と温度条件から適切な弁を選定する。

　　逆止め弁は，ポンプ吐出し部などに取り付け，水の逆流を防止し，ウォーターハンマーからポンプを保護する（**図 8-13**）。

(4) **その他の機器**

a. ストレーナー

　　配管内に流れるゴミなど固形物を除去するもので，Y 形や U 形の形状のス

トレーナーがある（**図 8-14**）。

b. 熱伸縮吸収継手

　熱媒温度が上昇すると，鋼管や銅管は膨張し，配管に大きな応力を生じ，膨張量が大きくなると，配管が破損する原因となる。配管に大きな応力を発生させないために，変位を吸収する**図 8-15** のような，①ベローズ，②スライド式伸縮吸収継手，あるいは配管を U 字状に曲げた U ベント，Ω 字状のタコベントなどを適切に配置する必要がある。

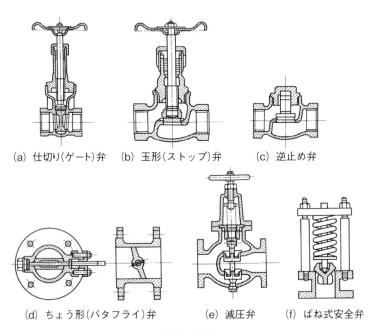

(a) 仕切り（ゲート）弁　(b) 玉形（ストップ）弁　(c) 逆止め弁

(d) ちょう形（バタフライ）弁　(e) 減圧弁　(f) ばね式安全弁

図 8-13　配管用弁類 (引用 30)

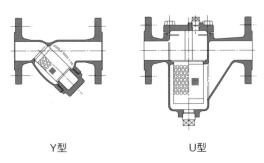

Y型　　　　　　　U型

図 8-14　ストレーナー

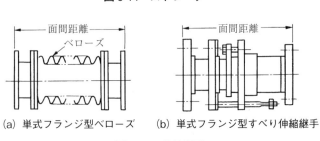

(a) 単式フランジ型ベローズ　　(b) 単式フランジ型すべり伸縮継手

図 8-15　伸縮継手

9 配管設備の計画・設計

空気調和設備の配管には，水を**熱媒**（heating medium）として，その往返りの温度差の**顕熱**を利用して熱を輸送する冷・温水配管，冷却水配管と，蒸気を熱媒として，その凝縮熱の**潜熱**を利用する蒸気・凝縮水配管があり，ほかに冷媒配管，燃料用の油配管，ガス配管などがある。配管設備は要求された熱，あるいは物質を過不足なく確実，安全，迅速に，漏えいすることなく，かつローコストで需要先に送らなければならない。

9.1 冷温水配管の計画

(1) 基本事項

水の顕熱を利用する冷温水配管は，空気調和設備の熱輸送に最も適した，搬送動力が少なく，安全で安価，取扱いの簡単な配管方式として，住宅の温水暖房からビルの冷暖房用，大規模な地域冷暖房まで広く用いられている。

冷温水配管がその機能を果たすためには，目的にあった配管方式の選定と配管材料，配管口径，配管勾配の選択が大切であり，安定した熱搬送を可能にする流量調整弁，空気抜き弁，保守の際に必要な排水弁，熱媒の膨張伸縮に必要な膨張タンク，管材の熱伸縮を吸収する伸縮吸収装置，自動制御弁などを適正に配置しなければならない。

表9-1 水の密度 ρ と定圧比熱 c_p

温度 [℃]	密度 ρ [kg/m³]	定圧比熱 c_p [kJ/(kg·K)]
0	1,000	4.126
10	1,000	4.191
20	998	4.183
30	996	4.178
40	992	4.178
50	988	4.178
60	983	4.183
70	978	4.187
80	972	4.196
90	965	4.204
100	958	4.216
120	943	4.245
140	926	4.287
160	908	4.342

4.1868 kJ/(kg·K) = 1 kcal/(kgf·℃)

冷暖房負荷に対応した冷温水コイルや放熱器に必要な循環（容積）流量 Q_w [m³/s] は，次式で求められる（**表9-1**）。

$$Q_w = \frac{q}{c_p \rho (t_{wi} - t_{w0})} = \frac{q}{c_p \rho \Delta t_w} \tag{9.1}$$

ここに，q：冷暖房負荷，または輸送熱量 [kW]

c_p：循環水の（平均）比熱（80℃）4.20 [kJ/(kg·K)]

ρ：循環水の（平均）密度（80℃）972 [kg/m³]

t_{wi}：往き（高温側）水温 [℃]

t_{w0}：返り（低温側）水温 [℃]

Δt_w：往返り温度差 [K]

冷温水配管の場合は，往き冷水温度は 5〜7℃，返り冷水温度は 10〜12℃，温水温度は往き 45〜48℃，返り 40〜43℃，設計往返り温度差 Δt_w は 5〜8 K 程度である。温水暖房では 85/75℃，温度差 10 K が標準であるが，床暖房では

往き45～50℃，地域暖房などの高温水暖房では，循環量を減らして配管径を小さくするために，往き160℃以上，温度差を60K以上とすることもある。

(2) 配管方式

a. 配管管数による分類

　配管方式は，その配管数から**図9-1**に示すような3方式に分類される。図(a)は，夏と冬に冷水と温水を切り替える2管式の冷温水配管，あるいは暖房用の温水配管である。図(b)は，特にファンコイル用に使われることのある特殊な3管式である（92頁参照）。図(c)は，冷水配管と温水配管が別々の4管式で，空気調和機あるいはファンコイルユニットのなかの冷水コイル，温水コイルを利用して，いつでも冷房，暖房が可能な高級な方式である。

b. 直接還水（ダイレクトレターン）方式と逆還水（リバースレターン）方式

　図9-2に示すように，配管方式はまた，直接還水（ダイレクトレターン）方式と逆還水（リバースレターン）方式に分類される。図(a)のダイレクトレターン

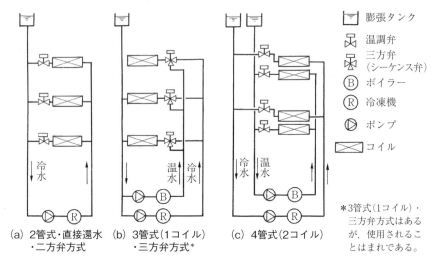

図9-1　管式による分類

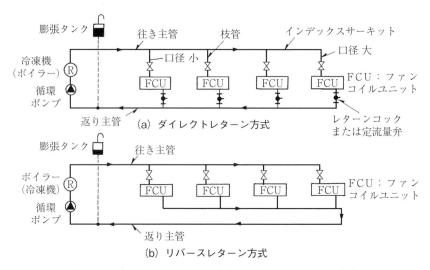

図9-2　ダイレクトレターン方式とリバースレターン方式

方式では，特に設計上の配慮をしない限り近くの機器には多くの水が流れ，遠くの機器には設計通りの水量が確保できないことがある。これを避けるには，機器への分岐管の口径に差をつけるか，流量調整弁を取り付けて竣工時に調整をする必要がある。

これに対し図(b)のリバースレターン方式では，各機器を通る配管長さが等しく，抵抗が同じとなるために，流量が自然に均一になるという特徴がある。従来は，配管費が余計にかかるが，配管設計の煩雑さを避け，現場での調整を容易にするため，リバースレターン方式をとることが多かったが，最近では圧力差があっても自動的に設計流量を確保する定流量弁を用い，配管工費の安いダイレクトレターン方式とすることが多い。

c. 制御弁方式による分類

三方弁による制御方式（定流量（CWV）方式）

*負荷にかかわらず一定の冷温水量が流れるので，ポンプ動力が大きい。

二方弁による制御方式（変流量（VWV）方式）

*負荷変動にともなって必要なだけ冷温水が流れるので，流量，圧力損の両面でポンプ動力が節約できる。

三方弁による流量制御*では，室内のサーモスタットの指示で冷温水コイルを流れる水量とバイパス流量の比率を変えるが，主管の流量はほぼ一定に維持される（**図9-3**）。

図9-4の二方弁による流量制御*では，負荷によって主管の流量が増減し，複数台のポンプがあるときは台数制御を行う。差圧の制御位置，ポンプの制御方式によって次の2種類がある。(a)は一般的な変流量方式であり，(b)は近年普及しつつある変流量制御方式である。

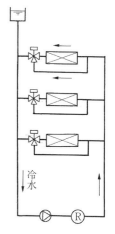

図9-3　三方弁による流量制御方式

(a) ポンプ定回転・ヘッダー差圧一定制御による変流量（VWV）方式：負荷側の機器の二方弁で流量を制御し，主管の圧力，流量は変動する。冷凍機とポンプの流量を一定にするため，バイパス管の流量を調整してヘッダー間の差圧を一定に制御する。部分負荷時には，負荷側の機器の差圧が増大する。この場合，ポンプ動力はポンプ運転台数に比例して減少する（図9-4 a）。

(b) ポンプ回転数制御・末端差圧一定制御による変流量（VWV）方式：末端機器の差圧を一定に制御するように，ポンプの回転数をインバーターにより制御する。冷凍機の運転に必要な最小流量のとき以外は，バイパス管を使用しないので，循環流量は冷暖房負荷に比例して減少する。大規模なシステムでは，運転中の冷凍機の流量を一定に保つための一次ポンプと負荷側の変流量運転を担う二次ポンプを直列に配置することがある。

配管系の全抵抗は循環流量の2乗に比例するから，変流量運転では冷暖房負荷が1/2になるとポンプの必要揚程は1/4に，ポンプの必要動力は，実揚程がない配管系では1/8に減少する。この方式は，空調機制御のVAV方式に相当する**変流量（VWV）方式***という（図9-4 b）。

*　variable water volume system

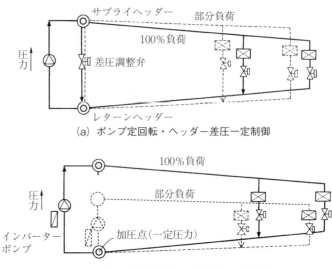

(a) ポンプ定回転・ヘッダー差圧一定制御

(b) ポンプ回転数制御・末端差圧一定制御

図9-4　変流量方式の配管圧力分布概念図

d. 回路方式による分類

　　配管回路の系統に，開放水面がある（実揚程を必要とする）回路と，開放水面のない回路系がある。開放回路では，開放型冷却塔をもつ冷却水配管や，開放型蓄熱槽をもつ冷温水配管がある。密閉回路は冷温水配管，密閉冷却塔の冷却水配管がある（**図 9-5**）。

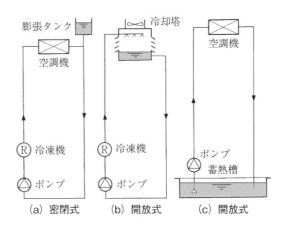

(a) 密閉式　　(b) 開放式　　(c) 開放式

図9-5　密閉回路と開放回路

9.2　冷却水配管の計画

(1) 単独配管方式と集合配管方式

　　単独配管方式とは，冷凍機と冷却塔を1対1の組合せで配管した方式である。集合配管方式は，平面的にまたは上下に，冷凍機と冷却塔が遠く離れて配置されるとき，配管工事量を減らすために採用されるが，冷却塔出口配管の圧力損失の差によって，水面に差が生ずることもあるので，連通管や連通口を設ける（**図 9-6**）。

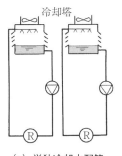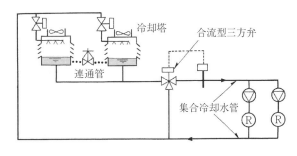

(a) 単独冷却水配管　　　　　　　(b) 集合冷却水配管

図 9-6　単独および集合冷却水配管

(2) 冷却水配管の注意事項　　　集合配管方式では，連通管と仕切り弁を設けて，冷却塔出口配管の圧損の差による下部水槽の水位差の発生を防ぐ。冷却塔単独運転をするときは，冷却塔入口部に仕切り弁を設置するとよい。冷却水ポンプは，冷却塔水面より必ず低い位置に配置する。冷却水の温度を制御する必要があるときは，三方弁などを設ける。

9.3　配管設備の設計

(1) 配管系の抵抗と
　　ポンプの必要揚程

　　配管系の抵抗には直管部の**摩擦抵抗**，曲がり部，分岐部，弁などの**局部（形状）抵抗**，冷凍機やボイラー，冷温水コイルなどの**機器抵抗**，**制御弁抵抗**などがある。配管系の**全抵抗** p_t [Pa] は，最大抵抗となる**主回路**（index circuit）（原則として最遠端の機器への流れに沿って一周した回路）の抵抗で，冷温水管などの**密閉回路**では，これを $1\,\mathrm{kPa}=0.102\,\mathrm{mH_2O}$ に換算した**水頭** [m] が**ポンプの必要全揚程** H [m] となる。冷却水回路など実揚程のある場合は，それを加えてポンプの揚程とする。

(2) 管抵抗の理論式

*48頁，第2章2.3参照。

a. 直管の摩擦抵抗

　　満水状態で流体が管内を流れる場合の**直管部摩擦抵抗** p_{rf} [Pa]*は，**ダルシー・ワイスバッハの式**(9.2)で計算することができる。

$$p_{rf} = \lambda \frac{\ell}{d} \frac{v^2}{2} \rho \tag{9.2}$$

ここに，λ：管摩擦係数，ℓ：管の長さ [m]，d：管の内径 [m]
　　　　v：流速 [m/s]，ρ：密度 [kg/m³]

　　管摩擦係数 λ は，レイノルズ数 R_e と相対粗度 ε/d の関数で表される。レイノルズ数 R_e は，管の中の，流れの乱れの程度を表す無次元数で $R_e = vd/\nu$，水の場合，動粘性係数 $\nu \fallingdotseq 1.00 \times 10^{-6}$(20℃のとき)，$0.363 \times 10^{-6}$(80℃のとき)である。相対粗度 ε/d は，管直径 d に対する管内表面の粗さ ε（正しくは流体力学的絶対粗度 [m]），ε は実務上，腐食などによる管内表面の凹凸の程度を表す指標で，さびた鋼管の場合は $0.5\sim1.0\,\mathrm{mm}$ をとる。

　　空調設備の配管中の流れは，「流体的な滑らかな管」の流れから，「粗い管の

[ムーディ線図] Moody's chart
新しいきれいな市販の管に対する
管摩擦係数 λ とレイノルズ数 R_e
および管相対粗度 ε/d の関係を
示した線図。

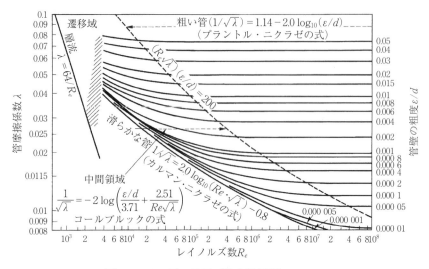

図9-7　ムーディ線図（管摩擦係数）(引用31)

完全乱流」に接続する中間とされ，このときの管摩擦係数 λ は，コールブルックの式による**図9-7のムーディ線図**から読み取ることができる。

b. 局部抵抗係数と相当長

継手・弁類などの断面形状の変化による抵抗を**局部抵抗** p_{rl} [Pa] といい，式(9.3)で計算することができる。

$$p_{rl} = \zeta \frac{v^2}{2} \rho \tag{9.3}$$

局部抵抗 p_{rl} を，その抵抗に等しい直管の長さに換算すると抵抗計算に便利で，これを局部抵抗 p_{rl} の**相当長** ℓ' という。相当長と**局部抵抗係数** ζ の関係は，式(9.4)で表される。

$$\ell' = \frac{\zeta}{\lambda} d \tag{9.4}$$

(3) 配管設備の設計手順

配管設計の一般的な流れを，**図9-8**に示す。

a. 配管設備の設計

最初に配管方式，配管経路を決定する。

b. 流量の算定

供給熱量 q [kW]，温度差 Δt_w [K] とするとき，ある配管のそれぞれの場所の流量 Q_w [m³/s] を式(9.1)で求めておく。

c. 配管径の決定

管径は，経済性を考慮して（単位摩擦損失（抵抗）P_{rf} を大きくすると，管径を小さくでき，工事費は減少するが，運転費が増加する）決定する。管径の選定には，コールブルックの式を用いて作成された流量，摩擦損失係数，管

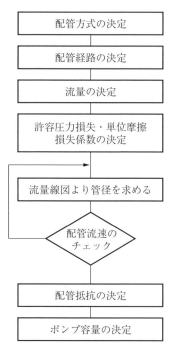

図9-8　配管設計手順

径ならびに流速の関係を示す**流量線図**を利用する（**図 9-9**）。

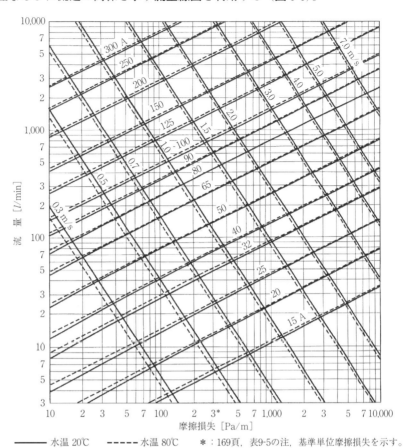

図中凡例:
—— 水温 20℃　　- - - - 水温 80℃　　＊：169頁，表9-5の注，基準単位摩擦損失を示す。

図 9-9　配管用炭素鋼鋼管の流量線図 (引用32)

　一般的に配管径が小さい範囲（80 A 以下）では，単位摩擦損失を 0.3～1.0 kPa/m（30～100 mmH₂O/m）の間の適当な基準単位摩擦損失を仮に定め，その前後で設計流量に対応する図中の管径を選定して，実際の単位摩擦損失を記録する。100 A 以上では，流速制限に近い流速によって管径を選定することが多い。

d. 管内流速のチェック

　管内流速が用途別推奨流速（**表 9-2**），大口径の場合には運転時間によるエロージョン（潰食）発生流速（**表 9-3**）以下であるかを確認する。

表 9-2　冷温水管の推奨流速

用　途	流速 [m/s]
ポンプ吐出し口	2.4～3.6
ポンプ吸込み口	1.2～2.1
ドレン管	1.2～2.1
ヘッダー	1.2～4.5
立上り管	0.9～3.0
一般配管	1.3～3.0
水道管	0.9～2.1

Carrier System Design Manual "Pipe Design" p. 3-21.

表 9-3　エロージョンを最小にする最高流速

年間運転時間	流速 [m/s]
1,500	4.5
2,000	4.2
3,000	3.9
4,000	3.6
6,000	3.0
8,000	2.4

SYSTEM DESIGN MANUAL Carrier 社　Chap. 3

e. 全配管抵抗の決定

　ポンプの必要全揚程に相当する全配管抵抗 R［kPa］は，配管回路の主経路（インデックスサーキット index circuit），一般には図9-10のように，熱源機器から最遠端の空調機を一巡する管路の実揚程 r_a［kPa］，直管部抵抗 r_f［kPa］，局部抵抗 r_l「kPa」，機器抵抗 r_m［kPa］の合計である。

$$R［kPa］= r_a + r_f + r_l + r_m = \sum p_{rf} + \sum p_{rl} + r_m \qquad (9.5)$$

ここに，p_{rf}：直管部抵抗の圧力損失，その合計 $\sum p_{rf}$

　　　　p_{rl}：局部抵抗の圧力損失，その合計 $\sum p_{rl}$

と，式(9.5)のように各部抵抗の圧力損失（全抵抗）の合計として求めることができる。配管の直管部抵抗は全長とし，局部抵抗は表9-4によって相当長を求め，166頁,(3)c.で述べた単位直管摩擦損失 R［Pa/m］を乗じて求める。ここで，配管抵抗1kPaは，水頭（揚程）0.102mの関係があり，表中には長さ［m］で表示されている。ただし，この例では循環ポンプで実揚程 $r_a = 0$ である。

表9-4　配管継手等の局部抵抗相当長 ℓ'　　　　　　　　　［m］

管呼び径（A）	15	20	25	32	40	50	65	80	100
エ ル ボ	0.5	0.6	0.9	1.1	1.4	1.6	1.9	2.5	3.6
チーズ ⊤	0.3	0.4	0.5	0.7	0.8	1.0	1.2	1.5	2.0
チーズ ⌐|	1.2	1.4	1.7	2.3	2.9	3.6	4.2	5.2	7.3
ゲート弁（全開）	0.1	0.2	0.2	0.2	0.3	0.4	0.4	0.5	0.7
ストップ弁（全開）	5.5	7.6	9.1	12.1	13.6	18.2	21.2	26.0	36.0
スイング逆止め弁（全開）	1.8	2.4	3.1	4.3	4.8	6.1	7.6	9.1	12.7

f. ポンプの選定

　配管設備の**ポンプ全揚程 H**［m］は，配管抵抗［Pa］を 1Pa＝0.102mm H₂O，1kPa＝0.102m と換算して，水面の差（実揚程）h_a［m］，直管抵抗 h_f［m］，局部抵抗 h_v［m］，機器の抵抗 h_m［m］の総計である（式9.6）。

$$\boldsymbol{H = h_a + h_f + h_v + h_m} \qquad (9.6)$$

ポンプの軸動力 P_W［kW］は，次式で求められる。

$$\boldsymbol{P_W = \rho g\, HQ / (\eta \cdot 1,000)} \qquad (9.7)$$

ここで，η はポンプ効率で，0.4～0.7程度である。ただし，設計実務ではポンプメーカーのカタログによって，全揚程と流量からポンプの型番，電動機の容量などを求めることが多い。

(4) 配管抵抗の簡易計算法

　計画設計の段階において，上記(3)で述べたような配管系のエルボやティー，バルブなどの位置や個数を正確に数えることは煩雑であり，現場における変更などもあるので，もう少し簡易に配管抵抗を見積もる方法をとることがある。その簡易法では，基準単位摩擦損失を R_o［Pa/m］とし，**主回路**の往復長さを $\Sigma\ell$［m］として，直管部摩擦損失を $R_o\Sigma\ell$，局部抵抗をこの k 倍として全配管

抵抗 h [Pa] を,

$$h = R_o \Sigma \ell (1+k) + 機器抵抗 \tag{9.8}$$

とする。この局部抵抗比率 k の値としては，住宅暖房のような小規模の場合は 1.0，ビル用など大規模な場合は 0.5 程度とする。また，直管部摩擦損失を $\Sigma(R_i \times \ell_i)$ として区間ごとの選定値を用いてもよい。

例題　**図 9-10** に示す冷水配管系の全配管抵抗を，上記(3)にしたがって求めよ。

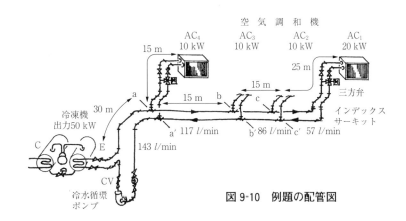

図 9-10　例題の配管図

表 9-5　配管抵抗計算表

区　　間	長さ ℓ	負荷	流量		口径	R	p_f		内訳（表 9-4 参照）	ℓ'	p_{rf}		備　　考
	[m]	[kW]	[kg/s]	[l/min]	[A]	[Pa/m]	[kPa]	[m]	（ ）内は1ケ当たり ℓ', 〔 〕内は機器抵抗	[m]	[kPa]	[m]	
E		50	2.39	143	50	—	—	—	機器　冷凍機：6.0 m			〔6.0〕	メーカーカタログによる — ①
E→a	30	50	2.39	143	50	300	9.00	0.92	L×4(1.6), V×1(0.4)	6.8	2.04	〔0.21〕	1 kPa＝0.102 mH₂O
a→b	15	40	1.91	117	50	200	3.00	0.31	T̄×1(1.0)	1.0	0.20	0.02	
b→c	15	30	1.43	86	40	350	5.25	0.54	T̄×1(0.8)	0.8	0.28	0.03	④
c→AC₁	25	20	0.95	57	40	300	7.50	0.77	L×4(1.4), T̄×2(0.8)V×1(0.3)	7.5	2.25	0.23	
AC₁		20	0.96	57	40	300			機器 AHU：3.5 m			〔3.5〕	メーカーカタログによる — ②
a→AC₄	(15)	(10)	0.48	29	25	430				—		—	
小　　計	85	50	2.39	143	—	—	24.75	2.52		局部	4.77	0.49	局部抵抗のみ
AC₁→c'	25	20	0.95	57	40	300	7.50	0.77	L×4(1.4), V×1(0.3)	7.5	2.25	0.23	
c'→b'	15	30	1.43	86	40	350	5.25	0.54	T̄×1(0.8)	0.8	0.28	0.03	
b'→a'	15	40	1.91	117	50	200	3.00	0.31	T̄×1(1.4)	1.0	0.20	0.02	⑤
a'→E	40	50	2.39	143	50	300	12.00	1.22	L×6, T̄×1, V×4　CV×1(6.1)	18.3	5.49	0.56	
MV			2.39	143		—	—	—	機器三方弁（セット）			〔5.0〕	設計によって異なる — ③
AC₄→d	(15)	(10)	0.48	29	25	430				—		—	
小　　計	95	50	2.39	143	—	—	27.75	2.83		局部	8.22	0.84	
合　　計	180	50	2.39	143	—	直管	52.50	5.36		局部	12.99	1.33	④＋⑤　❷
										機器		14.5	①＋②＋③　❸

往き配管系 ←

返り配管系 ←

単位摩擦損失抵抗（基準単位摩擦損失）R_o＝300 Pa/m（図 9-9 に示す。本表の R はこれを基に考慮し決定）　設計温度差 5 K　❶

L：エルボ，T̄：チーズ，V：ゲート弁，CV：逆止め弁

実揚程	0
総合計 ❶＋❷＋❸	21.19

〔解〕　図の主回路に沿って，往路，冷凍機の蒸発器 E→a，a→b，b→c，c→空気調和機冷却コイル AC_1，復路，AC_1→c′……a′→冷水ポンプ→蒸発器の負荷，流量，口径を定め，直管部抵抗，局部抵抗，機器抵抗を**表 9-5** の通り作表すると，全配管抵抗＝ポンプ必要全揚程 H は 21.19 m になる。

9.4　蒸気配管

蒸気配管は図 12-2（183 頁）に示すように，高温で熱伝達率が大きく，大きな放熱能力のある蒸気の凝縮潜熱を利用しているため，温水暖房より配管径が細く，放熱器も小さくてすみ，設備費が安いため，かつてはビルや学校などに広く用いられた。しかし，蒸気トラップの故障が少なくないこと，凝縮水管に腐食のあること，暖房開始時に騒音のあることなど維持管理が面倒なことから，最近では一般建築ではあまり用いられず，大規模な工場暖房やプロセス加熱，あるいは地域冷暖房システム等，特殊なシステムにのみ用いられている。蒸気はボイラーに十分な出力があれば末端まで均等に流れるという特徴があるが，放熱器弁の制御性が悪いという欠点がある。

9.5　冷媒配管

圧縮機，蒸発器，凝縮器が一体となって工場で製作されるターボ冷凍機やチリングユニットと呼ばれる冷凍機の場合は，建築現場で冷媒配管を行う必要はないが，図 2-5（93 頁）に示したようなビルマルチシステムや住宅のスプリット型エアコンなどでは，室外ユニットと室内ユニットを結ぶ冷媒配管を現場で施工する必要がある。

冷媒配管では，冷媒の循環動力は圧縮機の吸入圧力と吐出圧力の差圧の一部を利用して得ており，蒸気暖房と同様にポンプは使用していないから，冷凍機・ヒートポンプの製造会社の技術資料などに従って慎重に計画する必要がある。

凝縮器から蒸発器への冷媒液管では，管径が過小で抵抗が大きい場合（例えば，室外機と室内機の水平および上下の距離が長い），フラッシュガスが発生し，冷凍能力が低下する。吸込み管では，冷媒と潤滑油は分離して流れるので，勾配 1/200 程度の先下りとし，立上り管では潤滑油を押し上げる十分なガス速度を確保する。冷媒配管の施工には，製造会社の技術資料を参照すると同時に，十分な打合せが必要である。

冷媒配管の配管材料は，主として銅管（JIS H 3300）を使用し，接続にはロウ付け，ルームエアコンなどではフレアー継手を用いる。配管径の決定には，冷媒循環量と配管相当長および管内流速によって決定する。

冷媒配管で今後問題となるのは，地球温暖化防止のためのフロン冷媒漏えいの抑制と冷凍機改修時，廃棄時のフロンガスの回収である。

10 ダクト設備の計画・設計

10.1 ダクトの計画

　建物の全エネルギー消費量において，換気・空調用ファン，空調用ポンプ等の搬送動力の割合は 20 %以上と大きい。したがって，エネルギー消費量を削減するには，搬送動力を減らす必要がある。熱媒としては，水や冷媒よりも空気のほうが搬送動力が大きくなるので，できるだけ水や冷媒を用い，ダクトを用いる場合には，空調機を負荷に近く，さらに負荷の中心近辺に設置して，ダクトの長さを短くすべきである。最近では，空調機を天井内に設置して，ダクトを用いない方式も普及している。

　空調室内へダクトを計画する場合には，**図 10-1** に示す方式がある。図(a)は主ダクトから吹出し口に対し，順番にダクトを分岐していく方式であり，主ダクトのサイズが大きくなる。図(b)はヘッダーダクトを設けて，そのダクトから分岐する方式である。図(c)は各吹出し口にフレキシブルダクトを用い，それぞれ単独に結ぶ方式であり，風量バランスが良く，設計施工も簡素化されるので，最近普及している。ただし，ダクトの長さは長くなる。

　ダクト系の設計は，次のような順序で行う。

① 　気流分布などを考慮して吹出し口，吸込み口を決める。

② 　空調機，ファンと吹出し口，吸込み口をできるだけ最短距離になるようダクトのルートを決める。

③ 　ダクトサイズを決め，ダクトの納まりを検討する。

④ 　ダンパーなどを必要な位置に設ける。

⑤ 　防音のため消音器を設ける。

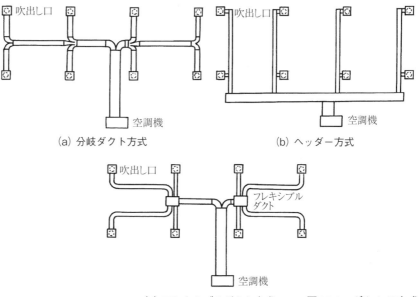

(a) 分岐ダクト方式　　　　　　　　(b) ヘッダー方式

(c) フレキシブルダクト方式　　**図 10-1　ダクトの方式**

10.2　吹出し口と吸込み口

（1）種　類

吹出し口は**表10-1**に示すように，その取付け位置により天井，壁，幅木・窓台に，形状により点状，線状，面状に分けられる。また気流特性からは，ふく流型と軸流型に分けられる。ふく流型は吹出し口の全周から放射状に吹き出す形式，軸流型は吹出し口の軸方向に直線上に吹き出す形式のものである。ふく流型にはアネモスタット（アネモ）やパン型が属し，事務室などの天井に多用され，軸流型にはノズル，パンカールーバー，グリル，ユニバーサル型があり，一般に天井や壁に取り付けられる。また最近，事務室などで床面に設置した吹出し口から吹き出す方式や，大空間で椅子と組み合わせた吹出し口も一部で普及している。

吸込み口は設定風量を吸い込めばよいので，グリルが多用され，劇場では客席の座席の下にマッシュルーム型がよく設置される。また吹出し口あるいは吸

［**アネモ型吹出し口**］anemo type diffuser　天井に取り付けられる吹出し口で，数枚のコーン状羽根を重ねた形状をしている。吹出し空気と室内空気との混合がよく，大風量を供給するのに適する。

［**NC**］noise criteria　室用途に応じて許される周波数バンドごとの騒音レベルを示すもので，NC 30〜35は事務室に適用できる。

表 10-1　吹出し口の種類

種　　類		形　　態	取付け位置			NC 30〜35になるための許容吹出し風速 [m/s]
			天井	側壁	幅木窓台	
点状	ノ　ズ　ル		○	○		15
	パ　ン　カ　ー　ル　ー　バ　ー		○	○		15
	アネモスタット		○			6
	パ　　ン		○			6.5
線状	ス　ロ　ッ　ト		○	○	○	5
面状	固　定　羽　根（グリル）			○		6
	可　動　羽　根（ユニバーサル）			○		6

込み口と照明器具を組み合わせたものを**トロファ**というが，一般には吸込みトロファ（**図10-2**）が事務室などで，冷房時に照明発熱の一部が除去されるという理由から普及している。

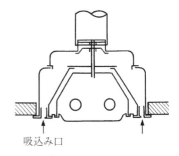

吸込み口

図 10-2　吸込みトロファ

(2)　室内気流分布

室内居住域では，冷房時，気流が約0.25 m/s 以上になればドラフトが感じられ，暖房時には温度が床付近で低く，天井付近で高くなる傾向がある。**室内気流分布**には，吹出し気流が強い方向性をもっているため，吹出し口の選択と配置が重要となる。吸込み口の影響は，吹出し口に比べて少ない。

図10-3 に，吹出し口と吸込み口の位置と種類を変えた場合の気流分布を示す。図(a)(b)は天井にアネモ型，パン型やスロット型を設置した場合で，冷房時の気流分布はよいが，ガラス窓が大きい場合は，冬期コールドドラフトにより床付近の温度が低下する。このような場合には，図(c)のように窓側に線状吹出し口を設けて下へ吹き付けたほうがよい。図(d)も冷房時，居住域に直接吹出し空気が降下しなくてよいが，図(a)(b)と同様，冬期に床付近の温度が低下する。

[コールドドラフト] cold draft
冬期に室内において，壁面で冷やされた冷風が下降したり，低温の気流が流れ込む現象。「賊風（ぞくふう）」ともいう。

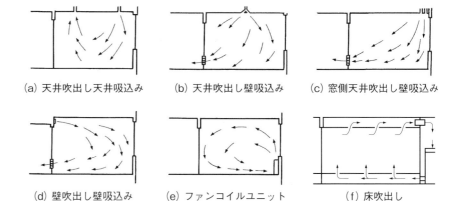

(a) 天井吹出し天井吸込み　　(b) 天井吹出し壁吸込み　　(c) 窓側天井吹出し壁吸込み

(d) 壁吹出し壁吸込み　　(e) ファンコイルユニット　　(f) 床吹出し

図 10-3　室内の気流分布 (引用 33)

一般に天井から温風を吹き出す方式では，吹出し風量を少なくとも換気回数にして5回/h 以上とし，天井付近に温風が停滞しないように下へ強く吹き出すとよい。図(e)のようにファンコイルユニットを窓側に設置する方法は，気流分布はよい。

事務室の空調には(a)(b)または，(a)(b)と(e)を併用した方式がよく用いられる。また(f)のように床吹出し方式は，OA 機器などの配線用二重床給気チャンバーとし，空気を床面から吹き出し，天井吸込みとし，室内空間を居住域と非居住域に区分し，居住域の快適性を維持し制御する。

10.3　ダクトおよび付属品

ダクトは風道ともいい，その形状により，長方形ダクト，円形ダクト，楕円形（オーバル）ダクトに分けられる。長方形ダクトは縦横の長さを変えられるので，天井裏やダクトスペース内に多用される。円形ダクトには一般に，帯状の鋼板を螺旋状に巻いたスパイラルダクトが用いられ，梁を貫通する場合に納まりがよい。

材料には亜鉛鉄板が用いられるが，湿気の多い排気や腐食性の高い排気を通すダクトにはステンレス鋼板，塩化ビニルライニング鋼板，硬質塩化ビニル板が用いられる。その他，断熱と吸音を兼ねたグラスウールダクトやコンクリートも使用される。また，保温付きのフレキシブルダクトが，ダクトあるいは空調機と吹出し口の接続に多用されている。

図 10-4 にダクトの施工例を示す。一般にダクトは工場加工して，現場で組み立てる。ファンとダクトの間は，ファンの振動がダクトに伝わらないように，たわみ継手にて接続する。風量の調節は**ダンパー**で行い，防火区画の貫通部には火災の延焼を防ぐため，熱または煙を感知して自動的に閉鎖する防火ダンパーを取り付ける。空調用ダクトは厚さ 25 mm 程度のグラスウールまたはロックウールで保温するが，換気ダクトや寒冷地以外の外気ダクトの保温は省略する。

［**ダンパー**］damper　ダクト中に挿入される抵抗可変装置。主として流量調節や分配，流路の遮断のために使われる。

［**キャンバス継手**］ダクト系に使われるフレキシブル継手で，2枚のフランジ間に綿布などをたるませて張った短いダクト状流路。振動する送風機にダクトを接続する際に，振動の伝搬を防止するためキャンバス継手を用いる。材質はガラスクロスで，片面または両面にアルミニウム箔加工を施したものを用いる。

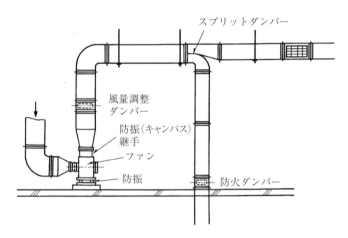

図 10-4　ダクト施工例 (引用 34)

ダクトには，ファンなどで発生する騒音が室内に伝わらないよう途中に**消音器**を設ける（**図 10-5**）。内張りダクトは，ダクトに吸音材を張ったもので，その消音能力は高い周波数の音には有効であるが，低い周波数の音にはほとんど効果がない。内張りエルボや消音ボックスは，曲がりや断面変化による反射も利用しているため，比較的低周波の音にも効果があり多用されている。この他に，音の共鳴を利用するマフラー形もあり，低周波数の音には効果がある。吸音材としては，グラスウールやロックウールが使用される。

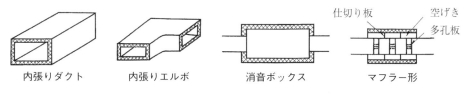

図 10-5　消音器の種類 (引用 35)

10.4　ダクトの設計

(1) 吹出し口と吸込み口 の設置

　必要な吹出し風量が求まれば，適切な位置に，吹出し口と吸込み口を設ける。事務室など一般の建物の空調では，アネモ型やスロット型吹出し口を天井に取り付け，吸込み口は室内あるいは廊下の天井や壁に設ける。吹出し口にアネモ型を用いる場合は，1 スパン（6 m 程度）に 1 個設けるのが一般的であるが，高層建物では，3 m 程度の間隔に自由に間仕切りが設けられるように，吹出し口，吸込み口，照明器具，スプリンクラー，煙感知器などを組み込んだ設備モジュールも普及している。

(2) ダクトサイズの 決め方

注）この項では，風量 Q を実務で使われている [m³/h] としていることに注意すること。

　ダクトは，ダクト内風速が 15 m/s 以下あるいは 500 Pa 以下を低速ダクト，これを超えるものを高速ダクトと分類し，ダクトの板厚や補強が異なる。
　ダクトサイズは，次の順序で求める。
① ダクト各区間の風量 Q [m³/h] を求める。
② ダクト直管長 1 m 当たりの摩擦損失 R [Pa/m] を決め，この値をダクト全区間にわたって一定とする。この方法を等摩擦法（等圧法）という。一般に R は 1 Pa/m 程度とする。
③ Q と R から**図 10-6** に示すダクトの流量線図を用いて，円形ダクトの直径 [cm] を求める。この流量線図の作成には，ダルシー・ワイスバッハの式（165 頁参照）を用いており，亜鉛鉄板ダクトに気圧 0.1 MPa，乾球温度 20 ℃，相対湿度 60 % の標準空気を通すときの図である。
④ 長方形ダクトにする場合には，**図 10-7** を用いて，ダクトの納まりをチェックして，円形ダクトの直径からダクトの短辺と長辺の長さを求める。長辺と短辺の比（アスペクト比）は 4：1 以下，最大でも 8：1 以下とする。

[**アスペクト比**] aspect ratio　長方形の縦と横の辺の寸法比。角形ダクトで，アスペクト比をあまり大きくすると経済的でなくなる。

$$d_e = 1.3 \times \left\{ \frac{(ab)^5}{(a+b)^2} \right\}^{1/8} \tag{10.1}$$

ここに，a, b：ダクト短辺と長辺の長さ [cm]
　　　　　d_e：相当直径 [cm]，円形ダクトの直径に相当する。

　一般に，ダクト内最大風速は建物の種類によるが，事務所建物などでは主ダクトで約 10.0 m/s，分岐ダクトで約 8.0 m/s 以下としてサイズを決める。
　ファン必要圧力は，上記の直管部の抵抗に，局部抵抗と機器の抵抗を加えたものである。局部抵抗はダクトの曲がりや拡大，縮小，分岐，ダンパーなどの抵抗であり計算で求まるが，一般には直管部の抵抗の 0.5～1.0 倍とする。機器の抵抗は，機器選定時に求める。

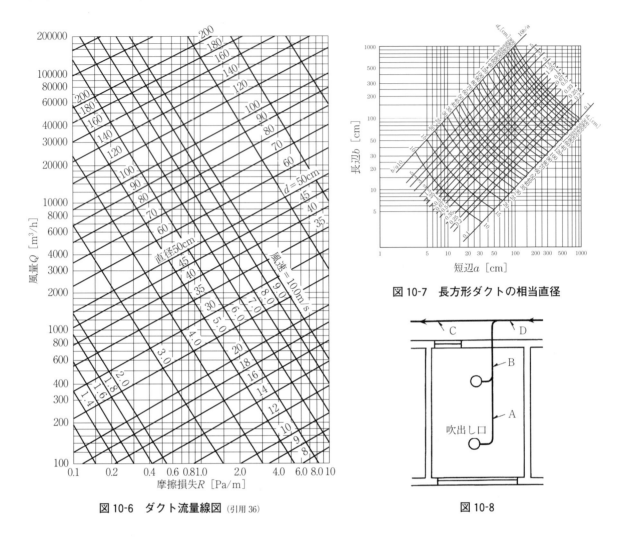

図 10-6　ダクト流量線図 (引用 36)

図 10-7　長方形ダクトの相当直径

図 10-8

例題　**図** 10-8 に示すダクト系各区間のサイズと風速を求めなさい。ただし，各吹出し口の風量は 1,000 m³/h，区間 C の風量は 4,000 m³/h，R は 1 Pa/m とする。

〔解〕　表 10-2 に示す。

表 10-2

区間	風量 [m³/h]	円形ダクト 直径 [cm]	長方形ダクト 幅 [cm]×高さ [cm]	ダクト内風速 [m/s]
A	1,000	28	35×20	4.0
B	2,000	36	60×20	4.6
C	4,000	47	64×30	5.8
D	6,000	55	90×30	6.2

11 クリーンルームの空調設備

クリーンルームは高度に清浄な空気で満たされた空間で，空気中の無機または有機の無生物浮遊粒子を対象とする**工業用クリーンルーム**と，主として微生物の制御を対象とした**バイオクリーンルーム**がある。いずれもその空気調和設備の設計と施工に高度な知識と技術を要求され，その施工後の立上げとその維持管理にも十分なノウハウが必要である。

11.1 工業用クリーンルーム

[インダストリアルクリーンルーム] industrial clean room　コンピューターの CPU やメモリーは「LSI」と呼ばれ，非常に小さい半導体の回路が形成されている。そのため，その生産には塵埃の非常に少ない環境を構築する必要があり，このような部屋をインダストリアルクリーンルーム（ICR）と呼ぶ。

工業用クリーンルームは，空気中における浮遊状物質が規定されたレベルに管理され，必要に応じて温度・湿度・圧力などの環境条件も管理された閉鎖空間で，半導体工場や精密機械工場で利用されるが，特に前者の場合は IC，LSI の超微細加工が要求されるにしたがって，浮遊粒子の数だけでなく，その許容される微粒子の大きさもますます小さくなっており，要求水準を達成することは容易ではない。

(1) 設計条件

＊クリーンルームの空気清浄度規格として米国連邦規格 209D が長く使用されてきたが，現在は ISO14644-1（Cleanrooms and Associated Controlled Environments-Part1 : Classification of Air Cleanliness）が国際規格として使われている。

これまで一般的に使用されてきた許容微粒子の規格は，米国連邦規格 209D であった（米国連邦規格は 2001 年に廃止＊）。この規格には 0.5 μm 以上の粒子を規準とした規格クラス 1,000，10,000，100,000 と，さらに 0.5 μm 以下の粒子を基準として，クラス 1，10，100 があり，後者を**スーパークリーンルーム**ということがある。**図 11-1** に，米国規格に示された粒径分布曲線を参考として示す。わが国の規格としては JIS B 9920 がある。

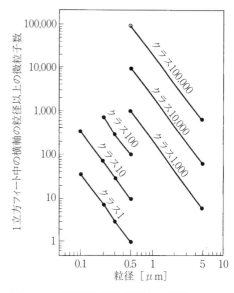

図 11-1　米国連邦規格粒径分布曲線 (引用 37)

(2) 空調設備の特徴

クリーンルームで発生する負荷は，①壁体を通過する日射・伝熱負荷，②内部負荷，③ファン発熱・ダクト損失，④局所排気と正圧維持のための加圧用余剰空気である。クリーンルームでは，高性能のフィルターを直列にいくつも使用するため，圧力損失が大きく，ファン動力が増大するため，ファン動力による温度上昇を無視できない。

設計温湿度条件は，製造する製品により決められるが，一般空調より低温（25 ℃前後），低湿度（30 ％前後）に設定するケースが多い。

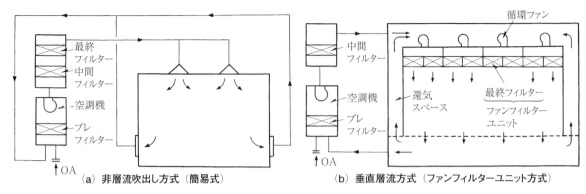

(a) 非層流吹出し方式（簡易式）　　　　　　　　(b) 垂直層流方式（ファンフィルターユニット方式）

図11-2　クリーンルームの空気流れによる分類 (引用38)

(3) 空調設備システム

[クリーンベンチ] clean bench
机上の狭い領域のみを局所的に清浄にする装置。机の奥の正面に超高性能フィルターを取り付け、そこから手前に清浄空気を吹き出すのが一般的。

[HEPAフィルター] high efficiency paticulate air filter　もともと原子力施設の放射性物質のろ過に開発された1μ以下の粉塵粒子も取る高性能で高価なフィルターである。

空調システムの基本形は、気流の状態により、**図11-2**に示すように非層流方式、層流方式ならびにその併用方式がある。図(a)の**非層流吹出し方式**は簡易式で、要求される清浄度が高くないとき、別途、排気系統のあるクリーンベンチなどを使用するときに用いられる。最も標準的な図(b)の**垂直層流方式**では、クリーンルームからのレターン空気は新鮮空気とともにプレフィルターでろ過され、次いで中間フィルターでろ過されたあと、最終的にクリーンルーム天井一面に配置された**HEPA**フィルターによりろ過されて、室内に微風速で層状に吹き出される。作業台で発生した汚染微粒子は気流に乗って降下し、床面から排気されるから、原則として室内に汚染微粒子が拡散することがない。新鮮空気導入量を局所排気量より必ず多くし、差圧検出器で室内が外部より必ず正圧を維持するように設計する。

11.2　バイオロジカルクリーンルーム

(1) 概　要

クリーンルームが無機物ならびに有機物を対象とするのに対して、微生物や細菌を対象としたクリーンルームをバイオロジカルクリーンルームという。この中では、空気中およびその室に供給される材料、薬品、水などの微生物汚染が要求されるレベル以下に保持された室をいい、**バイオクリーンルーム（BCR）**または**生物的クリーンルーム**ともいう。

バイオロジカルクリーンルームを採用する業種は、バイオテクノロジーが次世代のキーテクノロジーとされるなかで、①医療施設・医療機器工業、②製薬・化粧品工業、③食品工業、④実験動物施設、⑤農畜産工業など多くの研究機関、企業で設置されている。

実験者や作業者を、有害な微生物による感染や化学物質による有毒成分などの汚染物質から保護し、汚染を防止することをハザードコントロールといい、バイオクリーンルームの重要な目的である。汚染物質とその存在している状態をコンテミナンスという。

(2) 設計条件

基本的には空気清浄度のクラスは**表11-1**のISOやJISの規格が適用されているが、バイオクリーンルームには空気の清浄度とともに、微生物の浮遊量が問

題になり，このため対象分野によって適切な規格を作成しており，そのガイドラインに従って設計する必要がある。

表11-1　清浄度クラス (ISO 14644-1, JIS B 9920)

清浄度クラス (N)	上限濃度（個/m³）					
	測定粒径					
	0.1 μm	0.2 μm	0.3 μm	0.5 μm	1 μm	5 μm
クラス 1	10	2				
クラス 2	100	24	10	4		
クラス 3	1,000	237	102	35	8	
クラス 4	10,000	2,370	1,020	352	83	
クラス 5	100,000	23,700	10,020	3,520	832	29
クラス 6	1,000,000	237,000	102,000	35,200	8,320	293
クラス 7				352,000	83,200	2,930
クラス 8				3,520,000	832,000	29,300
クラス 9				35,200,000	8,320,000	293,000

＊有効数字3桁以内の濃度データを使用して，分類レベルを決定する。

(3) 空調設備の特徴

　　工業用クリーンルームと同様に空気清浄度が重要であるが，バイオクリーンルームにおける汚染，感染の発生は，直接接触によるものと空気経路によるものがある。空気設備の重要な機能の一つは，空気経路による汚染発生を防止することにあり，高清浄度区域から低清浄度区域へ気流を確保する。このため，区域間の空気差圧を正確にコントロールする必要がある。**表11-2**は，病院の主要室の清浄度レベルと設計温湿度条件を示す。

表11-2　主要室の清浄度レベルと温湿度条件 (HEAS-02) (引用 39)

清浄度	室　名	夏　期		冬　期	
		温度 [℃]	湿度 [%]	温度 [℃]	湿度 [%]
I	層流式バイオロジカルクリーン手術室*	22～26	45～60	22～26	45～60
	層流式バイオロジカルクリーン病室*	24～26	40～60	21～24	40～60
II	手術室*およびこれに準ずる手術部区域	22～26	45～60	22～26	45～60
III	未熟児室*	25～27	50～60	24～27	45～60
	手術部一般区域	23～25	50～60	21～24	45～60
	ICU*	24～26	50～60	22～25	45～60
	分娩室	25～27	50～60	21～24	45～60
IV	新生児室	25～27	50～60	24～27	45～50
	病室	24～26	50～60	21～24	45～60
	外来診察室	25～27	50～60	22～25	45～60
	待合い室	25～27	50～60	20～23	40～50
V	物療室（水治室）	25～27	50～80	24～27	50～70

＊この温度範囲のいずれの温度にも設定できること（日本病院設備協会，1989）。

（4）システム計画

図11-3は，一般的な病院の手術室の空調システムである。また，図11-4，図11-5は免疫力の低下した患者，あるいは感染力の強い伝染病患者用のバイオロジカル病室の空調システム系統図と平面図の一例である。

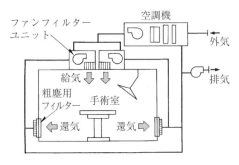

図11-3　一般的な病院の手術室の空調システム (引用40)

また，遺伝子操作を行うバイオクリーンルームに関しては別途，近隣に被害の及ばないよう，実験レベルに応じた厳しい排出基準がある。

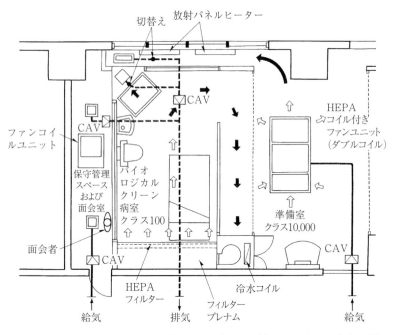

〔計画概要〕
① 室内の温湿度は，準備室に設置された HEPA・コイル付きファンユニットにより維持する。
② 病室周囲の熱は，面会室のファンコイルユニット・窓際の排気・放射パネルヒーターで処理する。
③ 病室の温度の微調整は，冷水コイルで行う。
④ オゾン消毒後の排気は，窓際の排気口を閉じて，病室内の排気口に切り替えて行う。

図11-4　バイオロジカルクリーン病室の例 (引用41)

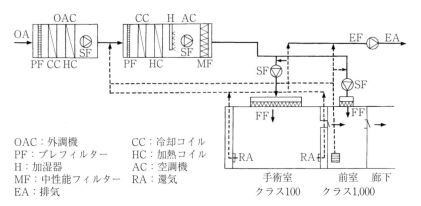

OAC：外調機　　　CC：冷却コイル
PF：プレフィルター　HC：加熱コイル
H：加湿器　　　　　AC：空調機
MF：中性能フィルター　RA：還気
EA：排気

外調機と空調機による再循環空調システムで，各室ごとに SF（外気ファン）で FF（HEPA フィルター）へ圧送する。各室から還気を取り，その一部を EF（排気ファン）で排気する。また，その一部を直接給吸気ファンに返している。

図11-5　バイオロジカルクリーンルームのシステム例 (引用42)
再循環・垂直一方向流方式（外調機・空調機・各室給気ファン・中央排気ファンによる方式）

12 暖房設備

12.1 概　要

　暖房設備は，冬期の室内環境を快適な状態に制御する重要な建築設備の一つである。最近では，北海道など寒冷地域でも業務用ビルなどで冷暖房設備が普及し始めているが，住宅や学校，工場などでは寒冷地域はもちろん，温暖地域でも暖房設備はいぜん単独の設備として重要な位置を占めている。

　暖房設備は一般に，空気調和設備と比べればシステムが比較的単純で，設備費も安価なため，軽視されることがあるが，住宅などでは冷房用エネルギー使用量より暖房用エネルギー消費量のほうがはるかに多く，冷房時よりも室内外温度差が大きいため，室内空気の上下温度差が生じやすく，また冷放射などで不快な環境となりやすいので計画設計上の慎重な配慮が必要である。

　また，快適な暖房空間をつくるには，建物の断熱性と気密性の確保が第一で，設備技術者と建築家との密接な連携が不可欠である。極端に言えば断熱，機密性に優れた高気密・高断熱建築であれば，どのような暖房方式をとっても快適であり，建物の熱性能が劣悪であれば，いくら高価な暖房設備を用意しても快適な空間は得られない。

12.2 暖房設備と暖房方式

　暖房設備は，基本的にボイラー，燃料供給装置などの**熱源設備**，温水，蒸気，温風など，熱媒を運ぶ配管，ダクトなどの**熱搬送系設備**，暖房室内の放熱器などの**室内設備**とそれらを制御する**制御系設備**から成り立っている。

　快適で経済的な暖房を行うには，建物の用途，規模，構造などに適した暖房方式を選定しなければならない。暖房方式として一般に，使用する熱媒体の種類から**温水暖房**，**蒸気暖房**，**温風暖房**の3種に大別する。また，暖房室に放熱器を設置し，熱媒を循環する温水暖房，蒸気暖房を**直接暖房**，温気炉（hot air furnace），空調機などで加熱した温風を直接，暖房室に吹き出す温風暖房を**間接暖房**と呼ぶことがある。

　床や天井に温水配管や温風を循環，加熱し，放射効果で快適に暖房する**床暖房**（floor panel heating），天井暖房，総称して**放射暖房**（radiant heating），あるいは**パネルヒーティング**がある。さらに，大規模な暖房システム，あるいは**地域暖房システム**などには，放熱器と配管径を小さくして経済的な暖房ができる100℃以上の温水，**高温水**を用いる**高温水暖房システム**などがある。燃料，熱源の種類によってガス暖房，灯油暖房，ヒートポンプ暖房，地域暖房などと分類することもある。

　以下に代表的な暖房方式について解説する。

(1) 温水暖房方式　温水暖房は，温水の顕熱，温度差を利用して暖房を行うもので，暖房負荷に

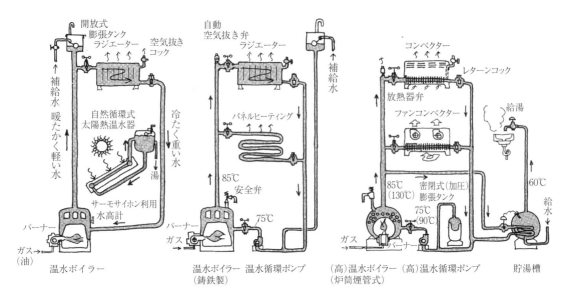

図 12-1　温水暖房システムのしくみ

対応する配管系の送熱量，放熱器の**放熱量 q**［kW］は，次式で求められる（1 kW = 860 kcal/h）。

$$q = c_p G \Delta t \tag{12.1}$$

ここで，c_p：温水の定圧比熱（80℃）4.196［kJ/(kg・K)］

　　　　G：循環水量［kg/s］

　　　　Δt：往返り温度差（表 12-1 参照）［K］

図 12-1(a)に示すように，温水循環ポンプが高価な時代には，住宅用の小規模な温水暖房は太陽熱温水器と同じサーモサイホン現象を利用した**自然循環方式**であった。すなわち，ボイラーで加熱され比重（密度）の小さくなった温水は，温水往き管を上昇し，放熱器で放熱，冷却されて比重が重くなり，温水還り管からボイラーに自然循環作用で戻る。

　もちろん最近の温水暖房では，配管をより細くでき，循環が確実に行われるように，図(b)，図(c)に示す温水循環ポンプを用いる**強制循環方式**が普及している。各放熱器への流量の分配は，竣工時に放熱器出口のレターンコックで行い，日常の調節は放熱器弁により手動で，あるいはサーモスタットの指示を受ける電動弁で自動的に行うことができる。

　温水暖房では暖房運転の開始，停止時の温度変化による温水の容積変化（膨張，収縮）による機器および配管系の破壊を防止するため，これを吸収するための**膨張タンク**を必ず持つ必要がある。図(a)は補給水を兼ねた**開放膨張タンク**，図(c)は高温水暖房用に加圧装置も兼ねられる**密閉膨張タンク**の例を示す。配管系の腐食を防止するには，酸素の漏入のない密閉式が望ましい。

　放熱器には対流型放熱器（コンベクター），強制対流型放熱器（ファンコンベクター），鋳鉄製（放射型）放熱器（ラジエーター）（現在はほとんど使用さ

れない），パネルヒーティング，空調機用温水コイル，給湯用温水コイルなどがある。

温水ボイラーには**鋳鉄製ボイラー**，**炉筒煙管ボイラー**などがあり，燃料の都市ガス，灯油はバーナーで燃焼される。温水ボイラーには**安全弁**と**水高計**が装着され，ボイラー出口にある温度調節機によってバーナーの全自動燃焼制御装置（ABC）を制御して送水温度を一定に保つ。配管には**黒ガス管**（配管用炭素鋼鋼管），銅管，耐熱塩ビ管，ポリブテン管などが用いられる。

温水暖房システムは騒音がなく，熱容量が大きく，予熱（warming-up）に1〜2時間位かかるが，ボイラー停止後も余熱があって，室温が下がりにくいので，暖房時間の長い住宅や病院などの暖房に適している。

（2） 蒸気暖房方式

蒸気暖房は，蒸気の凝縮潜熱を利用するもので，配管の送熱量，あるいは放熱器の放熱量 q [kW] は，下式で求めることができる。

$$q = G(h_s - h_r) \fallingdotseq m \times r \tag{12.2}$$

ここで，G：蒸気流量 [kg/s]

h_s：入口蒸気のエンタルピー [kJ/kg]

h_r：出口凝縮水のエンタルピー [kJ/kg]

m：凝縮水量 [kg/s]

r：蒸気の凝縮潜熱（100℃）2,257 [kJ/kg]

図 12-2(a)に示すように，過去には蒸気の供給管と還水管を共通とする単管式蒸気暖房があった。これは図中に示すヒートパイプの構造，作用と同じものである。

現在の蒸気暖房は，蒸気管と凝縮水管の**複管式**である。図(b)は凝縮水が重力でホットウェルに戻る**重力還水方式**で，小規模な暖房施設に採用される。

図(c)は大規模な施設，あるいは放熱器などがボイラーより低位置にあると

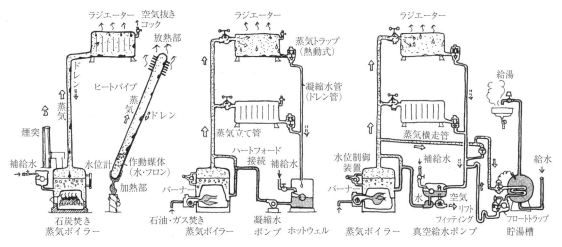

(a) 単管式蒸気暖房	(b) 複管式蒸気暖房	(c) 複管式蒸気暖房・給湯
（重力循環式）	（重力還水・強制給水式）	（真空還水・強制給水式）

図 12-2　蒸気暖房システムのしくみ

［リフトフィッティング］lift fitting
真空還水方式の還水管で，これを
使うと 1 段で約 1.6 m 程度，2 段
直列で 2.4 m まで還水を上げられ
る。「リフト継手」，「吸い上げ継
手」ともいう。

きに採用される**真空還水方式**で，**真空給水ポンプ**によって機器，配管中の空気を迅速に排気して伝熱の促進を図り，同時に**リフトフィッティング**によりボイラーより低位置の配管系の凝縮水を汲み上げ，ボイラーに給水することのできるシステムである。

　放熱器の入口側には**放熱器弁**があり，出口側には**蒸気トラップ**がある。蒸気トラップは凝縮水のみ通過させ，蒸気が還水管に流入しないようにするもので，放熱器用の**熱動式トラップ**，大容量機器用の**フロートトラップ**，配管端末の**管末トラップ**などがある。

　蒸気トラップが故障すると大きな熱損失が発生するので，トラップの選定，維持管理に細心の注意を払わなければならない。蒸気配管は，原則として**黒ガス管**を用い，配管中の凝縮水が蒸気とともにスムーズに流れるように，先下がり勾配とする。

　蒸気ボイラーには圧力計，安全弁と水位計が備えられており，図 12-2(c) のように水位制御装置の信号で，ボイラー給水ポンプの発停，あるいは補給水量の制御を行い，ボイラー出口の蒸気圧力検出器の信号で，バーナーの燃料供給量を調節する。

　蒸気暖房は熱容量が小さく，立上りが早いが，停止後の温度降下が大きい。また，暖房開始時には，供給した蒸気が配管中で急激に凝縮するときに発生する**スチームハンマー**と呼ばれる騒音と振動を発生することがあるので，住宅や病院などには適用しないほうがよい。

(3) 温風暖房方式

　温風暖房方式は，空気調和設備の全ダクト方式とは基本的に同じであるが，熱源装置として燃焼ガスで循環空気を間接的に加熱する**温気炉**を用いるところが異なる。温風暖房は，直接暖房に比べて加湿や換気を同時に実施できることが利点であるが，個別制御が困難であり，特に送風量を減らし，ダクト径を小さくするために，吹出し温度を高温にすると室内上下温度差が大きくなって不快である。

(4) 放射暖房方式

　暖房時の室内空間での居住者の温熱感は，**作用温度（OT）**という快適指標に支配されていて，作用温度（OT）は近似的に室温 t_r と平均周壁温度 t_{wm} の平均値，$OT = (t_r + t_{wm})/2$ で表される。したがって，OT が 20 ℃で快適とすると，通常の暖房室の平均周壁温度 t_{wm} が 18 ℃であれば，室温 t_r は 22 ℃とする必要がある。

　一方，床面を加熱する床暖房の部屋の平均周壁温度 t_{wm} が 20 ℃であったとすると，OT を 20 ℃とするために必要な室温 t_r は，20 ℃でよい。

　このように放射暖房を行う部屋の室温は，一般の放熱器暖房を行う部屋より 1〜2 ℃程度低くても快適であり，室温が低いだけ暖房負荷が減少するとされている。

　さらに，**図 12-3** に示すように，放射暖房の部屋の室温上下（垂直）温度分

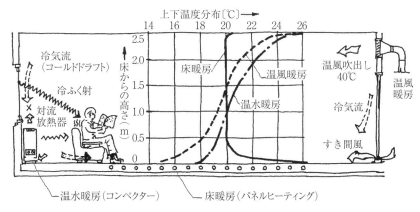

図 12-3　暖房方式と室温上下温度分布の傾向

布の幅は，放熱器暖房や温風暖房より小さく，「頭寒足熱」の原理にもかなっていて快適である。このため，日本では床暖房が住宅で多く採用される。ただし，床表面温度が28℃を超えると足裏が不快とされていて，ヨーロッパでは靴の中の蒸れを防ぎ，ほこりが舞い上がらないように天井暖房とする例も多い。

(5) 暖房方式の選択　　建物の用途，規模，コストなどの要素からみた暖房システムの選定のための資料をまとめて**表 12-1** に示す。

表 12-1　各種暖房方式の種類と適用

項　目		蒸　気	普通温水	高温水	放　射	温　風
熱　媒		低(中)圧蒸気	温　水	高温水	温水 (温風)	空　気
送熱温度 [℃]		110～180℃	80～90℃	130～160℃	50～60℃	30～50℃
往返り温度差 [K]		—	10～20	30～60	10～20	10～30
放熱体		ラジエーター	コンベクター	コンベクター	パネル	吹出し口
放熱量 [W/m²]		755	465	930	90～100	—
設備費	(大規模)	小	大	中	大	中～大
	(中規模)	小	中	大	大	中～大
	(小規模)	中	小	大	大	小～中
快適度		やや悪い	普　通	普　通	最　良	やや悪い
換気併用		不　可	不　可	不　可	不　可	可
施　工		容　易	容　易	やや難	普　通	容　易
維持管理		やや難	容　易	容　易	容　易	容　易
熱効率		普　通	良	良	良	普　通
制　御		やや難	容　易	容　易	普　通	普　通
適用建物		地域(冷)暖房 大規模ビル 工　場 学　校	一般ビル 戸建住宅 集合住宅 病　院	地域暖房 キャンパス 大規模ビル	住　宅 工場(高温) ホール	工場 事務所

12.3　住宅の暖房システム

住宅の暖房システムは小規模であり，設備費，維持費などの予算の制約などもあるが，老若男女，病弱者などを対象とし，一日中長時間接するので，そのシステム選定と設計にはこまやかな配慮が必要である。

火鉢やコタツ，反射型ストーブなどは**採暖器具**，対流型ストーブ，ファンヒーターなどは**個別暖房器具**であり，本格的な暖房設備の範ちゅうに入らない。特に室内空気を燃焼に利用し，室内に排出するいわゆる開放式の裸火型器具は健康被害が懸念され，ここでいう本格的な暖房設備，暖房システムには入らない。この点，電気ヒーター，蓄熱式電気暖房器と外気を導入して燃焼に利用し，排気ガスを安全に排出するFF式クリーンヒーターなどは安全である。

本格的な住宅用セントラル暖房システムでは，**図12-4**に示すような屋外に設置したガス，または灯油を燃料としたボイラーと室内の放熱器を配管で結び，温水を循環して暖房するもので，ボイラーは給湯，風呂追い焚き，浴室換気・衣類乾燥などの機能を兼ねた，据え置き式，壁掛け型のものが多い。

特に日本では，前項に述べたような理由で床（パネル）暖房が好まれている。床暖房パネルの構造は，当初は軽量コンクリートの中に導管などを配置する現場施工型（**湿式**）であったが，最近は工事の簡単な0.9×1.8 m，厚さ$3 \sim 5$ cmのパネルに耐熱プラスチック管を配置した**乾式工法**のプレハブ構造がほとんどである。集合住宅などでは，配管の改修，更新が容易なように，ペアチューブなどのプラスチックで被覆した往返り配管を，コンクリート中に打ち込んださや管に挿入するさや管工法がよく採用されている。

［ヒートポンプ式暖（冷）房］最近は，冷暖房兼用のヒートポンプエアコンが効率良く，安価なので，住宅の冷暖房ではルームエアコンの複数設置が一般的である。暖房時の室内気流（ドラフト）を嫌い，足元を温めることを求められるときは，ガス焚温水ボイラー，ヒートポンプ温水機などと床暖房の組合せで利用されることがある。寒冷地などでは，地中熱源ヒートポンプ暖（冷）房が採用されることがある。

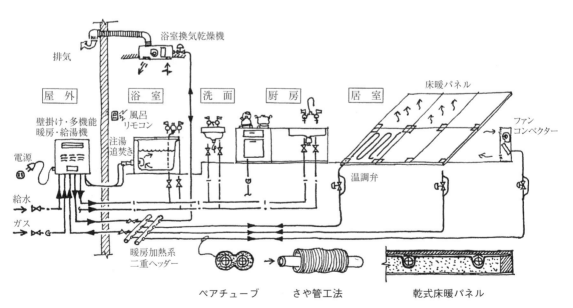

図12-4　住宅のセントラル暖房・給湯システム（ガス・LPG・灯油）

13 換気・排煙設備

13.1 換気設備

(1) 概 要

建築物における**換気**の目的は，劣化した**室内空気質**（indoor air quality）を新鮮な外気（outdoor fresh air）の導入，汚染空気の排出により改善することである。十分な換気が確保されていないと，室内空気は居住者や機器の発熱，蒸発，発汗などにより温湿度が上昇し，呼吸，燃料の燃焼によって炭酸ガス濃度が増加し，衣服からの塵埃や喫煙，臭気あるいは一酸化炭素（CO），窒素酸化物（NO_X），硫黄酸化物（SO_X）などの有害ガス濃度が高まって，居住者が感覚的に不快になるばかりでなく，健康上の被害を被ることになる。

このうち温湿度の問題は冷暖房をすることによって，塵埃濃度の問題は空気ろ過器の利用で解消することもできるが，CO_2 濃度や建材から出る一部の有害ガス濃度などの低減には，換気に頼らざるを得ない。ただし，道路近くの外気では CO，NO_X，SO_X 濃度が室内濃度を上回ることが少なくなく，外気が必ずしも新鮮空気といえなくなっている。

一般建築における換気設備は，機械室・電気室，トイレ，厨房などを対象とするが，冷暖房を行う事務室などでは，空調用ダクト系統に新鮮空気を送風量の約 25 ％程度導入することによって，冷暖房と同時に換気していることになる。機械室，電気室の換気は，機器排熱による室温上昇が一定温度を超えないよう，またボイラー室ではボイラーの燃焼空気を確保するように，厨房の換気は熱と水蒸気，排気ガスを効率よく除去するように独立して行われる。

「建築基準法」，「建築物における衛生的環境の確保に関する法律（略称：ビル管理法）」では，居室の室内環境基準として**表 13-1** を示している。室温の 18〜28 ℃という基準値は，冷暖房を行っていればという意味で，冷暖房を強制しているわけではない。二酸化炭素の許容濃度 1,000 ppm は，他の測定が困難な有害ガスなどの影響を考慮した代表濃度であって，健康被害をもたらす二酸化炭素単独の許容濃度が 3,000 ppm 以上といっても，換気量を減らし，冷暖房の省エネルギー化のために安易に許容値を大きくすることは危険である。オイルショック後，許容濃度を 2,500 ppm としたアメリカでは，**シックビル症候群**(13 頁参照)が多発したことはよく知られている。

表 13-1　室内環境基準（建築基準法，ビル管理法）*

項　目	基　準
(1) 浮遊粉塵の量	0.15 mg/m³ 以下
(2) 一酸化炭素	6 ppm 以下
(3) 二酸化炭素	1,000 ppm 以下
(4) 温度	18〜28 ℃（外気と居室温度差を大きくしない）
(5) 相対湿度	40〜70 ％
(6) 気流	0.5 m/s 以下
(7) ホルムアルデヒド	0.1 mg/m³（0.08 ppm）以下

*表 13-1 に示す基準値は，建築基準法施行令の改正（令和 5 年 4 月 1 日施行）によりビル管理法施行令と同じ基準値になった。

(2) 室内空気汚染物質　室内の空気汚染物質は一般に，ガス状物質と粒子状物質に分類される。ガス状汚染物質の代表的なものとして，二酸化炭素，一酸化炭素，ホルムアルデヒド，揮発性有機化合物（VOC），窒素酸化物，硫黄酸化物，臭気があげられる。一方，粒子状汚染物質としては，浮遊粉塵，アスベスト，微生物などがあげられる。**図13-1**に室内空気汚染物質を示す。

```
┌ ガス状物質（二酸化炭素，一酸化炭素，窒素酸化物，硫黄酸化物，ホルムアルデヒト，
│　　　　　　　 VOC，オゾン，臭気，水蒸気など）
└ 粒子状物質 ┬ 非生物粒子 ┬ 一般粉塵
　　　　　　　 │　　　　　　 └ 繊維状粒子（アスベスト，ラドン娘核種など）
　　　　　　　 └ 微生物 ┬ 真菌
　　　　　　　　　　　　 ├ 細菌
　　　　　　　　　　　　 └ ウイルス
```

図13-1　室内空気汚染物質 (引用43)

*1　odor

　臭気[*1]の健康影響に関する疫学データなどはみられないが，悪臭は，吐き気，頭痛，不眠などを引き起こすことがあるため，室内空気質に影響する因子の一つといえる。屋外の臭気に対して悪臭防止法が制定されているほか，室内においても日本建築学会環境基準で，室内の臭気に関する対策，維持管理基準が示されており，臭気に関する基準値が示されている。

*2　bioeffluents

　臭気の単位としてファンガー（Fanger）によって提案された，オルフ［olf］，デシポル［decipol］という単位がある。1 olfは，熱的中立の状態にいる座位の標準的な人からの生体発散物質[*2]の放散量である。他の汚染源の知覚汚染物質の発生量は，olfの数で表現される。1 decipolは，清浄な空気10 l/sによって換気された，1人の標準の人（1 olf）によって生じる汚染度合いである。嗅覚パネルの申告する不快者率に基づいて，デシポル値は算定される。

a. 二酸化炭素 CO_2　人体から発生するさまざまな汚染質による空気の汚れ具合いと，人体から発生する二酸化炭素濃度が比例関係にあるとして，一般的に二酸化炭素濃度に基づいて室内空気環境の良し悪しが判断される。**表13-2**に二酸化炭素濃度と人体

表13-2　二酸化炭素濃度と人体影響 (引用44)

濃度［％］	意　義	適　用
0.07	多数継続在室する場合の許容濃度	CO_2そのものの有害限度ではなく，空気の物理的・化学的性状がCO_2の増加に比例して悪化すると仮定したときの，汚染の指標としての許容濃度を意味する。
0.10	一般の場合の許容濃度	
0.15	換気計算に使用される許容濃度	
0.2～0.5	相当不良と認められる	
0.5以上	最も不良と認められる	
4～5	呼吸中枢を刺激して，呼吸の深さや回数を増す。呼吸時間が長ければ危険，O_2の欠乏をともなえば，障害は早く生じて決定的となる。	
～8～	10分間呼吸すれば，強度の呼吸困難・顔面紅潮・頭痛を起こす。O_2の欠乏をともなえば，障害はなお顕著となる。	
18以上	致命的	

への影響を示す。表に示すとおり，作業程度により異なるが，年齢や性別によっても異なる。表は成人男性について示したものであり，成人女性はその約9割といわれている。

b. 一酸化炭素 CO

一酸化炭素は，無味，無臭，無色，無刺激な気体で，炭素を含む物質の不完全燃焼により生成する。ヘモグロビンとの親和力が酸素の240倍も強く，肺に吸入されると血中のヘモグロビンと結合し，血液の酸素輸送能力を減少させ，体内組織細胞の酸素欠乏を招く。中毒症状として，頭痛，めまいから始まり，意識障害，さらには死亡に至る。

c. ホルムアルデヒド

ホルムアルデヒドは無色の刺激臭のある気体で，水によく溶ける性質をもっている。ホルムアルデヒドは，塗料，接着剤，フェノール樹脂成型品などにも用いられている。また，日常用品の皮革製品，衣類，織物，たばこの煙，車などの排気ガスにも含まれている。

ホルムアルデヒドの人体影響については個人差がかなりあるが，一般的には大気中の濃度が0.05 ppm程度でにおいを感じるようになり，0.5〜5 ppmで鼻や目に刺激を感じ，10 ppmになるとその症状がひどくなり，呼吸困難になることもある。

d. 揮発性有機化合物 VOC

*3 volatile organic compounds
*4 一般に英文表記ではVOCsとして表現する。

揮発性有機化合物[3] VOC[4]は，ホルムアルデヒドとともにシックハウス症候群の原因物質とされており，トルエン，キシレン，スチレンなどさまざまな物質がある。室内においては塗料，壁紙，建具，空調機器，電化製品などが発生源である。化学物質が一種類でないため，それぞれの化学物質によって，人体への影響が異なっているため，その有毒性は一概にいえないのが現状である。

e. 窒素酸化物 NO$_X$・硫黄酸化物 SO$_X$

窒素酸化物は，光化学スモッグや酸性雨などを引き起こす大気汚染原因物質である。特に毒性の強い二酸化窒素は，大気汚染防止法によって環境基準が定められている。硫黄酸化物は，大気汚染や酸性雨などの原因となる物質である。二酸化硫黄は，大気汚染防止法によって環境基準が定められている。これらは，室内では開放型石油ストーブの燃焼にともなって発生するので注意が必要である。

f. 浮遊粉塵・たばこ煙

*5 environmental tobacco smoke

空気中には微小粒子が浮遊しており，粒子の直径1〜10 μm も小さなものは人体の肺中に沈積し，人体への悪影響を及ぼす可能性がある。たばこ煙は，ガス状物質と粒子状物質からなる。肺の中に吸入される主流煙と，火のついた先端から立ち上がる副流煙に分けられるが，発生する有害物質は，副流煙のほうが多い。副流煙と吐出煙を合わせて「**環境たばこ煙（受動喫煙）**」[5]と呼び，これが周囲の非喫煙者に影響を与えている。

（3）換気方式の分類

換気方法は，その駆動力によって**自然換気**と**機械換気**に大別される。自然換気は風と温度差を駆動力とした換気で，外部動力を必要としないが，換気量が不安定で換気力も小さい。機械換気は送風機，または排風機を用いる強制的な換気で，常に一定の換気が行われるが動力費がかかる。この機械換気は換気の

確実性，室内外圧差の性状から，第1種～第3種の換気方法に分類される。

多翼送風機などの遠心式送風機は，取付け位置によって送風機とも排風機ともなるが，プロペラー型の換気扇には給気専用，排気専用，給・排気兼用換気扇の区別がある。

表13-3に示す**第1種機械換気方式**は，送風も排風も送風機（ファン）によるもので，換気効果が確実である。室内が外気より高い圧力（正圧）となるか低い圧力（負圧）になるかは，送風量，排風量いずれが大きいかによって決まるが，一般の居室では外気の漏入のないように，室内を正圧に保つのが原則である。全熱交換器（図13-3）による換気は，第1種機械換気方式である。

第2種機械換気方式は，給気のみ送風機（ファン）を利用し，排気は排気口から行うもので，室内が正圧に保たれるから，外部からの汚染物質の漏入を嫌う清浄室，燃焼用空気が必要なボイラー室などの換気設備に採用される。手術室やクリーンルームなども該当するが，これらは上述の室内を正圧に保つ第1種機械換気方式をとることが多い。

第3種機械換気方式は，排気側のみに排気ファン（排風機）があるシステムで，室内は負圧に維持されるため，トイレや厨房，伝染性患者の病室の換気システムに採用されることが多い。

表13-3　機械換気方式の種類と適用

換気方式	第1種機械換気方式	第2種機械換気方式	第3種機械換気方式
系統図			
圧力状態	風量により正圧または負圧	大気圧より正圧⊕	大気圧より負圧⊖
特徴と適用	確実な換気量確保 大規模換気装置 大規模空気調和装置	汚染空気の流入を許さない清浄室（手術室等） 小規模空気調和装置	他に汚染空気を出してはならない 汚染室（伝染病室，WC，塗装室等）

（4）必要換気量と換気回数

人が快適に過ごし，作業ができるように室内の空気の清浄度を保つことが必要であり，汚染質を許容濃度以下に保つ必要がある。このために必要な換気量を**必要換気量**[*6]という。また，換気量を室容積で割った値を**換気回数**[*7]という。つまり0.5回/hの換気回数とは，1時間に室容積の半分の量の外気が流入し，その同量が室外へ流出したことを表している。換気回数を式で表すと，次のようになる。

*6　required ventilation rate
*7　air change rate

換気回数 n［回/h］＝排気量 Q［m³/s］/室容積 V［m³］×3,600　　　　(13.1)

設計用の換気回数と床面積当たりの換気量を**表13-4**に示す。

図13-2に示す室容積 V［m³］の室が Q［m³/s］の換気を行っているとし，外

表13-4 設計用換気量 _(引用45)

室　名	換気回数 [回/h]		床面積当たり換気量 [m³/m²·s]
厨房	40~60		0.028 ~0.042 （100~150）
水洗トイレ	5~10		0.0042~0.0084 （15~30）
ボイラー室	給気	10~50	0.0084~0.014 　（30~50）
	排気	7~10	0.0056~0.0084 （20~30）
発電機室	30~50		0.042 ~0.056 （150~200）

（　）は [m³/m²·h]

気汚染物質濃度を C_O [m³/m³] とする。外気流入量は Q だから，これに外気濃度をかけると，換気によって単位時間当たり室内に流入する汚染物質の量が得られる。また，汚染物質の室内での発生量を M [m³/s または mg/s] とすれば，室内に持ち込まれる空気汚染物質は，次のようになる。

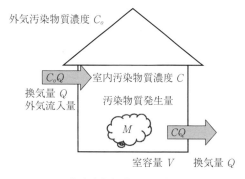

外気汚染物質濃度 C_O

C_OQ 室内汚染物質濃度 C

換気量 Q
外気流入量

汚染物質発生量

M

CQ

室容量 V　換気量 Q

図13-2　室内空気汚染の物質の質量収支
_(引用46)

換気流入汚染物質：C_OQ [m³/s]

室内発生汚染物質：M [m³/s]

一方，室内濃度が C [m³/m³] で室内を一様に分布しているとすると，室内から排出される空気汚染物質は次のようになる。

換気流出汚染物質：CQ [m³/s]

両者が等しいとして，C について解くと式(13.2)，Q について解くと式(13.3)となる。

$$C = C_O + \frac{M}{Q} \tag{13.2}$$

$$Q = \frac{M}{C - C_O} \tag{13.3}$$

C に室内の汚染物質の許容濃度を入れて解くと，許容濃度を維持するために必要な換気量を求めることができる。

例題　外気の CO_2 濃度を 360 ppm とし，成人1人当たりの CO_2 排出量を 0.0047 l/s（0.017 m³/h）とし，20人の在室者が想定されるときの必要換気量を求めよ。ただし，CO_2 の許容濃度を 1,000 ppm とする。

〔解〕　$Q = (0.0047 \times 10^{-3} \times 20) / (0.001 - 0.000360) = 0.147$ [m³/s]

変圧器室など，発熱量 H_s の多い部屋では，表13-4によるほか，室温が真夏でも一定温度以上に上昇しないように，換気量 Q を決めることもできる。

$$Q = \frac{H_s}{c_p \rho (t_o - t_i)} \ [\mathrm{m^3/s}]$$

ここに，H_s：機器の顕熱発生量〔kJ/s〕

t_i：許容室内温度〔℃〕

t_o：設計外気温度〔℃〕

c_p：空気の定圧比熱　　1.005〔kJ/(kg·K)〕

ρ：空気の密度（30℃）　1.165〔kg/m³〕

(5) 換気負荷と全熱交換器　　冷暖房を行っている建物では，換気によって，顕熱と潜熱の損失が発生する。古くから寒冷地では，排気の温熱（顕熱）を導入外気側に熱交換する顕熱交換器が用いられてきたが，日本のような温暖，多湿な地域では，冷房時のほうが換気損失が大きく，特に顕熱だけでなく潜熱を回収することが重要である。

このような全熱交換器の一つである**図13-3**(a)に示す**回転型全熱交換器**は，ローター（回転体）のエレメントとその表面に塗布した吸収剤の働きにより，排気と外気の間で顕熱と潜熱，すなわち全熱を交換するもので，普通，導入外気負荷の約50％を節減することができる。図(b)は固定式の**静止型全熱交換器**で，透湿性隔壁を利用して全熱を交換するものである。

全熱交換器は，ほとんど動力を消費することなく，大きな省エネルギー効果の得られる空調システムにおける重要な機器である。

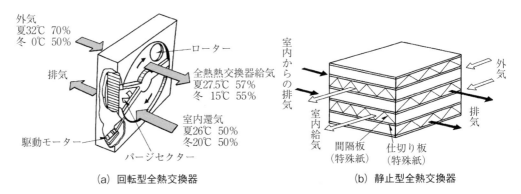

(a) 回転型全熱交換器　　　　　　　(b) 静止型全熱交換器

図13-3　全熱交換器

(6) 換気設備とウイルス感染症対策　　2019年12月に中国武漢市において初めて確認されたウイルス感染症は，世界的にまん延，拡大し，WHOはこの疾病名を新型コロナウイルス感染症（COVID-19）と命名した。その感染リスクの要因の一つである「換気の悪い密閉空間」を改善するための方策は，機械換気による方法として，「建築物における衛生的環境の確保に関する法律（略称：ビル管理法）」で規定する特定建築物，それに該当しない商業施設等においても，ビル管理法の考え方に基づく必要換気量となる1人当たり毎時30 m³（30 m³/h·人）を確保すること，必要換気量が足りない場合は，1部屋当たりの在室人数を減らすことで，1人当たりの必要換気量を確保することが推奨された。また，窓開け開放による方法とし

て，換気回数を毎時 2 回（2 回/h）以上（30 分に 1 回以上，数分間程度窓を全開する）とすること，空気の流れをつくるために，複数の窓がある場合には二方向の壁の窓を開放することなども対策とされた。これにより，ウイルス感染症対策としても換気の重要性が再認識された。

13.2　排煙設備

(1) 概　要

建物火災の物的，人的被害の拡大を防止する設備に**消火設備**があるが，最近の重装備化された建物の火災による死亡者は，焼死者よりも初期避難の段階での大量の煙による避難経路の見失い，有毒ガスの吸引によるもののほうが圧倒的に多いとされている。**排煙設備**は，火災発生時の煙を速やかに排除することによって，在室者の避難経路を確保（建築基準法）し，消防隊の活動を助ける（消防法）重要な設備である。

排煙設備は，建築基準法と消防法によって規定されており，一定以上の規模，階数の建物，特殊建築物などに設置が義務付けられ，その設備の詳細が定められている（『新・排煙設備技術指針』建設省住宅局建築指導課監修，日本建築センター，1987　参照）。

(2) 排煙方式

排煙方式には，自然排煙方式と機械排煙方式がある。**自然排煙方式**では，煙が天井面に沿って拡散することを前提に，外気に面した開放可能な窓（開口部）の排煙に有効な面積を，床面積 500 m^2 以下に区画した防煙区画面積の 50 分の 1 以上，確保する必要がある。

機械排煙方式は，500 m^2 以下の**防煙区画**ごとに配置された**排煙口**から，居室等では床面積 1 m^2 につき 1 m^3/min の風量を，**排煙ダクト**を経て**排煙機**で屋外に排気するもので，自然排煙方式より信頼性が高いとされている。排煙口は防煙区画の各部分から水平距離が 30 m 以下となるように設置する。機械排煙方式では，排煙口の位置，構造，排煙ダクトの構造，排煙機の分担すべき排煙口の数，非常電源の確保などの技術基準が別途，定められている。

また，高層建築などに設置が義務付けられている**特別避難階段**の附室，乗降ロビーの機械排煙方式として，煙の流入を確実に防止できる**加圧防煙方式**があるが，例えば加圧によって避難扉の開閉に支障のでないことを確認するなど，国土交通大臣の特別認定を受けなければならない。

演習問題

〔1〕 空気調和におけるゾーニングの意味と種類，効果について述べなさい。

〔2〕 変風量方式が空気調和システムの省エネルギー化になぜ効果的なのかについて述べなさい。

〔3〕 表3-2（102頁）の「延べ床面積」に対する「空調方式による空調設備機械室」の概略床面積の比率を参考にして，延べ床面積18,000 m^{2}の事務所建築を単一ダクト方式で冷暖房するときの空調設備機械室床面積を求めなさい。

〔4〕 熱貫流率 $U=0.8$ W/(m^2·K)，普通コンクリート150 mm厚相当，東向きの外壁の午後1時の実効温度差 ETD（東京）と，面積 $A_W=20$ m^{2}の場合の外壁からの熱取得 H_W を求めなさい。

〔5〕 吸熱ガラス6 mmの熱貫流率 U，ガラス面積を10 m^{2}としたときの窓熱取得 H_G を求めなさい。ただし，ガラスは西面で，14時，明色ブラインド付きとし，室内は26℃，外気温は32.9℃とする。

〔6〕 部屋容量200 m^3，換気回数0.5回/hの部屋のすき間風による顕熱負荷 H_{IS}，潜熱負荷 H_{IL} を求めなさい。室内，屋外の空気の条件は，冬期9時，表4-2（112頁）によること。

〔7〕 冬期，レターン空気（還気）3.0 kg/s，新鮮空気1 kg/sを混合したときの混合空気の温度，絶対湿度，エンタルピーを求めなさい。ただし，レターン空気，新鮮空気の条件は，表4-1（111頁）の暖房時室内条件，室外条件（9時）と同じとする。〔例題1〕（125頁）を参考にすること。

〔8〕 電動ヒートポンプエアコンにおける冷媒四方切替え弁の働きについて述べなさい。

〔9〕 吸収冷凍機で冷熱が得られる過程を文章で説明しなさい。

〔10〕 図，表に示す事務室（最上階）の冷房負荷および暖房負荷について問いに答えなさい。場所は東京とする。
 1) 室内熱負荷および空調機負荷を求めなさい。
 2) 1)で求めた冷房負荷，暖房負荷について，単位を［kW］で表示しなさい。また，床面積当たりの負荷［W/m^2］を求めなさい。

冷暖房負荷計算条件

冷　房		暖　房	
外気条件：14時 気　　温：32.9［℃］ 絶対湿度：0.0181［kg/kg］	室内条件：－ 室　　温：26.0［℃］ 絶対湿度：0.0105［kg/kg］ （相対湿度：50［%］）	外気条件：－ 気　　温：0.0［℃］ 絶対湿度：0.0014［kg/kg］	室内条件：－ 室　　温：22.0［℃］ 絶対湿度：0.0082［kg/kg］ （相対湿度：50［%］）
建物仕様 　屋根　　　$U_W = 0.5$［W/(m²·K)］　タイプⅢ 　外壁　　　$U_W = 0.7$［W/(m²·K)］　タイプⅡ 　間仕切り　$U_{Wi} = 1.5$［W/(m²·K)］ 　ドア　　　（間仕切りと同じとする） 　窓　　　　複層ガラス（吸熱6mm＋透明6mm），明色ブラインド付き			
隙間風，室内発熱，外気量			
冷　房		暖　房	
隙間風　　　　0とする 照明熱取得　　15［W/m²］ 機器熱取得　　20［W/m²］ 人体熱取得　　在室人員から計算		隙間風，換気回数0.1回/h相当	
在室人員　0.2［人/m²］ 　　　　1人当たり必要換気量　0.00695［m³/(s·人)］（25［m³/(h·人)]）			

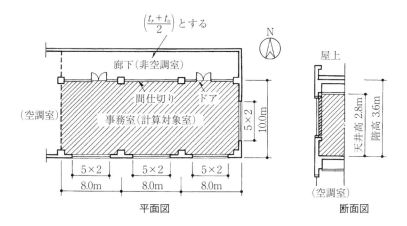

平面図　　　　　　　　　　　　　　断面図

〔11〕　第3章9節の例題（169頁）の問題を，第3章9.3(4)の配管抵抗の簡易計算法によって求めなさい。ただし，基準単位摩擦損失 $R_o = 300\,\mathrm{Pa/m}$，また，局部抵抗比率 $k = 0.5$ とする。

第4章 給排水衛生設備

1 給排水衛生設備の概要

1.1 給排水衛生設備の役割

　給排水衛生設備の目的は，人が居住したり活動する場所や建物の水環境を衛生的で，快適なものに維持することである。さらに，居住者にとって機能的で安全であること，防災や震災など非常時に対する備えを有し，かつ自然環境をできるだけ損なわないことが大切である。最近では，地球温暖化対策の一環として省資源化（節水化など），省エネルギーへの配慮，高齢化社会への対応，更新性も求められてきている。

　給排水衛生設備に関する基本原則は，建築基準法施行令第 129 条の 2 の 4 と昭和 50 年建設省告示第 1597 号（最終改正：平成 22 年国土交通省告示第 243 号）に定められている。また，具体的な技術に対する内容を体系化したものに，空気調和・衛生工学会の「SHASE-S206-2009 給排水衛生設備規準・同解説」（以下，SHASE-S206）があり，これはアメリカの技術規準である National Plumbing Code（以下，NPC）を参考に，空気調和・衛生工学会で再検討し，最近の研究成果や知見も取り入れ新たに作成されたものである。

　給排水衛生設備で扱う範囲を，**図 1-1** に示す。このうち給排水衛生設備は，建物内に設置される給水，給湯，排水・通気，衛生器具，消火，ガス，排水処理などの設備で，一般のビルで考えると**図 1-2** のようなイメージとなる。

　給水設備は，一般ビルでは，飲料水（上水）は水道管（配水管）から受水槽と呼ばれるタンクにいったん給水され，揚水ポンプを用いて建物の屋上にある高置水槽に揚水される。そこから給水管を用いて，各階の衛生器具まで重力によって上水を供給する（上水給水設備）。最近では，水道管（配水管）や受水槽から高置水槽を介さずに，水道管（配水管）から供給される上水を，直接増圧ポンプにより衛生器具へ給水する直結増圧給水方式も普及している。また，給水設備は，原水に排水再利用水，井水・河川水・雨水などを用いてトイレ洗浄水などの飲用以外の用途に使用する場合は，雑用水給水設備として区別される。**給湯設備**は，上水をボイラーやガス瞬間式給湯機で加熱し"湯"として飲料，厨房，洗浄，入浴などの目的で供給する。**ガス設備**は，給湯機器で水を加熱するための熱源となるガスを供給する。

　これらの設備を経て供給された水，湯は，居住者によって浴槽，台所シンク，大便器などの**衛生器具設備**で使用されたあと，排水管などの**排水通気設備**により都市のインフラである下水道に流され，終末処理場で処理され，公共用水域

［SHASE-S206］SHASE は空気調和・衛生工学会の略称で，The Society of Heating, Air-Conditioning and Sanitary Engineer of Japan の略。-S206 は Standard-code No. 206 の略。

［公共用水域］水質汚濁防止法第 2 条において「河川，湖沼，港湾，沿岸海域その他公共の用に供される水域及びこれに接続する公共溝渠（こうきょ），かんがい用水路その他公共の用に供される水路」をいう。

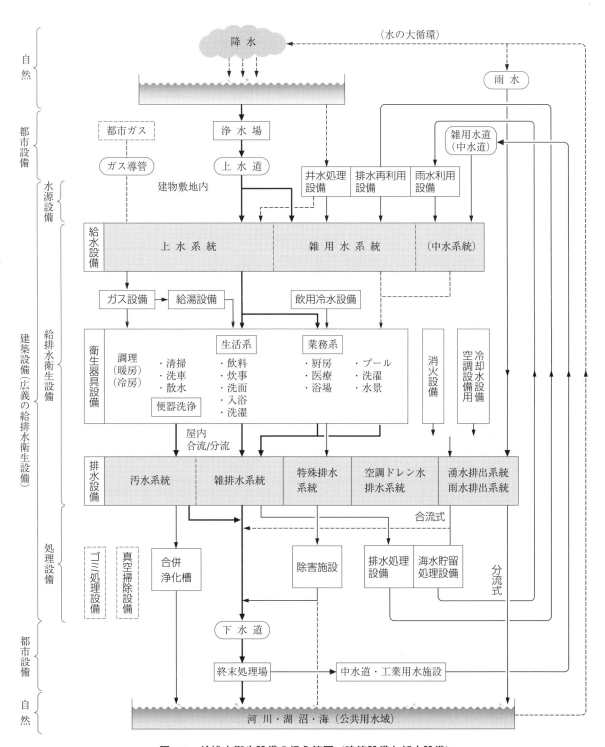

図 1-1　給排水衛生設備の扱う範囲（建築設備と都市設備）

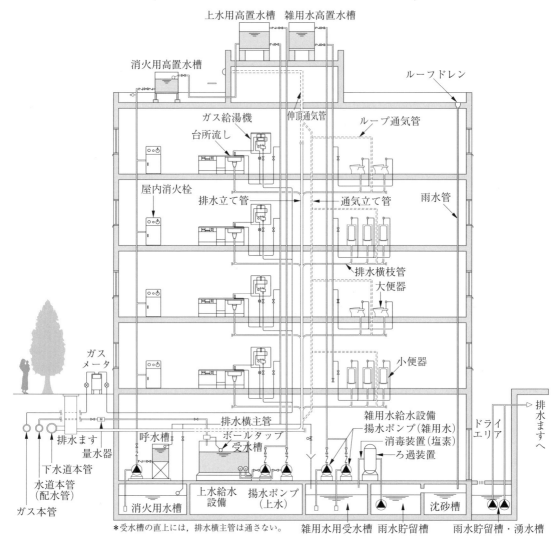

上水用高置水槽　雑用水高置水槽

消火用高置水槽

ルーフドレン

ガス給湯機
台所流し

伸頂通気管

ループ通気管

屋内消火栓

排水立て管

通気立て管

雨水管

排水横枝管
大便器

排水横主管

呼水槽

ボールタップ
受水槽

雑用水給水設備
揚水ポンプ(雑用水)
消毒装置(塩素)
ろ過装置

ドライエリア

排水ますへ

ガス
メータ

排水ます
量水器

下水道本管
水道本管
(配水管)

ガス本管

消火用水槽

上水給水
設備

揚水ポンプ
(上水)

雑用水用受水槽　雨水貯留槽

沈砂槽

小便器

雨水貯留槽・湧水槽

＊受水槽の直上には，排水横主管は通さない。

図1-2　建物内給排水衛生設備のイメージ

［ゼロウォータービル］zero water building　アメリカ連邦エネルギー管理計画の一環で示されたもので，建物・敷地内の水収支において下式が成り立つ建物をいう。「ZWB」と略す。
（代替水利用量＋水源への還元水量）/水消費量×100＝100（%）

へ放流されるのが一般的である。また，排水の一部は浄化槽で処理されたあとに流されたり，一部は再利用される。本節では，ここまでの範囲を解説する。

また最近では，建物用途が複合化したこと，地球環境問題が深刻な課題とされ，水資源の確保と水の循環利用への要求が高まり，建物からいったん排出された排水を浄化したり，屋根や敷地内に降った雨水を収集し，雑用水としてトイレ洗浄水や散水の用途に用いるための**排水・雨水再利用設備**も注目されてきている。諸外国では，建物・敷地内での「水消費量」が雨水・井水・排水再利用水などによる「代替水利用量」と地下水などの元の水源に還した水量（還元水量）の加算値に等しいとするゼロウォータービルへの可能性が検討されている。これら以外にも，専用の機器があり，取扱い上注意すべき点が多い厨房設備，医療および医療ガス配管設備，ゴミ処理設備，水泳プール設備，水景設備，事業系排水処理設備，放射性排水処理設備などは**特殊設備**と呼ばれ，給排水衛生設備の範ちゅうに加えられている。

1.2　給排水衛生設備計画の基本

　これからの給排水衛生設備の計画設計では，日常使用し，排出される湯，水の衛生管理と安全確保に留意すること，環境負荷を削減するために節水と省エネルギー化に対する工夫をすること，さらには，建物の長寿命化に対応できる維持管理や更新のしやすさを考慮することが大切である。

(1)　湯・水質の衛生管理と安全確保

①　飲料水と雑用水

　建物とその周辺で使用されている水の給水源とおもな用途を，**表1-1**に示す。飲料用を**上水**（水道水），井水，再生水など上水より水質の低い飲用以外の用途，すなわちトイレ洗浄水や掃除，散水用などに用いるものを**雑用水**という。このように使用用途に応じて水質の異なる水を使い分けることを**給水の多元化**と呼んでいる。ここでは，上水と雑用水の水質について述べる。

表 1-1　給水源別の利用用途 (引用 47)

給水源	利　用　用　途
上　水	全用途
再生水	◎便器洗浄用，○修景・洗車・散水用
雨　水	◎便器洗浄用 ○修景・掃除・洗車・散水用 ○飲料用（地域性あり）
地下水	○工業用水，飲料用，農業用

備考）◎：常に使用する用途
　　　○：使用することのある用途

　わが国の水道は，1887年に横浜に開設されて以来，その普及率は高く大都市圏では98％，その他の地域を含めた平均でも95％を超えている。しかし，最近は，おいしい水への要求が高まったこと，水道原水の水質悪化，農薬の混入，発ガン性物質**トリハロメタン**や塩素消毒に耐性がある病原性原虫**クリプトスポリジウム**による汚染などの問題も指摘されたため，安全性の高い，高品質の水質が要求されるようになった。その結果，1992年に厚生省令（現厚生労働省令）「水質基準に関する省令」が公布され，「健康に関連する項目」，「水道水が有すべき性状に関する項目」の水質基準値が定められたほかに，「快適水質項目」，「監視項目」などの水質目標値も示された。その後，2004年に水道水質管理を充実強化するとともに，水質管理の合理的，効率的な実施を図るため，新しい水道基準が定められた。その後も水質基準の改正が行われ，現在，51項目の水質項目とそれらの基準値が定められている。

　その他に，水道法では，水道水の殺菌効果のある**残留塩素**が必要とされており，給水栓において遊離残留塩素が**表1-2**に示す値を保持することと規定している。また，雑用水の水質については，従来，旧建設省や旧厚生省の通達による暫定基準的なものしかなかったが，2003年にビル管理法の一部改正により雑用水の用途別水質基準と検査頻度が**表1-3**のとおり定められた。

　建物内の給水配管内や受水槽・高置水槽における水質管理も重要であり，本

[トリハロメタン] THMと略される。メタン（CH_4）の水素原子3個が塩素，臭素，あるいはヨウ素に置換された有機ハロゲン化合物の総称。水道水質基準では，総トリハロメタンとして0.1mg/l以下。
[クリプトスポリジウム] 家畜の糞尿に含まれて排出されることが多い病原性微生物で，1996年にわが国ではじめてクリプトスポリジウムに汚染された水道水で多くの人々が下痢症状を訴える事件が発生した。耐塩素性のある原虫である。

[残留塩素] 水に塩素剤を入れると，アンモニアや鉄・マンガンなどと結合した結合残留塩素と，ほかの成分と結合しない形の遊離残留塩素とが残留する。遊離残留塩素は結合残留塩素よりも殺菌力が強い。

[ビル管理法] 「建築物における衛生的環境の確保に関する法律」の略称。「建築物衛生法」とも略す。

表1-2　水道水の給水栓における遊離残留塩素の値（水道法）[引用48]

状　　　　態	給水栓における水の保持すべき遊離残留塩素 [mg/l]
平　　　　　　　　時	0.1（0.4）以上
供給する水が病原生物に著しく汚染されるおそれがある場合，または病原生物に汚染されたことを疑わせるような物もしくは物質を多量に含むおそれのある場合	0.2（1.5）以上

備考）（　）内数値は結合残留塩素の場合の値である。

表1-3　雑用水の使用用途による水質基準とその検査頻度（ビル管理法）

水質	基準値	検査頻度	散水・修景・清掃用水*	便所洗浄水
遊離残留塩素	0.1 mg/l 以上	7日以内ごとに1回	適用	適用
pH値	5.8〜8.6	7日以内ごとに1回	適用	適用
臭気	異常でないこと	7日以内ごとに1回	適用	適用
外観	ほとんど無色透明であること	7日以内ごとに1回	適用	適用
大腸菌	検出されないこと	2月以内ごとに1回	適用	適用
濁度	2度以下であること	2月以内ごとに1回	適用	適用しない

＊散水・修景・清掃用水には，し尿を含む水を原水として用いないこと。

章「3 給水設備」の3.3で述べられているような水質汚染の防止と水質管理に関する注意（クロスコネクションの防止，6面点検など）が必要である。

② 湯の衛生管理

[レジオネラ症] アメリカの在郷（退役）軍人会は，英語で legion といい，1976年フィラデルフィアのホテルの会合で冷却塔冷却水中で増殖したレジオネラ菌属が空調ダクト系に混入し，多数の肺炎患者が発生，34名が死亡，病名は legionella disease（レジオネラ症）。病原菌は，legionella（レジオネラ菌）と名づけられた。その後，給湯系の低温部でも増殖することがわかった。特に循環式の大浴場では誤飲，ジェットバスの飛沫の吸飲の危険性が高く，塩素殺菌とろ過器による十分な管理が重要である。

湯の衛生管理では，給湯温度を確保することが重要である。湯をいったん貯湯槽にため，そこから各使用箇所に給湯する中央給湯方式では，貯湯槽や配管内での残留塩素濃度や湯温度の低下により，**レジオネラ症**（在郷軍人病）の病原菌であるレジオネラ属菌が増殖する危険性がある。そのため，厚生労働省の技術指針*1 では中央式給湯方式においては，貯湯槽内の温度は常時 60℃以上とし，末端の給湯栓からの出湯も湯温が 55℃以上となるような加熱装置を備えることとされている。また，返湯温度が50℃以下にならないように計画をする必要がある。

また，シャワーヘッドや冷却塔の飛散冷却水から飛散した湯水にレジオネラ属菌が含まれていると，それをエアロゾル（目に見えない微細な水滴）として肺に吸い込むことによって感染する危険性が高いといわれている。病人患者の多い医療施設や体力の弱い高齢者のための老人福祉施設などでは，特に注意が必要であること，冷却塔を使用しない期間は，冷却水を排水し冷却塔および冷却水配管から水を抜いておくことなどが，維持管理上の留意点である。

③ 排水の水質管理

*1　厚生労働省レジオネラ症を防止するための必要な措置に関する技術上の指針　2003年に定められたレジオネラ症の発生を防止するための技術指針。衛生上の措置として①微生物の繁殖および生物

排水による汚染と水質の指標の代表的なものとして，**BOD**[*2]（biochemical oxygen demand）：生物化学的酸素要求量，**COD**（chemical oxygen demand）：化学的酸素要求量，**SS**（suspended solids）：浮遊物質量などがある。

BOD は，一定の培養条件下（20℃で5日間）水中に含まれる有機物を，好気性微生物が酸化する際に消費する水中の溶存酸素量を表したもので，水中の

膜の生成の抑制，②設備内に定着する生物膜等の除去，③エアロゾルの飛散の抑制が示されている。

*2 BOD濃度の単位には[mg/*l*]を用いる。排水処理設備の負荷となるBOD量 *L* [mg/日] は，1日当たりの排水量 *Q* [m³/日]，BOD濃度 *C* [mg/m³] とし，*L*=*Q*×*C* で与えられる。

有機物による汚染を知るうえで最も重要となる。BOD測定には時間がかかるため，酸化剤を用いて化学的に測定するCODをその指標に用いることもある。

SSは，有機物の汚染指標となるほか，管路の閉塞・沈殿物の堆積などに関連する。それ以外にも，全有機体炭素TOC（total organic carbon），全酸素消費量TOD（total organic demand），窒素(N)，リン(P) なども指標とされている。

建物や浄化槽から下水道などに放流する際には，「9 浄化槽・排水処理設備」（276頁～）で述べるような数値になるまで浄化して放流し，周辺水域の排水負荷濃度を上げないように計画することが大切である。

(2) 節水と省エネルギー

わが国の生活使用水量は，**図1-3**に示すように1998年をピークに年々減少傾向にある。その理由の一つに節水器具の普及と設置，排水再利用・雨水利用設備の設置，入口減少と使用者の節水意識の向上などがあげられる。給排水衛生設備の計画もその変化に応じた対応が必要である。

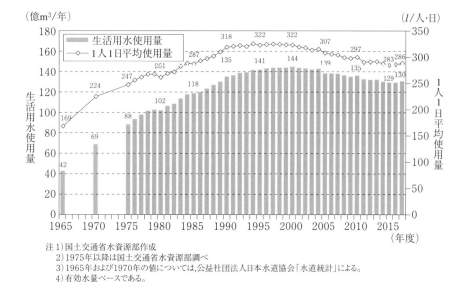

注1）国土交通省水資源部作成
2）1975年以降は国土交通省水資源部調べ
3）1965年および1970年の値については，公益社団法人日本水道協会「水道統計」による。
4）有効水量ベースである。

図1-3 わが国の生活使用水量の推移 (引用49)

身近な対策では，かつては給水栓に設置し使用水量を絞る**節水こま**（2.4, 215頁参照）を装着して，使用水量を削減してきた。現在では，各種節水・節湯水栓（2.4, 214頁参照）を用いたり，一回の使用で一定量の水量のみを給水する**自動水栓**（2.4, 215頁参照）を用いて節水効果を高める方法が採用されている。さらに，温度調節が容易な**サーモスタット式混合水栓**（2.4, 214頁参照）のように各種節水・節湯水栓を採用し，省エネルギー化を考慮することも大切である。

従来の省エネルギー基準では，エネルギー消費の指標の一つである給湯設備のエネルギー消費係数CEC/HWを指標に，その値を小さく抑えるために，配管経路，配管の断熱等に配慮した配管設備計画を行うこと，エネルギーの利用効率の高い熱源システムを採用することなどに留意してきた。しかし，改定に

より，給湯エネルギー消費量も他の設備エネルギー消費量に含め，建物全体の一次エネルギー消費量で評価するようになった（第1章2.2参照）。特に年間のエネルギー消費量において，給湯エネルギーの占める割合はホテルで約30 %（21頁，図2-7）であり，住宅においては約35 %（21頁，図2-8）と，暖冷房エネルギーより大きいことも指摘されている。

　一方，節水と水資源確保の視点から，大便器では，従来のものに比べ洗浄水量を少なくした節水型大便器も普及してきているため，他の衛生器具も含め節水型機器の採用を図ることも重要である。広い屋根面に降った雨水を集水し，便所の洗浄水，散水としても利用したり，集水した雨水を災害時の非常用水として確保する**雨水利用設備**も注目されている*3。雨水利用設備のもう一つの役割は，集中豪雨などの際にいったん雨水を貯める機能（蓄雨）を活用し，都市で起こる洪水の抑制を行うことである。ゼロウォータービルは，洪水等による水災害対策の一環としても注目されている。

　給湯エネルギーを削減するために，**太陽熱給湯システム**（第2章4.2参照）を活用すること，給湯使用後に排水された排水管や下水道の温排水の廃熱や河川水をヒートポンプの熱源として活用することなど，未利用エネルギーを活用することも大切な設備技術といえる（**図1-4**）。

*3　**雨水利用推進法**　2014年に施行された「雨水の利用の推進に関する法律」の略称。同法の目的は，雨水の貯留および便所，散水等の用途への使用を推進することにより，水資源の有効利用を図るとともに，下水道や河川などへの雨水の集中的な放流を抑制することである。

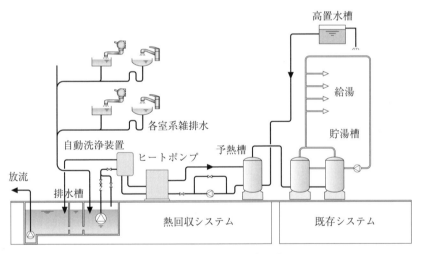

図1-4　ホテルの排水熱回収ヒートポンプシステムの例

（3）建物の長寿命化と配管の維持管理

　給水，排水，給湯などの配管は，腐食や劣化によって大きな水損事故につながる危険性が高い。これらの配管は，建物躯体の寿命より短いため，取り替えや清掃などがしやすい位置に配管し，周囲の点検がしやすい位置に点検口を設置するなど，維持管理やメンテナンスのしやすい計画をする必要がある。2000年に施行された「**住宅の品質確保の促進等に関する法律**」（以下，**品確法**）では，配管の維持管理のしやすさによって，等級を定め評価している。

　給排水衛生設備では，特に配管の維持管理の容易さや更新性が大変重要である。そのため，いくつかの設備技術が実用化されている。その代表例の一つ

[**品確法**]　住宅の性能（構造耐力，遮音性，省エネルギー，維持管理など）の表示の適正化を図る住宅性能表示制度の創設，住宅に係る紛争処理体制の整備，瑕疵担保責任の特例の3つについて定めた法律。

に，**給水・給湯配管**の維持管理や更新性を考慮し，開発された**給水・給湯さや管ヘッダー工法**（図 1-5）がある。これは，従来の給水・給湯配管で用いられていた鋼管や銅管といった金属管に変わり，耐腐食性，耐熱性，可とう性に優れた架橋ポリエチレン管，ポリブテン管と呼ばれる樹脂配管を用いていること，さや管内にそれらの樹脂管を通し衛生器具の水栓と接続するため，配管の取替え時にも配管の引抜き，入替えが容易にできることを特徴の一つにしている。この工法は，集合住宅を中心に普及している。

もう一つは，集合住宅での採用が増えている排水配管での排水ヘッダー方式の排水横枝管システムである。大便器からは汚物やトイレットペーパーを含む排水が流されること，台所流しからは油分を多く含む排水が流されることから，それらが排水管内に詰まったり，図 1-6 のように配管内部にスケールやスライムといわれる沈殿物や被膜が付着しやすく，それが成長して配管を閉塞したり，腐食や劣化を促進する。そのため，このシステムでは，図 1-7 のように，各衛生器具からの排水横枝管や器具排水管を排水ヘッダーと呼ばれる分岐配管状の継手に集約させ，そこに設置された掃除口より，なるべく集合住宅の専有部（住戸内）に立ち入らずに共用部（廊下など）に配置されたパイプシャフト内より，各排水系統ごとに定期的な清掃作業が行えるよう計画されたものである。また，排水立て管を共用部に設置されたパイプシャフト内に納めるため，排水立て管の更新が専有部に立ち入らずに行えるので，居住者への負担も軽減

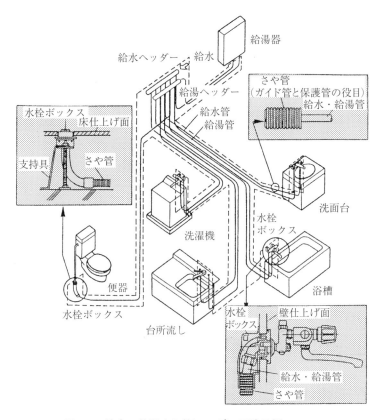

図 1-5　**給水・給湯さや管ヘッダー工法の例**（引用 50）

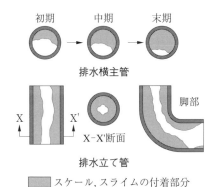

図 1-6　**排水管のスケール，スライムの付着状態**

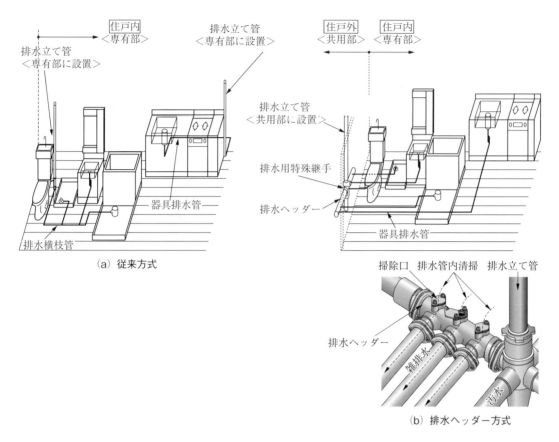

排水立て管
〈専有部に設置〉

排水立て管
〈専有部〉

住戸内
〈専有部〉

排水立て管
〈専有部に設置〉

器具排水管

排水横枝管

（a）従来方式

住戸外
〈共用部〉

住戸内
〈専有部〉

排水立て管
〈共用部に設置〉

排水用特殊継手

排水ヘッダー

器具排水管

掃除口　排水管内清掃　排水立て管

排水ヘッダー

雑排水

汚水

（b）排水ヘッダー方式

図 1-7　従来方式と排水ヘッダー方式の排水横枝管システム

できることなどの利点もある。

　2009 年に施行された「長期優良住宅の普及の促進に関する法律」は，長期にわたり良好な状態で住宅を使用するための，いわば「長寿命化住宅」の普及促進を目的としている。その認定基準は，その後も見直しを経て，特に給排水設備分野では配管の維持管理および更新のしやすさから，維持管理対策等級と更新対策等級がそれぞれ定められている。ここで各対策等級ともに「特に配慮した措置」を講じたものを等級 3，「基本的な措置」を講じたものを等級 2，「その他」を等級 1 としている。集合住宅においては，共用部の排水立て管は等級 3 で，専有部に立ち入ることなく共用部に設置する排水立て管の点検・清掃・補修ができること，はつり工事や切断工事を軽減することなどを条件としており，先に述べた排水ヘッダー方式などがこれに該当する（**表 1-4**，**表 1-5**，**図 1-8**）。

　今後は築年数が経過した多量の集合住宅が残るため，長寿命化を考えた **SI 住宅**の普及と劣化しやすい配管や部材の維持管理が容易で，更新性に優れた給排水衛設備システムが必要とされる。

[**SI 住宅**]　スケルトン（skeleton）・インフィル（infill）住宅のことで，100 年以上の耐久性をもつ建物の骨格（スケルトン）部分と，10〜30 年程度で変更する間取りや内装（インフィル）部分に分離した集合住宅をいう。

（4）災害時の BCP と LCP への対応

＊ BCP：309 頁参照

　2011 年 3 月に起きた東日本大震災では，上下水道，ガス，電気などのライフラインが途絶し，それらのなかでも上下水道の復旧が遅れた。そのような際に，BCP＊（事業継続計画）と LCP（生活継続計画）を目的とし，飲料用水，

表1-4 維持管理対策等級（共用配管）／集合住宅のみ

A	躯体を傷めないで補修を行うための対策
	例：配管が貫通部を除き，コンクリートに埋め込まれていないこと。
B	躯体も仕上材も傷めないで点検，清掃を行うための対策
	例：適切な点検等のための開口や掃除口が設けられていること。
C	躯体も仕上材も傷めないで補修を行うための対策
	例：適切な補修のための開口や人通孔が設けられていること。
D	専用住戸内に立ち入らずに点検，清掃および補修を行うための対策
	例：共同配管が共用部分，建物外周部，バルコニーなどに設置されていること。

表1-5 更新対策（共用排水管）／集合住宅のみ

A	躯体を傷めないで排水管の更新を行うことができる。
	例：共用排水管が貫通部を除き，コンクリートに埋め込まれていないこと。
B	専用住戸内に立ち入らずに排水管の更新を行うことができる。
	例：共用配水管が共用部分，建物外周部，バルコニーなどに設置されていること。
C	共用配水管の更新時における，はつり工事や切断工事を軽減することができる。
	例：分解可能な排水管の使用や，新しい排水管の設置スペースをあらかじめ設けておくこと。

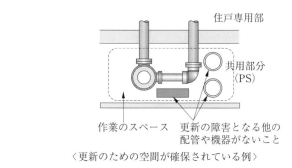

〈更新のための空間が確保されている例〉

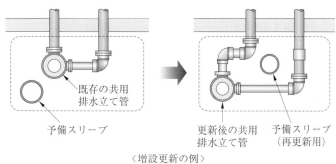

〈増設更新の例〉

図1-8 更新性を考慮したパイプシャフトの例（長期優良住宅認定基準：等級3）

［**LCP**］life continuity plan　生活継続計画。生活者があらゆる災害や生活におけるリスクに備えるための計画。

トイレ洗浄水として利用する雑用水，井水等の確保など，非常時の対策と計画が必要である。また，非常時に建物内への給排水設備が機能しなくなった際に，屋外へ仮設トイレ（**災害時トイレ**）を設置できるように先行配管を行うことや，建物内の排水を一時貯留できる汚水槽などの設置も計画しておくことが重要である（**図1-9**）。

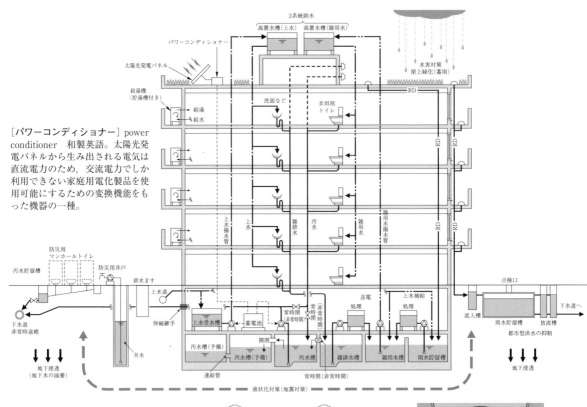

［パワーコンディショナー］power conditioner　和製英語。太陽光発電パネルから生み出される電気は直流電力のため、交流電力でしか利用できない家庭用電化製品を使用可能にするための変換機能をもった機器の一種。

［災害時トイレ］災害時に、下水道管の上や敷地排水管のマンホールの上に簡易な災害時対応トイレを設置し使用する。「災害用トイレ」、「マンホールトイレ」、「防災トイレ」などと呼ぶ。

［震災時の給水対策と排水対策］ライフライン（上下水道・ガス）が途絶したときに備え、以下のような給排水設備計画が必要。
①飲用水・生活用水の確保（1人・1日当たり）：まず生命維持のための必要水量（3 l 程度）、次に復旧とともに手洗いや入浴等の生活用水量（20 l〜100 l）が段階的に必要になるので、上水とともに井水、雨水利用を含め総合的に水源を確保する（表1-6）。住宅では貯湯槽式給湯機器の湯水、ビルでは蓄熱槽の水も有効に活用できる。また、緊急時に衛生的な飲用水を得るためにろ過装置を装備する。
②臨海部等で起こる液状化によって下水道が破断したり、マンホールの浮き上がりも起こるなど、建物内の排水ができない場合に備え、地下ピットを汚水槽として用意し、排水を一時貯留して徐々に排除できるようにする。災害用トイレも用意する。排水ポンプの運転のために太陽光発電・蓄電池と連携することや、非常用発電機を装備することも必要である。

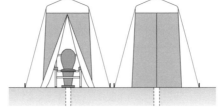

マンホールトイレの設置状況

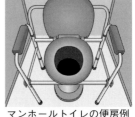

マンホールトイレの便房例

災害用トイレの表示例

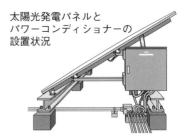

太陽光発電パネルとパワーコンディショナーの設置状況

図1-9　災害時の給排水衛生設備の備え

表1-6　地震時の目標応急給水量の例

段階	経過日数	目標応急給水量	備　考
1	はじめの3日間	3 l/人・日	生命維持用水
2	7日目	20 l/人・日	簡単な炊事、1日に1回のトイレ用水
3	14日目	100 l/人・日	3日に1回の風呂・洗濯、1日に1回のトイレ用水
4	21日〜28日	250 l/人・日	地震前とほぼ同水準の水量

（5）給排水設備のウイルス感染症対策

[SARS] severe acute respiratory syndrome　SARSコロナウイルス（SARS-CoV）に感染することで発症する重症性呼吸器症候群のこと。2002年11月に中国広東省で発生例が報告された。
新型コロナウイルス感染症（COVID-19）は，SARS-CoV2（SARSコロナウイルス2）が原因とされている。

[糞口感染と接触感染]　糞口感染とはウイルスを含む糞便が手指を介したり，飛沫となって口から入る感染を，接触感染は汚染されたドアノブや医療機器・衛生器具を介して間接的に接触する感染をいう。

　2003年に起きた香港の高層集合住宅，アモイガーデンでのSARSウイルス感染事例は，排水系統から浴室の封水の蒸発した床排水トラップを介してウイルスが侵入し，建物内へ感染が拡大していったことが要因とされている。2020年に感染拡大した新型コロナウイス感染症（COVID-19）でも同様の事例が中国広東省広州で起こったことが報告されており，排水設備の排水性能の確保と維持管理が重要視されている。また，感染ルートとなるトイレ空間において，大便器は洗浄時に便内のウイルスを含む飛沫が拡散して起こる**糞口感染**の危険性が指摘され，飛沫の発生を抑える洗浄方法や殺菌方法の開発が求められている。水栓器具では，手で触れて使用する手動水栓は**接触感染**の要因のリスクも増えるため，非接触の自動水栓の普及が期待されている（**図1-10**）。

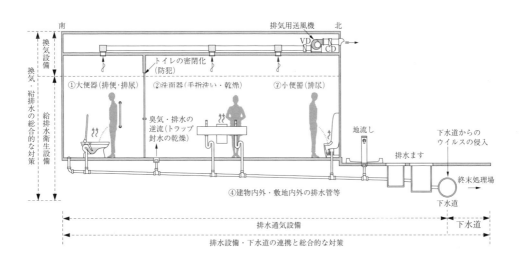

設備	①大便器（排便・排尿）	②洗面器（手指洗い・乾燥）	③小便器（排尿）	④建物内外・敷地内外の排水管等
課題	・洗浄時飛沫拡散（洗浄方式） ・臭気・衛生性（和式・洋式） ・長時間在室・気密化（休息空間化・占有時間の長期化）	・手指洗い衛生性（洗浄時間，手洗い回数，水量） ・乾燥時飛沫（ハンドドライヤーによる飛沫拡散）	・排尿の洗浄と衛生性（尿石付着と成長・逆流の影響） ・乾燥面の増加（無水小便器・節水化） ・排尿時の飛沫拡散	・清掃作業の安全確保（下水道でのウイルス検出） ・清掃作業の健康影響 ・親水空間・修景施設での水質の安全（ビル管理法*・雑用水基準）
対策	・飛沫を抑えた洗浄方法を有する節水型大便器の採用 ・便ふたの自動洗浄と除菌・殺菌 ・便座・床面の清掃 ・和式便器から洋式便器への更新	・自動水栓の普及（ハンドル式から更新） ・飛び散りの少ない洗面器ユニットの採用 ・ハンドドライヤー使用のルール化（十分な手指洗い後使用，内部の清掃実施）	・無水小便器の安全性確認 ・衛生的な洗浄方法と洗浄制御方法の採用 ・排尿時の飛沫回収用排気脱臭管等による排気	・清掃・維持管理マニュアルへの注意事項記載 ・トラップ封水強度等の確認・蒸発防止 ・設備の休止から再開時の設備の検査 ・レジオネラ属菌対策 ・フラッシング（洗浄）の実施
	トイレ空間での給排水衛生設備と換気設備の総合的な対策の提案			排水通気設備と下水道との連携と総合的対策

＊ビル管理法：建築物における衛生的環境の確保に関する法律

図1-10　トイレ空間での感染リスク

2 衛生器具設備

2.1 衛生器具設備の概要

衛生器具設備は，給水・給湯設備により供給された湯・水を受け，人の生活行為において使用する器具類の総称である。衛生器具設備は，**図 2-1** のように給水器具，水受け容器，排水器具，付属品に分類される。給水器具は，水受け容器に給水・給湯するための器具で，関連する JIS に適合するものとする。ただし，JIS がないものはその器具の用途に適合する材料，構造のものとする。給湯栓・給水栓・洗浄弁などがある。水受け容器は，大・小便器，洗面器類，流し類，浴槽などをいい，材質により衛生陶器，ほうろう鉄器，ステンレス鋼製品，プラスチック製品などに区分される。排水器具は，水受け容器と排水管の接続器具の総称で，排水金具類，トラップおよび床排水口など。付属品は，一般にアクセサリーと総称され，便所の紙巻き器，便座，洗面所の鏡などがそれにあたる。

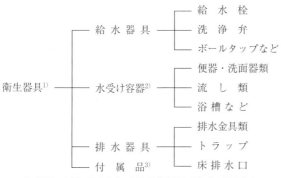

衛生器具に関する JIS

番　号	名　称
JIS A 5207	衛生器具－便器・洗面器類
JIS A 4422	温水洗浄便座
JIS B 2061	給水栓
JIS A 5532	浴槽
JIS A 5712	ガラス繊維強化ポリエステル洗い場付浴槽
JIS A 1718	浴槽の性能試験方法
JIS A 4419	浴室用防水パン
JIS A 1424-1, 2	給水器具発生音の実験室測定方法
JIS S 3201	家庭用浄水器試験方法
JIS S 3200-1～7	水道用器具（試験方法）

1) 便所・台所・浴室などで衛生器具を組み合わせて設置する場合は，これを衛生器具設備という。
2) 水受け容器は，従来，衛生陶器と総称される場合が多かったが，プラスチック，ステンレス鋼，その他の材料のものも増えていることを考慮して，このように分類した。
3) 鏡・化粧品・石けん受け・ペーパーホルダーなど実際に水は使用しないが，衛生器具の一部として必ず用いられるものをいう。

図 2-1　衛生器具の分類と JIS (引用 51 に加筆)

2.2 衛生器具設備の要求条件

衛生器具設備の要求条件として，以下の点があげられる。

1）常に清潔が保てるように吸水・吸湿性がなく，表面が滑らかで衛生的であること。
2）耐久性，耐摩耗性を有し，容易に破損しないこと。
3）器具の製作・製造が容易であり，堅固に接続・固定できること。
4）給水・給湯系統への逆流などの汚染防止の配慮がなされていること。

また，最近では，それらの要求条件に加え，環境共生と省エネルギー性，省資源の観点から，節水・節湯やリサイクルに対する配慮が必要であること，高

齢者や障害者への配慮はもちろん，だれでも使いやすいような設計（ユニバーサルデザイン）がなされていることが求められている。

2015年の国連サミットで採択された「持続可能な開発のための2030アジェンダ」の中で掲げられたSDGs（Sustainable Development Goals：持続可能な開発目標）は，国連加盟193カ国が2016年から2030年の15年間で達成する17の目標と169のターゲットから構成されている。その目標の一つである「安全な水とトイレを世界中に」では，すべての人々に水と衛生の利用可能性と持続可能な管理を確保することが必要であり，衛生器具設備の重要性が示されている。

[バリアフリー] barrier free 高齢者や障害者等が建物や施設，設備などを利用するに当たって支障がないように配慮すること。

[ユニバーサルデザイン] universal design 高齢者，子ども，障害の有無，性差などにかかわらず，だれでも使いやすい安全な建物や施設，設備の設計。

*SDGs：21頁参照

2.3　水受け容器の種類と特徴

(1) 大便器

[衛生陶器] 大便器などは「衛生陶器」とも呼ばれるように，傷つきにくく，汚れも落としやすい陶器製が一般的であったが，最近では汚れにくいプラスチック製のものも登場している。衛生陶器は，JIS A 5207に規格がある。

大便器に要求される性能は，便鉢内にたまった水面（留水面）が広く，使用時の汚物の付着が少なく，臭気の発生が少ないこと，排水管路が十分確保され汚物やトイレットペーパーが詰まらず，排水トラップの深さ（封水深）が50 mm以上確保されていることなどが構造上の条件とされている。また，最近は，洗浄音が小さく，洗浄水量が少ないことも要求されてきている（図2-2）。

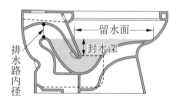

①乾燥面が少なく，留水面が広いこと。
②洗浄時の騒音が小さいこと。
③洗浄水量ができるだけ少ないこと。
④排水路内径が大きいこと。
⑤封水深ができるだけ大きいこと。
⑥座面が広いこと。

図2-2　望ましい大便器の条件 (引用52)

大便器の種類は，形式，給水方式，洗浄方式により分類される。形式の違いから，洋風便器と和風便器に分けられる。また，給水方式の違いから，給水管圧力を利用した洗浄弁（フラッシュバルブ）方式，いったんトイレ空間の高所に設置されたハイタンクや大便器本体に接続されたロータンクへ貯水し，後に排水する洗浄タンク方式（図2-3）に分けられる。

洗浄弁方式は，場所をとらず連続利用ができ，タンク式より安価で事務所ビルや公共施設などに用いられる。洗浄弁方式の給水管の管径は25 mm以上，必要給水圧力は70 kPa（水頭圧約7 m相当）以上が必要である。それに対しロータンク式は，給水管の管径は13 mm程度，必要給水圧力も一般水栓と同じ30 kPa（水頭圧3 m相当）と低くてよいので住宅で広く用いられる。

最近では，ロータンクを設置せず，給水管を専用の洗浄弁に直接接続し，給水管内の水圧を直接利用したタンクレス型の大便器も市販されている（図2-4）。可動式トラップ型はトラップ部に洗浄水を貯め，排水時はトラップが反転し，その内の水を洗浄水として排出する方式である。トラップ部分を可動機構とすると排水時にトラップ機能が一時的に失われるため，試験データを基に認定を受け，おもに3階以下の戸建住宅で使用されている（図2-5）。ローシルエット型（ワンピース型）は，大便器本体とロータンクを一体化し，全高さを

図2-3　ロータンク方式大便器（密結型）

図2-4　タンクレス型大便器

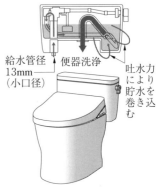

給水管径13mm（小口径）　便器洗浄　吐水力により貯水を巻き込む

図2-5　可動式トラップ型排水大便器

給水部
リム部
封水深60mm
反転
排水部　排水床フランジ　便器本体部

図2-6　ローシルエット型（ワンピース型）大便器

図2-7　洗浄弁タンク併用方式大便器

① 洗い出し式	② 洗い落し式	③ サイホン式
和風便器に使われ，汚物を一時便器にためておき，後部の給水口より大量の水を流してトラップのほうへ汚物を運ぶと同時に，まわりの小孔からも水を出して洗浄する方式である。汚物が一時便器の上にたまっているので臭気が強いが，安価である。トイレの換気量を増やす必要がある。	汚物をトラップの留水部に落として，洗浄水を流して留水面を上昇させ排水管に流す方式である。サイホン式より留水面が狭いので，臭気，汚物の付着が多くなる。	洗い落し式と似ているが，留水面を広くし，通水路を緩く屈曲させて，洗浄時，サイホン作用を起こして汚物を排出させる方式である。騒音が小さく，臭気や汚物の付着も少ない。
④ サイホンゼット式[2]	⑤ ブローアウト式[2]	⑥ サイホンボルテックス式[2]
トラップの排水口入口に噴出孔を設け，サイホン作用を起こしやすくしたもので，水封が深く，留水面も広い。汚れの付着が少ない優れた方式であるが，高価である。	サイホンゼット式と似た方式であるが，排水路内に噴出孔を設け，水を噴き出し，その圧力で流水と汚物を排出する方式である。給水圧力が70kPa必要であるので，騒音が大きい。給水装置は洗浄弁とする。	タンクと便器が一体となったワンピース型であり，タンクから洗浄水を短時間に流して，渦巻きとサイホン作用を起こさせて汚物を排出する方式である。空気の混入がほとんどなく，洗浄音は最も小さい。

1）このほか，汚物を真空吸引する便器や節水のためトラップ部分に貯水し，可動式にして排出させる便器などがある。
2）④⑤⑥については，過去に用いられていたが，現在は市販されていない。

図2-8　大便器の洗浄方式 (引用53)

低く抑えた形状で，洗浄音も静かであることも特徴である（**図 2-6**）。また，洗浄弁タンク併用方式は，ロータンクの貯水を小口径の給水管の吐水力により巻き込み，通常の洗浄弁式と同様に排出されるものである。通常使用されていた洗浄弁方式の給水管径 25 mm を 13 mm へと小口径化でき，ロータンク内には洗浄水が貯留されるため，貯水までの時間を要した従来のロータンク式と異なり，連続洗浄できることが利点である（**図 2-7**）。

　さらに，洗浄方式の違いから**図 2-8** に示すように洗い出し式，洗い落し式，サイホン式，サイホンゼット式，ブローアウト式，サイホンボルテックス式の6種類に分類されてきたが，さまざまな洗浄方式も開発されるなか，現在は洗い出し式，洗い落し式，サイホン式がおもに用いられている。

　国内外では，大便器の節水化が進むなか，わが国では，大便器の種類と洗浄水量が，**表 2-1** に示すように JIS A 5207（衛生器具−便器・洗面器類）でⅠ・Ⅱ形と区分し規定されている。洗浄水量はⅠ形が 8.5 *l* 以下，Ⅱ形はⅠ形に比べ洗浄水量が少なく 6.5 *l* 以下で，最近ではⅡ形が主流となり洗浄水量は 6〜4 *l* 程度となってきている。海外において，アメリカ西海岸の周辺地域等では，洗浄水量は 4.8 *l* と規制されており，今後も節水化は促進されると思われるが，便鉢内から汚物やトイレットペーパーが円滑に排出できることや，大便器に接続した器具排水管や排水横枝管内にそれらが停滞し詰まらないように配管設計を行うことなど，基本性能の確保に十分注意する必要がある。そのためには，まず排水横管の勾配の確保に留意する（261 頁，表 7-2）。

［節水型大便器に要求される性能］
大便器の便鉢内から汚物やトイレットペーパーを留まることなく排出する「排出性能」と，排出後に排水横管内にそれらが管内に停滞し，詰まりや閉塞を起こさないように円滑に排除できる「搬送性能」を確保することが求められる。

表 2-1　大便器の区分と洗浄水量 (JIS A 5207-2019)

大便器の区分	洗浄水量
Ⅰ形	8.5 *l* 以下
Ⅱ形	6.5 *l* 以下

＊洗浄水量 8.5 *l* を超える大便器を，本書では一般型大便器という。

（2）小便器

　小便器の種類は，形式，洗浄方式により分類される。形式の違いから，壁掛け型とストール型（床置き型）に分けられる（**図 2-9**）。ストール型は，子どもでも使用ができ，また，壁掛け型では子どもが利用しやすいように，リップ（あふれ縁）までの高さを低くした低リップ型のものも市販されている。

（a）床置き型小便器　　（b）壁掛け型小便器　　（c）壁掛け型小便器
（低リップ小便器）

図 2-9　小便器の種類

洗浄方法には，大便器と同じハイタンク式や洗浄弁方式，手動で開栓する洗浄水栓方式がある。最近では，不特定多数の人が使用するトイレでは，洗浄には使用者が操作する必要がない，**図2-10**に示すような個別感知洗浄方式や集合感知洗浄方式が多く使われる。

小便器の1回の使用洗浄水量は，かつて4.0l程度であったが，最近では1.0〜2.0l程度と節水化が進んでいる。また，小便器に接続される排水管内には，悪臭のもととなる尿石が付着することにより管内が閉塞されることが維持管理の課題である。適度の洗浄水を流し尿を排出することや定期的な管内清掃が必要である。

[集合感知洗浄方式] 天井等に設置されたセンサーで使用者を感知し，連立した小便器の同時洗浄を制御する方式である。

[尿石] 尿に溶けているカルシウムイオンが，濃縮および炭酸などと反応してカルシウム化合物として便器や排水管の内部に付着，沈積したもの。排水処理水などを洗浄水に使用する場合などは，化合物を含んでいるため尿石が発生する傾向にある。

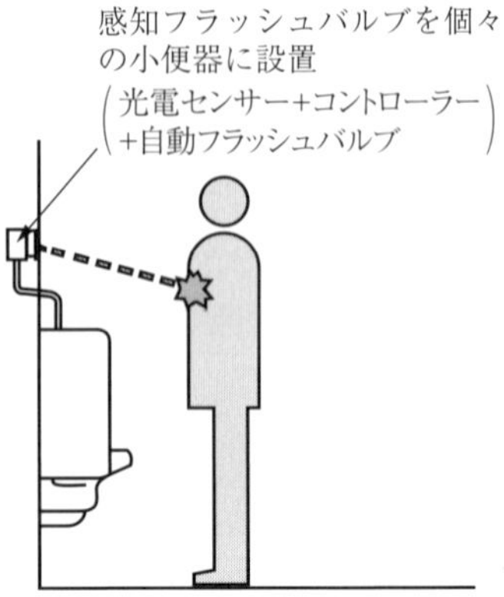

図 2-10　個別感知洗浄方式 (引用 54)

(3) 洗面器と手洗い器

洗面器や手洗い器は，形状からバック付き，棚付き・そで付きなどに分類され，取付け方法から**図2-11**に示すようなビス止め式，バックハンガー式，ブラケット式，カウンター式などに分類される。材質は陶器製，ステンレス製，プラスチック製，ほうろう製がある。

壁掛け型	**ビス止め式** 手洗い器に多い方法で，木ねじで直接壁面に固定する方式	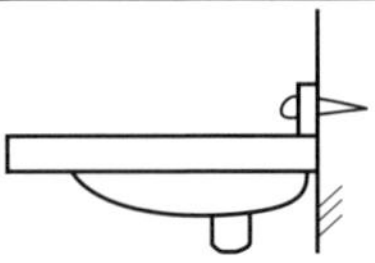
	バックハンガー式 壁面にバックハンガーを取り付け，これに洗面器をかけて固定する方式	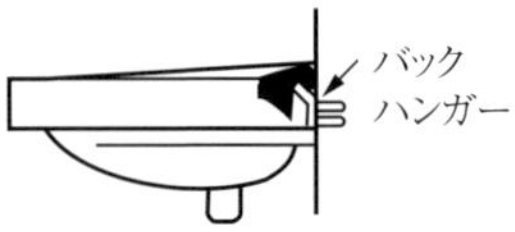
	ブラケット式 壁面にブラケットを取り付け，これに洗面器をのせて固定する方式	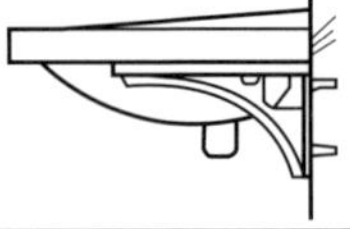
カウンター型	**フレーム式** フレームと吊り金具・支持器具などで洗面器をカウンターに固定する方式	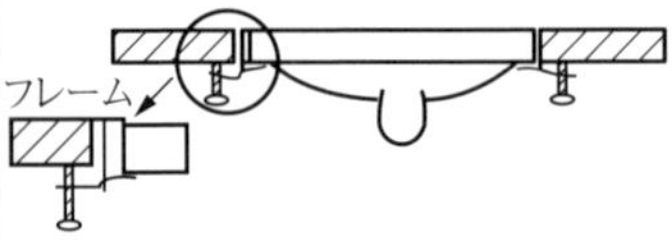
	セリフリミング式 洗面器のリムをカウンターの切込み穴の縁にかける方式	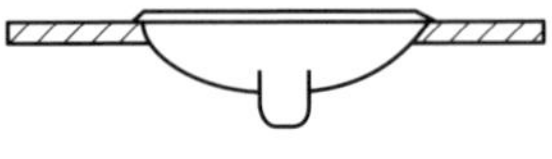
	アンダーカウンター式 洗面器のブラケットなどでカウンターの下面に固定する方式	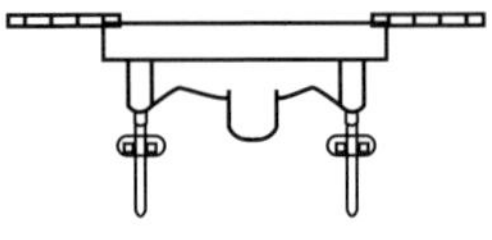

図 2-11　洗面器の取付け方式による分類 (引用 55)

（4）流し類

「流し」と呼ばれる衛生器具で，一般に建物で使用されるものには，掃除流し（図2-12），洗濯流し，調理場流し，実験流し，多目的流しなどがある。特に，掃除流し，洗濯流し，調理場流しの排水器具には，ゴミなどが流されると排水管が詰まるおそれがあるので，ストレーナや栓付きとする。実験用流しは，化学薬品を流すこともあるので，トラップなどの排水金具類，排水管類には耐薬品性の材質のものを使う。

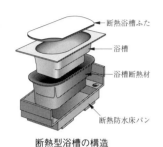

断熱型浴槽の構造

図 2-12　スロップシンク
(引用 56)

（5）浴　槽

［浴室内等での事故］浴室内での死亡者は年間 1 万人以上とされ，交通事故の死亡者数より多い。老人を中心に，心不全などによる病死，転倒などによるものが多いが，約 3,000 人は溺死とされている。これは浴室や脱衣室が低温のため，42℃以上の風呂に入り，血圧の急速な低下による意識不明が原因の一つといわれている（86頁，「ヒートショック」参照）。

［断熱型浴槽］浴槽のふた，下部周囲から放熱し，冬期などは湯温が著しく低下することから，一種の魔法瓶のように浴槽周辺を断熱性が高い素材で覆うことにより，放熱を少なくした浴槽。また，浴槽回り全体の断熱性を高めることで，省エネルギー効率を向上させることができる（上図参照）。

浴槽は，形状・寸法から図 2-13 に示すように，洋風型，和洋折衷型，和風型に区分される。和風型は木製，ほうろう鉄製，ステンレス鋼板製，FRP 製などがある。洋風型にはほうろう製，強化プラスチック製，人造大理石製などがある。性能的には，耐熱性，耐薬品性，汚染性，保温性が十分で，直接肌に触れることから，感触性も考慮する必要がある。

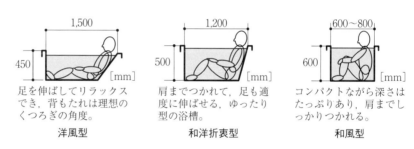

足を伸ばしてリラックスでき，背もたれは理想のくつろぎの角度。

洋風型

肩までつかれて，足も適度に伸ばせる，ゆったり型の浴槽。

和洋折衷型

コンパクトながら深さはたっぷりあり，肩までしっかりつかれる。

和風型

図 2-13　浴槽形状・概算寸法による分類 (引用 57)

2.4　給水器具・排水器具・付属品の種類と特徴

（1）給水器具

給水器具は，給水栓（いわゆる蛇口）と，大便器などに使用される洗浄弁や水位調節に用いられるボールタップなどに分類される。給水栓は，水または湯のみを供給する単水栓と，湯と水を混合して適温にして供給できる混合水栓に分類される。混合水栓には，図 2-14 に示すように，適温調節の方法の違いにより，使用者が手動で行う 2 バルブ式，温度設定ハンドルであらかじめ温度設定ができるサーモスタット式，レバー操作により温度設定ができるシングルレバー式がある。

サーモスタット式は，適温調整中の無駄湯・水を削減できること，シングルレバー式は操作が簡単で，適温調整時間が早いため使用が増えており，節湯型シングルレバー水栓も市販されている。また，高齢者や幼児には，火傷防止のために温度調節が容易なサーモスタット式を用いることが望ましい。

浴室のシャワー用には，サーモスタット式の水栓が多く用いられており，シャワーヘッドにはボタンを押すことで，吐水・止水の ON-OFF ができる止水機

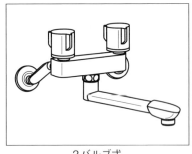
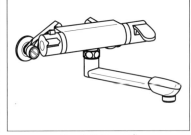
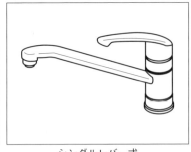

| 2バルブ式 | サーモスタット式 | シングルレバー式 |

図 2-14　混合水栓の種類

能付きの節水・省エネタイプのものも市販されている（**図 2-15**）

　建築物省エネ法による「建築物エネルギー消費性能基準」等では，シングルレバーによる湯水混合水栓，ミキシング湯水混合水栓，サーモスタット湯水混合水栓を用いることとし，かつ図 2-15 に示す節湯 A1 型，節湯 B1 型，節湯 C1 型のいずれかの種類に当てはまるものを節湯水栓として規定してる。

　節湯 A1 型は手元止水機構を有し，台所水栓および浴室シャワー水栓において，一時止水，吐水切替機能，流量および温度の調節機能と独立して，使用者の操作範囲内に設けられたボタンやセンサー等のスイッチで吐水および止水操作ができる機構を有する。

　また，節湯 B1 型は小流量吐水機構を有し，浴室シャワー水栓において，小流量吐水機構を有する水栓の適合条件を満たすもので，吐水とともに空気を混入させる，いわゆるエアインタイプなどがこれにあたる。節湯 C1 型は水優先吐水機構を有する台所水栓および洗面水栓である。吐水止水操作部と一体の温度調節を行うレバーハンドルが水栓の正面に位置するときに湯が吐出されない構造を有すもので，無意識な湯の使用を抑え水の使用を優先させる構造である。

　節水を可能にする水栓には，これら以外に節水こま入り水栓や自動水栓など

[水優先吐水機構水栓] 従来のシングルレバー水栓では，ガス給湯機のスイッチが入った状態で，使用者が無意識のうちに，レバー操作を中央位置で行うと，無駄なガスの着火や出湯をまねいていた。しかし，図2-15右上図の中心位置③で操作しても，常に水のみが吐出するもの，水が優先され吐水されるものが開発された。これを節湯C1型という（図2-15右下図）。このように無駄なエネルギー消費を抑える工夫を行った節湯水栓が普及している。

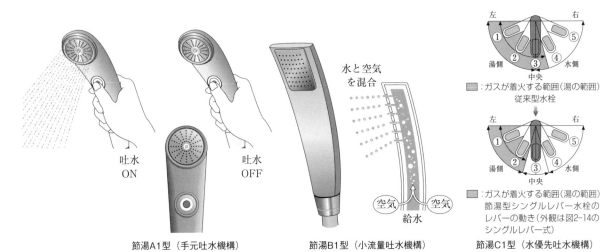

| 節湯A1型（手元吐水機構） | 節湯B1型（小流量吐水機構） | 節湯C1型（水優先吐水機構） |

図 2-15　節水・節湯型水栓の種類

がある。節水こま入り水栓は，**図2-16**のように給水栓のこま部分に挿入することで，同じハンドル開度でも少ししか水が出ないようにしたものである。自動水栓は，**図2-17**のように感知部分で吐水と止水をセンサーで感知できるようにしたもので，ハンドル型に比べ非接触のため衛生的であり，レバーハンドルなどの操作ができない人でも使用ができる。今後は，感染症対策として新規の採用とともに既設の2バルブ式から自動水栓への更新も行われ，普及が進むものと考えられる。

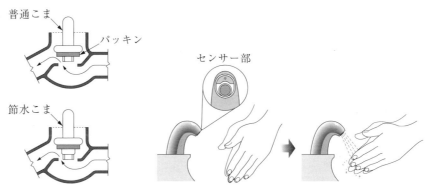

図2-16 普通こまと節水こま　　　　　**図2-17 自動水栓の例**

（2）排水器具

排水器具とは，湯水を受ける水受け容器などの器具の排水口と排水管を接続する器具の総称である。排水口金具やトラップ等がおもなもので，詳細は「7 排水通気設備」（257頁〜）を参照されたい。

（3）付属品類

① 温水洗浄便座

温水洗浄便座は，**図2-18**に示すように，用便後に温水を噴射させ肛門を洗浄する機能，さらに洗浄部を温風により乾燥させる機能，ビデの機能も備えたものもある。構造的に便座型と便器一体型があり，貯湯型と瞬間湯沸し型とがある。貯湯型は40℃程度の湯を1ℓ程度貯湯するタンクを有するものであり，保温のための電力を必要とする。温水洗浄便座に接続する給水系統には，適切な逆流防止措置を講ずること，給水系統の水には必ず上水を用いることとする。温水洗浄便座には，アースを取ることになっており，あらかじめ電力供給手段とともにアース線の設置も必要となる。

[温水洗浄便座の省エネルギー]
一般家庭での普及が60％に近い温水洗浄便座の温水加熱，暖房（保温）便座のヒーターを常時通電しておくと，電気の無駄使いとなるため，節電型の開発や使用時だけ通電するようなさまざまな対策が考えられている。設定水温も低めに設定する。

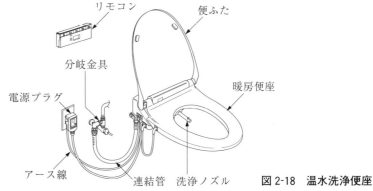

図2-18 温水洗浄便座

② ハンドドライア

ハンドドライアは，**図 2-19** に示すように，用便後などに手を洗浄したあと，エアーを吹き付けて付着した水を手から吹き飛ばす装置である。特に，温風で乾かす温風式と強力な風で水を飛ばすジェットエアー式の2つがある。また，ジェットエアー式には，風が下方へ高速で吹き出す片面タイプと，手の平側と甲側の両面に向けて高速風を吹き出す両面タイプがある。ハンドドライアは，ペーパータオルや布ロールタオルと比べると，乾燥の速さで優れていること，さらに紙ゴミを発生させないというメリットがあることが特徴である。

[ハンドドライアと飛沫] ウイルスを含む飛沫拡散を防ぐために，手指の洗浄を十分に行った後に使用する。また，手指挿入部，ドレンタンク，排水路，フィルタは定期的に清掃する。

③ 擬音装置

公共用トイレなどの使用時に，洗浄音を疑似的に発生させて排泄音を隠すために用いる音響機器の一種である。従来は実洗浄によって隠していたが，この開発により洗浄水量が削減でき，節水化につながっている（**図2-20**）。

片面タイプ　　　両面タイプ

図 2-19　ハンドドライア

図 2-20　擬音装置

2.5　設備ユニット

設備ユニットは，従来，現場施工していたシステムを工場で1つのユニットとして作成し，現場での工期短縮，現場管理作業の軽減，施工精度の向上，性能品質の安定を図ることを目的としたものである。サニタリーユニット，キッチンユニット，部材・配管ユニットなどの総称をいう。

サニタリーユニットには，**図 2-21**(a)に示すように浴室，トイレ，シャワー室，洗面所の各ユニットやそれらを総合化したユニットがある。キッチンユニットは，流し台，調理台，コンロ台，吊り戸棚，レンジフードなどの台所空間に必要な設備を整えたものである。部材・配管ユニットは，建築部材に取り付けられるように加工された給水，排水，通気管などの配管群をフレームに固定

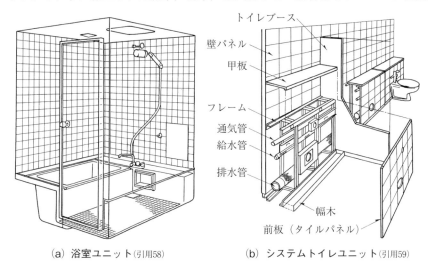

トイレブース
壁パネル
甲板
フレーム
通気管
給水管
排水管
幅木
前板（タイルパネル）

（a）浴室ユニット(引用58)　　　（b）システムトイレユニット(引用59)

図 2-21　設備ユニット

216

し，衛生器具と一体化したものをいい，洗面化粧台ユニット，浴室用防水パン，洗い場付き浴槽がある。

事務所ビルなどのトイレブースでは，**図 2-21**（b）に示すように，トイレ回りの配管をフレームに取り付け，仕上げカバー，衛生器具を取り付けるシステムトイレユニットも普及している。

2.6　衛生器具の寸法と設置方法

衛生器具回りの必要寸法や設置器具数などは，建築計画・設計者が決定するが，設備計画との関連もあるので，以下に要点を述べる。

(1) 衛生器具の設置 スペース

衛生器具回りで確保すべき適切な空間寸法の例を**図 2-22**に示す。隣接する洗面器間の距離は 700〜900 mm 以上，小便器間距離は 600〜800 mm 以上を確保する必要がある。また，車いす利用トイレに関しては，介護スペース，車いす回転スペースも十分考慮した設計が必要である。

(2) 所要設置器具数

表 2-2に一例を示すように，法令や条例で法規により建物用途に応じて，大便器や小便器の最低設置器具数が定められている。同表は，必要最低限の器具数を規定しているが，空気調和・衛生工学会の「SHASE-S206 技術要項」では，**図 2-23**に示すように，建物の利用形態や予想される両者数など，それに対するサービスレベルを 3 段階に分けて想定して，適性器具数を設定する方法も提案している。レベル 1 は使用時にゆとりのある器具数，レベル 2 は標準的な器具数，レベル 3 は最低限度の器具数を示す。

また，「高齢者，障害者等の移動等の円滑化の促進に関する法律」（略称：バリアフリー法）では，床面積が 2,000 m² 以上であるなど一定の規模以上の特別

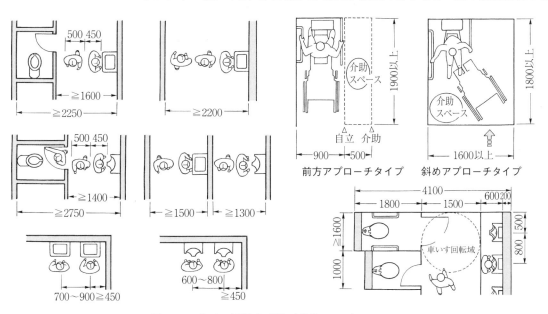

図 2-22　トイレ回りの寸法（単位：mm）（引用 60）

表2-2　建物用用途別の衛生器具設置基準 （引用61）

建物種別	適用法規などの名称	区分	最小器具数 ［個］ 大便器	最小器具数 ［個］ 小便器	備考
作業（事業）場	労働安全衛生規則	男子	$\dfrac{労働者数^*}{60}$	$\dfrac{労働者数^*}{30}$	*同時に就業する労働者数
		女子	$\dfrac{労働者数^*}{20}$		
事務所	事務所衛生基準規則	男子	同上	同上	
		女子	同上		
事業附属寄宿舎（第1種寄宿舎）	事業附属寄宿舎規程	寄宿者数100人以下	$\dfrac{寄宿者数}{15}$		
		101～500人	$7+\dfrac{寄宿者数-100}{20}$		
		501人以上	$27+\dfrac{寄宿者数-500}{25}$		

注）労働安全衛生規則ならびに事務所衛生基準規則の改正により，上表の基準に加え，バリアフリートイレなど施錠ができる男女共用トイレ（独立個室型トイレ）1個につき，トイレ設置基準の就業人数からそれぞれ10人減らすことが可能となった。また，10人以下の少人数の事務所では，独立個室型のトイレを1個設けることで，男女別のトイレ設置の例外とされた。

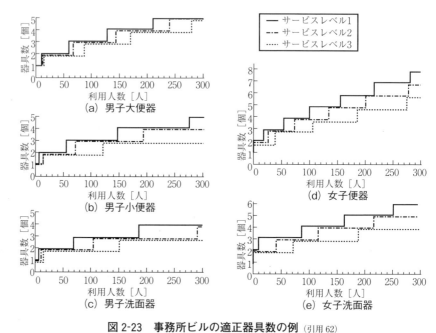

図2-23　事務所ビルの適正器具数の例 （引用62）
注）サービスレベルとは，レベル1：上限値（使用時にゆとりのある器具数），レベル2：平均値（標準的な器具数），レベル3：下限値（最低限度の器具数）を考え計画すること。

[**特別特定建築物**] 不特定多数の者が使用し，またはおもに高齢者，障害者等が利用する建築物（病院，百貨店，ホテル，老人ホーム，美術館など）のこと。地方公共団体が条例において義務付け対象となる特定建築物（学校など）の追加，建築規模の引き下げ，または当該基準への必要な事項の付加を行うことが可能である。

[**オストメイト**] ostomate ガンや事故などで消化管や尿管が損なわれたため，腹部などに排泄のための開口部ストーマ（人工肛門・人工膀胱）を造設した人。そうした人たちの排泄をサポートする汚物流しが必要とされ，特定建築物では設置されてきている。

[**誘導基準（便所）**] 階の便房の総数が200以下の場合は，当該便房の総数の1/50以上，階の便房の総数が200を超える場合は，当該便房の総数の1/100に2を加えた数以上の車いす使用者用便房を設けているかなどを定めている。

特定建築物*を建築する際には，建築物移動等円滑化基準への適合が義務付けられている。トイレに関しては，義務基準として該当する建物に車いす使用者用の便房を1つ以上，オストメイト対応水洗器具（汚物流し等）を設けた便房を1つ以上設けることとされている（**図2-24**）。それ以外に，より対象者に配慮する誘導基準も規定されている（**表2-3**）。また，「高齢者，障害者等の円滑な移動等に配慮した建築設計標準」では，2,000 m² 以上の不特定多数者の者が利用し，または主として高齢者，障害者が利用する建物では，便房の大きさは

配管収納スペースを除いた有効寸法で，2 m 角以上を確保すること，大型の電動車いす（座位変換型）使用者等が回転できるよう内接円の大きさが直径 180 cm 以上を設けることとされている（**図 2-25**）。

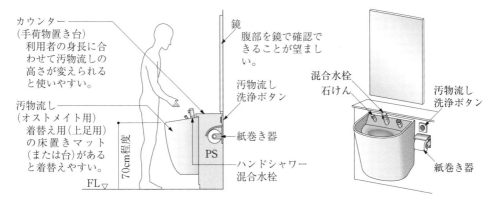

図 2-24　汚物流し（オストメイト対応）

表 2-3　建築物移動等円滑化基準等の概要／便所

便　所	義務基準	誘導基準
車いす使用者用便房の数	建物に1以上	各階に原則2％以上
オストメイト対応水洗器具を設けた便房の数	建物に1以上	各階に1以上

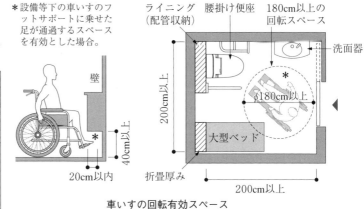

＊設備等下の車いすのフットサポートに乗せた足が通過するスペースを有効とした場合。

車いすの回転有効スペース

図 2-25　トイレブースの大きさ／高齢者，障害者等の円滑な移動等に配慮した建築設計標準

3 給水設備

3.1 給水量と給水圧力

(1) 建物種類別の使用水量

1人の人間が生活において1日に使用する水量は，一般に200〜250 *l* 程度といわれてきたが，生活文化の発展や節水型機器の普及とともに使用する水量も変化してきている。表 3-1 に，最近のデータをもとにまとめた建物種類別の1人当たり使用水量（給水量）となる単位給水量と使用時間などを示す。

一般に，住宅では居住者1人・1日当たり200〜400 *l* 程度，事務所ビルでは

[使用水量の変化と設計用給水量]
住宅の使用水量は，節水型便器の普及や節水型全自動洗濯機と洗剤の改良等で，今後，特に新築住宅では大幅に減少していくものと考えられている。使用水量の見直しは必要であるが，設計用の給水量としては，現在は，従来値を用いるのが安全である。
最近のおもな建物での使用水量の実態では，単位給水量（1日当たり）は，事務所で40〜60 *l*/人，総合病院で600〜1,000 *l*/床程度，8〜15 *l*/m² 程度，小中学校で30 *l*/人程度，高校で60 *l*/人程度とする報告もある。

表 3-1　建物種類別単位給水量・使用時間・人員 (引用 63)

建物種類	単位給水量 （1日当たり）	使用時間 [h/日]	注　記	有効面積当たりの人員など	備　考
戸建住宅 集合住宅	300〜400 *l*/人 200〜350 *l*/人	10 15	居住者1人当たり 居住者1人当たり	0.16 人/m² 0.16 人/m²	
官公庁・ 事務所	60〜100 *l*/人	9	在勤者1人当たり	0.2 人/m²	男子 50 *l*/人， 女子 100 *l*/人 社員食堂・テナントなどは別途加算
	40〜60 *l*/人 上水： 10〜20 *l*/人 雑用水： 30〜40 *l*/人	8〜10	節水器具使用	0.1 人/m²	大便器 6 *l*/回仕様 疑似洗浄音装置， 小便器 2 *l*/回仕様 洗面器 0.5〜0.6 *l*/回 節水泡沫吐水水栓
総合病院	1,500〜3,500 *l*/床 30〜60 *l*/m²	16	延べ面積 1 m² 当たり　＊床はベッド		設備内容などにより詳細に検討する
ホテル全体 ホテル客室部	500〜6,000 *l*/床 350〜450 *l*/床	12 12	＊床はベッド		同　上 客室部のみ
飲食店	55〜130 *l*/客 110〜530 *l*/店舗 m²	10		店舗面積には厨房面積を含む	定性的には，軽食・そば・和食・洋食・中華の順に多い
デパート・ スーパーマーケット	15〜30 *l*/m²	10	延べ面積 1 m² 当たり		従業員分・空調用水を含む
小・中・普通高等学校	70〜100 *l*/人	9	（生徒＋職員）1人当たり		教師・従業員分を含む。 プール用水（40〜100 *l*/人）は別途加算
劇場・ 映画館	25〜40 *l*/m² 0.2〜0.3 *l*/人	14	延べ面積 1 m² 当たり 入場者1人当たり		従業員分・空調用水を含む

注1）単位給水量は設計対象給水量であり，年間1日平均給水量ではない。
　2）備考欄に特記のない限り，空調用水，冷凍機冷却水，実験・研究用水，プロセス用水，プール・サウナ用水などは別途加算する。なお，冷凍機冷却水量は，遠心冷凍機の場合は 3.6 *l*/(min·kW)，吸収冷凍機・吸収冷温水発生機の場合は 4.9 *l*/(min·kW) であり，冷却塔を使用する場合には，これらの値の2％程度を補給水量として見込む。

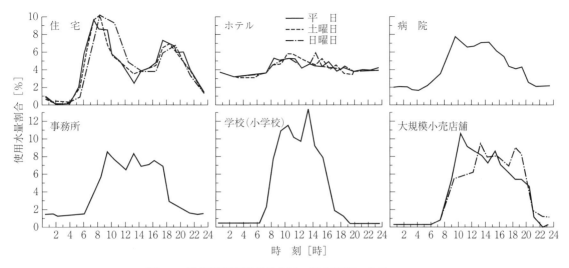

図 3-1　建物種類別単位給水量・使用時間・人員 (引用 64)

同様に 60〜100 l 程度が設計時の単位給水量の目安とされてきた。また，建物内の使用水量割合の時間変化も**図 3-1** に住宅，事務所ビル，ホテル，学校（小学校），病院，大規模小売店舗の例を示すように，建物の用途，季節，曜日などによって大きく異なる。水使用のピークは，一般に住宅では朝・夜の 2 つの時間帯に，事務所ビルでは朝，昼，夕方の複数の時間帯にみられるような特徴がある。給水設備では，これらの水使用のパターンを十分に把握し，ピーク時間帯に十分な給水が可能なように設計を行う必要がある。

なお，表3-1 の使用水量のほかに，冷房用補給水，厨房用冷蔵庫の冷却水，散水や清掃などの用途の水量を別途考慮する必要がある。参考までに，同表注 2）に示すように，冷凍機の循環水量は，遠心冷凍機の場合は 3.6 l/(min・kW），吸収式冷凍機・冷温水発生機の場合で 4.9 l/(min・kW）であり，冷却塔を使用する場合には，これらの値の 2％程度を補給水として見込むことに留意する。

建物内で使用される水は，上水と雑用水に分けられ，それぞれには水質基準が定められていることは本章 1.2 で述べた。上水は飲料用に，雑用水はトイレ洗浄，清掃，散水，修景用水として使用される。両者の使用割合は，建物用途別で**表 3-2** の通りである。

［散水用水］街路樹，芝などの植物の生育を助けるため，あるいは道路等のほこりを抑えるために散布する水をいう。

［修景用水］人が水に触れないことを前提として，水辺の景観を楽しむために池や小川に流される水や噴水などに利用される水をいう。

表 3-2　飲料水と雑用水との比率 (引用 65)

	飲料水 [%]	雑用水 [%]
一般建築	30〜40	70〜60
住　　宅	65〜80	35〜20
病　　院	60〜66	40〜34
デパート	45	55
学　　校	40〜50	60〜50

（2）給水圧力

給水管の末端に接続する衛生器具や機器類が，十分な機能を果たすために，一定以上の給水圧力が必要となる。**表 3-3** に各種給水器具の必要圧力（流水時）を示す。特に，最上階に設置された衛生器具やシャワー水栓やガス給湯機などでは，水圧が不足することがあるので，十分に給水圧を確保することに留意する必要がある。

一般に，給水管の給水圧力の上限値は，ホテル・集合住宅で300〜400 kPa程度，事務所・工場では，400〜500 kPa程度として計画する。そのために，超高層建築では給水圧が必要以上に高くなる危険性があるので，**図 3-2** のように中間水槽や減圧弁を用いて給水区間を分けて，管内圧力を調整する。これを給水系統のゾーニングという。

給水管内を流水時に水栓や弁が急閉鎖したり，ポンプが停止した際にその上流側で圧力が増加し，ウォーターハンマ（水撃作用）と呼ばれる騒音や振動が生じる。その防止策として管内流速を1.5〜2.0 m/s以下に収まるよう配管の設計を行う。

[**減圧弁**] 一次側（入口側）の高圧を二次側（出口側）において低圧に下げ，一次側の圧力変動があっても，その低圧を一定に保つ自動弁。

[**ウォーターハンマと防止方法**] 給水槽内の流れが水栓や弁によって急に止められると，慣性力によって閉止された上流側の管内の圧力が急激に上昇し，その圧力波は閉止点とポンプや水槽などの間で往復しながら低下していく。このような現象をウォーターハンマという。ウォーターハンマを防止するためには以下の方法がある。
①給水管内の流速を1.5〜2.0 m/s以下に抑える。

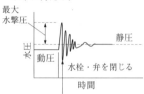

静圧が低い所では，負圧になる場合もある。
ウォーターハンマと水圧変化

②ウォーターハンマの生じやすい揚水ポンプの逆止弁の近くなどにウォーターハンマ防止器を設ける。

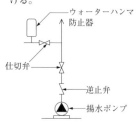

ウォーターハンマ防止器

③揚水管は，低い位置で立ち上げ，高所での横引きを短くし，水柱分離によるウォーターハンマを防ぐ。

水柱分離

表 3-3　器具の流水時必要圧力 (引用66)

器　具	流水時必要圧力 [kPa]
一般水栓	30
自動水栓	50
水石けん付き自動水栓	60
大小便器洗浄弁	70
シャワー	40〜160（形式により異なる）
ガス給湯機	20（出湯量：3 l/min 程度）〜80（出湯量：10 l/min 程度）

注）タンクレス型大便器では，70 kPa 以上を必要とする。

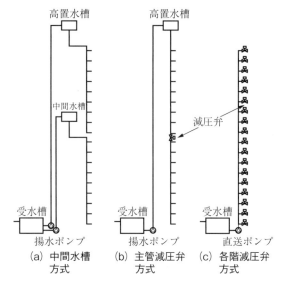

図 3-2　ゾーニング (引用67)

3.2 給水方式

給水方式は，水道直結方式と受水槽方式の2つに区分される。さらに水道直結方式には，水道直結直圧方式と水道直結増圧方式が，受水槽方式には，高置水槽方式，ポンプ直送方式，圧力水槽方式がある。それらの方式の特徴を**表 3-4**に示す。

表 3-4　給水方式の比較

	水道直結方式		受水槽方式		
	水道直結直圧方式	水道直結増圧方式	高置水槽方式	ポンプ直送方式	圧力水槽方式
水質管理	A	A	C	B	B
給水圧力	水道本管の圧力により変化する	ほぼ一定	ほぼ一定	ほぼ一定	圧力水槽出口側に圧力調整弁をつけない限り変化する
断水時	給水停止	給水停止	受水槽と高置水槽残量の給水可能	受水槽残量の給水可能	受水槽残量の給水可能
停電時	影響なし	給水停止	高置水槽残量の給水可能	給水停止	給水停止
設備スペース	ほとんど不要	増圧給水装置のスペース	高置水槽と受水槽の設置スペース	受水槽の設置スペース（高置水槽不要）	受水槽と圧力水槽の設置スペース
設備費（イニシャルコスト）	A	B	C	D	C
維持管理	ほとんど不要	C：増圧装置の点検	B：ポンプと水槽	C：ポンプ，水槽と制御装置	D：ポンプと水槽（圧力水槽を含む）
適用建物	低層・小規模建物	病院，工場等以外の一般建物*	一般建物	一般建物	一般建物（低層で平面が広い建物）

A→Dの順に，優→劣（または安価→高価）とし，あくまで目安とする。＊：引込み管に制限がある場合がある。

（1）水道直結方式

① 水道直結直圧方式（図 3-3）

水道本管（配水管）から分岐して給水管を敷地内に引き込み，水道本管（配水管）圧力（0.2～0.3 MPa 程度が多い）で所定箇所に給水する方式である。配水管内の水が，途中で大気に開放されることなく給水栓まで導かれるので，

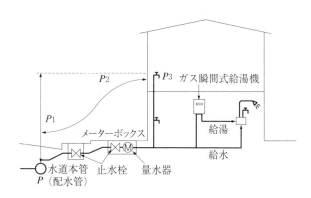

図 3-3　水道直結直圧方式

[量水器] water meter　建物等で使用する水量を測定する目的で配管の途中に設置するもので，現地式と遠隔指示式がある。計量法では「水道メーター」といい，対象となるのは口径 350 mm までである。
目盛板の上まで水が入る湿式と，指示機構が水と隔離されている乾式がある。最近は，集合住宅のパイプシャフトに接続する，パイプシャフト用メーターユニットも普及している（下図）。
また，経済産業省令で定めるところにより検印証印が必要で，その有効期限は 8 年と定められており，変換が義務付けられている。

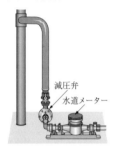

減圧弁
水道メーター

[水道直結増圧方式の導入の経緯]
有効容量が 10 m³ を超える受水槽（簡易専用水道という）の水質等の維持管理は，法的に 1 年に 1 回定期的に実施され，衛生上適切な対応がとられていた。しかし，有効容量が 10 m³ 以下の受水槽（小規模貯水槽水道という）は，法的に維持管理の対象外であったため，衛生面での問題が顕在化した。したがって，低層，中高層までを水道直結方式とすることで，衛生面での改善を図るとともに水道直結方式の範囲拡大を目的に普及させた。

衛生的でメンテナンスの必要はほとんどない。高さ 2～3 階建の低層建物や戸建住宅に適用され，採用にあたっては，給水圧が式(3.1)を満足するように設計を行う。ただし，配水管の圧力は，季節や時間帯で変動するので，最も低下した厳しい条件下の圧力をもって決定する。

$$P \geqq P_1 + P_2 + P_3 \tag{3.1}$$

ただし，P：配水管の圧力 [kPa]

P_1：配水管から最高位などの最悪の条件にある水栓または器具までの高さに相当する圧力 [kPa]

P_2：配水管から最高位などの最悪の条件にある水栓または器具までの間の量水器，直管，継手，弁などによる摩擦損失水頭に相当する圧力 [kPa]

P_3：最高位などの最悪の条件にある水栓または器具等の必要圧力 [kPa]（表3-3 より選定）

100 kPa ≒ 10 m 水頭の圧力に相当する。

② 水道直結増圧方式（図 3-4）

配水管より給水管を敷地内に引き込み，増圧ポンプを接続し，高層建物（10 階程度）に給水する方式である。この方式は，水道本管（配水管）のエネルギーを利用していることから，ポンプの容量も小さくなるので省エネルギー化が図れる。また，受水槽を設けないため，省スペースも図れるとともに，水質の劣化も少ない。ただし，配水管内が負圧になった場合に，建物の給水系統から，水が逆流しないように，増圧ポンプの吸込み側に逆流防止装置を接続する。

停電時などの非常時には，増圧ポンプが停止すると給水や貯水機能がないので，ポンプを起動する予備電源を用意する。増圧ポンプ，逆流防止器，制御盤を組み込んだ増圧給水ポンプユニットが普及している。また，逆流に対する危険性を考慮し，毒物，劇薬，薬品を扱う工場や事業所への採用はしない。さらに，貯留機能がないため病院，ホテルなどの建物に対しては不向きとされる。

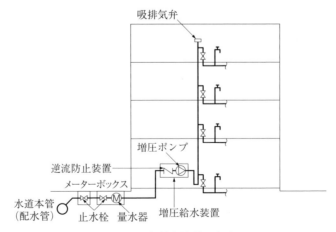

図 3-4　水道直結増圧方式

③ 水道直結増圧方式の応用（図3-5，図3-6）

　最近では，10層程度を超える建物や超高層建物は，この方式を直列に接続した直列多段階式や大規模な団地・施設に用いる並列方式が使用されている。しかし，自治体により使用の可否があることに留意する。

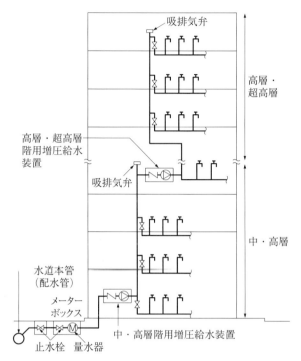

図3-5　水道直結増圧方式（直列多段階式）

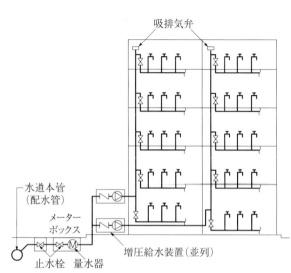

図3-6　水道直結増圧方式（並列方式）

（2）受水槽方式

① 高置水槽方式（図3-7）

　配水管から引き込み，受水槽へ貯水した後，揚水ポンプで高置水槽へ揚水し，以降は重力によって建物内の必要箇所に給水する方式である。今までは，最も一般ビルで多く採用されてきた方式である。高置水槽は塔屋（ペントハウス）を利用したり，架台を作りその上に設置されるが，水圧の低い最上階での給水不良が問題となる。特に，建物の最高階では，式(3.2)より十分な給水が可能な高さに高置水槽が設置されることを確認する。

　受水槽方式では，水道直結方式に比べ水槽部で大気に開放されるため，水質の劣化も維持管理上の課題ではあるが，災害対策ではライフラインの途絶などを考慮すると貯水機能を有することは有効である。また，地震対策では，給水確保を目的として水槽からの給水管の分岐部に緊急遮断弁を設置する場合がある。

$$H \geq (P_1 + P_2)/\rho g \tag{3.2}$$

　H：高置水槽の設置高さ［m］

　P_1：最高位水栓あるいは器具の必要圧力［Pa］（表3-3より選定）

　P_2：高置水槽から最高位水栓あるいは器具までの摩擦損失水頭［Pa］

　g：重力加速度［m/s²］

　ρ：水の密度［kg/m³］

［緊急遮断弁］ 受水槽や高置水槽からの給水管の分岐部に設置し，地震（震度5以上）を感知すると制御盤内の地震感知器が作動し，遮断弁に信号を送り閉鎖する装置。

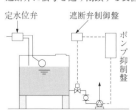

[**塔屋**] 建物の屋上に設置される部分で，一般に階段室やエレベーターの機械室，空調・給排水設備室，高置水槽架台の代わりに用いられる。「ペントハウス」ともいう。

[**定水位弁**] 受水槽などへの給水管で，槽内の水位を一定にするための弁のこと。閉止時に生じるウォーターハンマを防止するために主弁と子弁の組合せにより緩閉鎖する構造となっている（図3-7）。

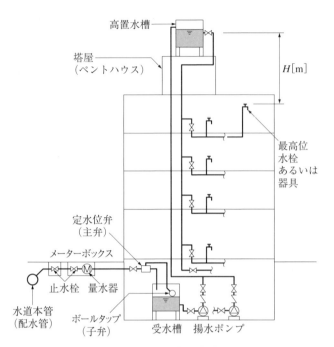

図 3-7　高置水槽方式

　最近では，高置水槽方式の改修工事で，既設の受水槽と揚水ポンプを撤去し，それを水道直結増圧方式で用いる増圧ポンプに交換し，高置水槽以降の既存給水管を活用した方法も用いられてきている。受水槽の撤去により揚水ポンプ系統が簡素化でき省スペース化が図れるなどのメリットがある（**図 3-8**）。

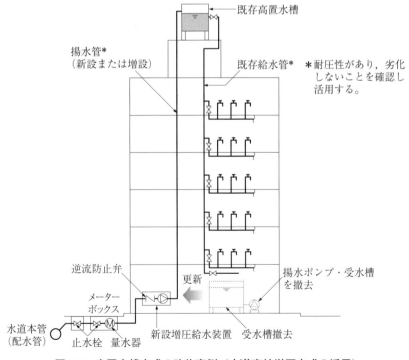

図 3-8　高置水槽方式の改修事例（水道直結増圧方式の活用）

② ポンプ直送方式（図3-9）

　受水槽に貯水し，直送ポンプによって建物内の必要箇所に給水するので，高置水槽を不要とした方式である。流量または圧力を検知して，要求水量に応じて送水するもので，直送ポンプをインバーター制御による回転数制御する方法*と，定速ポンプの運転台数を制御する方法，これらの組合せによる方法がある。いずれも小流量時のポンプの起動・停止の頻度を少なくするために，小型の圧力水槽を設けている例が多い。最近の集合住宅やオフィスビルで多く採用されるようになり，受水槽方式の主流となっている方式である。

③ 圧力水槽方式（図3-10）

　受水槽に貯水し，給水ポンプにて圧力タンクに給水し，コンプレッサーを用いタンク内の空気を圧縮させて圧力を上昇させ，その圧力を利用して必要箇所に給水する。ポンプ直送方式と同様に高置水槽が不要で，かつては，低層の面積が広い中規模建築物で採用された例が多かったが，圧力水槽の空気の補給を必要とすること，圧力水槽の維持管理に手間がかかることなどの理由から，最近ではほとんど採用されなくなっている。

＊ポンプの回転数制御には以下の方法がある。
①吐出し圧力一定制御
ポンプ近くの管路に圧力発信機を設置することにより，その点検点圧力を流量の増減にかかわらず一定にする制御方法。
②末端圧力推定制御
水量と管内の圧力損失の関係をマイコン等で演算し，圧力設定値を求めることにより末端圧力を一定にする制御方法。

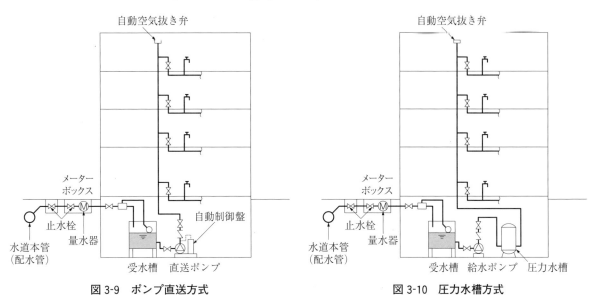

図 3-9　ポンプ直送方式　　　　　　　　　**図 3-10　圧力水槽方式**

3.3　上水の汚染と防止対策

　上水の汚染の原因には給水配管類，衛生器具類，水槽類に関するものがある。

（1）給水配管類

　建物内には，さまざまな配管が混在している。施工の際に，異種系統の配管を誤って接続してしまうことがある。特に，上水の給水，給湯系統とその他の系統が配管，装置により直接接続されることを**クロスコネクション**という。クロスコネクションの例を**図3-11**に示すように，例えば上水配管と井戸水（井水）配管を接続した場合，上水配管と雑用水配管を弁（バルブ）を介して接続した場合などもこれに該当する。防止策として，配管を色分けすること，配管

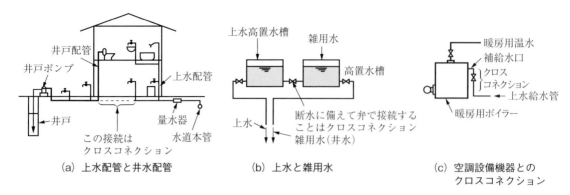

（a）上水配管と井水配管　　　　（b）上水と雑用水　　　　（c）空調設備機器との
　　　　　　　　　　　　　　　　　　　　　　　　　　　　　　　クロスコネクション

図 3-11　クロスコネクションの例 （引用 68）

にマーキングして識別すること，管材質を変えることなどの対策を講じ，誤接続を避ける必要がある。

　また，配管内面や継手部が腐食し，いわゆる赤さびが溶け出し管内を閉塞させたり，土中埋設管では外部から汚水が浸入する事故も発生する。対策として，耐食性に優れたステンレス配管，内面被覆鋼管などを採用する。

（2）衛生器具類

　一度使用した水が，給水管内に生じた負圧などの逆サイホン作用を起こし，給水管内に逆流することがある。**図 3-12** に**逆サイホン作用**による汚染を示す。同図は，給水設備の点検や修理などの理由で，弁Aを閉じているときに水栓Cを開くと，給水管内の圧力が負圧になり，水栓Bの吐水口が容器内の水に接しているため，汚染水が吸い込まれ水栓Cから吐出する様子である。

　逆サイホン作用の防止方法は，**図 3-13** のように，給水栓の端部とあふれ縁との間に空間を確保するこ

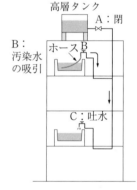

**図 3-12　逆サイホン作用
発生概念図**

吐水口空間 （SHASE-S 206）

呼び径 D	13	20	25	32	40	50	65	80	100	125	150
吐水口空間（mm 以上）	25	40	50	60	70	75	90	100	115	135	150

1) 近接壁から吐水口中心までの離れを $2D$ 以上とる。
2) 吐水口端面があふれ面に対し平行でない場合は，吐水口端の中心と衛生器具・水受け容器のあふれ縁との空間を吐水口空間とする。
3) あふれ縁は，横取出しのオーバーフロー管の場合はその下端とし，立て取出しの場合はその上端とする。
4) 表に記載されていない呼び径の場合は，補間して吐水口空間を求める。
5) 吐水口断面が長方形の場合は，長辺を D とする。

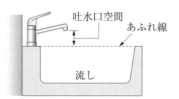

図 3-13　吐水口空間

とである。これを**吐水口空間**といい，一般に給水管の口径（呼び径）の2倍以上確保する。図中に管径と吐水口空間の寸法を示す。しかし，吐水口空間が確保できない洗浄弁付きの大便器などでは，**図3-14**のようにバキュームブレーカー（逆流防止器）を取り付け対処する。

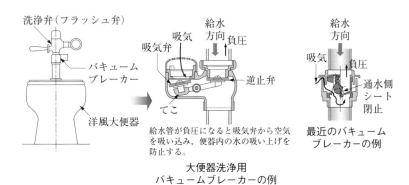

図3-14 大便器のバキュームブレーカー (左図，中央図：引用69)

（3）水槽類

受水槽や高置水槽などの貯水槽は，汚染の浸入の危険性があるため，建築躯体を利用して設けてはならない。そのため，**図3-15**に構造を示すとおり，貯水槽はすべての面から点検（これを6面点検という）できるように水槽の上面に1.0m以上，側面と下面に0.6m以上の空間を確保して設置する。また，外部から汚水や汚物が浸入しない構造としなければならない。

[藻類発生を抑制する照度] 一般に水槽内照度は100 lx以上になると光合成によって藻類が発生する。水槽照度率（％）＝（水槽内照度／水槽外照度）×100とし，晴天時の10〜14時でこの照度率を0.1％以下とする。

[水槽の滞留水の防止] 給水管の流入口と流出口の位置は対角線上とする。

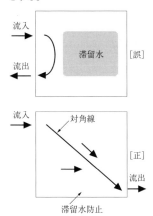

給水管の流入口・流出口の位置は対角線上とする

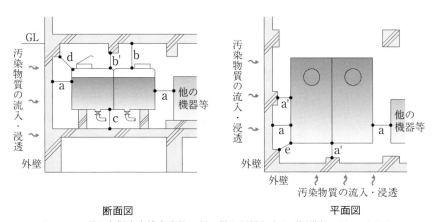

a，b，cのいずれも保守点検を容易に行い得る距離とする（標準的にはa，c≧0.6m，b≧1m）。また，梁・柱等がマンホールの出入りに支障となる位置としてはならず，a′，b′，d，eは保守点検に支障のない距離とする（標準的にはa′，b′，d，e≧0.45m）。

図3-15 貯水槽回りのスペース (引用70)

また，**図3-16**に飲料用水槽の内部構造と，それへの接続配管を示す。水槽の底部に接続する水抜き管からの排水，満水時に溢水を受けるオーバーフロー管からの排水は間接排水とすること，給水管の流入口端部とオーバーフロー下管部には吐水口空間を設けることに注意する。また，水槽内部の清掃や維持管理のために，内径0.6m以上のマンホールを設置し，清掃時でも建物の給水

が止まることのないように，二層に分けることなどの措置を講ずる。耐食性に富み，藻類発生を防ぐために，太陽光が透過しない材質とする。水槽内には滞留水を防止するために，給水管の流入口と流出口の位置は対角線上に設置し，滞留水の発生を少なくする。大容量の飲料用水槽では，迂回壁を設置するなどの対策を講じる。

＊図 3-16 のようにオーバーフロー管の横取出しの場合，吐水口空間は SHASE-S206（空気調和・衛生工学会規格）では，流入口端とオーバーフロー管の下流までと規定している。なお，「給水装置の構造及び材質の基準に関する省令（最終改正：令和 2 年厚生労働省令第 38 号）では，流入口端とオーバーフロー管の中心までとしている。

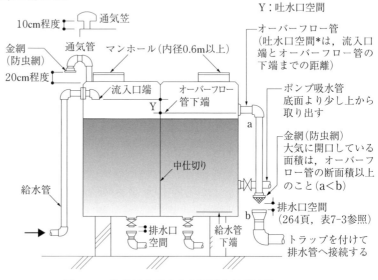

図 3-16　飲料用水槽の内部構造と接続配管 (引用 71)

3.4　機器と給水配管材料

(1) 水槽・ポンプ

[FRP] fiber reinforced plastic
ガラス繊維強化プラスチック。

水槽の種類には，鋼板製，FRP 製，ステンレス製，木製がある。一般には FRP 水槽（図 3-17）が多く用いられるが，最近，耐食性に優れたステンレス水槽も使用されてきており，大容量のものは現場で組み立てられる。ポンプに関しては，給水設備では渦巻きポンプの使用が多いが，揚程が高い場合には，渦

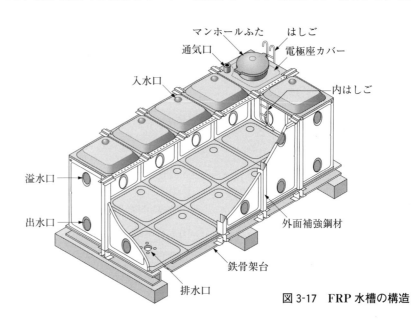

図 3-17　FRP 水槽の構造

巻きポンプ（多段）や，ディフューザーポンプを用いる（第3章8.1参照）。

（2） 配管材料

給水系統で用いる配管には，**表3-5**に示すように，一般に耐食性に優れた水道用硬質塩化ビニルライニング管や水道用ポリエチレン粉体ライニング鋼管，また，耐衝撃性のある合成樹脂管でもある耐衝撃性硬質ポリ塩化ビニル管が用いられることが多い。特にライニング鋼管のねじ接合では，管端部・ねじ部の腐食による損傷や赤水発生を防ぐために，**図3-18**に管端防食継手を使用する。その他にステンレス鋼管，銅管なども用いられる。JIS規格（日本産業規格），JWWA規格（日本水道協会規格）などで規定されたものを用いる。また，集合住宅などで用いられる給水・給湯さや管ヘッダー工法（203頁，図1-5参照）では，耐熱性に優れ，可とう性もある合成樹脂配管である架橋ポリエチレン配管やポリブテン管（呼び径10〜25 A のもの）が使用されている。

[**管端防食継手**] 樹脂ライニング鋼管の管端の切断部の腐食を防止するために，継手内部にプラスチックの保護材を内蔵する鋼管用のねじ込み継手をいう。

表3-5 給水用合成樹脂ライニング鋼管の種類の例

規格名称	規格	適用管径 （呼び径）	記号	防食仕様	
				内面	外面
水道用硬質塩化ビニルライニング鋼管	JWWA K 116	15 A〜150 A	VA	硬質塩化ビニル	一次防錆塗装
			VB		亜鉛めっき
			VD		硬質塩化ビニル
水道用ポリエチレン粉体ライニング鋼管	JWWA K 132	15 A〜100 A	PA	ポリエチレン	一次防錆塗装
			PB		亜鉛めっき
			PD		ポリエチレン
水道用管端コア付き樹脂ライニング鋼管	WSP 057	15 A〜80 A	K-VA-D	硬質塩化ビニルポリエチレン	一次防錆塗装
			K-PA-D		亜鉛めっき
					硬質塩化ビニル，ポリエチレン

注1）JWWA は日本水道協会規格。
　2）WSP は日本水道鋼管協会規格。
　3）1/2B〜4B までの給水用ライニング鋼管のねじ込み式継手の規格には，鉄管継手協会規格 JPF MP 003（水道用ライニング鋼管用ねじ込み式管端防食管継手）があり，1/2B〜4B の給湯用塩化ビニルライニング鋼管のねじ込み式継手の規格には，同協会規格 JPF MP 005（耐熱硬質塩化ビニルライニング鋼管用ねじ込み式管端防食管継手）がある。

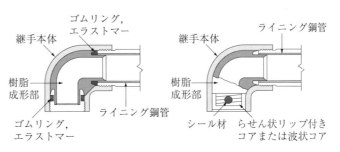

図3-18 管端防食継手

4 給水設備の計画・設計

4.1 計画設計の流れ

給水設備の計画・設計の手順を**図 4-1** に示す。計画設計にあたっては，まず上水の供給能力や水圧の把握，給水引込み経路の決定，水道法などの関連法規のチェック，必要に応じて行政官庁との相談を行う。次に給水方式を決定し，給水系統やゾーニングの検討を行う。そのうえで，建物用途別に定められた使用水量の原単位から給水負荷（時間平均給水量，時間最大給水量，ピーク時最大予想給水量など）を計算し，各種給水方式での受水槽や高置水槽，揚水ポンプなどの機器容量を決定する。最後に給水負荷から給水管径を求める。

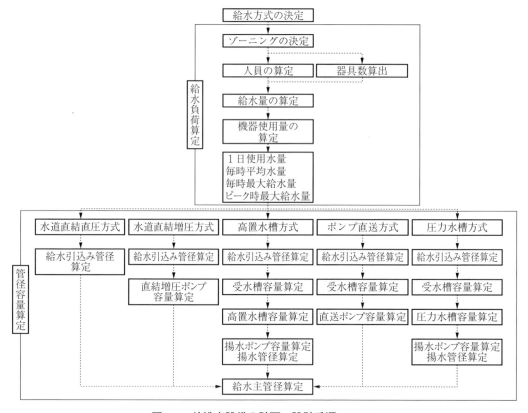

図 4-1　給排水設備の計画・設計手順 (引用 72)

4.2 給水負荷の算定

給水管の配管管径や受水槽，高置水槽，揚水ポンプなどの機器容量を算定する際には，一般に表 3-1 の建物用途別単位給水量から日使用水量 Q_d を求め，1 日の使用時間を用いて，時間平均給水量 Q_h，時間最大給水量 Q_m，ピーク時最大予想給水量 Q_p を求める。なお，空調設備（冷却塔補給水）の冷房用水等は，これらに別途加算する。以降では，空調設備の冷房用水等は除いて算定する。

表 4-1　器具給水負荷単位 (引用 73)

器具名	水栓	器具給水負荷単位 公衆用	器具給水負荷単位 私室用	器具名	水栓	器具給水負荷単位 公衆用	器具給水負荷単位 私室用
大便器	洗浄弁	⑩	6	連合流し	給水栓		3
大便器	洗浄タンク	5	3	洗面流し（水栓1個につき）	給水栓	2	
小便器	洗浄弁	5		掃除用流し	給水栓	4	3
小便器	洗浄タンク	3		浴槽	給水栓	4	2
洗面器	給水栓	②	1	シャワー	混合栓	4	2
手洗い器	給水栓	1	0.5	浴室一そろい 大便器が洗浄弁による場合			8
医療用洗面器	給水栓	3		浴室一そろい 大便器が洗浄タンクによる場合			6
事務室用流し	給水栓	③		水飲み器	水飲み水栓	2	1
台所流し	給水栓		3	湯沸し器	ボールタップ	2	
調理場流し	給水栓	4	2	散水・車庫	給水栓	5	
料理場流し	混合栓	3					
食器洗流し	給水栓	5					

注）給湯栓併用の場合は，1個の水栓に対する器具給水負荷単位は上記の数値の 3/4 とする。○印の数字は，後述の例題2で使用するもの。

(1) 日使用水量の算定

1）建物人員から算定する方法

$$Q_d = N \times q \tag{4.1}$$

Q_d：1日当たりの給水量 [l/日]

N：給水人員 [人]

q：建物用途別給水量 [l/(人·d)]

2）有効面積から算定する方法

$$Q_d = (k \times A \times n) \times q \tag{4.2}$$

k：有効面積率（概数で延べ床面積にレンタブル比を乗じた値）

A：建築延べ床面積 [m²]

n：有効面積当たりの人員 [人/m²]（表 3-1, 220 頁に記載）

［レンタブル比］総床面積に対して賃貸可能な部分の面積比率。

(2) 予想給水量の算定

［給水量の単位］ここでは，給水量 Q の使用単位には [l/日]，[l/min]，[l/h]，[m³/h] などが慣用に従って，区別されて用いられているので注意すること。
$1 [l/min] = 1/60[l/s]$
　　　　　$\fallingdotseq 1/60[kg/s] (SI)$
　　　　　$= 60[l/h]$
　　　　　$= 0.06[m³/h]$

使用水量を用いて，揚水ポンプの能力選定や給水配管径を決定する際には，式(4.3)，(4.4)(4.5) を用いて各予想給水量を求め使用する。揚水ポンプの揚水量として，高置水槽方式では時間最大予想給水量を，ポンプ直送方式ではピーク時最大予想給水量を用いることが多い。

$$Q_h = Q_d/T \tag{4.3}$$

$$Q_m = K_m \times Q_h \tag{4.4}$$

$$Q_p = K_p \times Q_h/60 \tag{4.5}$$

ここで，Q_h：時間平均予想給水量 [l/h]

Q_m：時間最大予想給水量 [l/h]

Q_p：ピーク時最大予想給水量 [l/min]

T：1日の使用時間 [h]

K_m：時間最大予想給水量のピーク率（1.5～2.0）

K_p：ピーク時最大予想給水量のピーク率（3～4）

4.3　機器容量の算定

(1) 受水槽の容量　　受水槽の有効容量は，水道事業者が断水時を考量して，指定要綱などで設計用給水量の 4/10～6/10 程度の容量を確保するところが多く，概算で 1 日の使用水量の 1/2 程度としている。しかし，水道引込み管の給水能力との関係があり，理論的には式 (4.6) も用いる。

$$V_s \geqq Q_d - Q_s \times T \tag{4.6}$$

ただし，$Q_s \geqq V_s / (T_R - T)$

ここで，V_s：受水槽の有効容量 [m³]

　　　　Q_s：配水管などの水源からの給水能力 [m³/h]

　　　　T ：1 日における主たる使用時間帯の継続時間 [h]

　　　　T_R：水源からの 1 日の給水時間（水道の場合は 24 時間）[h]

(2) 高置水槽の容量　　高置水槽容量は，揚水ポンプの能力との関係によっても異なるが，一般に 1 日の使用水量の 1/10 程度とすることが多い。理論的には，**図 4-2** の関係から式 (4.7) で求める。

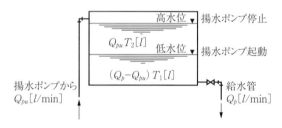

図 4-2　高置水槽の容量 (引用 74)

$$V_E = (Q_p - Q_{pu}) T_1 + Q_{pu} \times T_2 \tag{4.7}$$

ここで，V_E ：高置水槽の有効容量 [m³]

　　　　Q_p ：ピーク時最大予想給水量 [l/min]

　　　　Q_{pu}：揚水ポンプの揚水量 [l/min]

　　　　T_1 ：ピーク時最大予想給水量の継続時間（一般に 30 分程度）[min]

　　　　T_2 ：揚水ポンプの最短運転時間（10～15 分程度）[min]

(3) 揚水ポンプの揚程・所要動力　　ポンプの揚水能力は，接続管径ごとに揚水の圧力（揚程），揚水量，所要動力を定めて表す。高置水槽方式の揚水ポンプの全揚程は式 (4.8)，ポンプ直送方式の全揚程は式 (4.8′) で表すことが多い。

$$H = H_1 + H_2 + (V^2 / 2g) \tag{4.8}$$

ここに，H ：揚水ポンプの全揚程 [m]

　　　　H_1：実揚程（ポンプ揚水管取出し位置から揚水管最上部までの垂直高さ）[m]

　　　　H_2：摩擦損失水頭 [m]

　　$(V^2 / 2g)$：吐出し速度水頭 [m]　　　V：管内流速 [m/s]

$$H = H_1 + H_2 + H_3 \tag{4.8'}$$

ここに，H：直送ポンプの全揚程［m］

H_1：実揚程（直送ポンプ吸込み位置から最高位などの最悪の条件にある給水栓または器具までの高さ）［m］

H_2：管路における直管・継手・弁類などによる摩擦損失水頭［m］

H_3：最高位などの最悪の条件にある給水栓または器具の必要圧力（水頭，開放端の器具の吐出し速度水頭を含む）［m］

また揚程は，水頭 H［m］で表示する場合と圧力 P［Pa］で表示する場合がある。その換算は，式(4.9)による。

$$P = \rho g H \tag{4.9}$$

ρ：水の密度（$=1,000$）［kg/m³］

所要動力は，式(4.10)で示せる。

$$L = \rho Q g H (1 + \alpha) / (\eta_p \times \eta_t) \tag{4.10}$$

ここに，L：ポンプの所要動力［W］

Q：揚水量［m³/s］

g：重力加速度（$=9.8$）［m/s²］

η_p：ポンプの効率（実用上 0.5〜0.6 程度）

η_t：伝導率（電動機直結の場合は 1.0）

α：余裕率（電動機の場合は 0.1〜0.2）

【例題1】 図 4-3 に示す事務所ビルの給水系統を，高置水槽方式またはポンプ直送方式で設計する場合の揚水ポンプの揚水量と全揚程，受水槽，高置水槽の有効容量を求めなさい。

ただし，設計条件は以下の通りとする。

・事務所ビルの 1 日当たりの給水量は，100 l/(d・人) で人員数は 500 人，1 日当たりの使用時間は 9［h］

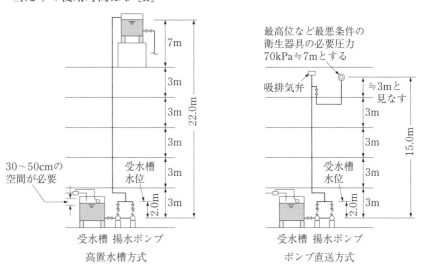

図 4-3 事務所ビル給水系統図

・揚水管の摩擦損失水頭は，実揚程の 20 ％

・速度水頭の算定の流速は 2.0 m/s

・受水槽の水位面と揚水ポンプ取出し管の距離は 2 m

・最高位などの最悪の条件にある器具の必要圧力 70 kPa

〔解〕日使用水量と予想給水負荷の算定

1）高置水槽方式の場合　　式(4.1)～(4.5)より，

①日使用水量 $Q_d = 100\,l/(\text{d}\cdot\text{人}) \times 500\,\text{人} = 50,000\,l/\text{d}$

②時間平均予想給水量 $Q_h = 50,000/9 = 5,556\,l/\text{h}$

③時間最大予想給水量 $Q_m = 2.0 \times 5,556 = 11,112\,l/\text{h} \doteqdot 186\,l/\text{min} \rightarrow$ 揚水ポンプの揚水量とする

④ピーク時最大予想給水量 $Q_p = (4.0 \times 5,556)/60 = 371\,l/\text{min}$

機器容量の算定

4.3 (1)，(2)の記述より，

⑤受水槽有効容量 V_g は，①の 1/2 より 25 m³

⑥高置水槽有効容量 V_E は，①の 1/10 より 5 m³

⑦揚水ポンプの全揚程は，式(4.8)より，実揚程 $H_1 = 22$ m，摩擦損失水頭 H_2 $= 22 \times 0.2 = 4.4$ m，速度水頭は流速 2.0 m/s として，$(2.0)^2/(2 \times 9.8) = 0.2$ m となる。受水槽の水位面と揚水ポンプ取出し管の距離分の水頭圧 2 m も考慮し，全揚程 $H = 22 + 4.4 + 0.2 - 2.0 = 24.6$ m（$\doteqdot 242$ kPa）

⑧所要動力は式(4.10)より，$1,000 \times \{(11,112/1,000)/3,600\} \times 9.8 \times 24.6 \times (1 + 0.2)/(1.0 \times 0.6) \doteqdot 1,489 \doteqdot 1.5$ kW

2）ポンプ直送方式の場合　　機器容量算定で，受水槽の有効容量は上記 1）の⑤の 25 m³ とする。ポンプ直送方式では，高置水槽方式のように上部に貯水機能がないため，時間最大予想給水量より多い，1）の④ピーク時最大予想給水量＝371 l/min をポンプの揚水量とする。

⑦揚水ポンプの全揚程は，式(4.8′)より，実揚程 $H_1 = 15$ m，摩擦損失水頭 H_2 $= 15 \times 0.2 = 3.0$ m，最高位などの最悪の条件にある器具の必要圧力 70 kPa で，約 7.0 m 水頭に相当する。ただし，最上階の床面と最高位の衛生器具までの高さは 3 m と見なす。

全揚程 $H = 15 + 3.0 + 7 - 2.0 = 23.0$ m（$\doteqdot 226$ kPa）

⑧所要動力は，式(4.10)より，$L = 1,000 \times (0.371/60) \times 9.8 \times 23.0 \times (1 + 0.2)/(1.0 \times 0.6) \doteqdot 2,788 \doteqdot 2.8$ kW

4.4　給水管径の決定

給水管の管径は，以下の手順による。

①給水区間の瞬時最大流量 $Q\,[l/\text{min}]$ を求める。

②単位長さ当たりの許容圧力損失 $i\,[\text{kPa/m}]$ を求める。

③ Q と i をもとに流量線図から，管内流速が 2.0 m/s 以下になるように管径を求める。

(1) 瞬時最大流量の計算

[SHASE-S206 の 5 つの方法]
①給水用時間率と器具給水単位による方法
②新給水負荷単位による方法
③器具利用から予測する方法
④器具給水負荷単位による方法
⑤集合住宅における居住人数による方法
このうち本書では，一般に用いられることが多い④について述べる。詳細については，SHASE-S206 を参照のこと。

SHASE-S206 には，瞬時最大流量を求める計算法として，5 つの方法が紹介されている。本書では，最も一般的に使用されることが多い，「器具給水負荷単位法」による計算法について例題で説明する。表 4-1 に示す各器具の器具給水負荷単位を選定し，各給水管が受けもつ合計器具給水負荷単位数を求め，**図 4-4** を用いて瞬時最大流量を求める。

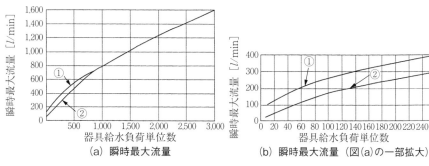

(a) 瞬時最大流量　　　　(b) 瞬時最大流量 (図(a)の一部拡大)

注) 曲線①は洗浄弁の多い場合，曲線②は洗浄タンクの多い場合に用いる。

図 4-4　瞬時最大流量 (引用 75)

(2) 単位長さ当たりの許容圧力損失

単位長さ当たりの許容圧力損失 i は，式(4.11)より算出する。

$$i = (P - P_f - P_d)/(L + l) \tag{4.11}$$

ここに，i ：単位長さ当たりの許容圧力損失 [kPa/m]

P ：静水圧力 [kPa]

P_f ：決定しようとする区間までの弁，直管などの摩擦損失圧力 [kPa]

P_d ：決定しようとする区間の末端器具の最低必要圧力 [kPa]
（表 3-3, 222 頁参照）

L ：直管長 [m]

l ：継手・弁類などの相当長（直管長 L の 100〜150 %）[m]

(3) 流量線図

流量線図は各管種ごとに作成されており，**図 4-5** に一般に使用されることが多い硬質塩化ビニルライニング鋼管の例を示す。流量線図に上記(1)と(2)の結果をプロットし，管径を決定する。

例題 2　**図 4-6** に示す給水配管系統で，各区間の給水管径を決定せよ。

〔解〕図 4-6 の A〜B 区間の管径

1) 瞬時最大流量の計算

器具給水単位は表 4-1（表中に○印で表示）より，事務用流し 3，洗面器給水栓 2，大便器洗浄弁 10 となる。

各階給水枝管の合計器具給水単位数：(3×1 個) + (2×2 個) + (10×2 個) = 27

図中 A〜B 区間にかかる瞬時最大流量：4 階分がかかる器具給水単位数は，27×4 = 108 となり，図 4-4 より瞬時最大流量は 280 l/min となる。以下，同様に各区間を求める。

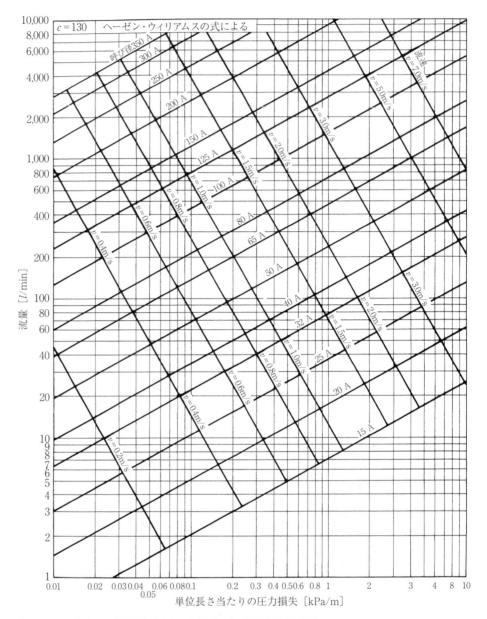

図4-5　硬質塩化ビニルライニング鋼管流量線図（SHASE-S 206-2009）

2）単位長さ当たりの
　許容圧力損失

最も給水条件が悪いのは最上階の大便器洗浄弁であるので，そこにかかる静水圧，管摩擦損失圧力，洗浄弁の最低必要圧力を求め，式（4.11）より算出する。

静水圧 $P = 1,000\,(\mathrm{kg/m^3}) \times 9.8\,(\mathrm{m/s^2}) \times \{(8+2)-1\}\,(\mathrm{m}) = 88.2\,\mathrm{kPa}$

最上階では $P_f = 0$ とし，表3-3（222頁）より大便器洗浄弁の最低必要圧力は70 kPa，配管長 $= 12+3+4+1 = 20\,\mathrm{m}$。継手・弁類などの相当長は，直管長 L の100 % とする。AB区間の単位長さ当たりの許容摩擦損失圧力 $i(\mathrm{AB}) = (88.2-0-70)/(20+20) \fallingdotseq 0.46\,\mathrm{kPa/m}$

3）管径の決定

上記1），2）の結果を図4-5にプロットすると1.5 m/s程度となり，管内流速は2.0 m/s以下で決定し，管径は65 Aとなる。その時の実際に i は，0.35［kPa/m］

P_f の求め方

P_f 管径を決定しようとする区画よりも上流区間の管や弁などによる摩擦損失圧力で，図4-7のように求める。

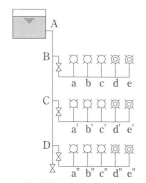

1）最上階の系統（A～B～e）の管径を算出するときは，$P_f=0$ となる。
2）B～C～e'の系統の管径を算出するときは，P_f はA～B間の摩擦抵抗となる。
3）C～D～e"の系統の管径を算出するときは，P_f はA～B～C間の摩擦抵抗となる。

図4-7　摩擦損失圧力 P_f

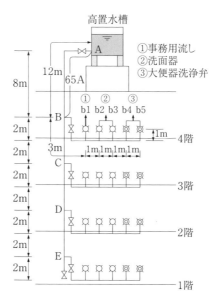

①事務用流し
②洗面器
③大便器洗浄弁

図4-6　例題2の図

となる（図4-8）。

B～C区間の管径

静水圧は，$88.2+(4\times9.8)=127.4\,\text{kPa}$

A～B区間の摩擦損失圧力 P_{f1} は，実際の $I'(AB)=0.35\,\text{kPa/m}$，実長と管摩擦損失相当長は等しいと見なすと，$P_{f1}=0.35\times2\times12=8.4\,\text{kPa}$

B～C区間の単位長さ当たりの許容摩擦損失圧力は，

$$i(BC)=(88.2+(4\times9.8)-8.4-70)/(12+12)\fallingdotseq2.05\,\text{kPa/m}$$

B～C区間での受け持ち器具給水単位は81，その時の瞬時最大流量は240 l/min となるので，図4-5にプロットすると，交点は管内流速2.0 m/sを超えるため，その限界流速として管径を決定すると65 Aとなる（図4-9）。

C～D，D～E区間の管径

単位長さ当たりの許容摩擦損失圧力と瞬時最大流量の交点が，管内流速2.0 m/sを超えるため，同様に管径を決定する。つまり，瞬時最大流量と管内流速（限界管内流速2.0 m/s）のみで管径が決定される。計算結果を表4-2に示す。

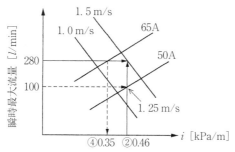

図4-8　B～b1間の決定法

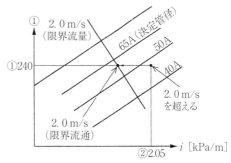

図4-9　B～C間の決定法

表4-2　管径計算結果

区　　間	受け持ち器具給水単位	①瞬時最大流量 [l/min]	②単位長さ許容摩擦損失 $i=0.46$ [kPa/m] に抑えたときの管径 [A]	③　②のときの管内流速（概数）[m/s]	④　②の管径のときの i [kPa/m]
A～B	108	280	65	1.5	0.35
B～b1	27	150	50	1.45	—
b1～b2	24	140	50	1.4	—
b2～b3	22	135	50	1.35	—
b3～b4	20	130	50	1.3	—
b4～b5	10	100	50	1.25	—
			以下では，限界管内流速2.0 [m/s] での管径		
B～C	81	240	65		
C～D	54	200	50		
D～E	27	150	40		

5 給湯設備

5.1 給湯温度と使用温度

［水・湯の性質］水は4℃のときに密度が最大の 1,000 kg/m³ となり，加熱あるいは冷却によって温度が上下してもそれより密度は小さくなる。

手洗いや飲料用の衛生器具に湯を供給する場合は，一般にそこで使用する温度より高めの湯を供給して，使用箇所で水と混合させて適温で使用する。この供給する湯の温度を**給湯温度**といい，一般の給湯設備系統で60℃前後，厨房用，皿洗い用では70〜80℃前後の温度としている。

本章 1.2(1)②で述べた通り，レジオネラ症防止対策の一環として，中央給湯方式では，貯湯槽の湯の温度を常に60℃以上に，給湯栓での温度も55℃以上

表 5-1 用途別使用温度 <small>(引用 76)</small>

用　途	適温 [℃]	
	夏	冬
浴用		
浴槽（成人）	39〜41	41〜43
洗髪	37〜39	39〜41
シャワー	38〜40	40〜42[1]
洗面・手洗い用	35〜37	38〜40
厨房用		
一般（食器洗浄）[2]	36〜39	37〜41
皿洗い機（すすぎ）[3]	70〜80	70〜80
洗濯用（手洗い）	36〜38	38〜40

注1) 脱衣室・居室の暖房状況に影響される。身体を暖める必要があるときは，より高い温度となる。
　2) 油汚れを落とす場合，ゴム手袋使用時などは，これより高い温度で使用されることが多い。
　3) 皿洗い機用のほか，浴槽落し込み，洗濯機用などは給湯温度に影響される。

になるよう保つ必要がある。この温度に給水を加え，用途に適した温度，**使用温度**にして使用する。**表5-1**に用途別使用温度を示す。使用湯温と給湯温度は，概略，式(5.1)で決定される。

$$V_h/(V_c+V_h) = (t_m-t_c)/(t_h-t_c) \tag{5.1}$$

ただし，V_h：給湯量 [l]，V_c：給水量 [l]

t_m：使用温度 [℃]，t_h：給湯温度 [℃]，t_c：給水温度 [℃]

5.2 必要給湯量

建物で使用される給湯量は，建物用途，季節変動，曜日や時刻によっても**図5-1**のように変動する。建物全体で使用する給湯量を算出するには，**表5-2**や**表5-3**に示す原単位となる建物種類別給湯量，器具別給湯量などを用いる。機器の設計等では，時間最大給湯量が用いられることが多い。その算定方法には，給湯人員による方法と設置器具数による方法などがある。

(1) 給湯人員による方法

給湯人員が正確に把握できている場合，1日の使用給湯量および時間最大給湯量は表5-2を用い式(5.2)，式(5.3)で算定する。

$$Q_d = N \times q_d \tag{5.2}$$

$$Q_h = N \times q_h \tag{5.3}$$

Q_d：1日当たりの使用給湯量 [l/日]

Q_h：時間最大給湯量 [l/h]

q_d：1人1日当たりの給湯量 [l/(人・日)]

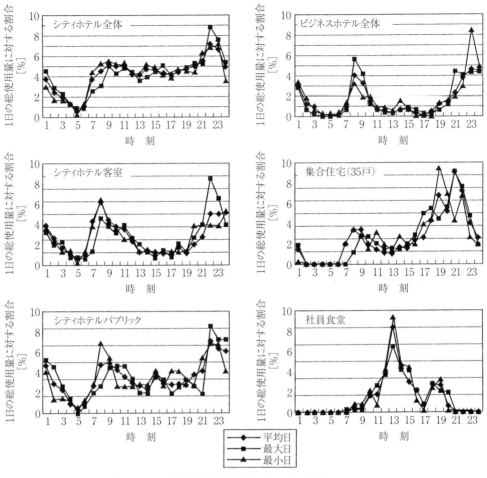

図 5-1　**建物用途別給湯負荷パターンの変化** (引用 77)

q_h：1 人当たりの時間最大給湯量［$l/$（人・h）］

N：給湯人員［人］

(2) **衛生器具による方法**　局所式給湯方式の加熱器，貯湯槽の容量や小規模な中央式給湯方式に用いられ，表 5-3 を用い式 (5.4) で時間最大給湯量を，式 (5.5) で貯湯容量を算定する。

$$Q_h = e \times \left(\sum q_1 \times F \right) \tag{5.4}$$

$$V = Q_h \times v_t \tag{5.5}$$

Q_h：時間最大給湯量［$l/$h］

e：建物種類別の器具同時使用率

　　例えば，ホテル（0.25），戸建住宅・集合住宅・事務所（0.3），工場・学校（0.4）程度である。

q_1：衛生器具別 1 個 1 時間当たりの給湯量［$l/$（個・h）］

F：器具数［個］

V：貯湯容量［l］

v_t：貯湯容量係数（表 5-3 中の下段）

表 5-2　設計用給湯量 (引用 78)

建物種別	給湯量（年平均1日当たり）	時間最大給湯量 [l/h]	時間最大給湯量の継続時間 [h]	備　考
事　務　所	7〜10 l/人	1.5〜2.5（1人当たり）	2	
ホテル（客室）	150〜250 l/人	20〜40（1人当たり）	2	ビジネスホテルは 150 l/人
総　合　病　院	2〜4 l/m²	0.4〜0.8（m²当たり）	1	
	100〜200 l/床	20〜40（床当たり）	1	
レ　ス　ト　ラ　ン	40〜80 l/m²	10〜20（m²当たり）	2	（客席＋厨房）面積当たり
軽　食　店	20〜30 l/m²	5〜8（m²当たり）	2	同上：そば・喫茶・軽食
集　合　住　宅	150〜300 l/戸	50〜100（戸当たり）	2	

表 5-3　各種建物における器具別給湯量（給湯温度 60 ℃基準）(ASHRAE, 1991) (引用 79)

[l/（器具1個・h）]

建物種類＼器具種類	個人住宅	集合住宅	事務所	ホテル	病院	工場	学校	YMCA	体育館
個人洗面器	7.6	7.6	7.6	7.6	7.6	7.6	7.6	7.6	7.6
一般洗面器	—	15	23	30	23	45.5	57	30	30
洋風浴槽	76	76	—	76	76	—	—	114	114
シャワー	114	114	114	284	284	850	850	850	850
台所流し	38	38	76	111	76	76	76	76	
配ぜん流し	19	19	38	38	38	—	38	38	—
皿洗い機*¹	57	57	—	190〜760	190〜570	75〜380	76〜380	26〜380	—
掃除流し	57	76	57	114	76	76		76	—
洗濯流し	76	76	—	106	106	—	—	106	—
同時使用率	0.30	0.30	0.30	0.25	0.25	0.40	0.40	0.40	0.40
貯湯容量係数*²	0.70	1.25	2.00	0.80	0.60	1.00	1.00	1.00	1.00

注1) 加熱能力は，各器具の所要給湯量の累計に同時使用率を乗じた値に，(60 ℃—給水温度) の温度差を乗じて求める。
　2) 有効貯湯容量は，各器具の所要給湯量の累計に同時使用率を乗じた値に，貯湯容量係数を乗じて求める。
＊1　使用する機器の機種がわかっている場合には，その機種に対する製造者のデータによって算出する。
＊2　熱源が十分に得られる場合においては，この係数を減じてもよいが，そのぶん加熱能力を大きくする必要がある。

5.3　給湯方式

給湯方式は，湯の使用箇所と加熱装置の関係，加熱に用いられる熱源・加熱方法の種類，配管内の湯の循環方法などの違いによりさまざまな分類方法がある。

(1) 局所給湯方式と中央式給湯方式

局所給湯方式は，加熱装置と給湯箇所が1対1で対応している方式である。住宅の台所などで小型の瞬間湯沸し器を設置して使用する例や，事務所ビルなどで高温の湯を必要とする湯茶サービスや洗面・手洗いのために，貯湯式湯沸し器を各所に設ける場合がそれにあたる（**図 5-2**）。それに対し中央式（セントラル方式）は，**図 5-3** のように，1つの加熱装置で複数の給湯箇所へ給湯する方式である。住宅では，**図 5-4** のように浴室，台所，洗面所などの複数の給湯箇所に，1台の給湯機で対応する場合もあり，これを住戸セントラル方式という。また，集合住宅などではそれ以外にも，住棟ごとに設置された大型の熱源機から各戸に給湯する住棟セントラル方式もある。

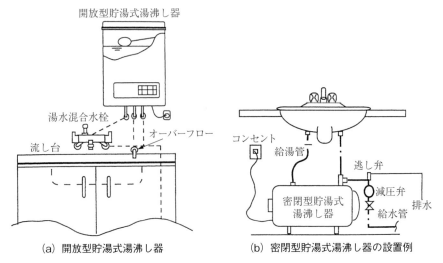

(a) 開放型貯湯式湯沸し器　　　　　　(b) 密閉型貯湯式湯沸し器の設置例

図5-2　局所給湯方式 (引用80)

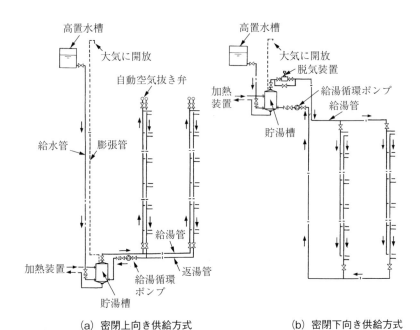

（a）密閉上向き供給方式　　　　　　　　（b）密閉下向き供給方式

図5-3　中央式給湯方式の例 (引用81)

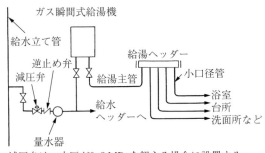

減圧弁は，水圧が0.2 MPaを超える場合に設置する。
設置位置は，水道事業者によって異なる。

図5-4　局所給湯方式（住戸セントラル方式） (引用82)

(2) 単管式と複管式

　加熱装置から衛生器具までの配管長さが，短い場合や湯を長時間使用する厨房や湯沸し室などでは，湯を供給するだけの給湯管（**往管**）だけの単管式が用いられる。しかし，給湯栓を開くと即座に湯が必要となるホテルなどでは**返湯管**を設け，管内の湯を循環させておき，湯温を均一に保ち，湯待ち時間を小さくする必要がある。これを複管式という。

(3) 上向き給湯と
**　　下向き給湯**

　図5-3の中央式給湯方式の例に示すように，上向き給湯方式は給湯立て管における湯の流れ方が上向きとなる方式である（図5-3(a)）。給水栓への湯の供給方法と管内の空気の抜ける方向は同じで，最上部の給湯栓から空気を抜くことができるが，下階で多量の湯を使用すると，上部で湯が出にくくなることが欠点である。下向き給湯方式は，給湯管（立て管）における湯の流れ方が下向きとなる方式である（図5-3(b)）。空気抜きを立て管の最上部から取るもので，横管部に十分勾配をとり，空気だまりができないように脱気装置などを設置する必要がある。

(4) 自然循環式と
**　　強制循環式**

　給湯管と返湯管において，湯に温度差のある場合には循環力が生ずる。その力だけを用いて循環させる方式を自然循環方式という。途中に循環ポンプを設置し，強制的に循環させる方式を強制循環方式という。中央式は，強制循環方式が一般的であり，図5-3(a)のように循環ポンプは一般に貯湯槽の直前の返湯管部分に設置するが，循環ポンプの揚程・圧力には，循環経路の摩擦抵抗・局部抵抗による圧力損失のみが関係し，位置の圧力は無関係である。

5.4　加熱装置と加熱能力

1）瞬間湯沸し器の加熱能力

　給水温度 t_c [℃] で湯の温度 t_h [℃] の給湯量を Q [l/min] とすると，必要なときに必要とされる瞬間湯沸し器の加熱能力 H は，実務上では式(5.6)[*1]で求められる。

$$H = k \times C_p \times \rho \times Q \times (t_h - t_c) \tag{5.6}$$

　　H：湯沸し器加熱能力 [kJ/min]

　　k：余裕率（1.1〜1.2）

　　C_p：水の比熱（4.186 [kJ/(kg・℃)]）

　　ρ：水の密度（1.0 [kg/l]）

　　Q：給湯量 [l/min]

　　t_h：湯の温度 [℃]　　　t_c：水の温度 [℃]

　特にガス瞬間式給湯機では，能力表示に「号[*2]」を用い，1号は流量1 [l/min] の水の温度を25℃上昇させる能力をいう。すなわち，1号の加熱能力は，以下のように定義される。1 [l/min] = 1 × (10⁻³/60) [m³/s] である。

$$1号 = 1 \times (10^{-3}/60)[m^3/s] \times 4.186[kJ/(kg・℃)] \times 1,000[kg/m^3] \times 25[℃]$$
$$= 1.74 \ [kW]$$

*1　式(5.6)をMKS単位で表すと，Hは[kW]となり，ρは1[kg/l] = 1,000[kg/m³]，Q [l/min]は $10^{-3}/60$[m³/s]となる。したがって式(5.6)は，
$H = k \times C_p \times 1,000[kg/m^3] \times Q \times (10^{-3}/60)[m^3/s] \times (t_h - t_c)$[℃]
$= k \times C_p \times \rho \times (Q/60) \times (t_h - t_c)$
となる。

*2　ガス瞬間式給湯機の選定は，一般に単身世帯の場合は16号（年間を通してシャワーの使用可），2人程度の家族の場合は20号（シャワーと他器具の同時使用可），4人家族の場合は24号を目安とする。また，さらに能力の大きいものとして32号，50号がある。

　　2）飲料用貯湯槽の貯湯量

　　　飲料用貯湯タンクの貯湯量 Q [l] は，式(5.7)で求められる。

$$Q = q \times (N/k) \tag{5.7}$$

　　　　q：1 人当たりの給湯量［l/人］（食堂 0.1～0.2［l/人］）

　　　　N：給湯人員［人］

　　　　k：連続出湯係数（0.6～0.7）

　　3）貯湯式の加熱能力

　　　中央給湯方式で用いる貯湯槽の加熱能力と貯湯槽容量との関係には，式(5.8)の関係がある。

$$1.163(t_{h1} - t_{h2})V + HT \geqq 1.163\{(t_{h1} + t_{h2})/2 - t_c\}QT \tag{5.8}$$

　　　　t_{h1}：給湯最大使用時開始前の貯湯槽内の湯温（一般に 60 ℃）

　　　　t_{h2}：給湯最大使用時終了後の貯湯槽内の湯温（一般に 55 ℃）

　　　　t_c：給水温度［℃］

　　　　V：貯湯槽内の有効貯湯量［l］（一般に貯湯槽容量の 70 ％程度）

　　　　H：加熱能力［W］

　　　　T：時間最大給湯量の継続時間［h］

　　　　Q：時間最大給湯量［l/h］

例題　宿泊数 150 人の都心型ビジネスホテルにおける，客室系統の貯湯槽容量と加熱装置の加熱能力を求めよ。設計条件は，以下の通りとする。

・宿泊者 1 人当たりの時間最大給湯量：30 l/(h・人)

・給湯温度は 55 ℃以上に保ち，給水温度は 5 ℃

・時間最大給湯量の継続時間 2 h

〔**解**〕　式(5.3)より，給湯系統での時間最大給湯量は，150 人 × 30 l/(h・人) = 4,500 l/h

　　　時間最大給湯量分を貯湯するものとし，有効容量は貯湯槽容量の 70 ％とすれば，貯湯槽容量は，4,500/0.7 = 6,428 ≒ 6,430 l

　　　式(5.8)より加熱能力は，

　　　　$1.163 \times (60 - 55) \times 4,500 + 2H \geqq 1.163\{((60 + 55)/2) - 5\} \times 4,500 \times 2$

　　　　$26,168 + 2H \geqq 549,518$

　　　　$H \geqq 261,675$ W　　　加熱能力は 270 kW

5.5　安全装置

　　　水の加熱にともなう体積膨張によって，**図 5-5** において配管や密閉容器となる貯湯槽内の圧力が過大に上昇することを防止するための装置として，同図と**図 5-6** に示す逃し弁（安全弁），逃し管（膨張管），密閉膨張水槽などを設置する。また，配管の熱伸縮に対し変位を吸収できるように，**図 5-7** のように直管部では伸縮曲管や伸縮継手が用いられる。分岐部では，**図 5-8** のように，複数曲がり管（エルボ）を組み合わせて用い，可とう性をもたせた配管工法として

スイベルジョイント工法が用いられる。

[膨張管と逃し弁] 水は加熱すると膨張し，装置内の圧力が異常に上昇するため，逃し弁または逃し管（一般に膨張管と呼ぶ）を設置する。

① 膨張管の立ち上げ高さ H（図5-5）は下式による。

$$H \geqq \left(\frac{\rho_C}{\rho_H} - 1\right) \times h$$

ρ_C, ρ_H：水，湯の密度 [kg/m³]
h：タンク水面から加熱装置最低位までの高さ [m]

② 膨張管を設けることができない場合は，逃し弁を設ける。

③ 膨張管および加熱装置と逃し弁の間には，絶対に弁を設けてはならない。

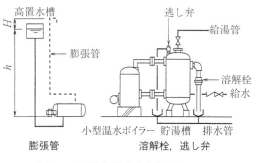

図 5-5　密閉容器の安全装置 (引用83)

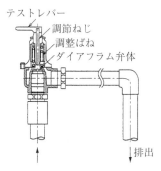

図 5-6　逃し弁 (引用84)

[ベローズ型伸縮継手] 波形の管が伸縮動作を吸収する形式の伸縮継手。これ以外にも，伸縮部を二重管構造としたスリーブ型伸縮継手もある。

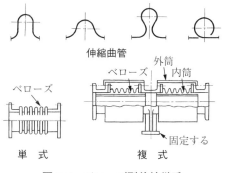

図 5-7　ベローズ型伸縮継手

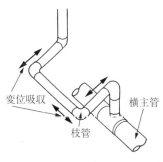

図 5-8　スイベルジョイント工法

5.6　給湯配管材料と保温材

　　給湯管は給水管に比べ，温度変化にともない伸縮を繰り返しているため耐熱性，耐食性を考慮して選定する必要がある。おもに，銅管，ステンレス鋼鋼管，耐熱塩化ビニルライニング鋼管が用いられるが，集合住宅の住戸内では，給水と同様に架橋ポリエチレン管，ポリブテン管，耐熱硬質塩化ビニル管などが用いられる（**表5-4**）。また，貯湯タンクおよび配管からの熱損失を防ぐために，保温施工を行う。貯湯タンクは水練り保温，ロックウール，グラスウールで保温材を被覆し，アルミやステンレス鋼板で仕上げを行う。配管は2つ割りの保温筒で覆う。

5.7　熱源機器

　　水の加熱方法は，ガス，油，電気などの熱源で水を直接加熱する直接加熱方式と，蒸気や温水を熱源とする間接加熱方式，蒸気と水を混合させた混合加熱方式がある。さらに，大気，河川，温排水を熱源としたヒートポンプシステム（第4章1.2(2)参照），太陽熱を利用した太陽熱利用システム（第2章4.2参照）もある。建物のエネルギー消費量の内訳において，給湯の消費エネルギー量の占める割合は，一般に住宅では約35 %，ホテルで約30 %を占めるので，その削減を目的に省エネルギーに配慮した熱源装置が普及している。

表 5-4　給湯設備用配管材

管　材	規　格	接合方法	最大使用温度[℃]	管の膨張*[mm/m]	設計施工の留意事項
銅　管	JIS H 3300 (C1220T) JWWA-H101	ろう付け接合 フランジ接合 メカニカル接合	100	0.94	配管の空気抜き不足，過大な流速，管内に異物残留，水質，過剰なフラックス使用
ステンレス鋼鋼管	JIS G 3448 JWWA-G115	メカニカル継手 フランジ接合 溶接接合	100	0.88	継手差込み不足，塩素イオン濃度，フランジパッキング接合部のすき間，現場溶接，管内異物残留
耐熱塩化ビニルライニング鋼管	WSP-043	ねじ込み接合 フランジ接合	85	0.60	ねじ加工精度で耐久性が左右される。施工現場でのねじ加工精度チェック必須
耐熱硬質塩化ビニル管	JIS K 6776	接着接合 フランジ接合	60	3.85	燃焼式瞬間給湯機，電気温水器，ヒートポンプ給湯機での使用不可
ポリブテン管	JIS K 6778	メカニカル接合 フランジ接合 融着接合	90	8.25	メカニカル継手の締込み不良に注意
架橋ポリエチレン管	JIS K 6769	メカニカル接合	100	11.00	メカニカル継手の締込み不良に注意

注) JWWA は日本水道協会規格，WSP は日本水道鋼管協会規格。
＊温度差55℃のときの配管長1m当たりの膨張長さを示す。

（1）潜熱回収型ガス給湯機　従来のガス給湯機では，水が熱交換器（一次熱交換器）で加熱され出湯する際に，200℃，約20％の排熱を捨てていたために給湯熱効率は約80％であった。潜熱回収型ガス給湯機では，その排熱を二次交換器で潜熱として再利用し水を予熱し，その後に一次熱交換器でさらに加熱して出湯させることで，給湯効率を約15％向上させたものである。ただし，一次熱交換器で潜熱回収時に酸性の凝縮水が発生するので中和器で中和し，ドレン管を介して排水する（図5-9(a)）。

（2）自然冷媒ヒートポンプ給湯機　大気の熱を圧縮機で汲み上げて水に放出し温水をつくる構造で，その原理は空調用のエアコンと（ヒートポンプ）と同じである。その冷媒としてかつてはフロンが使用されていたが，環境負荷のきわめて少なく，高い温度で温水をつくるのに効率の良い CO_2 ガスを使用している（図5-9(b)）。

（3）ハイブリッド型給湯機　業務用の給湯機として用いられるガスや油を熱源とする燃焼式給湯機とヒートポンプ給湯機を組み合わせたものである。ヒートポンプ給湯機は，必要設備容量の一部としておもに負荷変動の少ないベース負荷に対応し，ピーク時の負荷対応やヒートポンプの加熱能力が低下する冬期の負荷に対応する（図5-9(c)）。

(4) 家庭用燃料電池　都市ガス・LP ガスから燃料処理装置で水素をつくり，燃料電池セルタック でその水素と空気中の酸素を反応させて電気をつくり照明等へ供給する。その 際に発生する排熱から温水をつくり，貯湯槽に貯めて浴室，台所等の各所に給 湯できるのでエネルギー効率が高い加熱装置である。エネルギー消費量の CO_2 排出量の削減に寄与できるほか，災害等による停電時にも自立運転が可能な機 種もあり，BCP，LCP 対策の観点からも普及が期待されている（**図 5-10**(d)）。

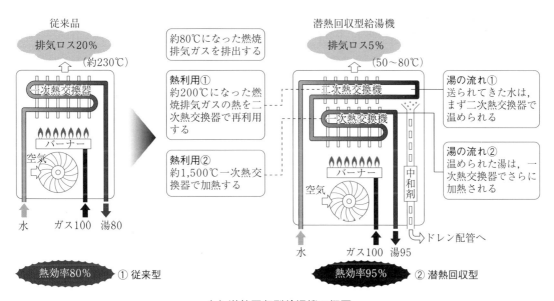

（a）潜熱回収型給湯機の概要

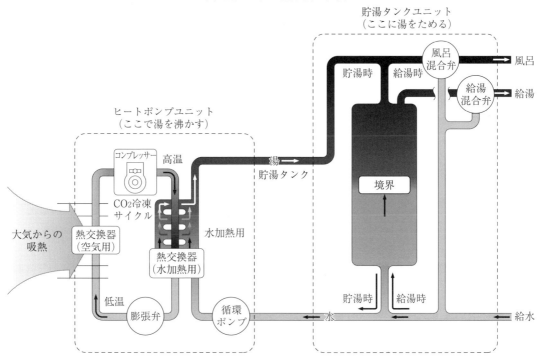

（b）自然冷媒ヒートポンプ式給湯機の概要

図 5-9　高効率型給湯機の例①　(引用 85)

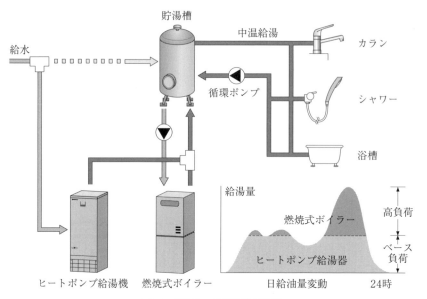

（c）ハイブリッド給湯機の概要

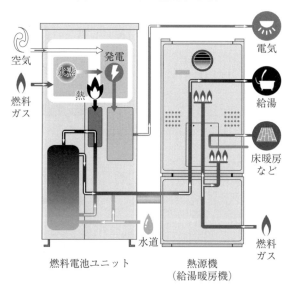

（d）家庭用燃料電池の概要

図5-9　高効率型給湯機の例②（引用85）

6 ガス設備

6.1 ガスの種類と性質

ガス設備には，都市ガス設備と液化石油ガス設備がある。都市ガスは，製造方法から天然ガス系，石油系，石炭系の3種類に大別される。特に天然ガス系は，天然ガスを主原料としたもので，一般に液化天然ガス（LNG：liquefied natural gas）として輸入され，工場で主成分のメタンガスにプロパンガス，ブタンガスが加えられて調整され，一般家庭に供給される。

都市ガスは，ガス事業法で定めるとおり，ウオッベ指数と燃焼速度より，**図6-1**に示す7つのグループに区分される。数字は，ガスの燃焼性を表すウオッベ指数を1,000で除したもので，英数字は燃焼速度を表している。液化石油ガス（LPG：liquefied petroleum gas）は，**表6-1**に示す主成分からなる混合物で，天然ガスからの分離や石油精製工程からのガス回収によって製造される。

[**ウオッベ指数**] ガスの発熱量を比重の平方根で割った値。ガス機器で燃焼できるガス種の指標として用いられる。

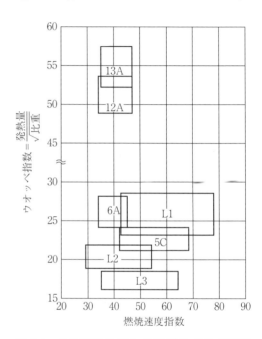

図6-1 ガス事業法における都市ガスの種類（グループ）(引用86)

縦軸：ウオッベ指数 $= \dfrac{発熱量}{\sqrt{比重}}$　横軸：燃焼速度指数

表6-1 液化石油ガスの種類

名　称	プロパンおよびプロペレンの合計の含有率 [%]	エタンおよびエチレンの合計量の含有量 [%]	ブタジエンの含有率 [%]
い号液化石油ガス	80 以上	5 以下	0.5 以下
ろ号液化石油ガス	60 以上 80 未満	5 以下	0.5 以下
は号液化石油ガス	60 未満	5 以下	0.5 以下

備考）圧力は，温度40℃において1.53MPa以下とする。含有率は，モル比によるものとする。

6.2 供給方式と配管方式

都市ガスは，**図6-2**のように製造工場から送られ圧力調整を行う整圧器（ガスガバナステーション），貯蔵用タンクとなるガスホルダなどを経て，工場用，ビル等の冷暖房用，集合住宅，家庭用，商業用での各用途に利用される。供給方式は，**表6-2**のようにガス事業法で定められた供給方式の違いから，低圧供

給方式，中圧供給方式，高圧供給方式に区分できる。

　低圧供給方式は，最も一般的な供給方式で，比較的ガスの使用量の少ない家庭用，業務用，空調用ガス機器などを対象とする。中圧供給方式は，ガスの使用量が $300\,\mathrm{m^3/h}$ を超える大型のガス機器を対象とした供給方式で大型ボイラー，大型冷温水器，コージェネレーションなどに適用される。高圧供給方式は，発電所などの特殊な用途に採用される。法令上，輸送圧力の違いにより，表6-2のように低圧供給方式（0.1 MPa 未満），中圧供給方式（0.1 MPa 以上1 MPa 未満），高圧供給方式（1.0 MPa 以上）に分けられる。

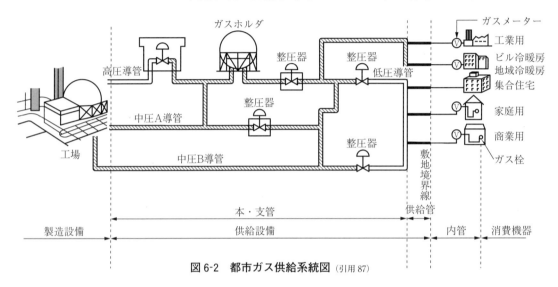

図 6-2　都市ガス供給系統図 (引用 87)

表 6-2　都市ガスの供給方式

供給方式の呼称	供給圧力 [MPa]		法令上の定義	
高圧供給	1.0 以上		1.0 MPa 以上	高圧
中圧 A 供給	0.3 以上 1.0 未満		0.1 MPa 以上 1 MPa 未満	中圧
中圧 B 供給	0.1 以上 0.3 未満			
中間圧供給	供給規定圧力以上 0.1 未満		0.1 MPa 未満	低圧
低圧供給	ガスの種類	供給規定圧力 [kPa]		
	13 A, 12 A	1.0〜2.5		
	6 A	0.7〜2.2		
	その他	0.5〜2.0		

6.3　ガス機器と給排気

　ガス機器では，ガスを安全に燃焼するために，新鮮な空気を供給し，燃焼によって発生した燃焼排ガスを排出することが必要である。給排気方式の違いからガス機器を分類すると，**表 6-3** となる。

　開放方式ガス機器は，屋内の空気を燃焼に使い，燃焼ガスを屋内に排出す

る。コンロ，小型湯沸し器，小型暖房器などがそれにあたり，自然換気や強制換気が必要となる。

表6-4のように**半密閉方式ガス機器**は，室内空気を燃焼用に使い，燃焼ガス

表6-3 設置・給排気によるガス機器の分類

設置場所	ガス機器の分類	給排気方式	給排気方法の内容
屋内	開放方式ガス機器	―	燃焼用の空気を屋内から取り，燃焼排ガスをそのまま屋内に排出する方式
	半密閉方式ガス機器	自然排気方式（CF式）	燃焼用の空気を屋内から取り，自然通気力により，燃焼排ガスを排気筒を用いて屋外に排出する方式
		強制排気方式（FE式）	燃料用に空気を屋内から取り，燃料排ガスをファンを用いて強制的に排気筒から屋外に排出する方式
	密閉方式ガス機器	自然給排気方式（BF式）	給排気筒を外気に接する壁を貫通して屋外に出し，自然通気力によって給排気を行う方式
		強制給排気方式（FF式）	給排気筒を外気に接する壁を貫通して屋外に出し，ファンにより強制的に給排気を行う方式
屋外	屋外設置方式ガス機器	自然排気方式	自然通気力で排気を行う方式
		強制排気方式	ファンで強制的に排気を行う方式

表6-4 ガス機器と給排気の分類

屋 内 設 置				屋外設置
半密閉燃焼方式		密閉燃焼方式		
自然排気方式（CF：conventional flue）	強制排気方式（FE：forced exhaust）	自然給排気方式（BF：balanced flue）	強制給排気方式（FF：forced draught balanced flue）	屋外設置方式（RF：roof top flue）
・排気管と上下2箇所の換気口が必要。 ・ガス燃焼後の排気は，排気管から屋外に送り出す。	・燃焼には室内の空気を使い，排気はファンで屋外に排出する。 ・必ず換気口が必要である。	・給排気筒を外気に接する壁を貫通して屋外に出し，自然通気力によって給排気を行う。	・給排気筒を外気に接する壁を貫通して屋外に出し，給排気用ファンにより強制的に給排気を行う。 ・BF方式に比べ，壁開口面積が約1/5でよいため寒冷地に適する。	・屋外に設置するので，給排気工事の必要がない。 ・最近では，寒冷地以外では原則としてこの形式を用いる。

を自然通気力で排気する場合（自然排気式：CF式），または強制的に排出する場合（強制排気式：FE式）がある。自然排気式は，周囲の空気との温度差を利用して排気する方式で，建物の構造や形態から生じる風圧帯の影響を受けるため，排気筒の形状・位置や給気口の確保などに注意する。

密閉方式ガス機器は，室内空気をいっさい使わないため，室内汚染のおそれもなく衛生的である。その給排気方式には，自然通気力による場合（自然給排気式：BF式）と機械通風の場合（強制給排気式：FF式）があるが，FF式は細い排気筒ですむ利点がある。排気筒の周囲は，給排気に支障のない状態にしなければならない。

屋外設置方式（RF式）ガス機器は，ガス消費量の多い大型給湯器や暖房用熱源機などに適している。

6.4 配管と安全設備対策

ガス設備では，都市ガスの場合の配管や工事は，ガス事業法によるガス会社または指定工事店しか施工できない。ガス管は，道路に埋設するガス導管には鋳鉄管，鋳鋼管が用いられるが，敷地内や建物内では配管用炭素鋼鋼管を主に，ガス用ポリエチレン管，可とう性のあるガス用ステンレス鋼フレキシブル管が用いられる。また，一般家庭でのガス設備配管を**図6-3**に示す。超高層建物では，配管各部に**図6-4**のような安全対策のための装置を設ける必要がある。

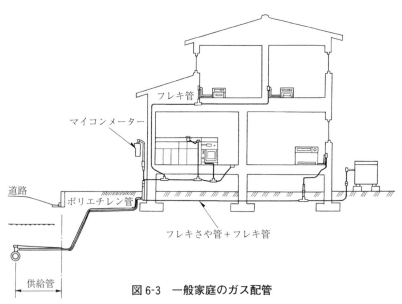

図6-3 一般家庭のガス配管

① **マイコンメーター（自動ガス遮断装置）**

感震器，圧力センサー，マイクロチップの組み込まれたガスメーターで，地震発生時（約250 gal以上，震度5強以上），ガスの漏えい，機器の消し忘れなどの異常を感知し自動的にガスを遮断する。

② **緊急ガス遮断装置***

*ESV：emergency shut-off value

緊急時に遠隔操作または自動的にガスを遮断する装置で，大規模地下街，超高層建物，中圧ガス設備のある需要家に義務付けられており，通常，屋外に設置する。

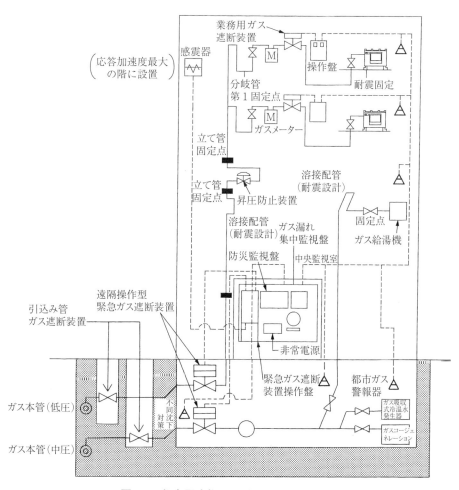

図 6-4　超高層建物でのガス配管の安全対策

③ 引込み管ガス遮断装置　　建物へのガス引込み管に設置され，緊急時に地上からの操作でガス供給を遮断する。引込み管口径の大きい集合住宅，ビルなどに設置される。

④ ガス漏れ警報器　　ガス漏れを検知し警報を発する装置で，ガスの特性によって設置位置が異なる。空気より軽い都市ガスの場合は天井付近に，LPG ガスの場合は床付近に設置する（**図 6-5**）。

⑤ ヒューズガス栓　　ガス管やガスコードが万一外れると，ガス栓内部のボールが浮き上がり自動的にガス漏れを停止する。

⑥ 調理油過熱防止装置　　家庭用ガスコンロにおいて，温度センサーにより鍋底の温度を感知

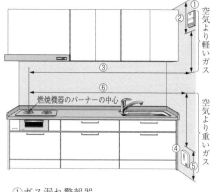

①ガス漏れ警報器
②30cm以内
③8m以内（空気より軽いガスの場合）
④ガス漏れ警報器（空気より重いガス，液化石油ガスの場合）
⑤30cm以内
⑥4m以内（空気より重いガス，液化石油ガスの場合）

図 6-5　ガス漏れ警報器の設置位置の例

し，温度が約250℃より高くなると自動消火する装置である。これをすべての2口以上の家庭用ガスコンロおよびビルトイン型（据付け型）1口の家庭用ガスコンロに全口に設置する。

⑦ **立ち消え安全装置**　　吹きこぼれなどで火が消えても，ガスをすぐに止める装置であり，家庭用ガスコンロの全口に設置する。

7 排水通気設備

7.1 排水の種類と排水方式

建物および敷地内の排水は，汚水，雑排水，雨水および湧水，特殊排水に分けられる。**汚水**は，大・小便器およびこれに類する汚物流しなどからのし尿を含む排水をいう。**雑排水**は，汚水，雨水，湧水，特殊排水を除く排水をいい，例えば洗面器，台所流し，浴槽からの排水がこれにあたる。この汚水と雑排水の区分は，建築関連での実務上使用される分類であるが，下水道法や建築基準法などの法規では，前記の汚水と雑排水の両者をあわせて汚水（法規上の汚水）ということに注意を要する。屋根および敷地に対する降雨水を**雨水**，建物の地下壁または床からの浸透水を**湧水**という。一般の排水系統や下水道に直接排出できない有害，有毒，危険な性質をもった排水を**特殊排水**といい，工場廃水や放射能を含んだ排水がこれにあたる。

排水方式は，先に述べた各種排水をどのように組み合わせた排水系統を設計するか，また放流先の下水道整備の状況によって，**図7-1**のように分類される。**排水方式**には，**合流式**と**分流式**があるが，建物・敷地内排水と下水道排水では，その内容が異なることに注意を要する。建物内・敷地内では，先の汚水と雑排水の各系統を分けて排水する場合を分流式，一緒に合流させる場合を合流式という。しかし，**公共下水道**では，建築関連でいう汚水・雑排水の両者（法規上の汚水）と雨水を分けて排水する方式を分流式下水道，汚水と雑排水（法規上の汚水）に雨水を合流させる方式を合流式下水道という。

これらの排水の排除の方法には，重力式と**機械式**（圧送式，吸引式）があ

[ドライエリアと湧水・雨水] 一般ビルには，採光用や地下階を空調機械室などに使用する際，外気の採り入れ用や機械の搬入路用に設けたから掘り（ドライエリアと呼ぶ）空間を確保することがある。そこへ流入した湧水や雨水を排水ポンプで汲み上げ排水する。

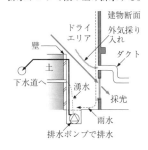

＊建築基準法，下水道法などの法規でいう汚水（法規上の汚水）は，右図中の汚水，雑排水をいい，雨水を除く生活・事業に起因する排水をいう。

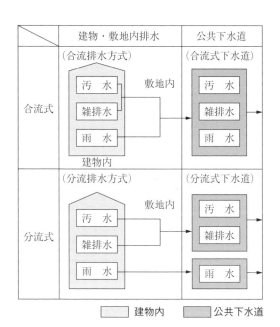

図7-1 排水方式の分類 (引用88)

る。配管に勾配を設け自然流下を行う重力式が一般的である。しかし，放流先の管きょと建物内排水管に高低差がある場合や，建物内でも建築的な制約から適正な配管勾配が確保できない場合には，機械式排水の一つである排水ポンプを用いた圧送排水方式（圧送式）や真空吸引装置を用いた真空排水方式（吸引式）などが採用されている（**図7-2**）。

また，現状では生ゴミの粉砕機能をもった**ディスポーザ**（第4章9.4参照）を台所流し系統に設置する場合には，認定された排水処理槽を設置し，諸定の排水基準値をクリアできるように浄化したあと，下水道に放流することが規定されている。

排水通気設備の一つの目的は，これらの排水を円滑に居住者の生活に支障な

[機械式排水の利点]
①排水ポンプに小口径の排水管（管径20〜50mm程度）を設置することで，床ふところ寸法（スラブ面と仕上げ床の間の寸法）が小さくても排水横管が設置できる。
②排水横管の引き回し（若干の勾配は必要である）ができるため，室内に衛生器具を設置できる範囲が広がり，建築計画の自由度も広がる。

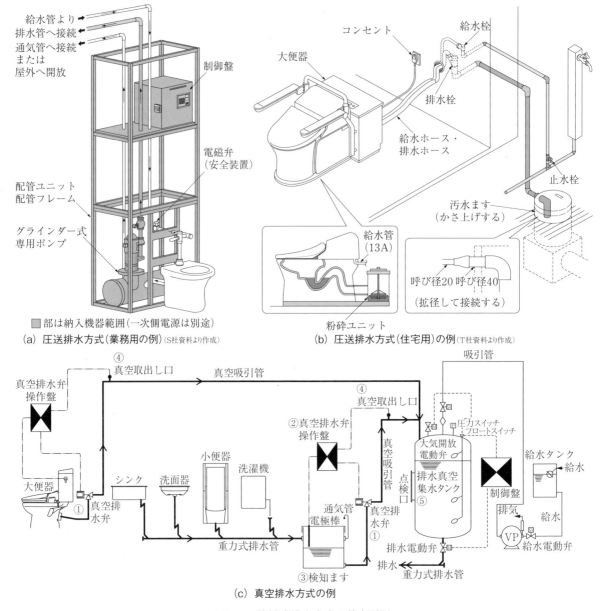

図7-2　機械式排水方式の基本型例

く建物外および敷地外へ排除させることである。

7.2 トラップ

(1) トラップの機能と種類

［阻集器］営業用の厨房からの排水には，多量の油分（グリース）を含むので，一般家庭の台所からの排水と水質が異なる。このように油分を分離・収集し，排水系統の詰まりを防止するものをグリース阻集器と呼ぶ。他に自動車のガソリン回収用のオイル阻集器，理髪店で使用する毛髪阻集器，歯科技工室で使用するプラスタ阻集器などがある。槽内の上部にグリースが付着することがあるため，封水深を50 mm以上と大きく設定している。

トラップは，下水からの臭気や小虫（衛生害虫）などが室内へ侵入することを防止する目的で，各衛生器具の排水口の付近に設置されており，水を溜める構造となっている。一般的な構造を，**図7-3**に示す。溜まっている水を**封水**と呼び，その鉛直距離，すなわち排水トラップの深さ（**封水深**）はディップとウェアとの垂直距離をいい，その寸法は昭和50年建設省告示第1597号により50〜100 mmと定められている。業務用調理室，理髪店，歯科医院等では，**図7-4**に示す油分，毛髪，石膏等の排出を分離収集できる**阻集器**を用い，その出口側にトラップを設け，封水深は50 mm以上とされている。(2)に示す種々の原因で，封水の水深が封水深より小さくなり，臭気や小虫（衛生害虫）が室内に侵入できるようになる状態を**破封**という。

排水通気設備のもう一つの目的は，トラップの封水を破封させないような排水管，通気管の設計を行うことである。

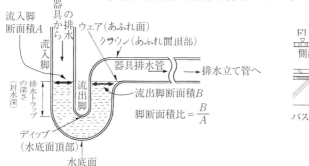

図7-3　トラップの構造（引用89）　　図7-4　グリース阻集器の例（引用90）

トラップには，**表7-1**の種類のものがある。トラップは，各衛生器具の設置される排水系統に1個設置され，2以上設置することを**二重トラップ**といい，破封のおそれがあるので禁止されている。

(2) トラップ破封の原因と防止対策

① 自己サイホン作用

［器具排水管］衛生器具に付属または内蔵するトラップに接続する管で，トラップから他の排水管までの間の管。

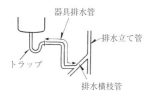

図7-5(a) のように，排水が器具排水管を満流で流れる場合に，サイホンの

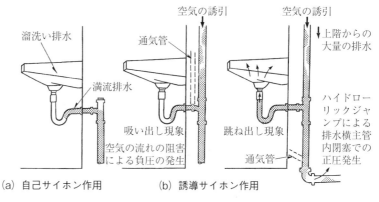

(a) 自己サイホン作用　　(b) 誘導サイホン作用

図7-5　トラップの破封現象（引用91）

［二重トラップの例］

洗面器　実験流し　　洗面器　実験流し

ドラムトラップ　　　ドラムトラップ
　　誤　　　　　　　　正
＊a, bが二重トラップとなる。
（1）ドラムトラップに複数の
　　　器具を設置する場合

下流し　　　　　下流し

トラップます　　　　トラップます

　　誤　　　　　　　　正
＊a, bが二重トラップとなる。
（2）トラップますへの配管

原理によって封水が吸引され，残留封水がなくなる現象である。例えば，洗面器を溜洗いで使用し一気に排水すると，ボコボコ音をともない自己サイホン作用が生じトラップが破封する。防止方法として，器具排水管以降を拡径したり

表7-1　トラップの種類＊と特徴 (引用 92)

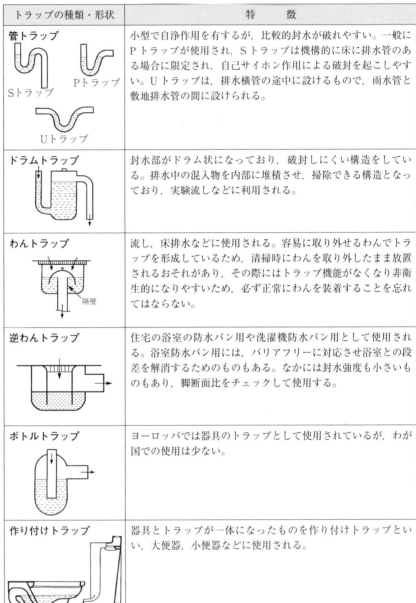

トラップの種類・形状	特　徴
管トラップ Sトラップ　Pトラップ Uトラップ	小型で自浄作用を有するが，比較的封水が破れやすい。一般にPトラップが使用され，Sトラップは機構的に床に排水管のある場合に限定され，自己サイホン作用による破封を起こしやすい。Uトラップは，排水横管の途中に設けるもので，雨水管と敷地排水管の間に設けられる。
ドラムトラップ	封水部がドラム状になっており，破封しにくい構造をしている。排水中の混入物を内部に堆積させ，掃除できる構造となっており，実験流しなどに利用される。
わんトラップ 隔壁	流し，床排水などに使用される。容易に取り外せるわんでトラップを形成しているため，清掃時にわんを取り外したまま放置されるおそれがあり，その際にはトラップ機能がなくなり非衛生的になりやすいため，必ず正常にわんを装着することを忘れてはならない。
逆わんトラップ	住宅の浴室の防水パン用や洗濯機防水パン用として使用される。浴室防水パン用には，バリアフリーに対応させ浴室との段差を解消するためのものもある。なかには封水強度も小さいものもあり，脚断面比をチェックして使用する。
ボトルトラップ	ヨーロッパでは器具のトラップとして使用されているが，わが国での使用は少ない。
作り付けトラップ	器具とトラップが一体になったものを作り付けトラップといい，大便器，小便器などに使用される。
トラップます 格子ふた 雨水排水管　　汚水管 泥留め 封水深	雨水排水や機械室排水などの比較的清浄な雑排水を排除する際に，トラップの取付けが困難な場合，または排水中の固形物を下水道に流させないように捕捉する必要がある場合に設ける。雨水排水と一般排水を敷地内で合流させて下水道へ排除する場合に，臭気が雨水系統へ逆流するのを防ぐために設置する（図7-10）。

＊トラップの種類は，機能上からサイホン式と非サイホン式に区分される。また，構造上の違いから，管トラップと隔壁トラップに区分される。
サイホントラップ：自己サイホン作用を生じやすいが，排水と排水中の固形物を同時に排出できる。管の形状から「管トラップ」とも呼ばれる。Pトラップ，Sトラップ，Uトラップなど。
非サイホントラップ：1枚の隔壁で構成されており，「隔壁トラップ」とも呼ばれる。わんトラップ，逆わんトラップ，ボトルトラップなど。

付近の排水管に通気管を設置する。

② 誘導サイホン作用

　誘導サイホン作用は，**図7-5**(b) のように，排水立て管に設置された衛生器具から排水された場合に，排水管の頂部から空気が誘引され，その空気の流れが排水管各部で阻害されるために起こる現象の総称である。排水立て管の排水流入部で空気が阻害され，負圧が生じトラップ封水が吸い出される**吸い出し現象**と，排水立て管から排水横主管に流入した排水がハイドローリックジャンプ（跳水現象）を起こし，排水横主管を閉塞させるために誘引された空気が逃げ場がなくなり，正圧が発生しトラップの封水が吹き上げられる**跳ね出し現象**がある。対策として，各種通気管を図7-6のように正しく配置すること，トラップの管内圧力に耐え得る性能（封水強度）を強化する。図7-3のトラップの脚断面積比（流出脚断面積／流入脚断面積）を大きくするほうが，封水強度は大きくなる。脚断面積比が1.0以下のものは，極力使用しないほうがよい。

③ 蒸発作用

　掃除用排水口，別荘，マンションの空家など，使用頻度の少ないトラップでは，蒸発により封水損失を生ずる。この蒸発作用を防止する対策として，封水補給装置を設置するか，排水口にプラグをする。

④ 毛細管作用

　毛細管作用とは，トラップのあふれ面に糸くずや髪の毛が引っ掛かると，毛細管現象で徐々に封水が減少していく現象である。トラップ内面を平滑化すること，糸くずが多い場合は，毛髪阻集器を設ける。

7.3　排水配管方式

　図7-6に，建物内の排水・通気配管の一例を示す。おもな排水配管について，以下に述べる。

**① 排水横枝管・
　排水横主管**

［**オフセット**］建物の最下階にピロティーや駐車場がある場合，そこを排水立て管が通過する際，水平移動し経路を変更する配管部。

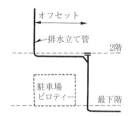

　衛生器具からの排水を排水立て管に導く配管を排水横枝管，さらに排水立て管を流下した排水を建物外や排水ますへ導く配管を排水横主管という。これらの配管では，固形物を管内に堆積させることなく円滑に流すように，排水が0.6～1.5 m/sの流速が確保できるようにする。そのために管径ごとに**表7-2**の最小勾配を定めている。

表7-2　排水横管の勾配 (SHASE-S206)

管　径 [mm]	勾　配
65 以下	最小 1/50
75，100	最小 1/100
125	最小 1/150
150～300	最小 1/200

注）排水横管：排水横枝管，排水横主管など。

　上記の勾配を確保して配管が施工できるように，配管設計時に水上と水下で十分な建築スペースを確保しなければならない。

② 排水立て管

　排水横枝管からの排水を受けて，排水横主管まで導く配管である。排水経路を水平移動することを**オフセット**という。

③ 伸頂通気管

　排水立て管の頂部に設置する通気管をいい，原則としてその端部はベントキャップを設置し，大気に開放する。最近では，屋内処理できる**通気弁**（7.4，265頁，左欄注）も採用されている。

④ 通気立て管

　各階の排水横枝管の通気を行うための主管で，排水立て管基部から取り出し，伸頂通気管に接続，またはそのまま大気に開放する。

＊図7-6にない通気管には以下の
①，②がある。

①結合通気管
排水立て管内の圧力変動を緩和
するために，排水立て管から分
岐して立ち上げ，通気立て管に
接続する逃し通気管。

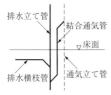

②逃し通気管
排水系統と通気系統間の空気の
流通を円滑にするために設ける
通気管。

オフセットの逃し通気管

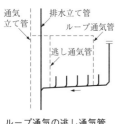

ループ通気の逃し通気管

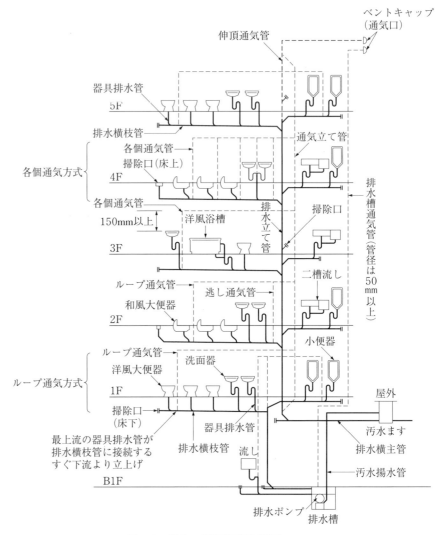

図7-6　排水・通気配管の概要 (引用93)

⑤	**各個通気管**	各衛生器具の器具排水管にそれぞれ設置する通気管で，その器具のあふれ縁より150 mm以上立ち上げて通気横枝管等に接続する。自己サイホン作用の防止に有効である。
⑥	**ループ通気管**	2個以上の器具の接続した排水管から立ち上げた1本の通気管で，最上流の器具排水管が排水横枝管に接続する点のすぐ下流から立ち上げて，同一の排水横枝管に接続されている器具のあふれ縁のうち，最も高い位置にあるものから150 mm以上，上方で通気立て管に接続する。
⑦	**掃除口**	排水管内の点検や清掃に必要とする開閉部位である。設置位置は，排水横主管や排水横枝管の起点，延長が長い排水横管の途中，排水立て管の途中（3〜5階間隔）や最下部などとする。排水管径が100 mm以下の場合は15 m以内ごと，100 mを超える場合は30 m以内ごとに設置する。
⑧	**間接排水管**	飲食物を扱う機器や医療器具などでは，一般排水系統に詰まりが発生した場合の排水の逆流やトラップの破封による下水ガス・衛生害虫の侵入を防止する

ため，排水系統をいったん大気中で縁をきる。これを間接排水といい，器具側の排水管を間接排水管，その端部と水受け容器または衛生器具のあふれ縁までの鉛直距離が排水口空間の寸法である（**図7-7**）。SHASE-S 206 では，間接排

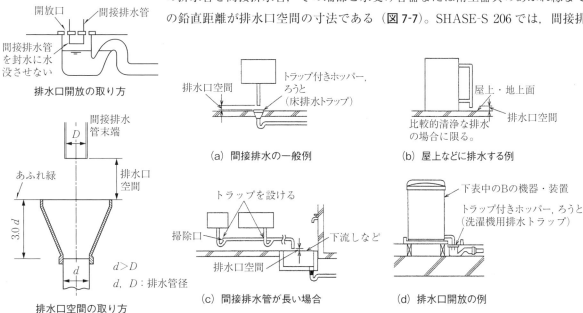

図7-7 間接排水の方法例（SHASE-S206）（引用94）

排水口開放の取り方

間接排水管を封水に水没させない
開放口　間接排水管

排水口空間の取り方

間接排水管末端

あふれ緑
$3.0\,d$
排水口空間
d
$d>D$
d, D：排水管径

(a) 間接排水の一般例
排水口空間
トラップ付きホッパー，ろうと
（床排水トラップ）

(b) 屋上などに排水する例
屋上・地上面
排水口空間
比較的清浄な排水の場合に限る。

(c) 間接排水管が長い場合
トラップを設ける
掃除口
下流しなど
排水口空間

(d) 排水口開放の例
下表中のBの機器・装置
トラップ付きホッパー，ろうと
（洗濯機用排水トラップ）

間接排水を必要とする機器・装置など

区　別	方法	機器・装置名称	
サービス用機器	A	飲料用※	水飲み器，飲料用冷水器，給茶器，浄水器
	A	冷蔵用※	冷蔵庫，冷凍庫，その他食品冷蔵・冷凍機器
	A	厨房用※	皮むき機，洗米機，製氷機，食器洗浄機，食器洗い乾燥器
			消毒器，カウンター流し，調理用流し，その他水を使用する機器
	B	洗濯用	洗濯機[4]，脱水機，洗濯機パン
医療※・研究用機器	A		蒸留水装置，滅菌水装置，滅菌器，滅菌装置，消毒器，洗浄器，洗浄装置，水治療用機器
水泳プール設備	A		プール自体の排水，オーバーフロー排水，ろ過装置逆流洗水
	B		周縁歩道の床排水，オーバーフロー排水
浴場設備	A		浴室自体の排水，オーバーフロー排水，ろ過装置逆流洗水
水景設備	B		噴水自体の排水，オーバーフロー排水，ろ過装置逆流洗水
配管・装置の排水	A		貯水槽・膨張水槽のオーバーフローおよび排水
	B		上水・給湯・飲料用冷水ポンプの排水
	A		上水・給湯・飲料用冷却水系統の水抜き
	B		ドレンパン排水
	B		消火栓・スプリンクラー系統の水抜き
	A		上水・給湯用逃し弁の排水
	B		水ジャケットの排水
	A		太陽熱給湯装置のオーバーフロー・排水および空気抜き弁の排水
	B		冷凍機・冷却塔・冷媒・熱媒として水を使用する装置の排水
	B		空気調和機器の排水
	A		上水用水処理装置の排水
温水系統などの排水	A		貯湯槽・電気温水器からの排水
	B		ボイラー・熱交換器・蒸気管のドリップ排水

注1）この表は，間接排水とすべき機器・装置などの代表的なものを示している。したがって，この表にないものでも，汚染を防止する必要があるものは，間接排水とする。
　2）A：排水口空間とする。B：排水口空間または排水口開放とする。
　3）昭和50年建設省告示第1597号で間接排水とすべき機器・装置は※である。
　4）業務用に限る。

水管径に対する排水口空間の寸法を**表7-3**のように規定している。

SHASE-S 206 では，排水口空間を確保することが困難な場合（図7-7(d)）には，水受け容器の浅い位置

表7-3　排水口空間

間接排水管の管径 [A]	排水口空間[1) [mm]
25 以下[2)	最小　50
30～50	最小 100
65 以上	最小 150

注 1) 各種の飲料用貯水槽などの間接排水管の排水口空間は，上表にかかわらず最小 150 mm とする。
2) 25 A 以下の間接排水管は，機器に付属する排水管に限る。

で排水管の末端を開放することとしている。これを排水口開放といい，排水口開放としてよい機器装置を定めている（図7-7の表中・記号B）。ただし，昭和50年建設省告示第1597号において排水口空間を確保すべき機器・装置のみ規定していることに留意する（図7-7の表・注3）。

⑨ 排水槽

排水をいったん貯留する水槽で，貯留する排水の種類によって汚水槽，雑排水槽，湧水槽，雨水槽などに分けられる。排水槽の構造は，容易に清掃ができ，悪臭が漏れないように防臭密閉型のマンホール（有効内径 0.6 m 以上）を設け，汚泥などが堆積しないように底部には1/15 以上，1/10 以下の勾配を設ける（**図7-8**）。また，悪臭を防止するために，排水の貯留時間は短くし，排水ポンプで排除できるように設計を行う。

[排水槽の清掃と容量]
① 排水槽を長い間清掃しないで放置しておくと，硫化水素が発生し，悪臭を放つだけでなく有毒である。建築物における衛生的環境の確保に関する法律（略称：ビル管理法）では，排水槽は 6 カ月以内に1回，定期的に清掃することが規定されている。
② 排水量の変動が著しい場合
排水槽の有効容量 V は下式による。

$$V = \frac{Qd}{Td} \times (2.0 \sim 2.5)$$

Qd：排水槽に流入する1日の平均排水量 [m³/日]
Td：当該排水槽へ排水されている部分への1日当たりの給水時間 [h]

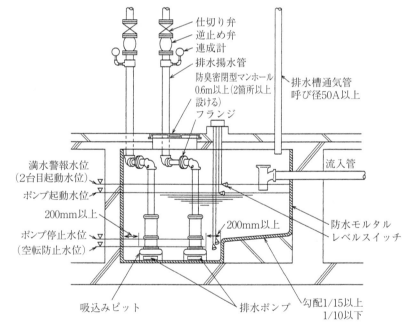

図7-8　排水槽と排水ポンプの設置例 (引用95)

7.4　通気方式

伸頂通気方式は，伸頂通気管の設置された排水システムで，戸建住宅や排水立て管に設置される衛生器具数の少ない低層建物で採用される。最近では，超高層集合住宅，ホテルを中心に，伸頂通気方式の一つとして，**図7-9**のように排水管内の流下速度を減速させ，排水管に生ずる管内圧力を小さく抑える工夫

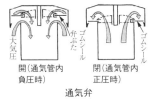

通気弁

通気管端部に設置し，排水時に通気管部が負圧時に弁ぶたが開いて空気を吸引し，正圧時には閉まる。正圧の緩和機能がないことに注意を要する。

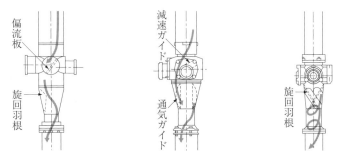

図7-9　各種特殊継手排水システムの例

を継手部や配管部に施し，トラップが破封に至るまでに排水できる排水流量（許容流量）を増加させた伸頂通気方式の一種である**特殊継手排水システム**が普及してきている。特殊継手システムは，現在鋳鉄製のものが主流であるが，樹脂製のものも市販されている。

　ループ通気方式は，ループ通気管を用い，排水横枝管に複数接続された衛生器具のトラップを保護する最も効果的な方法で，わが国の事務所ビル等の一般建築で最も採用されている方法である。**各個通気方式**は，各個通気管を設置し，ループ通気管よりさらに安全性を高めた通気方式で，自己サイホン作用の防止にも有効である。アメリカで用いられる方式である。

7.5　雨水排水

(1) 屋根排水と敷地排水

　図7-10に，雨水排水システム図を示す。建物屋上面，バルコニーなどへの降雨水は，**図7-11**に示す**ルーフドレン**で集水し，雨水立て管により流下させる。ルーフドレンには，平面に設置する平型やドーム型，床面とパラペットの立ち上がり部に設置するコーナー型がある。地上面より

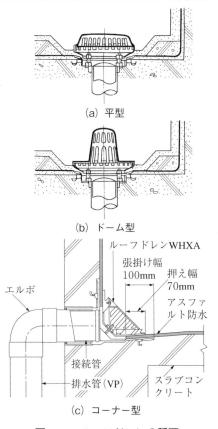

(a) 平型

(b) ドーム型

(c) コーナー型

図 7-11　ルーフドレンの種類

＊雨水立て管は，同一屋根面においては少なくとも2本以上設ける。

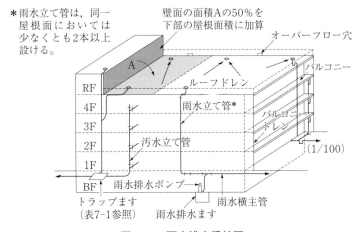

図 7-10　雨水排水系統図

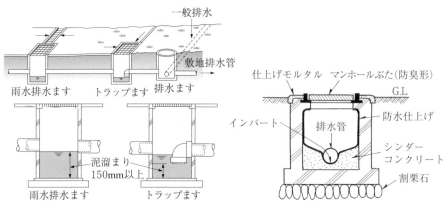

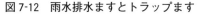

図 7-12　雨水排水ますとトラップます　　図 7-13　排水ます（インバートます）

［**排水ます**］最近は，コンクリート型のほかに樹脂製のコンパクトな排水ますが普及している。

排水ます（樹脂製）の例

低い位置にあるドライエリアの雨水は，重力式排水ができないので雨水排水槽に貯留し，排水ポンプで排水する。ルーフドレンに接続する横走管はできるだけ短くし，建物内において雨水立て管は雨水専用の管として設け，汚水立て管，雑排水立て管および通気管と兼用してはならない。

　ルーフドレンは定期的に清掃する必要があるが，万一の目詰まり（落ち葉など）に対応して，建築的にあふれ箇所を想定し，オーバーフロー穴などを設けておく必要がある。

　敷地内では，**図 7-12** に示す雨水ます，トラップますに敷地雨水管を適宜接続し，敷地外に排水させる。雨水ますには，150 mm 以上の泥溜まりを設ける。雨水排水系統と他の排水系統を敷地内で接続する場合にはトラップますを介し，臭気の逆流を防止して排水する。雨水排水以外に一般排水に用いる排水ますの底部には，**図 7-13** のように接続管の内径に応じて半円形の溝（インバート）を設け，ますに汚物が残らないように流下させる。これを通称インバートますということもある。

（2）雨量と雨水管径

［**集中豪雨対策**］局地的な集中豪雨に対し，最大雨量の 1 時間値より，さらに厳しい 10 分間値を用いて雨水管径を設計する場合もある。

　雨水排水管の管径を求めるための雨量データは，**表 7-4** に示す値を用いる。その地域に降ったことのある過去最大雨量の 1 時間値または 10 分間値を基準としているが，一般には 1 時間降雨量の値を用いる。雨水立て管管径の決定は，式（7.1）によって建物の受けもつ屋根面積を，降雨量 100 mm/h の屋根面積に換算した値が，**表 7-5** に示す許容最大屋根面積以内になるよう決定する。また，壁面に吹き付ける雨水が下部の屋根面などに流下する場合は，その壁面積の 50 ％を下部の屋根面積に加算する。同様に雨水排水横管の管径も，**表 7-6** を用いて決定する。

降水量 100 ［mm/h］に換算した屋根面積＝各地域の受けもつ屋根面積

$$\times \frac{各地域の最大降雨量[\text{mm/h}]}{100 \ \text{m/h}} \tag{7.1}$$

表 7-4 設計用降雨量 (『理科年表』より一部抜粋, 2020 年まで)

都市名	日降水量 [mm](年月日)	1時間降水量 [mm](年月日)	10分間降水量 [mm](年月日)
札　幌	207.0	1981. 8. 23	50.2	1913. 8. 28	19.4	1953. 8. 14
仙　台	312.7	1948. 9. 16	94.3	1948. 9. 16	30.0	1950. 7. 19
東　京	371.9	1958. 9. 26	88.7	1939. 7. 31	35.0	1966. 6. 7
新　潟	265.0	1998. 8. 4	97.0	1998. 8. 4	24.0	1967. 8. 28
金　沢	234.4	1964. 7. 18	77.3	1950. 9. 18	29.0	1953. 8. 24
名古屋	428.0	2000. 9. 11	97.0	2000. 9. 11	30.0	2013. 7. 25
大　阪	250.7	1957. 6. 26	77.5	2011. 8. 27	27.5	2013. 8. 25
広　島	339.6	1926. 9. 11	79.2	1926. 9. 11	26.0	1987. 8. 13
高　知	628.5	1998. 9. 24	129.5	1998. 9. 24	28.5	1998. 9. 24
福　岡	307.8	1953. 6. 25	96.5	1997. 7. 28	23.5	2007. 7. 12
那　覇	468.9	1959. 10. 16	110.5	1998. 7. 17	29.5	1979. 6. 11

主要都市における降水量の最大記録

表 7-5 雨水立て管の管径

管径 [mm]	許容最大屋根面積 [m²]
50	67
65	135
75	197
100	425
125	770
150	1,250
200	2,700

備考 1) 屋根面積は，すべて水平に投影した面積とする。
2) 許容最大屋根面積は，雨量 100 mm/h を基礎として算出したものである。したがって，これ以外の雨量に対する許容最大屋根面積は，表の数値に「100/当該地域の最大雨量」を掛けて算出する。

表 7-6 雨水横管の管径[1]

管径 [A]	許容最大屋根面積 [m²][2),3)] 配管勾配								
	1/25	1/50	1/75	1/100	1/125	1/150	1/200	1/300	1/400
65	137	97	79	—	—	—	—	—	—
75	201	141	116	100	—	—	—	—	—
100	—	306	250	216	193	176	—	—	—
125	—	554	454	392	351	320	278	—	—
150	—	904	738	637	572	552	450	—	—
200	—	—	1,590	1,380	1,230	1,120	972	792	688
250	—	—	—	2,490	2,230	2,030	1,760	1,440	1,250
300	—	—	—	—	3,640	3,310	2,870	2,340	2,030
350	—	—	—	—	5,000	4,320	3,530	3,060
400	—	—	—	—	—	6,160	5,040	4,360

注 1) 都市の下水道条例が適用される地域においては，その条例の基準に適合させなければならない。
2) 屋根面積は，すべて水平に投影した面積とする。
3) 許容最大屋根面積は，雨量 100 mm/h を基礎として算出したものである。したがって，記載以外の雨量に対しては，この表の数値に "100/当該地域の最大雨量" を乗じて算出する。なお，流速が 0.6 m/s 未満または 1.5 m/s を超えるものは好ましくないので除外してある。

例題 最大降雨量 80 mm/h の地域で，屋根面積 250 m²，隣接する壁面積 50 m² からの降雨を受ける雨水立て管と雨水横管（勾配 1/125）の管径を求めよ。

〔解〕 屋根面積 250 m² に，隣接する壁面積 50 m² の 50 %（1/2）の相当面積を加算すると 275 m² となり，式(7.1)より最大降雨量 80 mm/h について，275 m² × {(80 mm/h/(100 mm/h)} = 220 m² となる。よって，表 7-5 より，それを満足する許容最大屋根面積 425 m² 以内となり，雨水立て管径は 100 mm となる。同様に表 7-6 より，雨水横管径は勾配 1/125 では，それを満足する許容最大屋根面積は 351 m² であり，125 mm となる。

7.6 排水通気配管材料

排水管および通気管に用いられる管材には，排水用鋳鉄管，配管用炭素鋼鋼管，排水用硬質塩化ビニルライニング鋼管，硬質ポリ塩化ビニル管，排水用耐火二層管などがある（**表7-7**）。排水配管では，排水時の排水の落水騒音が問題となるため，要所には遮音性の高い鋼管や鋳鉄管を用いたり，遮音材を巻くなどの処理を講ずることも必要となる。また，排水横主管の配管と排水ますを直接接続する際には，地震時等による破断を防止するために，**図7-14**のように伸縮継手を挿入し，変位を吸収する対策が必要である。

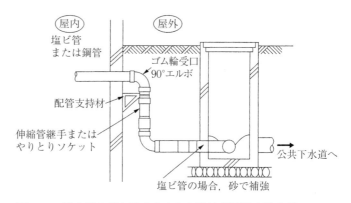

図7-14　排水横主管と排水ますとの接続部耐震方法の例 (引用96)

表7-7　おもな排水管の種類と特徴

管　種	規　格	管径（A）	特徴および留意事項	備　考
排水用鋳鉄管	JIS G 5525	差込み形（RT） 75〜200 メカニカル形 1種 50〜200 2種 75〜125	耐食性は大であるが，重い。 おもに汚水，厨房排水用に使用される。	メカニカル形1，2種管と差込み形（RJ）がある。 ＊排水用鋳鉄管 JIS G 5525 は，他管種の代替にともなう需要減を受け，2020年4月に同規格は廃止された。
配管用炭素鋼鋼管（SGP）	JIS G 3452	6〜500	黒管と白管があり，白管を使用する。おもに厨房排水を除く雑排水管，通気管に使用される。	30 mm 以上の管を使用する。
排水用硬質塩化ビニルライニング鋼管	WSP 042	40〜200	排水鋼管用可とう継手と組み合わせて使用し，ねじ切りは不可。鋳鉄管に比べ軽く，取扱い容易。	SGP の黒管に準じた薄肉の鋼管を使用し，外面は一次防錆塗装が施してある。
硬質ポリ塩化ビニル管	JIS K 6741	VP・HIVP 13〜300 VU 40〜700	一般には VP を使用する。 建物配管では伸縮対策を行う。 埋設管に広く使用される。	ビニル管には，ほかに AS58 排水用リサイクル硬質ポリ塩化ビニル管，JIS K 9798 リサイクル硬質ポリ塩化ビニル発泡三層管などがある。
排水用耐火二層管	FDPS-1	40〜150	伸縮対策を行う。 建物の排水通気用に使用する。	繊維モルタルによる外管と硬質ポリ塩化ビニル管，またはリサイクル硬質ポリ塩化ビニル発泡三層管からなる内管の組合せ。

注）WSP は日本水道鋼管協会規格，FDPS は耐火二層管協会規格。

8 排水通気設備の計画・設計

排水通気設備の設計では，**図8-1**のように，建物の中の排水管・通気管を設計する屋内配管の設計と，建物外の敷地内配管を扱う屋外配管の設計の2つに区分される。ここでは，屋内排水配管の計画・設計法について述べる。

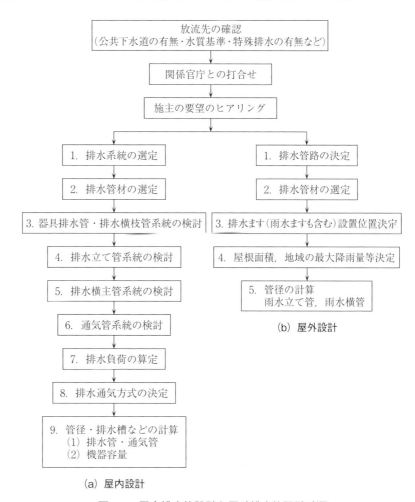

図8-1　屋内排水管設計と屋外排水管設計手順

8.1　排水・通気管径の決定

［**器具排水負荷単位**］口径32mmのトラップを有する洗面器の最大排水流量28.4［*l*/min］を基準単位とし，各衛生器具の最大排水流量をその値で割って求めたもの（表8-1）。よって洗面器の最大排水流量を1と定め，他の器具はその倍数で示す。

わが国の配管決定方法では，アメリカのNPC（196頁参照）で採用されている「器具排水負荷単位法」と，空気調和・衛生工学会のSHASE-S206で提案されている「定常流量法」が知られている。器具排水負荷単位法は，事務所ビルなどで採用されるループ通気方式，各個通気方式の排水管，通気管の管径決定に用いることができるが，高層・超高層集合住宅などで採用される伸頂通気方式の決定には適用できない。定常流量法は，それらすべての建物用途の通気方式の場合に適用できる。ここでは，特に事務所ビルなどの一般建築で用いら

れることが多い，**器具排水負荷単位法**について説明する。

(1) 管径決定の原則	排水管は，給水管と異なり，排水立て管，排水横管いずれの場合でも，排水の流下方向で管径を縮小してはならない。
① 管径縮小の禁止	
② 排水管の最小管径	排水管の管径は最小 30 mm とし，**表 8-1** に示すトラップ最小口径より小さくしてはならない。
③ 地中埋設管の管径	地中埋設の排水管は，50 mm 以上とすることが望ましい。
④ 排水立て管の管径	排水立て管は，どの階においても，最下階の最も大きな排水負荷を負担する部分の管径と，同一管径でなければならない。下流にいくほど管径が大きくなっていく，いわゆる「たけのこ配管」としてはならない。
⑤ 通気管の管径など	・通気管の最小管径は 30 mm とする。ただし，排水槽に設ける通気管の最小管径は 50 mm とする。

- ・ループ通気管の管径は，排水横枝管と通気立て管のうち，いずれか小さいほうの管径の 1/2 より小さくしてはならない。
- ・排水横枝管の逃し通気管の管径は，それを接続する排水横枝管の管径の 1/2 より小さくしてはならない。
- ・伸頂通気管の管径は，排水立て管より小さくしてはならない。

表 8-1　各種衛生器具などの器具排水負荷単位数 (引用 97)

器　具　名	トラップの最小口径 [mm]	器具排水負荷単位数	器　具　名	トラップの最小口径 [mm]	器具排水負荷単位数
大便器（私室用）	75*	4	調理用（住宅用）	40*	2
（公衆用）	75*	6, ⑧2)	流し（住宅用ディスポーザ付き）	40	2
小便器（壁掛け小形）	40*	④	（住宅用ディスポーザ付きかつ食器洗浄機付き）	40	3
（ストール大形）	50*	4, 52)	（パントリー，皿洗い用）	40〜50	4
洗面器	30(32)*	①	（湯沸し場用）	40〜50	3
洗面器（並列式）	40	2	（バーシンク私室用）	40	1
手洗い器	25*	0.5	（バーシンク公衆用）	40	2
手術用洗面器	30*	2	食器洗浄機（住宅用）	40	2
洗髪器	30*	2	ディスポーザ（営業用）	50	3
水飲み器または冷水機	30*	0.5	（営業用）3)	1.8 l/min ごと	2
歯科用ユニット，歯科用洗面器	30	1	床排水	40	2
浴槽（住宅用）	30*，40	2		50	3
（洋風）	40*，50	3		75	5
囲いシャワー	50	2	標準器具以外のもの	30	1
連立シャワー(ヘッド1個当たり)		3		40	2
ビデ	30*	1		50	3
掃除流し(台形トラップ付き)	65*	②.5		65	4
	75	3		75	5
洗濯流し	40	2		100	6
掃除・雑用流し(Pトラップ付き)	40〜50	2	1組の浴室器具(洗浄タンク付き大便器，洗面器，浴槽)		6
洗濯機（住宅用）	50	3			
（営業用）	50	3			
連合流し	40*	2	1組の浴室器具(洗浄弁付き大便器，洗面器，浴槽)		8
連合流し（ディスポーザ付き）	40	4			
汚物流し	75	6	排水ポンプ・エゼクタ吐出し量		2
実験流し	40*	1.5	3.6 l/min ごと		
手術用流し	40	3			

注 1)　＊印は SHASE-S206 に規定した。
2)　使用頻度が高い場合に用いる。
3)　連続使用に用いる。
○印は，例題 1 で使用するもの。

・各個通気管の管径は，それが接続される排水管の管径の1/2より小さくしてはならない。

・排水管には，適切な位置に掃除口を設置する（第4章7.3⑦，262頁参照）。

（2）管径決定の手順

[**fud**] fixture unit for drainage 器具排水負荷単位。

[**FUD**] capacity of fixture unit for drainage 許容最大器具排水負荷単位数。

[**たけのこ配管の禁止**] (a)図と(b)図において，排水立て管内を流れる排水流量が同じ場合，(a)は伸頂通気管より流入する通気量が少なく通気抵抗も大きいことから，排水立て管内の圧力も大きくなり，トラップが破封するなどの障害を起こす危険性がある。しかし，(b)は空気が流入するうえで抵抗が少なく正常な通気流入が得られるため，通気障害が少ない。

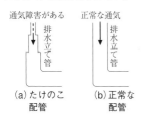

（a）たけのこ　　（b）正常な
　　配管　　　　　配管

管径決定の手順を，**図8-2**に示す。

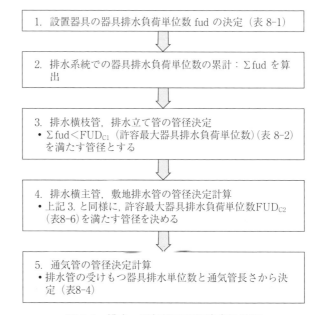

1. 設置器具の器具排水負荷単位数 fud の決定（表8-1）

2. 排水系統での器具排水負荷単位数の累計：Σfud を算出

3. 排水横枝管，排水立て管の管径決定
   ・Σfud＜FUD_{C1}（許容最大器具排水負荷単位数）（表8-2）を満たす管径とする

4. 排水横主管，敷地排水管の管径決定計算
   ・上記3.と同様に，許容最大器具排水負荷単位数FUD_{C2}（表8-6）を満たす管径を決める

5. 通気管の管径決定計算
   ・排水管の受けもつ器具排水単位数と通気管長さから決定（表8-4）

図8-2　排水・通気管の管径決定の手順

例題1　**図8-3**は，10階建事務所ビル（地上40 m）の男子，女子トイレの平面図と排水横枝管平面図である。図中の排水横枝管部位（①〜⑨）の管径を求めよ。

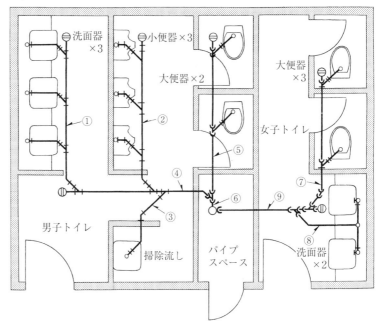

図8-3　トイレ排水横枝管平面図

〔**解**〕　各排水横枝管に接続された衛生器具の器具排水負荷単位数を表8-1より選び，①〜⑨の部位ごとに合計器具排水単位数 $\sum$ fud を計算し，**表8-2** の排水横枝管の許容最大排水負荷単位数［FUD$_{c1}$］以下になるように管径を決定する。結果を，**表8-3** に示す。

［**ブランチ間隔**］下の説明図の通り，排水立て管に接続している各階の排水横枝管または排水横主管の間の鉛直距離が，2.5 mを超える排水立て管の区間をいう。

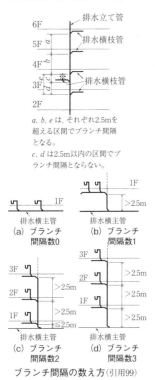

a, b, e は，それぞれ2.5mを超える区間でブランチ間隔となる。

c, d は2.5m以内の区間でブランチ間隔とならない。

ブランチ間隔の数え方（引用99）

表8-2　排水横枝管および排水立て管の許容最大器具排水負荷単位数 (引用 98)

管 径 ［A］	受けもち得る許容最大器具排水負荷単位数			
	排水横枝管[a]	3階建またはブランチ間隔3を有する1立て管	3階建を超える場合	
			1立て管に対する合計	1階分または1ブランチ間隔の合計
30	1	2	2	1
40	3	4	8	2
50	6	10	24	6
65	12	20	42	9
75	20	30	60	16
100	160	240	500	90
125	360	540	1,100	200
150	620	960	1,900	350
200	1,400	2,200	3,600	600
250	2,500	3,800	5,600	1,000
300	3,900	6,000	8,400	1,500

注1) 伸頂通気方式，特殊継手排水システムには適用できない。
　2) National Plumbing Code を基に作成したものであるが，その後の米国規格を参考にして一部変更した。
　a) 排水横主管の枝管は含まない。

表8-3　排水横枝管の管径決定

管記号	排水管種類	合計器具排水単位[$\sum$ fud]	管径[mm]	備　　考
①	排水横枝管	$\sum$ fud = 1×3 = 3	40	表8-2より，40 mmFUD$_{c1}$ = 3
②	同上	$\sum$ fud = 4×3 = 12	65	表8-2より，65 mmFUD$_{c1}$ = 12
③	同上	$\sum$ fud = 2.5×1 = 2.5	65	(1)管径決定の原則②より *
④	同上	①〜③を合計し$\sum$ fud = 17.5	75	表8-2より，75 mmFUD$_{c1}$ = 20
⑤	同上	$\sum$ fud = 8×2 = 16	75	同上
⑥	同上	④〜⑤を合計し$\sum$ fud = 33.5	100	表8-2より，100 mm FUD$_{c1}$ = 160
⑦	同上	$\sum$ fud = 8×2 = 16	75	④⑤と同じ
⑧	同上	$\sum$ fud = 1×2 = 2	40	①と同じ
⑨	同上	⑦〜⑧を合計し$\sum$ fud = 18	75	④⑤⑦と同じ

* 掃除流し（台形トラップ付き）の器具排水負荷単位数は，表8-1より2.5で，表8-2より40 mmと計算上なるが，トラップ最小口径が65 mmのため，65 mmと決定する。

例題2　**図8-4**(1)(2) は，図8-3に通気管を設置した場合の平面図と鳥瞰図である。図中の排水横枝管での通気管部位（ⓐ〜ⓙ）の管径を求めよ。

〔**解**〕　図8-4(1)の破線が通気管を示している。同図(2)には，各部位の通気管長さを記入した。各通気管取出し部位から通気立て管(3)までの最長距離 L と同時に受けもつ合計器具排水負荷単位数 $\sum$ fud から，**表8-4** より管径を決定する。

　　例えば，ⓐの管径は，洗面器3個の $\sum$ fud = 1×3（排水単位が8単位以内），最長距離 L = 6.1 + 1.4 + 2.2 + 0.2 = 9.9 m（通気管の最長距離15 m以内まで可能）となり，表中A矢印の通りに30 mmと決定する。同様に計算結果を，**表8-5** に示す。

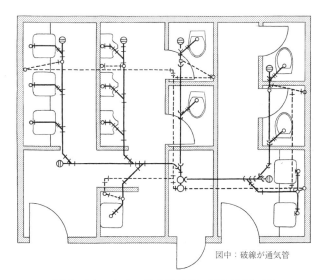

図中：破線が通気管

図 8-4(1)　トイレ排水横枝管・通気管平面図

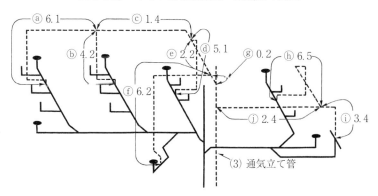

図 8-4(2)　上図の鳥瞰図（単位：m）

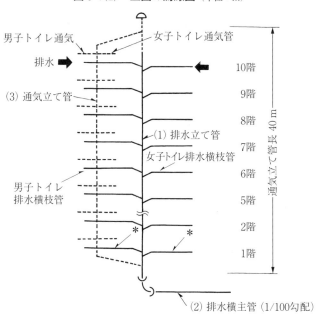

図 8-5　排水立て管・通気立て管系統図

図中＊の最下階排水横枝管の解説は，表 8-7 の備考参照。

表8-4　通気管の管径と長さ

汚水または雑排水管の管径近似 [mm]	排水単位	通気管の管径 近似30 [mm]	近似40 [mm]	近似50 [mm]	近似65 [mm]	近似75 [mm]	近似100 [mm]	近似125 [mm]	近似150 [mm]	近似200 [mm]
		通気管の最長距離 [m]								
30	2	9								
④⓪ A	⑧	⑮	45							
40	10	9	30							
50	12	9	22.5	60						
50	20	7.8	15	45						
65	42	—	9	30	90					
75	10	—	9	30	60	180				
75	30	—	—	18	60	150				
75	60	—	—	15	24	120				
100	100	—	—	10.5	30	78	300			
100	200	—	—	9	27	75	270			
100	500	—	—	6	21	54	210			
125	200	—	—	—	10.5	24	105	300		
125	500	—	—	—	9	21	90	270		
⑫⑤ B	①,①⓪⓪	—	—	—	6	15	⑥⓪	210		
150	350	—	—	—	7.5	15	60	120	390	
150	620	—	—	—	4.5	9	37.5	90	330	
150	960	—	—	—	—	7.2	30	75	300	
150	1,900	—	—	—	—	6	21	60	210	
200	600	—	—	—	—	—	15	45	150	390
200	1,400	—	—	—	—	—	12	30	120	360
200	2,200	—	—	—	—	—	9	24	105	330
200	3,600	—	—	—	—	—	7.5	18	75	240
250	1,000	—	—	—	—	—	—	22.5	37.5	300
250	2,500	—	—	—	—	—	—	15	30	150
250	3,800	—	—	—	—	—	—	9	24	105
250	5,600	—	—	—	—	—	—	7.5	18	75

表8-5　通気管の管径決定

管記号	排水管径 [mm]	合計器具単位 [Σfud]	通気管最長距離 L [m]	通気管径 [mm]
ⓐ	40	3	6.1+1.4+2.2+0.2=9.9	30
ⓑ	65	12	4.2+1.4+2.2+0.2=8.0	40
ⓒ	80	15	ⓐ，ⓑのうち長い管長：9.9	50
ⓓ	80	16	5.1+2.2+0.2=7.5	50
ⓔ	80	31	ⓐ，ⓑ，ⓓのうち長い管長：9.9	50
ⓕ	65	2.5	6.2+0.2=6.4	40
ⓖ	100	33.5	ⓐ，ⓑ，ⓓ，ⓕのうち長い管長：9.9	50
ⓗ	80	16	6.5+2.4=8.9	50
ⓘ	40	2	3.4+2.4=5.8	30
ⓙ	80	18	ⓗ，ⓘのうち長い管長：8.9	50

表中の通気管径は，270頁，(1)管径決定の原則⑤を満たすことを確認した結果，すべて満足する。

例題3 図8-5は，図8-4の排水横枝管の接続された排水立て管系統図である。排水立て管，通気立て管，排水横主管の管径を求めよ。

〔解〕 排水立て管，排水横主管の管径は，男子トイレ，女子トイレからの排水負荷単位の合計を計算し，表8-2，表8-6の排水立て管と排水横主管の許容最大排水単位数を超えない管径を決定する。通気立て管径は，排水立て管の合計器具排水負荷単位，通気立て管全長は40 mとし，表8-7のように決定する。

表8-6 排水横主管および敷地排水管の許容最大器具排水負荷単位数 (引用100)

管 径 ［A］	排水横主管および敷地排水管に接続可能な許容最大器具排水負荷単位数			
	勾　　　　配			
	1/200	1/100	1/50	1/25
50			21	26
65			24	31
75		20	27	36
100		180	216	250
125		390	480	575
150		700	840	1,000
200	1,400	1,600	1,920	2,300
250	2,500	2,900	3,500	4,200
300	3,900	4,600	5,600	6,700

注 1) 伸頂通気方式，特殊継手排水システムには適用できない。
2) National Plumbing Code を基に作成したものであるが，その後の米国規格などを参考にして一部変更した。

表8-7 管径の決定

管記号	排水管種類	合計器具排水単位［∑fud］	管径［mm］	備考
(1)	排水立て管	表8-3の⑥と⑨を合計し，1階分の ∑fud = 33.5 + 18 = 51.5 10階分∑fud = 51.5×10 = 515 表8-2より，125 mmのFUD$_{C1}$ = 1,100 > 515より管径は125 mm 検算：立て管125 mmの1階分 ∑fud = 51.5 < 200 より OK（1階分の合 計が200以内をクリア）	125	表8-2より
(2)	排水横主管	10階分∑fud = 515 150 mm，　勾配1/100のFUD$_{C2}$ = 700 > 515より，管径は150 mm	150	表8-6より
(3)	通気立て管	∑fud = 515 表8-4，B矢印で排水立て管径125 mm， 排水単位1,100以内で長さ40 mのため 通気管径100 mmで最長距離60mまで OK	100	表8-4中に 示すB矢印

備考）設計実務では，伸頂通気方式などでは最下階排水横枝管は，同一の排水立て管に接続せず，別系統で排水ますなどへ接続されることが多い。ここではあくまで計算演習として扱う。

9 浄化槽・排水処理設備

9.1　浄化槽と排水処理方法

(1)　目的と種類

［下水道の普及率］平成 30 (2018)年末のわが国の下水道普及率は79.3 %（下水道利用人口/全人口）である。

［みなし浄化槽］単独処理浄化槽の新設は認められないが，すでに設置済みのものについては「みなし浄化槽」として認められ，その使用者は合併処理浄化槽の設置に努めることとされている。

＊表9-1「平均BOD濃度［mg/l］」の求め方。
平均 BOD 濃度＝BOD 負荷量/汚水量［mg/l］より，
① 単独汚水平均BOD濃度＝13/50 ＝0.26［g/l］＝260［mg/l］
② 合併汚水平均BOD濃度＝40/200 ＝0.2［g/l］＝200［mg/l］
②－① 雑排水平均 BOD 濃度＝27/150＝0.18［g/l］＝180［mg/l］

(2)　処理工程

公共下水道の整備されていない地域では，建物からの排水は，必ず所定の水質基準値を満たすように浄化して公共用水域などへ放流しなければならない。浄化槽は，便所から排水されるし尿，またはし尿と雑排水を処理し，そこへ放流するための設備である。便所からのし尿のみを処理するものを**単独処理浄化槽**，し尿と雑排水を合わせて処理するものを**合併処理浄化槽**という。平成 12 年の浄化槽法の改正（平成 13 年 4 月施行）により，単独処理浄化槽は新設を認めず，浄化槽の定義から除外され，合併処理浄化槽のみの設置が可能となった。浄化槽の構造や性能を決定するには，**表 9-1** に示す住宅における 1 日 1 人当たりの排水量・BOD 量が基準になっている。

表 9-1　住宅排水の原単位 (引用 101)

汚水の種類	汚水量 ［l/(人・日)］	BOD 負荷量 ［g/(人・日)］	平均 BOD 濃度* ［mg/l］
① 単独汚水 ② 合併汚水	50 200	13 40	260 200
(②－①)　雑排水	(150)	(27)	(180)

浄化槽の標準的な処理工程は**図 9-1** に示すとおり，「前処理」，「一次処理」，「二次処理」，「消毒」からなる。前処理では，流入する排水中のきょう雑物や砂などを，スクリーンや沈殿分離槽等で除去する。一次処理は，前処理では除去できなかった沈降性の浮遊物質（SS）を沈殿分離槽や嫌気ろ床槽で除去する。二次処理は，非沈殿性の SS や溶解性物質に含まれる BOD，窒素を生物処理による微生物の代謝作用で除去する。最後に消毒では，病原菌の感染力をなくすために塩素を注入，消毒して放流する。しかし，二次処理では，BOD，COD，N（窒素），P（リン）などの除去能力に限界があり，それを除去するために，さらに高度な処理が必要な場合に行うのが三次処理（高度処理ともいう）である。**図 9-2** に浄化槽の構造の一例を示す。

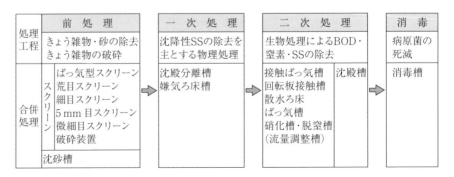

図 9-1　浄化槽の処理工程 (引用 102)

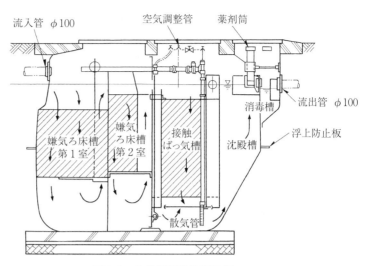

図 9-2　合併処理浄化槽の例 (引用 103)

9.2　浄化槽の処理性能

　　建築基準法施行令第32条により，**表9-2**のように，区域および処理対象人員ごとに，BODの除去率と放流水のBOD濃度などが定められている。処理対象人員とは，建物を利用する人数ではなく，各用途の建物から排出される汚濁負荷量（排水量・BOD量）が，1人1日当たりの値から考え何人分に相当するかを表す人員数で，JIS規格（JIS A 3302）に定められている。その際には，表9-1に示す住宅の排水量・BOD量が基準になって決定されている。

　　処理対象人員は，**表9-3**より算出する。また，表9-2のBOD除去率とは浄

表 9-2　浄化槽の性能 (引用 104)

し尿浄化槽または合併処理浄化槽を設ける区域	処理対象人員 ［人］	性　　　　　能	
		BODの除去率 ［％］	し尿浄化槽からの放流水のBOD ［mg/l］
特定行政庁が衛生上特に支障があると認めて規則で指定する区域	50 以下	65 以上	90 以下
	51 以上 500 以下	70 以上	60 以下
	501 以上	85 以上	30 以下
特定行政庁が衛生上特に支障がないと認めて規則で指定する区域		55 以上	120 以下
その他の区域	500 以下	65 以上	90 以下
	501 以上 2,000 以下	70 以上	60 以下
	2,001 以上	85 以上	30 以下

注 1) この表における処理対象人員の算定は，国土交通大臣が定める方法により行うものとする。

　2) この表において，BODの除去率とは，し尿浄化槽への流入水のBODの数値から，し尿浄化槽からの放流水のBODの数値を減じた数値を，し尿浄化槽への流入水のBODの数値で除して得た割合をいうものとする（建築基準法施行令第32条第1項第一号）。

化槽の処理性能を表す指標であり，式(9.1)で求める。

$$\text{BOD除去率}(\%) = \{(\text{流入水のBOD} - \text{放流水のBOD})/(\text{流入水のBOD})\} \times 100 \qquad (9.1)$$

表 9-3　建築物の用途別によるし尿浄化槽の処理対象人員算定基準 (JIS A 3302-2000)（抜粋）（引用 105）

類似用途別番号	建築用途			処理対象人員[5]	
				算　定　式	算　定　単　位
①	集会場施設関係	イ	公会堂・集会場・劇場・映画館・演芸場	$n = 0.08A$	n：人員　　[人] A：延べ面積　[m²]
		ロ	競輪場・競馬場・競艇場	$n = 16C$	n：人員　　[人] C^{*1}：総便器数　[個]
		ハ	観覧場・体育館	$n = 0.065A$	n：人員　　[人] A：延べ面積　[m²]
②	住宅施設関係	イ	住宅	A≦130[2] の場合　$n = 5$ 130[2]＜A の場合　$n = 7$	n：人員　　[人] A：延べ面積　[m²]
		ロ	共同住宅	$n = 0.05A$	n＝人員　　[人] ただし，1戸当たりのnが3.5人以下の場合は，1戸当たりのnを3.5人または2人（1戸が1居室[3]だけで構成されている場合に限る）とし，1戸当たりのnが6人以上の場合は，1戸当たりのnを6人とする A：延べ面積　[m²]
		ハ	下宿・寄宿舎	$n = 0.07A$	n：人員　　[人] A：延べ面積　[m²]
		ニ	学校寄宿舎・自衛隊キャンプ宿舎・老人ホーム・養護施設	$n = P$	n：人員　　[人] P：定員　　[人]
③	宿泊施設関係	イ	ホテル・旅館	結婚式場または宴会場をもつ場合　$n = 0.15A$ 結婚式場または宴会場をもたない場合　$n = 0.075A$	n：人員　　[人] A：延べ面積　[m²]
		ロ	モーテル	$n = 5R$	n：人員　　[人] R：客室数　[室]
		ハ	簡易宿泊所・合宿所・ユースホステル・青年の家	$n = P$	n：人員　　[人] P：定員　　[人]
⑧	学校施設関係	イ	保育所・幼稚園・小学校・中学校	$n = 0.20P$	n：人員　　[人] P：定員　　[人]
		ロ	高等学校・大学・各種学校	$n = 0.25P$	
		ハ	図書館	$n = 0.08A$	n：人員　　[人] A：延べ面積　[m²]
⑨	事務所関係	イ	事務所　業務用厨房設備を設ける場合	$n = 0.075A$	n：人員　　[人] A：延べ面積　[m²]
			業務用厨房設備を設けない場合	$n = 0.06A$	

[1]　大便器数・小便器数および両用便器数を合計した便器数。

[2]　この値は，当該地域における住宅の1戸当たりの平均的な延べ面積に応じて，増減できるものとする。

[3]　居室とは，建築基準法による用語の定義でいう居室であって，居住，執務，作業，集会，娯楽その他これらに類する目的のために継続的に使用する室をいう。

[4]　女子専用便所にあっては，便器数のおおむね1/2を小便器とみなす（娯楽施設（プール・スケート場），駐車場（駐車場・自動車車庫）関係で適用）。

[5]　処理対象人員1人当たりの汚水量および BOD 量は，合併処理浄化槽に流入する場合に適用する。単独処理浄化槽の場合は，1人当たりの水量 50 l，BOD 量は 13 g とする。

9.3 排水処理方法

浄化槽で用いる生物処理の方法には，好気性処理を行う活性汚泥法と生物膜法がおもに用いられる。ほかに嫌気性処理による方法もある。

(1) 活性汚泥法

[フロック] 浮遊物質やコロイド粒子が集まって肉眼で見える大きさの塊状となったもので，沈殿しやすい。

活性汚泥法は，図 9-3(a)に示すように，ばっ気槽に排水を入れて酸素を供給する（ばっ気）と好気性微生物が繁殖し排水中の有機物を酸化，分解させる処理方法である。好気性微生物は有機物を食物として繁殖し，有機物を吸着したフロックを形成する。新しい排水がばっ気槽内に入ってくると，その分の排水は沈殿槽に放流されフロックは沈殿し，浄化された排水が下水に放流される。

(2) 生物膜法

[好気性処理と嫌気性処理] 汚水中の有機物の処理は，微生物の働きによって行われる。その微生物には，好気性微生物と嫌気性微生物がある。前者は，排水や空気中から生存に必要な酸素を取って生きている微生物，後者は，有機物の分子に含まれる酸素を取って生きいる微生物である。活性汚泥法，生物膜法では，好気性微生物を用いた処理がおもに用いられる。

生物膜法は，固体の表面に好気性微生物を繁殖させ，微生物の膜を形成させて有機物を酸化，分解させる処理方法である。代表的なものとして図 9-3(b)〜(d)に示す接触ばっ気法，散水ろ床法，回転板接触法がある。

接触ばっ気法は，多くの表面積を有する接触材を排水中に設置し，ばっ気する表面に好気性微生物を繁殖させる。散水ろ床法は，古くからある処理法で，砕石やプラスチックのろ材の上から排水を散水した際に，酸素を取り込む方法である。回転板接触法は，回転板を一部排水中に漬かるように設置し，それを回転させると空気中で酸素と触れ，好気性微生物の生物膜を形成する。回転板が空気中に出るので，臭気対策が必要である。

 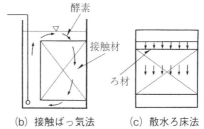 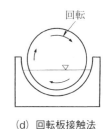

(a) 活性汚泥法　　(b) 接触ばっ気法　　(c) 散水ろ床法　　(d) 回転板接触法

図 9-3　各種排水処理方式

9.4　ディスポーザ排水処理システム

[排水処理装置の留意点] 排水処理装置からは臭気が発生するため，敷地の位置・建物の配置状況から臭突管を適切な位置に勾配を設けて設置する。硫化水素による腐食防止のため，臭突管には樹脂系の管材を設ける。

図 9-4 に示すディスポーザ排水処理システムは，家庭内から排出される生ゴミを，台所に設置するディスポーザと呼ぶ粉砕装置で粉砕し，排水とともに排水管内に排水し，末端の排水処理装置で処理し，後に放流させる方式である。ディスポーザ排水処理システムの処理フローを，図 9-5 に示す。

同システムは，ディスポーザ，専用の排水配管，排水処理装置から構成される。なお，旧建設省（現国土交通省）の一般認定を受けたシステム，公益社団法人日本下水道協会の性能基準(案)に基づき，第三者認定機関によって適合評価されたシステムを採用する必要があり，使用する地域の自治体が認可してい

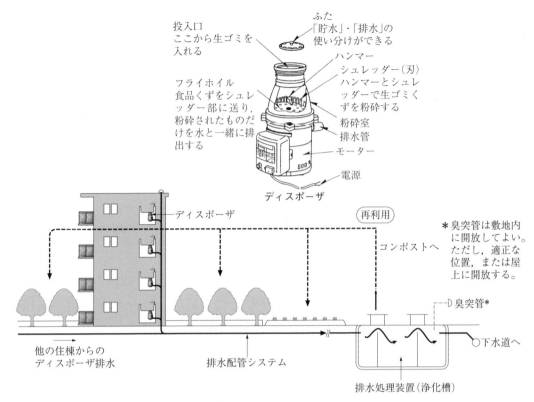

図9-4　ディスポーザ排水処理システム

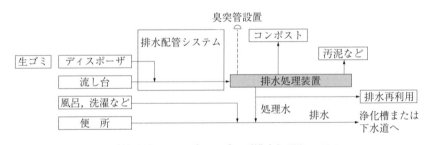

図9-5　厨房系統分流によるディスポーザ排水処理システム (引用106)

ること，排水処理槽が設置されていることなどの点に注意する必要がある。また，搬送を円滑に行うために，排水横枝管，排水横主管には適正な勾配（表7-2，261頁参照）を確保する。

浄化槽から下水道へ放流される排水の水質基準値は，BOD濃度300 mg/l未満，SS濃度300 mg/l未満，ノルマルヘキサイン物質30 mg/l以下としなければならない。それとともに，地方自治体の下水道管理者に事前に確認する必要がある。

9.5　排水再利用・雨水利用設備

都市や建築における水の有効利用により，CO_2排出量の削減を行うことを目的に，大規模な建物を中心に排水再利用設備，雨水利用設備が採用されてきている。トイレや厨房からの排水や建物屋根面に降った雨水を処理して，雑用水

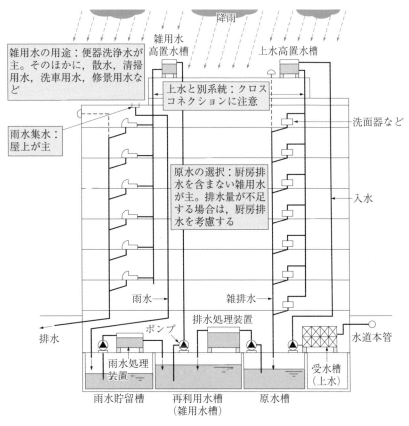

雑用水の用途：便器洗浄水が主。そのほかに、散水、清掃用水、洗車用水、修景用水など

上水と別系統：クロスコネクションに注意

雨水集水：屋上が主

原水の選択：厨房排水を含まない雑用水が主。排水量が不足する場合は、厨房排水を考慮する

降雨

雑用水高置水槽　　上水高置水槽

洗面器など

入水

雨水　　雑排水

排水処理装置

排水　　ポンプ　　水道本管

雨水処理装置

受水槽（上水）

雨水貯留槽　　再利用水槽（雑用水槽）　　原水槽

＊雨水利用施設の設置　雨水の利用の推進に関する法律の策定により、国や独立行政法人等が保有する施設で、最下階床下等で雨水を一時的に貯留できる空間を有する新築建物について、原則として雨水利用施設を設置することが規定された。

図9-6　上水給水系統と排水再利用・雨水利用の雑用水給水系統による2系統給水系統図＊（引用107）

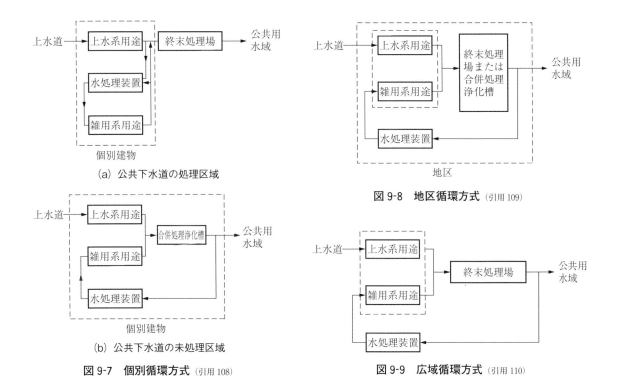

上水道 → 上水系用途 → 終末処理場 → 公共用水域
水処理装置
雑用系用途
個別建物

（a）公共下水道の処理区域

上水道 → 上水系用途 → 合併処理浄化槽 → 公共用水域
雑用系用途
水処理装置
個別建物

（b）公共下水道の未処理区域

図9-7　個別循環方式（引用108）

上水道 → 上水系用途 → 終末処理場または合併処理浄化槽 → 公共用水域
雑用系用途
水処理装置
地区

図9-8　地区循環方式（引用109）

上水道 → 上水系用途 → 終末処理場 → 公共用水域
雑用系用途
水処理装置

図9-9　広域循環方式（引用110）

281

としてトイレの洗浄水，散水，清掃用水などに利用されている。**図9-6**には，上水給水系統と雑用水給水系統の2系統給水方式の系統図を示す。

(1) 排水再利用設備

排水処理の方式は規模によって，図9-7〜図9-9の3つに分類され，排水は処理し，雑用水として利用される。

① 個別循環方式

事務所ビルなどの個別の建物の敷地内からの排水を，外敷地内の排水処理施設で処理して，当該建築物で雑用水として再利用する（**図9-7**）。

② 地区循環方式

大規模集合住宅や市街地再開発などの複数の建築物からの排水を，その地域内の排水処理施設で処理して，その地区内で雑用水として利用する（**図9-8**）。

③ 広域循環方式

［**中空糸膜**］空洞の繊維を半透膜としているろ過膜。中空糸を束ねて圧力容器内に収めたものを中空糸モジュールという。

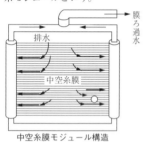

中空糸膜モジュール構造

公共下水道などの処理場からの排水を処理して，比較的広域な地域に送水して，その地域内での建築物で雑用水として利用する（**図9-9**）。

標準的な処理フローを**図9-10**に示す。標準処理フローNo.1の方法は，生物処理方法の中でもその採用された歴史が最も古く，実例が多い。標準処理フローNo.2の方法は，2段階の生物処理とろ過を基本としたものである。標準フローNo.3の方法は，従来の生物処理法と同様に，微生物の働きにより，排水中の有機物を分解し，生物処理槽内に浸漬した中空糸膜によるモジュールにより固液分離を行う。標準処理フローNo.4の方法は，生物処理を行わず，流入した原水を直接膜処理して固液分離を行い，膜処理で除去できない物質を吸着力の高い活性炭を使用した活性炭吸着装置により除去する。

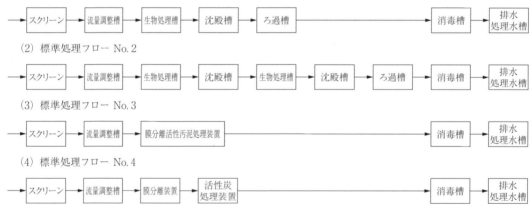

（1）標準処理フロー No.1

（2）標準処理フロー No.2

（3）標準処理フロー No.3

（4）標準処理フロー No.4

図9-10　排水再利用システムの標準的な処理フロー (引用111)

(2) 雨水利用設備

雨水利用設備の標準的な処理フローも**図9-11**に示す。沈砂槽，沈殿槽，スクリーンで小さなゴミ，微生物などのきょう雑物や固形物は除去し，雨水貯留槽に溜めて消毒装置で殺菌し使用する。

標準処理フローNo.1の方法は，雨水貯留槽がその構造や滞留時間から，沈殿槽としても兼用できる場合に適用し，標準処理フローNo.2の方法は，沈殿槽と雨水貯留槽の各機能を分けた場合である。標準処理フローNo.3の方法は，

(1) 標準処理フロー No. 1

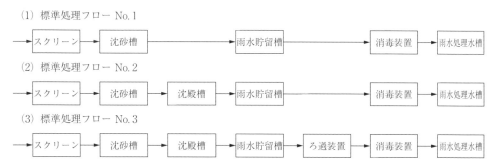

(2) 標準処理フロー No. 2

(3) 標準処理フロー No. 3

図 9-11　雨水利用システムの標準的な処理フロー (引用 112)

＊雑用水の水質基準については, 200 頁, 表 1-3 に掲げた水質項目 (6 項目) と基準値, 検査頻度をよく理解すること。また, 散水, 修景, 清掃用水など, 手に触れる可能性のある水の用途には, し尿を含む水を原水として使用しないことに注意する。使用してよいのは便所洗浄水だけである。

ろ過装置を設置するもので適用事例が多く, 散水用水や修景用水など, 便器洗浄水以外に用途拡大を行う場合で, 確実な処理効果を必要とする場合に用いる。

なお, (1)排水再利用設備と(2)雨水利用設備において, 雑用水系統の配管は上水系統とのクロスコネクションを行わないこと (第 4 章 3.3, 図 3-11, 228 頁参照), 雑用水の水質基準 (第 4 章 1.2, 表 1-3, 200 頁参照) の厳守とその維持管理には注意を要する。

(3) 雨水抑制施設

異常気象が原因と考えられる時間降水量 50 mm 以上の非常に激しい雨の発生頻度が増加しており, 地盤面が土壌の都市部では洪水被害が多発している。その対策として, 敷地内・外への雨水の流出を抑制するために雨水抑制施設が設置されている。雨水抑制施設には浸透施設と貯留施設がある。

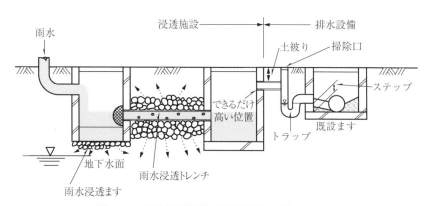

図 9-12　雨水抑制施設 (浸透施設の例) (引用 113)

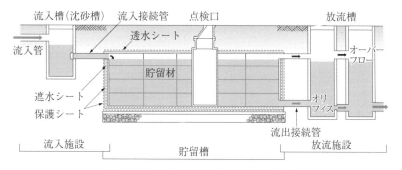

図 9-13　雨水抑制施設 (貯留施設の例)

　浸透施設は浸透ますと浸透トレンチを組み合わせて雨水を地下に浸透させ，洪水防止と地下水の涵養を図っている。一般に最大降雨量の半分を浸透させることを求めているが，その詳細の設計基準は，計画時に自治体等に確認する必要がある。また，地下水位の高い地域では使用できないことにも注意が必要である。

　一方，貯留施設は，敷地内等への降雨を一時的に貯留し，降雨により流域へ流入する雨水に時間差を設け，流入のピークを遅延させて，下水道や河川の受けもつ許容値を超えないようにするものである。

10 消火設備

10.1 火災と消火設備の種類

[**A火災**] A fire 木材・紙,建築物,工作物など普通可燃物の火災で,水による消火が一般的。「普通火災」ともいう

[**B火災**] B fire 引火点および発火点が低い油などの可燃性液体の火災で,燃焼時は高温となり,濃度の高いそして有毒ガスが発生する。「油火災」ともいう。

[**C火災**] C fire 変電室,発電機室などの電気施設の火災のこと。感電の危険をともなうことから一般の火災と区別される。「電気火災」ともいう。

[**D火災**] D fire マグネシウム,ナトリウム,カリウム,チタンなどの金属の火災をいう。

[**フラッシュオーバー**] 建物内火災の初期は,くん焼や炎が小さい状態で徐々に室温が上昇し,家具や壁面などに燃え移ると火勢は拡大する。炎が天井に達するころに室内に可燃性ガスが充満し,一気に炎に満たされる状態。

[**バックドラフト**] 密閉された空間で火災が生じ,不完全燃焼により火の勢いが衰え,可燃性の一酸化炭素ガスが溜まった状態のときに窓やドアを開くなどの行動をすると,熱せられた一酸化炭素に急速に酸素がとり込まれて結びつき,二酸化炭素への化学反応が急激に進み爆発を起こす現象。

火災は,**A火災**(普通火災),**B火災**(油火災),**C火災**(電気火災),**D火災**(金属火災)に区分する。給排水衛生設備に含まれる消火設備は,消防法上は消防設備と呼ばれるものの一部であり,**表10-1**に示すように,消防の用に供する設備,消防用水および消火活動上必要な施設等に設けられる。特に火災発生時に室内温度が急上昇する時期は,フラッシュオーバーと呼ばれ,それに至るまでの消火を行う初期消火設備として,屋内消火栓設備,スプリンクラ設備などが重要である。また,不活性ガス消火設備,ハロゲン化物消火設備,粉末消火設備は,おもに電気室や通信機器室などの水を嫌う部分に適用される。

表10-1 消防用設備等の種類

消防の用に供する設備	消火設備	・消火器および簡易消火用具　・不活性ガス消火設備 ・屋内消火栓設備　・ハロゲン化物消火設備 ・スプリンクラ設備　・粉末消火設備 ・水噴霧消火設備　・屋外消火栓設備 ・泡消火設備　・動力消防ポンプ設備
	警報設備	・自動火災報知設備 ・ガス漏れ火災警報設備 ・漏電火災警報器 ・消防機関へ通報する火災報知設備 ・警鐘・携帯用拡声器・手動式サイレンその他の非常警報器具および非常警報設備
	避難設備	・すべり台・避難はしご・救助袋・緩降機・避難橋その他の避難器具 ・誘導灯および誘導標識
消防用水		・防火水槽またはこれに代わる貯水池その他の用水
消火活動上必要な施設		・排煙設備　・連結送水管　・無線通信補助設備 ・連結散水設備　・非常コンセント設備
必要とされる防火安全性能を有する消防の用に供する設備等		・パッケージ型消火設備 ・パッケージ型自動消火設備 ・共同住宅用スプリンクラ設備 ・共同住宅用連結送水管 ・共同住宅用非常コンセント設備 ・共同住宅用自動火災報知設備 ・住戸用火災報知設備 ・共同住宅用非常警報設備

10.2 屋内消火栓設備

屋内消火栓設備は,火災が発生し,公設消防隊が現地に到着するまでに,建物関係者や自衛消防隊が初期消火を目的として使用する。

屋内消火栓の種類には,1号消火栓,2号消火栓,易操作性1号消火栓,広範囲型2号消火栓の4種類がある。

　1号消火栓は，通常2人以上で操作し，ホースをすべて取り出してから消火活動を行う消火栓である。

　2号消火栓は，1号消火栓と比較して，力のない人でも1人で操作ができるように放水量を低減したもので，ホースをすべて取り出さなくても放水ができるよう保形ホースが採用されている。

　易操作性1号消火栓は，1号消火栓と同等の能力でかつ1人で操作ができるようにするため，2号消火栓と同様に保形ホースを採用している消火栓である。

　広範囲型2号消火栓は，1号消火栓と同等の警戒区域半径（25 m以下）の消火栓で，2号消火栓より放水量を高めた消火栓である。

　消火栓の設置基準としては，工場，倉庫および綿花類，木毛，紙くずなどの指定可燃物を貯蔵または取り扱う建物や工作物においては，1号消火栓または易操作性1号消火栓を設置する必要がある。その他の場合には，いずれの消火栓を設置してもよく，特に旅館，ホテル，社会福祉施設，病院，物品販売店などでは，1人で操作が可能な消火栓が適している。

　屋内消火栓設備は，**図 10-1** に示すように水源水槽，ポンプ，配管と消火栓弁・ホース・ノズル・ポンプ起動装置・表示灯が内蔵されている消火栓箱，補助用高置水槽から構成される。消火ポンプとその周辺機器である呼水槽，流量計などを一体化した消火ポンプユニットが基準認定され，多用されている。

[**呼水槽**]（よびみずそう）消火栓ポンプを起動させる前に，あらかじめポンプ内に水を満たすために注入する水を貯留しておく小型の水槽。起動の際に，この水を押し出すことによって吸込み側より水が入ってくることになり，ポンプの機能を果たす。

[**補助用高置水槽**] 配管内を充水させておくためのもので，消防法の規制はない。下表に補助用高置水槽の容量の基準例を示す。

補助用高置水槽の容量
（東京消防庁基準）

25 A 以上の自動給水装置付きの場合（1・2号消火栓とも）	自動給水装置がない場合	
0.2 m³	1号消火栓	2号消火栓
	0.5 m³以上	0.3 m³以上

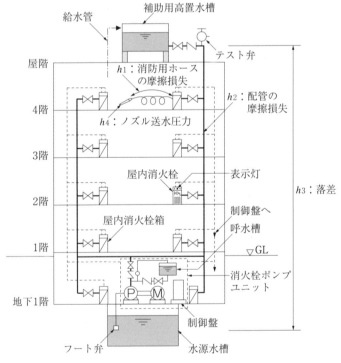

図 10-1　屋内消火栓設備の系統図

　表 10-2 に屋内消火栓設備の技術基準を示す。特に送水圧力が高すぎると，放水操作が容易に行うことができないばかりか，危険であるので，ホースの先端における放水圧力は0.7 MPaを超えないように規定されている。高層建物

表 10-2　各種屋内消火栓の技術基準

	1号消火栓	易操作性1号消火栓	2号消火栓	広範囲型2号消火栓
消火栓配置基準	消火栓を中心とした半径25mの円で，すべての床面が覆われるように配置		同左半径15m	同左半径25m
水源水量 [m³]	2.6m³×同時放水個数以上		1.2m³×同時放水個数以上	1.6m³×同時放水個数以上
放水圧力 [MPa]	0.17〜0.7		0.25〜0.7	0.17〜0.7
放水量 [l/min]	130以上		60以上	80以上
同時放水個数 [個]	消火栓設置個数が最も多い設置個数（ただし，2個以上は2個を最大とする。）			
ポンプ吐水量 [l/min]	150×同時放水個数以上		70×同時放水個数以上	90×同時放水個数以上
主管立て管 [min]	50以上		32以上	40以上
消火栓弁の呼び径 (A)	40A	30A	25A	
ホース呼び径(A)×長さ [m]	平ホース40×15m×2	保形ホース30×30m	保形ホース25×20m	保形ホース25×30m

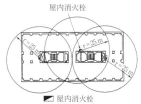

屋内消火栓

注）2号消火栓では，r=15m。
ただし，広範囲型2号消火栓では，
r=25m

図 10-2　屋内消火栓（1号消火栓）の配置

(引用114)

では，この圧力の上限を超えないようにゾーニングを行い，中間階に中間水槽や加圧ポンプを設置する。また，屋内消火栓は**図10-2**のように，1号消火栓，易操作性1号消火栓，広範囲型2号消火栓は半径25mの円で，2号消火栓は半径15mの円で，その階の床面が覆われるように配置する。

屋内消火栓設備の計算

表10-2の「屋内消火栓の技術基準」に示す基準値を用いる。

(1) 水源水量

屋内消火栓の階ごとの最大設置数により決定する。

① 1号消火栓，易操作性1号消火栓が1個の場合は2.6m³以上，2個以上は2個を最大とし5.2m³とする。この根拠は，放水量130l/minで20分間以上放水できる容量から決定されている。

② 2号消火栓は1個の場合は1.2m³以上，2個以上の場合は2.4m³以上，広範囲型2号消火栓は1個の場合は1.6m³以上，2個以上の場合は3.2m³以上とする。

(2) ポンプの吐水量

1号消火栓，易操作性1号消火栓のポンプ吐水量は150l/min，2号消火栓は70l/min，広範囲型2号消火栓は90l/minに対し，同時放水個数を乗じて決定する。

(3) ポンプの全揚程

234頁，式(4.8)で示した給水設備の揚水ポンプの全揚程 [m] の計算式を参考に，式(10.1)より求める。

$$H = h_1 + h_2 + h_3 + h_4 \tag{10.1}$$

ここに，H：全揚程 [m]

h_1：消防用ホースの摩擦損失 [m]（メーカー技術資料等による）

h_2：配管の摩擦損失 [m]（配管1m当たりの摩擦損失に，①実配管長と②継手等の局部抵抗の相当長を加えた値を乗じて求める）

h_3：落差 [m]（水源水槽内のフート弁から（水源がポンプより高い位置にある場合はポンプから），最上階の消火栓弁（またはテスト弁）までの高さ）

h_4：ノズル送水圧力（1号消火栓，易操作性1号消火栓，広範囲型2号

消火栓は 17 m，2 号消火栓は 25 m）

10.3　屋外消火栓設備

　屋外消火栓は，1 階および 2 階の床面積の広い建物に設置し，屋外から屋内に向けて放水によって消火する設備であり，1 階および 2 階の部分に限って有効な設備である。建物の各部から屋外消火栓を中心とした，半径 40 m の円で包含できるように設置する。図 10-3 に，屋外消火栓設備の系統図を示す。

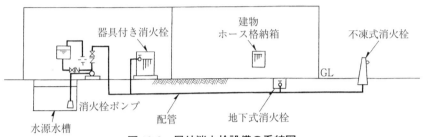

図 10-3　屋外消火栓設備の系統図

10.4　スプリンクラ設備

　スプリンクラ設備は，火災発生時には火災を感知し，天井面に設置したスプリンクラヘッドから自動的に散水し，冷却作用による初期消火を行うものである。スプリンクラ設備には，閉鎖型スプリンクラヘッドを用いる設備，開放型スプリンクラヘッドを用いる設備がある。閉鎖型スプリングヘッドは，さらに湿式，乾式，予作動式に分類される。また，そのほかに放水型スプリンクラヘッド，水道直結型スプリンクラヘッドを用いた設備がある。

　また，屋内消火栓設備の 2 号消火栓と同じ機能と性能をもち，スプリンクラ設備のある建物で屋内消火栓設備のない場合に，機械室，階段室，便所等のスプリンクラ設備で警戒しない部分に対応するために，スプリンクラ設備の配管より分岐させて設置するのが**補助散水栓**（図 10-4）である。補助散水栓の警戒範囲は，ホース接続口から水平距離 15 m 以下となるように設ける。

　スプリンクラ設備においては，一般的なものは閉鎖型スプリンクラヘッド（湿式）であり，図 10-4 に示すように水源，ポンプ，圧力タンク，送水口，1 次側配管，アラーム弁，2 次側配管，スプリンクラヘッド，末端試験弁などから構成される。スプリンクラヘッドの概要を図 10-5(a)～(f)に，特徴を以下に述べる。

［**アラーム弁**］automatic alarm valve　火災発生時にスプリンクラの作動放水により，警報やポンプ起動電気信号を発信する流水検知装置のこと。

① **閉鎖型（湿式）**

　加圧装置によってスプリンクラヘッドまでの配管に水が加圧充てんされていて，ヘッドが感熱すると，ヘッドの止水機構が開放され，自動的に散水する方式で，最も一般的である。

② **閉鎖型（乾式）**

　アラーム弁（乾式弁）の 2 次側に，湿式のように水ではなく空気が充てんされており，火災の際にはヘッドが感熱して止水機構が開放されると，管内圧力の低下を感知して乾式弁が開いて散水する。この方式は，配管内の凍結のおそ

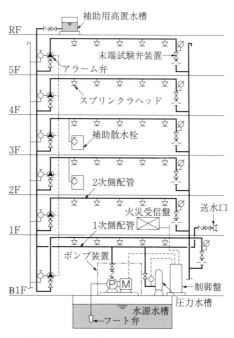

図 10-4　**閉鎖型湿式スプリンクラ設備の構成例** (引用 115)

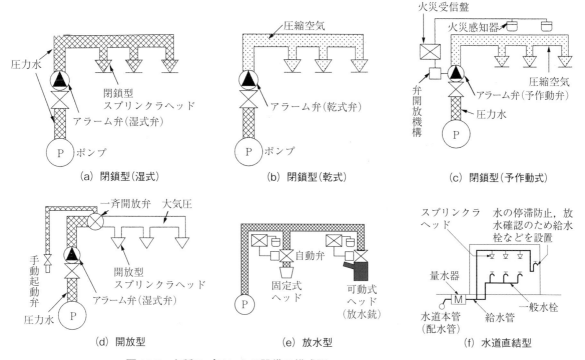

図 10-5　**各種スプリンクラ設備の模式図** (引用 116／作図：山崎和生に追記)

れのある寒冷地などにおいて採用される。

③ **閉鎖型（予作動式）**　　アラーム弁（予作動弁）の 2 次側配管内には，圧縮空気などが充てんされており，アラーム弁は火災感知器の作動によって開放する仕組みになっているため，それとスプリンクラヘッドの感熱による分解との両方の作動で初めて散水

する方式である。コンピュータ室などのスプリンクラヘッドの誤損傷による水損事故を防止する目的で開発されたものである。

④ 開放型

2次側配管に一斉開放弁を設置し，一斉開放弁から開放型スプリンクラヘッドまでが空配管になっていて，一斉開放弁を手動起動弁などで開放させて，一斉開放弁以降の開放型スプリンクラヘッドから散水して消火するもので，舞台部などに設けられる。

⑤ 放水型

普通のスプリンクラヘッドでは消火効率の悪いアトリウムや大空間に用いる特殊な放水型ヘッドで，最近設ける例が多くなってきている。放水型スプリンクラヘッドには，固定式と可動式があり，可動式は放水銃と呼ばれている。

⑥ 水道直結型

基準床面積が1,000 m² 未満の小規模な社会福祉施設，避難のために患者の介護が必要な有床診療所・病院に設置できるスプリンクラ設備で，その配管が水道用の配管に連結されたものである。ここで基準面積とは，延べ床面積から防火上有効な措置が講じられた構造を有する部分を除いた床面積のことである。スプリンクラ配管の末端には，水の停滞防止用と放水確認のための水栓を設置する。

10.5　連結散水設備と連結送水設備

連結散水設備は，火災時に消防隊による火災活動が困難な地下の消火活動に必要な設備であり，送水口から地階の天井に設置した散水ヘッドに送水する配

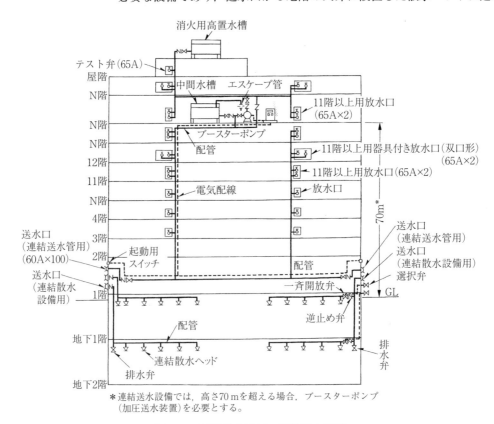

＊連結送水設備では，高さ70 mを超える場合，ブースターポンプ（加圧送水装置）を必要とする。

図 10-6　連結散水設備・連結送水設備

[送水口：サイアミーズコネクション] siamese connection　建物の外壁面もしくは路面に独立させて設ける消防ポンプのホース接続口。消防ポンプから建物内の消火栓給水管系統に圧力水を送る。

管設備である。**図10-6**に，その系統図を示す。連結送水設備は消防隊専用の設備で，各階の放水口と1階に設ける送水口（サイアミーズコネクションともいう）と配管から構成される。7階建以上の建物，地階を除く5階以上で延べ床面積6,000 m² 以上の建物などに必要となる。放水口は3階以上の各階に設置し，11階以上の階放水口は双口形として，ホースノズルを設置する。また，高さ70 m を超える建物の場合は湿式とし，加圧用のブースタポンプを設ける。

10.6　その他の消火設備

(1) 泡消火設備

　泡消火設備は，泡を放射して可燃性液体の表面を覆い，窒息消火と冷却効果により消火する設備である。特に，油火災のように注水による消火方法では，火災が拡大するような施設，すなわち駐車場や飛行機の格納庫などに設置される。消火薬剤として，水と泡原液を混合させて作る泡消火剤を用いる。**図10-7**に示す通り，構成は開放型スプリンクラ設備とほぼ同じである。

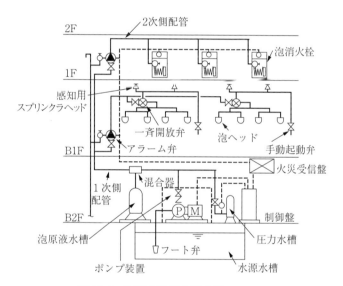

図 10-7　泡消火設備の構成例 (引用117)

(2) 不活性ガス消火設備

　不活性ガス消火設備は，密閉した室内に不活性ガスを放射して，空気中の酸素濃度を低下させて窒息消火を行う設備である。消火剤として二酸化炭素のほかに，窒素，IG 55（アルゴナイト：窒素とアルゴンの容積比が50：50の混合物），IG-541（イナージェン：窒素，アルゴナイトおよび二酸化炭素の容積比が52：40：8の混合物）を使用する。原則として，常時，在室者のいない通信機器室，駐車場，自動車の修理・整備場などに設置する。人がいる室内に二酸化炭素を放出すると，酸欠により死亡するので，前記の窒素，IG 55，IG-541が代替消火剤として使用される。なお，二酸化炭素は手動起動方式を原則とした全域放出方式，局所放出方式および移動式に使用できるが，窒素，IG 55，IG-541は自動起動方式を原則とした全域放出方式のみしか使用できない。**図10-8**に全域放出方式の設備構成を示す。

[全域放出方式] 密閉された区画全体に消火剤を放出・充満させて消火する方式。
[局所放出方式] 防護対象物に直接消火剤を噴射し消火する方式。
[移動式] 貯蔵容器，ホース，噴射ノズルから構成され，火災の際にはノズルから直接消火剤を噴射し消火する方式。

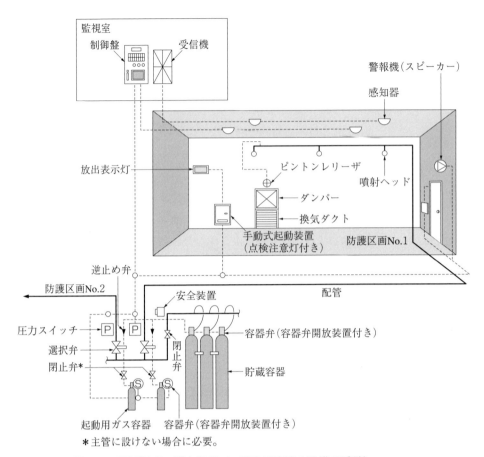

図 10-8 不活性ガス消火設備（二酸化炭素消火設備の系統） (引用 118)

(3) ハロゲン化物消火設備
　　ハロゲン化物消火設備は，消火薬剤をハロン化物（ハロン 2402, 1211, 1301）とするもので，それを噴射し可燃物を覆い，窒息効果と負触媒作用による抑制作用で消火する方法である。しかし，これらのハロン化合物が大気中のオゾン層を破壊する作用があることから，製造，使用中止となり，一部の特別なものを除いてハロンガス消火設備は使用されなくなった。現在では，新たに開発されたオゾン層破壊係数 0（第 1 章 2.1, 20 頁参照）の HFC-23（トリフルオロメタン）および HFC-227e（ヘプタフルオロプロパン）が，代替フロンとして使用されている。

(4) 粉末消火設備
　　粉末消火設備は，重炭酸ナトリウムなどの粉末を使用した負触媒効果により消火する設備である。引火性の液体の表面火災に即効性があり，消火剤が粉末のために凍結しないので寒冷地に適し，航空機の格納庫，寒冷地の駐車場，屋上駐車場などに設置される。
　　方式には，不活性ガス消火設備と同様に全域放出方式，局所放出方式，移動式があり，消火剤の貯蔵方法には，同一容器内に加圧ガスと一緒に封入される蓄圧式，加圧ガスを別の容器に入れておく加圧式とがある。**図 10-9** に全域放出法方式で加圧方式の設備構成を一例として示す。

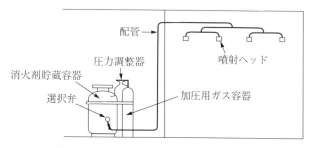

図 10-9　粉末消火設備の系統図 (引用 119)

(5) ドレンチャ消火設備　　　ドレンチャ消火設備は，建物外部の火災に対し外壁，屋根，開口部に水幕を
つくって延焼を防ぐための設備である。ドレンチャヘッドは開放型であり，設
備の構成は**図 10-10** のように，スプリンクラ設備に準じる。おもに国宝や重要
文化財などに設置される。

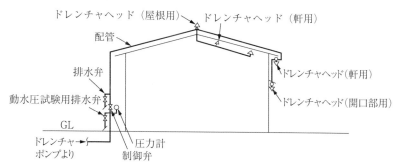

図 10-10　ドレンチャ設備の系統図 (引用 120)

(6) 共同住宅用　　　　　　　共同住宅用スプリンクラ設備は，寄宿舎，共同住宅などに設置するもので，
　　スプリンクラ設備　　　一般のスプリンクラ設備と構成は同じであるが，小区画型スプリンクラヘッド
を使用し，ポンプ吐出量，配管管径，水源水量などは小規模なものである。設
置対象は，共同住宅などの 11 階以上で，住戸ごとにアラーム弁（流水検知装
置）を設置する。

(7) パッケージ型消火設備　　　パッケージ型消火設備は，屋内消火栓設備の代替として設置することができ
る設備である。水源，配管，送水ポンプ，動力源が不要で，ノズル，ホース，
消火薬剤貯蔵容器などを収めた格納庫を設置し，屋内消火栓と同様な人的操作
で消火を行う。Ⅰ型とⅡ型に区分でき，それぞれ設置基準がある。例えば設置
方法は，格納箱を中心に，Ⅰ型は半径 20 m（Ⅱ型は半径 15 m）の円ですべて
の床面が覆われるように設置する。

(8) パッケージ型自動　　　　　パッケージ型自動消火設備は，スプリンクラ設備の代替設備として設置する
　　消火設備　　　　　　　ことができるもので，延べ床面積 10,000 m² 以下の旅館，ホテル，病院，社会
福祉施設などの，おもに居住，作業，集会，娯楽の目的に使用される部屋，廊
下などの常時人が出入りする場所に設置する。

演習問題

〔1〕 建物の給排水衛生設備を計画設計する場合に考慮すべき重要な点を述べなさい。

〔2〕 常時400人が働く事務所ビルがある。1人，1日当たりの給水量を80 l として，受水槽と高置水槽のそれぞれの時間最大予想給水量と有効容量を求めなさい。

〔3〕 図の給水設備はポンプ直送方式であるが，給水ポンプの最低必要な揚程を求めよ。計算条件は，以下のとおりである。

　　配管の単位長さ当たりの摩擦損失は 0.5 kPa/m，器具の必要圧力は，大便器洗浄弁は 70 kPa，一般水栓 30 kPa，継手・弁類の相当長は実管長の100 %とする。受水槽の水位は，給水ポンプの吸込み配管の中心から，上方1m位置で定常とする。

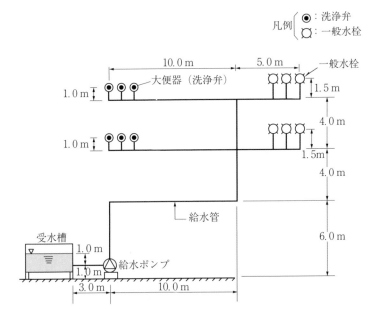

〔4〕 事務所建物の水道直結増圧方式において，各階に大便器洗浄弁2個，小便器洗浄弁1個，洗面器2個，掃除流し1個，事務室用流し1個が設置されているものとする。5階分を受けもつ給水立て管の器具給水負荷単位，瞬時最大流量，管径，そのときの単位長さ当たりの圧力損失を流量線図を用いて求めなさい。ただし，管は硬質塩化ビニルライニング鋼管とする。また，管径は流速が2m/s以下になるようにして求める。

〔5〕 シャワーヘッドから使用湯量 12 [l/min]，使用温度 42℃のお湯を出す場合，シャワーヘッドへの給湯温度60℃，給水温度15℃とすると，シャワーヘッドに給湯すべき給湯量 [l/min] はいくらか。ただし，配管等での熱損失はないものとする。

〔6〕 住宅に設置された洗面器，シャワー，台所流しに同時給湯できるガス瞬間式給湯機の能力は何号か。ただし，給水温度は5℃，各器具への給湯時の適温，適流量は以下のとおりとする。また，ガス瞬間式給湯機の余裕率は考慮しないものとする。

条件　　洗面器：38℃，7.0 [l/min]，シャワー：41℃，8.0 [l/min]
　　　　台所流し：38℃，7.0 [l/min]

〔7〕　図は，ある建物の合流式排水通気系統を示したものである。図中，A点，B点，C点，D点の最小排水管・通気管径を求めなさい。ただし，排水横主管の勾配は 1/100，通気立て管の延長は 30 m，図中の□内の数字が排水横枝管の器具排水負荷単位数とする。

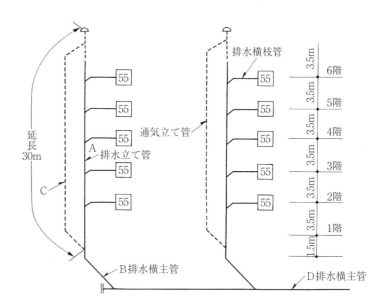

〔8〕　下記の条件で合併浄化槽の BOD 除去率 [%] を求めなさい。流入汚水の汚水量 10 [m³/日] で BOD 濃度が 200 [mg/l]，流入雑排水量 15 [m³/日] で BOD 濃度が 100 [mg/l] のとき，放流水量 25 [m³/日]，BOD 濃度 20 [mg/l] とする。

〔9〕　図のような屋内消火栓設備で，次の条件下での消火栓ポンプの吐出量 [l/min]，消火栓ポンプの全揚程 [m] を求めなさい。屋内消火栓は 2 号消火栓とし，消火栓 1 個当たりの吐出量 70 [l/min]，配管，継手，弁類の摩擦損失は実揚程の 30 [%]，計算上消防用ホースの摩擦損失（水頭）の相当 3.5 [m]* とする。

　＊消防用ホースの摩擦損失（水頭）はメーカーにより設計値が提案されるので，本設問では仮として設定した。

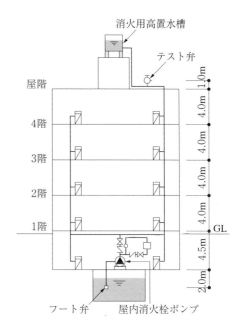

〔10〕　スプリンクラ設備の種類と特徴について説明しなさい。

第5章 建築電気設備

1 建築電気設備の概要

1.1 建築電気設備とは

建築物に設けられる電気設備を建築電気設備（以下，本書では「電気設備」と略す）といい，受変電設備，発電機設備，蓄電池設備，幹線設備，動力設備，電灯コンセント設備，電話設備，テレビ共同受信設備，防犯設備，避雷（針）設備，自動火災報知設備，駐車場管制設備，航空障害灯設備，エレベーター設備，情報（LAN）設備などから構成されている。これらは建物の用途，規模などにより，設けられるものと設けられないものがある。

1.2 建築電気設備の関係法規

電気設備は，非常に多くの関係法規に基づき設計，施工，維持管理が行われている。**表** 1-1 に電気設備と関係法規の関係を示す。

① **電気事業法**　　電力事業の円滑な運用と安全に関する基本事項を定めているが，最近では規制緩和の点から，電力の卸電気事業（従来からある10電力会社に対して電力を売る事業）や契約電力料金制度の多様化などの改正が行われている。

② **電気用品安全法**　　この法律は，電気用品の製造，輸入，販売等を規制するとともに，電気用品の安全性の確保につき民間事業者の自主的な活動を促進することにより，電気用品による危険および障害の発生を防止することを目的としており，第三者認定制度が定められている。

③ **電気工事士法**　　電気工事の安全性を確保するため，電気工事士の資格を所持した者でなければ行ってはならないことなどを定めている。軽微な作業を除いて，一般の人が電気の配線をしたり，電気機器を建築物に固定することは違反になる。

④ **電気工事業法**　　「電気工事業の業務の適正化に関する法律」のことで，電気工事業法は略称である。電気工事業の健全な運営を図るために設けられた法律であり，登録された業者でなければ電気工事を行ってはならないことを定めている。

⑤ **電気設備技術基準と内線規程**　　電気設備技術基準は「電気設備に関する技術基準を定める省令」のことで，規制緩和の一環として改正され，細目については自主管理責任制がとられるようになった。しかし，電気設備保安の担当者にとって技術的判断の指針となるべき具体的なものとして必要であり，「電気設備の技術基準の解釈」（経済産業省）がそれにあたる。また屋内配線，構内配線について，技術上の具体的な設計・施工方法をまとめたものとして「内線規程」（一般社団法人日本電気協会）がある。

表1-1　電気設備と関係法規

	関係法規	所　管
1	電気事業法	経済産業省
2	電気設備技術基準	経済産業省
3	電気用品安全法	経済産業省
4	電気工事士法	経済産業省
5	火薬類取締法	経済産業省
6	計量法	経済産業省
7	産業標準化法（JIS）	経済産業省
8	建築基準法	国土交通省
9	建築物のエネルギー消費性能の向上に関する法律（建築物省エネ法）	国土交通省
10	高齢者，障害者等の移動等の円滑化の促進に関する法律（バリアフリー法）	国土交通省
11	屋外広告物法	国土交通省
12	航空法	国土交通省
13	駐車場法	国土交通省
14	消防法	総務省消防庁
15	危険物の規制に関する政令	総務省消防庁
16	電気通信事業法	総務省
17	有線電気通信法	総務省
18	放送法	総務省
19	電波法	総務省
20	騒音規制法	環境省
21	大気汚染防止法	環境省
22	労働安全衛生法	厚生労働省
23	内線規程	日本電気協会

⑥ JIS と IEC

　　　電気関係の JIS は，JIS C 0617 というように，C とその後に 4 桁の数字を付している。IEC（電気国際標準会議）の 634 は，建築電気設備に関する規程であり，現在その内容を翻訳し，わが国内で検討されたものが JIS 化されている。

1.3　電気の基礎知識

(1) 電気理論

① 静電気

　　　乾燥した部屋でセーターを着替えるとき，あるいはドアのノブに触れようとするときなど，誰しも体験するあのビリッと感じる不快な現象は**静電気**のせいである。電気絶縁性の 2 つの物質を摩擦すると，一方にプラス（＋），他方にマイナス（－）の静電気が帯電し，これらを接近させると放電が起きる。激しい対流が起きている雷雲の下部に－の静電気が生じ，地上の物体に＋の静電気が集中して，この間に放電が起きるのが落雷現象であり，フランクリン（米）はこの観測から静電気を発見したといわれる。

② クーロンの法則

　　　電気の最も基本的な量を**電荷**（単位：クーロン）といい，電流 1 アンペア［A］が 1 秒間に運ぶ電荷の量を 1 クーロン［C］という。

クーロン（仏）は＋，－の電荷の間には吸引力，＋と＋の間，－と－の間には反発力が働き，その力 F［N］は，次式で表せることを発見した。

$$F = K\frac{Q_1Q_2}{r^2} \tag{1.1}$$

ここに，Q_1，Q_2：電荷の量［C］，r：Q_1，Q_2の距離［m］，K：定数

③ 静電容量

物体に蓄えられる電荷の量を**静電容量** C，単位ファラド［F］といい，次式で表される。

$$C = \frac{Q}{V} \quad [F] \tag{1.2}$$

ここに，Q：電荷の量［C］，V：電圧［V］，＋と－の位置エネルギーを表すもので，**電位差**ともいう。

④ コンデンサー

図1-1のようなaとbの電極（電気の板）間に電位差（電圧）Vをもつ蓄電池を接続すると，ab 間には，$Q＝CV$という電荷が蓄えられる。このような電極を**コンデンサー**という。コンデンサーは電気回路に不可欠な要素として広く用いられているほかに，特に電力設備では進相用コンデンサーとして，さらに最近では，蓄電池の一種としてハイブリッドカーなどにも利用されている。

[**進相用コンデンサー**] power factor correction capacitor　負荷の力率改善のために設ける電力用コンデンサー。

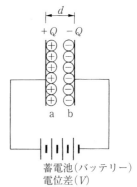

a，b電極に⊕，⊖の電荷が蓄えられる。

⊣⊢は蓄電池，｜が＋極 ▮が－極。dは距離

図1-1　コンデンサーの蓄電

⑤ 磁気

磁石のN極，S極のように，鉄を引きつける磁力のあるものを磁気があるといい，NとSとの間には吸引力，NとN，SとSの間には反発力がある。

[**導体**] electric conductor　電気をよく通す物体。銀，銅，アルミニウム，鉄などがある。

地球も電気をよく通す良導体で，磁気を帯びており，北極と南極（磁極）がある。登山家にとって磁石を携行することは大事なことである。また伝書鳩や渡り鳥などに見られるように，動物には多かれ少なかれ，脳内に地磁気を感知する能力をもっている。

⑥ 磁界

電流を電線に流すと，電線に沿って右ねじの方向に磁気を帯びた**磁界**というものができる。この磁界は無数の磁束より成り立っており，図1-2のようなコイル状の電線に，電流を右手の指先方向に流すと，親指方向に磁界が発生する。これを「**アンペアの右ねじの法則**」という。

⑦ 電磁力

磁界の中に，電線のような電気の流れている導体をおくと，導体にある方向に向かって動こうとする力が働く。左手の親指，人差し指，中指をそれぞれ図1-3のように直角においたとき，人差し指を磁界の方向，中指は導体の電流方向として手前に流れてくるものとすれば，導体の動こうとする力は親指の方向となる。これを「**フレミングの左手の法則**」という。電動機の回転はこの原理を応用したものである。

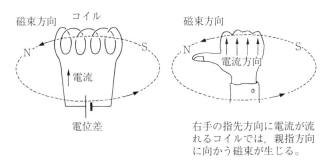

図1-2　アンペアの右ねじの法則

右手の指先方向に電流が流れるコイルでは，親指方向に向かう磁束が生じる。

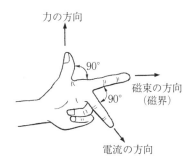

図1-3　フレミングの左手の法則

(2) 直　流
① オームの法則

直流とは，電気回路中の電流，電圧の値が時間的に変化しないもので，電気設備では主として通信，情報回路で用いられ，蓄電池，乾電池，あるいは交流電源からコンバーターで変換された直流電源で供給される。電流Iは，1秒間に流れた電気量（クーロン）であり，単位はアンペア〔A〕である。

図1-4に示す直流回路に流れる電流は，電圧に比例し，回路の抵抗に反比例する。これを「**オームの法則**」という。

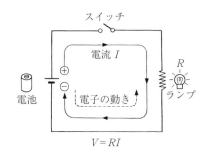

図1-4　直流回路

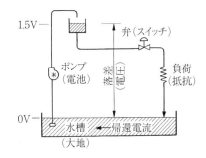

図1-5　水の流れと電気回路

$$I = \frac{V}{R} \tag{1.3}$$

ここに，I：電流〔A〕，V：電圧〔V〕，R：抵抗〔Ω〕

上図に示すような電気回路の説明では普通，ランプなどの機器抵抗以外の電線の抵抗は無視するが，電気設備の場合は配線の抵抗やそれによる電圧降下は無視できず，むしろそれらをどの程度許容し，配線サイズ，費用をどのように抑えるかが，経済的な設計をするための主たる作業となる。

図1-5は，これら直流回路の電気の流れを配管路の水の流れに置き換えたアナロジーで示したものである。今，直流電気を利用する電車を考えると，変電所（電源）で作られた1.5kVの直流は，送電線を通してパンタグラフから電車のモーター（抵抗）で仕事をし，レールから大地を帰還電流となって変電所まで戻る。抵抗の大部分は電動機であるが，配管路の場合と同じく，途中の配線でも抵抗がある。後述の交流の場合も，電流，電圧が変化し，この流れが1秒に50回，または60回，逆転するが基本的な動きは同じと考えてよい。

　　電線のような導体の抵抗は素材によって異なり，電気を最も通しやすく抵抗の少ない材料は白金であるが，高価なので電気配線，電気機器内の配線には銅線がもっぱら用いられている。

　　電線のような線状の導体の抵抗は，次式で表される。

$$R = \rho \frac{\ell}{S} \quad [\Omega] \tag{1.4}$$

　　ρ $[\Omega\cdot m]$ は，工学分野では固有抵抗率，物理学の分野では固有抵抗といい，導体の素材，組成によって異なる。ℓ は導体，すなわち電線の長さ $[m]$，S はその断面積 $[m^2]$ である。

② 直列回路

　　図1-6 のように，抵抗 $R_1 \sim R_n$ が直列（series）につながっているものを直列接続といい，電源電圧 E，電流 I が流れる回路について述べる。

　　直列回路の場合，回路のどの部分で電流を計っても同じ電流である。回路の電源電圧は，抵抗によって按分される。

$$I = \frac{E}{R_1 + R_2 + \cdots + R_n} \quad [A] \tag{1.5}$$

$$E = E_1 + E_2 + \cdots + E_n \quad [V] \tag{1.6}$$

で表され，回路の電圧は $E_1 = IR_1$ $[V]$，以下同様に $E_n = IR_n$ $[V]$ となる。

　　電気設備では，直列回路は用いない。図1-6 のような回路において，負荷（$R_1 \sim R_n$）の一個でも故障すると断線状態となり，電流が流れず回路が機能しなくなるからである。

　　なお，全体の抵抗（合成抵抗）は，

$$R = R_1 + R_2 + \cdots + R_n \quad [\Omega] \text{ で表される。} \tag{1.7}$$

③ 並列回路

　　図1-7 のように R_1，R_n が並列（parallel）につながっているものを並列接続という。並列回路の場合，どの抵抗にも同じ電源電圧が加わっている。

$$I = I_1 + I_2 + \cdots + I_n \tag{1.8}$$

$$= \frac{E}{R_1} + \frac{E}{R_2} + \cdots + \frac{E}{R_n} \quad [A] \tag{1.9}$$

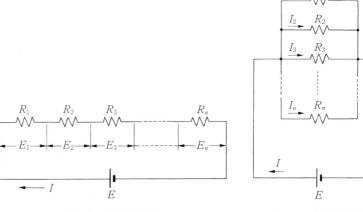

図 1-6　直列回路図　　　　　図 1-7　並列回路図

なお，全体の抵抗（合成抵抗）は，

$$R = \cfrac{1}{\cfrac{1}{R_1} + \cfrac{1}{R_2} + \cdots \cfrac{1}{R_n}} \quad [\Omega] で表される。 \tag{1.10}$$

（3）交 流

① 正弦波

直流回路の電源電圧は，時間の変数をもたない一定の値であるが，交流の回路に用いられる電源電圧は，時間的に変化し，その波形は**正弦波**（sine wave）を描く。

電源を発生させるものを**発電機**といい，水力，火力，原子力発電所，あるいはビルの自家発電設備の**交流発電機**で作られる。発電機は蒸気タービンなどの原動機の回転力で，磁界中におかれたコイルを回転させると，コイルに起電力が発生する。その電圧 E は，次式で表される。

$$E = E_m \sin\theta \; [V] \tag{1.11}$$

θ：回転角，E_m：電圧最大値

電動機，電熱器など機器の仕様表示に用いられている電圧は実効値といい，次式で示される。

$$実効値 = \frac{最大値}{\sqrt{2}} = 0.707 \times 最大値 \tag{1.12}$$

直流 1 ［A］に相当する電流は，交流においては最大値が $\sqrt{2}$ 倍，つまり 1.414 ［A］となる。

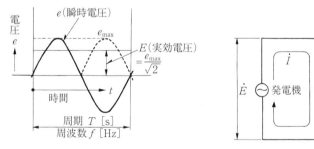

図1-8　正弦波交流の表示　　　　**図1-9　R-L（インダクタンス）直列交流回路**

② 電 力

［**力率**］power factor　交流回路に電力を供給するときの有効電力と皮相電力との比。皮相電力から有効電力を差し引いた値を無効電力という。
［**位相**］phase　周期的に変化する波の，ある任意の起点に対応する相対的角度。
［**皮相電力**］apparent power　交流回路の端子電圧と電流の積で表される。見かけ上の電力。単位は［VA］（ボルトアンペア）。

直流回路では，負荷は抵抗だけなので，電力＝電圧×電流，記号で表すと，$P[W] = E[V] \times I[A]$ である。

交流回路では，単相の電力は $P = EI \; \cos\theta$，三相の電力は $P = \sqrt{3} EI \cos\theta$ で表され，$\cos\theta$ は**力率**といい，θ を位相差という。力率は機器によって異なるが，電動機，放電灯などは 60～80 ％である。つまり力率の分子の P は，消費電力または有効電力，分母の $E \times I$ は入力電力または皮相電力といい，式からわかるように，力率は 1.0（100 ％）が最も電力損失が少ない使われ方といえる。

$$力率(\cos\theta) = \frac{P(電力：単位W)}{E \times I(皮相電力：単位VA)} \tag{1.13}$$

（4）電気の品質

高度情報化社会においては，使用する電気は停電がなく，電圧変動，ノイズ

などの障害のない高い信頼性のものが求められている。また快適でより機能的な生活を営むために，安全で利便性に富んだ電気エネルギーは欠かせないものとなっている。

① 電　圧

電気設備技術基準に，日本の電圧種別が**表1-2**左欄のように分類されている。住宅，オフィス，店舗などで日常使用している電気の電圧は100 Vおよび200 Vで，これは**低圧**という。

電力会社から自家用のキュービクル型変電設備などに配電されている電気，および道路に接し立てられている電柱の上部の配電電圧は6,000 Vで，これは**高圧**という。

表 1-2　電圧の種別

	交　流	直　流	配電電圧	電気供給約款の契約電力
低　圧	600 V 以下	750 V 以下	100 V および 200 V	50 kW 未満
高　圧	600 V 超過 7 kV 以下	750 V 超過 7 kV 以下	6.6 kV	50 kW 以上 2,000 kW 未満
特別高圧	7 kV 超過		22 kV，33 kV，66 kV，77 kV	2,000 kW 以上*
備　考	「電気設備技術基準」第2条による。		住宅から大規模のビル，工場に至るまで，上記の配電電圧が用いられている。	*は地域によって異なることがある。

注1) 超高圧とは，170 kV 超過のものをいう。
　2) 超高層ビル内の配電電圧には，400 V が用いられている。

[単相] single phase　位相が同一である交流。一般的に電灯やコンセントの100 V電源として使われる。1φと表す。
[三相] three phase　三相交流。位相が120°ずつずれた角速度の等しい3つの正弦波交流。回転磁界をつくりやすいので動力回路に適し，送電効率も良い。3φと表す。

[単相3線式] single phase three-wire system　ビルなどの電灯回路で最も多い配電方式。単相変圧器の中性点を接地して中性線を引き出し，両側の2本の電圧線と合わせて3線で単相電力を送る方式。電圧線間は200 V，電圧線と中性線では100 Vとなる。

② 絶縁抵抗

電力会社からは電灯，コンセント用として単相3線式100 V/200 Vの引込み（日本の住宅の電気はほとんどこの方式が採用されている）と，三相3線式200 Vの引込み（小型のビル，工場，商店など2.2 kW以上の電動機を用いている場合）の2方式で供給される。

2方式の合計容量が50 kWを超えると，電力会社からの電力供給は高圧の三相3線式6.6 kVとなり，自家用変電設備で100 V，200 Vの低圧にして使用することになる。高圧から低圧に降下させるので変圧といい，トランスは変圧する装置（変圧器）をいい，変電設備はその保護装置，計測装置，配電盤も含めた全体をいう。

また規模の大きな工場，ビルなどの施設で電力負荷が大きく契約電力が2,000 kWを超える施設では，特別高圧用の変電設備が必要になる。

表1-3は単相3線式，三相3線式，三相4線式の方式を示すものである。

電気事故の多くは漏電が原因となっている。電気設備技術基準では，絶縁つまり電気がいかに漏れにくい大きな抵抗値であるかを測定で確かめるように定めている。**表1-4**に絶縁抵抗値を示す。

電気設備，機械設備の試運転をする前に，配線が正しく行われているかを確認するため，系統，回路ごとに絶縁抵抗値を測定し，規定値以上であるか確認

表1-3 住宅・ビルの電気方式

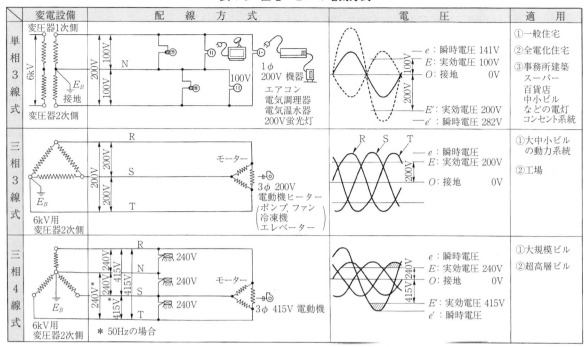

表1-4 絶縁抵抗値

おもな回路方式	対地電圧	絶縁抵抗値	用　途
単相3線 100 V/200 V 方式	150 V 以下	0.1 MΩ 以上	電灯コンセント用
三相3線 200 V 方式	150～300 V 以下	0.2 MΩ 以上	動力用
三相4線 400 V 方式	300 V 超過	0.4 MΩ 以上	400 V 配電用

注) 1 MΩ（メガオーム）は 1,000,000 オームのこと。

する。測定の際，負荷の機器は外して試験電圧で損傷を受けないようにする。

③ 絶縁耐力　　電気機器を使用している際，何らかの事故で使用電圧よりも高い電圧が加わると，機器の焼損および人身事故を招くおそれがある。電気設備技術基準の解釈では，電気設備機器は最大使用電圧の1.5倍の電圧を10分間加えても機器の性能に異常が生じないことを確認することとしている。

④ 接地抵抗　　電気設備による感電事故の防止，機器の性能維持などの目的で接地（アース）工事を行う。**表1-5**に電気設備技術基準の解釈に基づく接地工事の種別と

表1-5 接地工事の種別

接地の種類	接地抵抗値 Ω（オーム）	目　的
A 種	10 以下	高圧以上の回路の事故防止対策
B 種	$\left[\dfrac{150^*}{変圧器高圧側電路の1線地絡電流}\right]$ 以下	変圧器の中性線接地，感電の際の事故軽減対策
C 種	10 以下	400 V 回路および強電と弱電の混触事故防止対策
D 種	100 以下	低圧回路の感電防止対策

＊1～2秒で遮断：300/1秒で遮断：600

その方法を示す。絶縁不良などで漏電（地絡）している電気器具に人が接触した場合，その電気器具に施された接地抵抗値（D種）が小さいほど，人体に分流する電流は少なくできる。**図1-10**において，B種接地抵抗値を仮に30Ωとし，D種接地抵抗値を100Ωの場合と10Ωの場合で比較してみる。**図1-11**はその等価回路と簡易計算式である。人体抵抗は環境により大きく左右されるが，1,500～4,000Ωといわれており，下記の計算では2,000Ωとする。

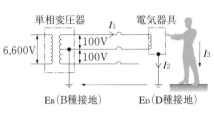

図1-10　地絡のメカニズム

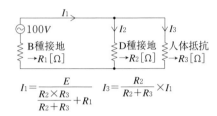

図1-11　地絡のメカニズム（等価回路）

表1-6より，D種接地の抵抗値が小さいほうが人体に流れる電流I_3が小さくなることがわかる。

表1-6　D種接地抵抗値の違いによる人体通過電流の比較

電　圧	人体抵抗 R_3 (Ω)	B種接地 R_1 (Ω)	D種接地 R_2 (Ω)	地絡電流 I_1 (mA)	人体通過電流 I_3 (mA)
100	2,000	30	100	80	38
100	2,000	30	10	2,500	12

⑤　周波数

わが国は**図1-12**のように，50Hz（ヘルツ）と60Hzの地域に2分されている。古い電化製品でモーターが内蔵されているものは使用できる周波数が限定されている場合があり，異なる周波数地域への移転の際には注意を要する。

　省エネルギー対応の電気機器にインバーター方式のものが多用されている。これは電源周波数を高低に変化させ，電動機の回転数の制御をするもので，効率を高めるなど省エネルギー効果をもたらしている。一方では，インバーターやUPSなどの波形変換装置は電源系統に波形ひずみをもたらし，電路や接続機器に悪影響を及ぼす可能性が高い。力率改善用コンデンサーの加熱焼損事故などの原因となっており，高調波対策は重要な課題の一つである。高調波抑制対策として，

①進相コンデンサーに直列リアクトルを組み合わせて電源波形を改善
②発生高調波と逆位相の電流を系統に流すアクティブフィルターを設置
②△-△変圧器と△-Y変圧器の組合せによる変圧器の多相化
などがある。

[**高調波**] higher harmonics　基本周波数（50Hzまたは60Hz）の波形に対し，その3～40倍の周波数の波形のものをいい，3倍の周波数成分を第3高調波，5倍の周波数成分を第5高調波と呼ぶ。

[**直列リアクトル**] series reactor　進相コンデンサーに直列に接続し，高調波電流を抑制して電圧波形を改善することを目的とする機器。

[**アクティブフィルター**] active filter　インバーターなどから発生する高調波に対して，逆位相の電流を流すことで高調波電流を打ち消す能動素子を用いたフィルター回路のこと。

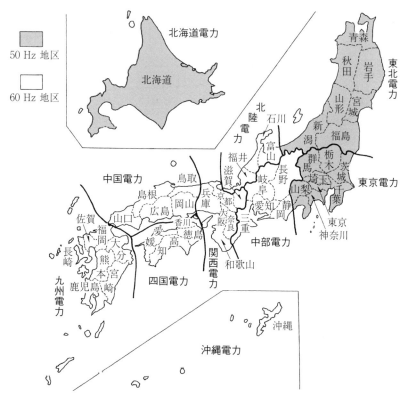

図 1-12　送配電事業者別区域および周波数分布一覧

⑥ 電磁波

［電磁波］electromagnetic wave
電界と磁界の周期的な変化が波動
として真空中または物質中を伝わ
る現象。電波, 光, X線などが電
磁波であり, 真空中では光速度で
伝わる。

情報化社会において, 電磁波の発生と受信障害も大きな問題であったが, 現在は電気機器, 情報装置, 医療電気機器等について, エミッション（発生電磁波）やイミュニティ（電磁波耐性）について国内外で規格が進み, EMC（電磁両立性）が保たれるようになってきた。そのため, 建築設備としての電磁シールド対策の要求は少なくなってきている。病院のMRI室など特殊用途の室においては, 電磁シールドが要求されており, 空調開口などには電磁干渉の伝播を防ぎながら空気流を可能にする特殊な空気換気パネル, フィルタなどを使用している。

2 受変電・配電設備

2.1 電力の引込み

(1) 契約種別と　電気主任技術者

　建築の用途，規模により契約電力は異なる。契約電力の算定は，建築物の計画時点に必ず行うべきであり，それは電力会社との引込みや契約種別の協議，**電気主任技術者**の選任または委託の判断など，いずれにとっても欠かすことのできない基本的なものである。**図 2-1** に契約電力の算定と契約種別の判定，電気主任技術者選任までの流れを示す。

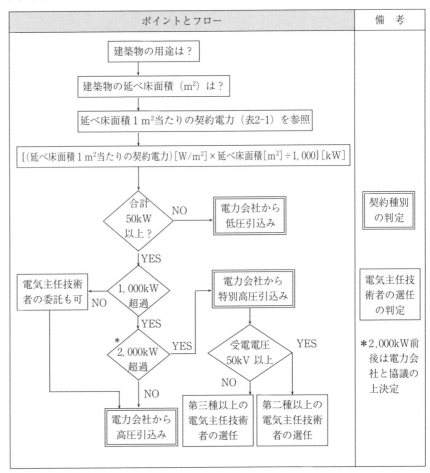

図 2-1　契約電力の算定と契約種別の判定，電気主任技術者選任までの流れ

(2) 契約電力の算定

　ここでは，事務所ビルで延べ床面積 4,000 m² の場合の契約電力の容量を求める。電灯照明，コンセントなどの契約電力は，**表 2-1** より，1 m² 当たりの契約電力を 65 W/m² とすると，これに延べ床面積 4,000 m² を乗じると，65 × 4,000 = 260,000［W］となる。1,000 で除し，キロワット［kW］に表示すると，契約電力は，240［kW］と想定できる。

　上記の方法で求めた契約電力の容量が，50 kW を超えると高圧引込み（6 kV），2,000 kW を超えると特別高圧引込み（20 kV 以上）となる。

なお，延べ床面積 1 m² 当たりの契約電力は，同じ用途の建築物でも空調のエネルギー源が電気かガスかで大きく異なる。また，同じホテルであってもビジネスホテルか大規模な宴会場やレストランが付随しているシティホテルか，あるいは学校では小学校，中学校，高校，大学かによっても異なるので注意が必要である。

表 2-1　延べ床面積 1 m² 当たりの契約電力

建築物の用途	契約電力（W/m²）
事　　務　　所	58～77
病　　　　　院	82
ホ　　テ　　ル	67～101
学　　　　　校	56～74
商　　　　　業	69～76

注）一般財団法人建築設備技術者協会『建築設備情報年鑑　竣工設備データ　ELPAC』より求めた概略値

2.2　受変電設備の構成

(1) 引込み方式

[**需要家**] 電力会社から電気を購入する電気使用者。

需要家の電力設備の容量により，供給される電圧，方式は異なる。大規模なビル，工場ではスポットネットワークという並列 3～4 回線によって信頼性を高めた超高層ビル向きの引込み方式，電力会社の 2 配電所からの本線・予備線という停電対応の 2 回線引込み方式，地中ループ配電および架空配電の高圧 1 回線引込み方式などがある。

(2) 単相負荷設備

受変電設備の中心となる変圧器の負荷は，単相負荷と三相負荷に分けることができる。単相負荷とは照明器具の負荷とコンセント負荷を合わせたものをいい，一般に電灯コンセント負荷という。これに対し，三相負荷とは動力負荷をいう。単相負荷には，単相変圧器から 100 V または 200 V の電圧供給がなされ，それぞれ 2 本の配線で負荷に接続される。**図 2-2** は，単相変圧器の負荷側の電源供給システム図である。

(3) 変圧器の容量算定と需要率

変圧器容量は，最大負荷容量よりも大きな容量でなければならない。もし，変圧器の定格電流より大きなオーバーロード（過負荷）電流が流れると，変圧器内部のコイルは過熱し，焼損に至るおそれがある。

しかし，建築物の負荷設備は，一般に間欠運転するものが多いため，多種多数の負荷がある場合は，それらの負荷のすべてが常に同時運転する確率（同時使用率という）は低くなるから，低減率を考慮してもよい。このような考え方は，設計の経済性と安全性に密接なものである。

電気設備では**需要率**（demand factor）［％］といい，

$$需要率 = \frac{最大使用電力［kVA］}{設備容量［kVA］} \times 100［\%］ \tag{2.1}$$

を変圧器容量の算定に用いている。

(4) 遮断器と継電器

受変電設備の事故が他のビルに波及しないように，変圧器の一次側に真空遮断器（VCB）または電力ヒューズ付き負荷開閉器を設備する。事故時には過電

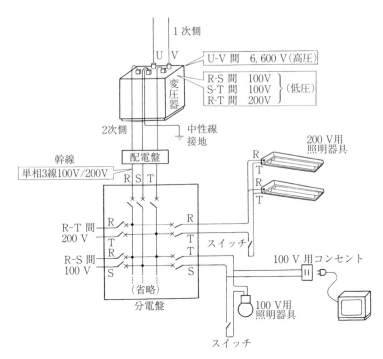

1次側

U　V

U-V 間　6,600 V（高圧）

変圧器

R-S 間　100V
S-T 間　100V }（低圧）
R-T 間　200V

2次側　　中性線
接地

幹線　　配電盤
単相3線100V/200V
R S T

200 V用
照明器具

R
T

R
T

R-T 間
200 V

R
T

R
T

スイッチ

R-S 間
100 V

R
S

T
S

100 V用コンセント

（省略）

分電盤

100 V用
照明器具

スイッチ

図2-2　単相3線式の変圧器から負荷までの電源供給システム図

流（過負荷），または地絡（漏えい）電流が流れるので，その電流を検出する継電器を用いて遮断器により回路を遮断する。

2.3　発電設備

(1) 防災電源

防災電源は建築基準法では**予備電源**，消防法では**非常電源**と呼ばれており，自家用の**発電機設備**（建築基準法では自家用発電装置，消防法では自家発電設備）や**蓄電池設備**等がその電源として用いられる。建築物に設ける非常用の照明，排煙設備などは，停電時においても電源が供給されるように建築基準法上の予備電源からバックアップを行い，その機能を維持するように定められている。同様に消火設備，自動火災報知設備，誘導灯設備などは消防法上の非常電源からバックアップを行うことと定められている。なお，支障をきたさない範囲で予備電源と非常電源は共用することができる。

表2-2，**表2-3**は建築基準法および消防法で定められた防災設備と適応防災電源であり，最右欄に法的な最低供給時間を示す。

(2) 非常用発電機設備

発電機の負荷は，建築物の用途，規模によって法的なものと保安的なものがある。ディーゼルエンジンまたはガスタービンを原動機とする発電機がおもに防災用電源として用いられる。経済性を考慮しディーゼルエンジンが用いられることが多いが，ガスタービンは冷却水が不要で振動も小さいため，設置場所の環境によっては有利である。また，耐震性評価を受けたガス管から都市ガスが供給されている地域においては，都市ガスを燃料とするガスエンジン等を防災用電源とすることも認められている。それぞれの特徴を**表2-4**に示す。

表 2-2　建築基準法による防災設備と適応防災電源 (引用 121)

防災設備			自家用発電装置	蓄電池設備	自家用発電装置と蓄電池設備*1	内燃機関*2	容量（以上）
非常用の照明設備	特殊建築物	居室	—	○	○	—	
		避難施設等	—	○	○	—	
	一般建築物	居室	○*3	○	—	—	30分間
		避難施設等	—	○	—	—	
	地下道（地下街）		—	○	—	—	
非常用の進入口（赤色灯）			○	○	—	—	30分間
排煙設備	特殊避難階段の附室・非常用エレベーターの乗降ロビー		○	—	—	—	30分間
	上記以外		○	—	—	○	
非常用エレベーター			○	—	—	—	60分間
非常用の排水設備			○	—	—	—	30分間
防火戸・防火シャッター			—	○	—	—	30分間
防火ダンパー等・可動防煙垂れ壁			—	○	—	—	

*1　10分間容量の蓄電池設備と 40 秒以内に始動する自家用発電装置に限る。
*2　電動機付きのものに限る（昭和 46 住指発第 510 号）。
*3　10 秒以内に始動するものに限る。

表 2-3　消防法による防災設備と適応防災電源 (引用 122)

防災設備	非常電源専用受電設備	自家発電設備*1	蓄電池設備*2	蓄電池設備と自家発電設備の併用	容量（以上）
屋内消火栓	△	○	○	—	30分間
スプリンクラー設備	△	○	○	—	30分間
水噴霧消火設備	△	○	○	—	30分間
泡消火設備	△	○	○	—	30分間
二酸化炭素消火設備	—	○	○	—	60分間
ハロゲン化物消火設備	—	○	○	—	60分間
粉末消火設備	—	○	○	—	60分間
屋外消火栓設備	△	○	○	—	60分間
自動火災報知設備	△	—	○	—	10分間
ガス漏れ火災警報設備	—	—	○	○*3	10分間
非常警報設備	△	—	○	—	10分間
誘導灯	—	—	○	—	20分間
排煙設備	△	○	○	—	30分間
連結送水管	△	○	○	—	120分間
非常コンセント設備	△	○	○	—	30分間
無線通信補助設備	△	—	○	—	30分間

*1　本表の記号は次の通り。
　　○：適応するものを示す。
　　△：特定防火対象物以外の防火対象物または特定防火対象物で，延べ床面積 1,000 m² 未満のものにのみ適用できるものを示す。
　　—：適応できないものを示す。
*2　非常電源の代替として非常動力装置があり，設置にあたっては，消防機関の承認が必要である。
*3　本表は，消防法施行令および同法施行規則によったもので，地方条例によって若干相違する場合があるので注意を要する。

[BCP] business continuity plan 事業継続計画。大規模災害が発生してインフラが途絶するなど，危機的状況化におかれた場合でも，重要な業務が継続できるようにする計画。

地震等の大規模災害時の BCP 対策として，停電時にも建物の最低限の設備が機能するように自主的に非常用発電機を設置することがある。建物の用途や目的により，発電機でバックアップする対象機器や時間を設定する。対象としては，例えば病院における手術室用の電源，工場のクリーンルーム用電源，データセンターのサーバールーム用電源がそれに該当する。重要度によっては 3 日間から 1 週間程度分のオイルタンクを設置する場合もある。また，燃料の冗長性確保のため，気体燃料（都市ガス等）と液体燃料（A 重油等）を切り替え

表 2-4　原動機の比較表

項目 ＼ 原動機	ガスタービン	ディーゼルエンジン	ガスエンジン
作 動 原 理	連続燃焼している燃焼ガスの熱エネルギーを，直接タービンにて回転運動に変換（回転運動）	燃焼ガスの熱エネルギーを直接ピストンの往復運動に変換し，それをクランク軸で回転運動に変換（往復運動→回転運動）	燃焼ガスの熱エネルギーを直接ピストンの往復運動に変換し，それをクランク軸で回転運動に変換（往復運動→回転運動）
おもな使用燃料	液体：灯油，軽油，A 重油 気体：都市ガス	液体：軽油，A 重油	気体：都市ガス
燃 料 消 費 量	液体：約 0.45〜0.5 L/kWh 気体：約 0.35〜0.45 Nm³/kWh	液体：約 0.25〜0.3 L/kWh	気体：約 0.25〜0.3 Nm³/kWh
燃焼用空気量	ディーゼルを1として約2.5〜4倍	基準	ディーゼルとほぼ同等
騒 音	周波数が高く，対策しやすい	周波数が低く，対策しにくい	周波数が低く，対策しにくい
振 動	回転機関のため小さい	往復運動機関のため大きい	往復運動機関のため大きい
体 積，重 量	構成部品点数が少なく，寸法，重量ともに小さく，軽い	構成部品点数が多く，重量が大	構成部品が多い 基本的に常用仕様のため，同容量のディーゼルにくらべ，体積，重量は約 1.5 倍
据 付 け	据付け面積が小さい 給排気設備が大きくなる	据付け面積が大きい	据付け面積が大きい 基本的に常用仕様のため，同容量のディーゼルにくらべ大きい

て使用できるデュアルフューエルエンジンが採用されることもある。

(3) コージェネレーションシステム

［燃料電池②］ fuel cell　水素と酸素を化学反応させて直接「電気」を発生する装置。燃料電池の燃料となる水素は，一般的に天然ガスやメタノールを改質してつくり，酸素は大気中から取り入れる。発電と同時に熱も発生するコージェネレーションシステムの一種であり，熱機関よりもエネルギー効率が高い。また，騒音や振動が小さいというメリットがある。
燃料電池①：71 頁参照

ビルなどに発電機を設置し，電力と熱の 2 つのエネルギーを同時に生産し供給するコージェネレーションシステム（第 2 章，4.4 参照）を設置する場合がある。このシステム導入のメリットは，発電機により負荷のピーク電力を補って，契約電力の低減，電力基本料金の節減ができるとともに，熱回収用熱交換器を用いることにより発電機排熱を給湯，冷暖房エネルギーに活用でき，ビルの光熱費のランニングコストを低減できる。

また，都市ガスを燃料とし，さらにそのガス供給ラインが定められた耐震基準を満たすなど一定の条件に合致すれば，評価委員会を経て非常用発電機として認められることがある。

コージェネレーションシステムの導入の際は，電力会社の電力系統に接続することから電力の品質に注意しなければならない。コージェネレーション以外にも太陽光発電などと系統連系を行うこともある。経済産業省資源エネルギー庁より「電力品質に係る系統連系技術要件ガイドライン」が発行されており，このガイドラインではおもに電圧，周波数等の電力品質確保についての技術要件が示されている。

(4) 蓄電池設備

蓄電池は防災用照明器具の電源，警報設備の電源，信号，制御回路の直流電源に用いられる。消防法の誘導灯電源は，その灯具の中に内蔵したニッケルカ

ドミウム電池（内蔵型蓄電池）により 20 分間以上点灯できるものと定められ
ている。建築基準法の非常用照明装置は，蓄電池により 30 分間点灯できるも
のと定められている。ビルの延べ面積が約 10,000 m² 以上の場合，経済性，保
守性を考慮のうえ，内蔵型蓄電池ではなく蓄電池を別置型とする据置型蓄電池
を用いることも検討する必要がある。発電機設備がある場合は，停電後の最初
の 10 分間を蓄電池により直流 100 V を供給し，それ以降の 20 分間以上を発電
機で交流 100 V を継続して供給する方法がある。

① 蓄電池の容量算定

据置型蓄電池の容量算定式は，$C = KI/L$ で表せる。K は蓄電池の種別およ
び周囲温度により異なる係数，I は負荷電流，L は保守率で 0.8 とする。C は
蓄電池の容量で，単位は［Ah］（アンペアアワー）とする。

② 鉛電池とアルカリ電池

据置型蓄電池は，鉛，アルカリの 2 種があり，最近では保守性，縮小化の面
で有利なアルカリ蓄電池が普及している。

蓄電池の出力電圧は，常に 100 V 以上に保つ必要があり，自動充電装置を併
設する。機器はキュービクル式とし，変電室に設置することが多いが，換気，
防火等に関する消防法の規程に注意する。

(5) UPS（無停電電源装置）

UPS：uninterruptible power
supply

最近の建築物の大きな特徴は，情報技術に対する対応がいかに取り入れられ
ているかで優劣が判断されていることである。そのなかでも落雷時の異常電圧
の侵入，停電などの事故対策は重要な検討事項とされている。

コンピューターの電源に対する**無停電電源装置**を **UPS** といい，その導入は
数 kVA 用の小容量のものから 1,500 kVA 程度の大容量のものまである。UPS
はコンピューター用電源が何らかの事故で停電したとき，蓄電池の直流電源を
インバーターにより交流電源とし，無停電で電源を供給するシステムである。

2.4 配線材料と幹線設備

(1) 配線材料

電力用配線には，銅線のまわりをビニルで絶縁被覆したビニル絶縁電線，さ
らに 2 本または 3 本の電線を一括ビニルで被覆した F ケーブルと，ポリエチ
レン絶縁で被覆した架橋ポリエチレンシースケーブル（CV ケーブル）が一般
的である。そのほか 1,000 A というような大電流用幹線としては，バスダクト
があげられる。バスダクトは超高層ビルのような垂直幹線，大工場のような水
平幹線に経済的，合理的なものとして採用されている。

［バスダクト］bus duct 大電流
を送る幹線に使用するダクト。ケ
ーブル工事に比べて構造が簡単で
経年変化が少なく，コンパクトで
保守も容易。「ブスダクト」とも
いう。

情報用配線は電話用ケーブル，テレビ共同受信設備用同軸ケーブル，大容量
の情報が伝達できる光ケーブルなど多岐にわたっている。また燃焼，廃棄の際
にハロゲン，鉛などの有害物質を発生させない EM ケーブル（俗称：エコケー
ブル）の使用が推奨されている。

(2) 配線のポイント

建物（ビル）内配線で留意しなければならない事項を，下記に列記する。

①機械的な損傷を受けないように，電線は電線管（CD 管，PF 管，金属電線
　管，合成樹脂製電線管）に収容するか，金属製ダクトに収容する。最近では

[**CD管**] combine duct　ポリエチレンやポリプロピレンで作られた自己消火性のない合成樹脂製可とう電線管の一種。電線管として使用する場合には不燃性ではないので，コンクリートに埋設する場合を除き，不燃性または自消性のある難燃性の管またはダクトに収めて施設する。さや管ヘッダー工法における給水管や給湯管のさや管にも使用。

[**PF管**] plastic flexible conduit　ポリエチレン，ポリプロピレンなどに塩化ビニル管をかぶせた自己消火性のある合成樹脂製可とう電線管で，二重管と一重管がある。

施工性，経済性，廃棄物の処理などにおいて有利な CD 管，PF 管が用いられている。PF 管は CD 管と同じコルゲート状の樹脂管であるが，自消性のあるもので簡易間仕切り内の配管ができる。

金属性の電線管は薄鋼と厚鋼があり，管の肉厚で決められている。前者は管の外径，後者は内径を呼称とし，露出配管に厚鋼が用いられることがある。

②ケーブルは，機械的な損傷を受けないような場所および隠ぺいされた場所などに布設する。天井裏，ケーブルシャフトに布設する場合，ケーブルの接続場所には必ず点検口または扉を設けなければならない。決して配管の中で電線，ケーブル相互を接続してはならない。

③幹線が防火区画を貫通する縦穴，壁貫通部は，火災の延焼路となるので不燃材でふさぎ，かつ金属管で前後 1 m を覆うか防火パテ，防火塗料などを塗布する。

④接続部分には水，液体，粉じんなどが入らないよう漏電，感電事故の防止に努める。

⑤接続用ボックス，点検用ボックスの蓋など金属製の部分は，D 種接地工事を行う。

⑥防災用電源の配線は，耐火性能を有する FP ケーブル（耐火ケーブル）の使用が規定されている。

⑦幹線，床下配線を行う場所では，配線の名称がわかるように，名札または表示をつける。

（3）許容電流と電圧降下

① 電線の過電流保護

電線，ケーブルは，電線の断面積に比例して許容電流が増える。大きな負荷の幹線は，電線の断面積が大きく許容電流の大きなものを選定する*。

電線に許容電流以上の電流を流し続けると，ジュール熱の影響で電線の絶縁材が過熱するだけでなく，絶縁性能の劣化および発火を招き，漏電，感電，火災事故などを発生させてしまう。電線の電源側に電線の許容電流値以下の配線

*電気は電線の外周部に多く流れ，中心部は少ない。したがって，単線の電線の許容電流は，完全には断面積に比例しない。太い電線が多数の細い電線からなる撚（より）線となっている理由の一つである。

表 2-5　幹線の負荷電流と電線の太さ （電圧降下は 2 ％とする）

単相 3 線用			三相 3 線用		
電灯コンセント幹線の電流[A]	ブレーカー[A]	1 心線の電線の太さ	動力幹線の電動機合計負荷[kW]/電流[A]	ブレーカー[A]	1 心線の電線の太さ
20	20	直径 2.0 mm	3/15	20～40	直径 1.6 mm
30	30	5.5 mm²	4.5/20	30～60	5.5 mm²
40	40	8 〃	6.3/30	40～100	8 〃
60	60	14 〃	8.2/40	50～125	14 〃
75	75	22 〃	12/50	60～125	22 〃
100	100	38 〃	15.7/75	100～125	38 〃
150	150	60 〃	23.2/100	125～175	38 〃
200	200	100 〃	30/125	150～175	60 〃

用遮断器を設備し，電線の過負荷電流による過熱出火を防止する。

② 幹線の電線太さの選定

幹線には２通りあり，単相３線式の電灯コンセント用幹線の場合は**表2-5**の左側，三相３線式の動力用幹線の場合は右側を用いて，電線の太さを選定する。

③ 電圧降下

[ジュール熱] Joule heat　導体に電熱を流したときに，導体の抵抗のために発生する熱をいう。

電線に電流が流れると，電線の抵抗によってジュール熱が発生する。つまり，ここではエネルギーが消費されているわけであり，電線の抵抗×電流＝電圧降下を生じ，送電端の電圧に対し受電端の電圧は電圧降下分だけ低い電圧となる。

電線の抵抗は，長さに比例し，断面積に反比例する。高層ビルや平面的に大きな建物の幹線は，配線の距離が長いため電圧降下が大きくなるので注意して，電線，ケーブルのサイズを決定する。内線規程で 60 m を超える幹線は，その電圧降下は 4 ％以下とする。

④ 電圧降下の基本計算式

電圧降下は，下記の計算式を用いて行うことができる。

$$e = K_n \times I \times L \times Z \times 10^{-3}, \; Z = R \cos\theta + X \sin\theta \tag{2.2}$$

e：相間または対地間の電圧降下［V］

K_n：電気方式による係数（左表参照）

I：最大電流［A］（電流値は定格電圧から求める）

L：幹線のこう長［m］

Z：ケーブルのインピーダンス［Ω/km］

R：電線 1 km 当たりの交流導体抵抗［Ω/km］

X：電線 1 km 当たりのリアクタンス［Ω/km］

$\cos\theta$：力率

電気方式による係数 K

電 気 方 式		K
直流または単相	2 線式	2
単相（中性線間）	3 線式	1
単相（線間）		2
三相（線間）		$\sqrt{3}$
三相（中性線間）	4 線式	1
三相（線間）		$\sqrt{3}$

2.5　再生可能エネルギー

非化石エネルギー源のうち，エネルギー源として永続的に利用することができる太陽光，風力，地熱，水力，太陽熱，バイオマスといった再生可能エネルギーは，温室効果ガスを排出しないことから近年注目を集めている。

(1) 太陽光発電

太陽の光エネルギーを太陽電池により電気に変換する発電方法で，住宅用のものからビル用，メガソーラーと呼ばれる大規模売電事業用まで幅広く実用化が進んでいる。設置する地域に制限がなく導入しやすいシステムであるが，昼間しか発電できず天候にも左右されることから安定的な発電を行うことができないため，蓄電池を組み合わせてシステムとして電源供給の安定化を図るケースも増えている。

(2) 風力発電

風力エネルギーを風車を使って電気エネルギーに変換する発電方法。太陽光発電と異なり夜間も発電できるが，発電量は風の強さに左右される。大規模に発電できれば発電コストが火力並みであり経済性の高いエネルギー源である。地上だけでなく洋上風力発電設備も設置されている。

3 照明設備

3.1 照明の基礎知識

　　建築物の照明は，自然採光によるものと人工照明によるものとがあり，人工照明に関する基礎的な用語を**表 3-1** に示す。

　　建築物内の照明設計には，**照度基準**（JIS Z 9110）の平均照度が若干改正されつつ，今日まで採用されてきている（**表 3-2**）。

表 3-1　基礎的な照明用語

用語（記号）	解　　　説
①照度（E）	照明の質を照度（単位をルクス［lx］）という尺度で評価する。室内照度は作業面の明るさで評価されてきた。しかし，近年国際規格化により照明は，照度だけでなくグレア，均斉度，演色性など質的に高度なものが要求されるようになった。
②照度基準	JIS Z 9110「照明基準総則」では，室内，室外の施設の平均照度を定めている。
③光束（F）	光源から発光する光の量をいう。単位はルーメン［lm］。
④効率	光束を消費電力で除した値。単位は［lm/W］，大きいほど省エネルギーである。
⑤演色評価数（Ra）	物に人工照明を与えたとき，その物の色の見え具合を評価した値。白熱電灯を100点満点としたときの相対評価数。
⑥色温度	光源は波長をもっている。温度が高いほど波長が短く青色である。単位はケルビン［K］。
⑦寿命	ランプにより異なるが，光束が初期のおおよそ80％程度に低減するまでの点灯時間。単位は時間［h］。
⑧グレア	光源が視界に入ると不快となる。眩しさ，輝度などをいう。OA化対応の照明に不可欠。
⑨OA化対応照明	グレアを防止したルーバー付きコンフォート形照明器具がある。
⑩タスクアンドアンビエント照明	下左図は天井全般照明，右図は天井照明と作業空間照明の組合せ。
⑪VDT	ビジュアルディスプレーターミナルの略。パソコン作業の照明に⑨，⑩の検討が必要。
⑫室指数（R）	照度計算に用いる室内の空間係数。
⑬反射率	天井，壁，床の仕上材および色合いによる照明の反射率。白色70〜黒色10％の中から選ぶ。
⑭照明率（U）	照明器具の形状ごとに⑫，⑬の値によって数値が異なる。70〜30％が多い。表 3-3 参照。
⑮保守率（M）	照明器具，ランプの清掃欠如は照度低下に関係する。清掃の頻度により70〜40％の中から選ぶ。

3.2 光源の基礎知識

(1) 光源の種類

　　光源の代表的なものを**表 3-4** に示す。どの光源を用いるかはデザインと密接な関係があるので，意匠設計者やインテリアデザイナーと協議して決定する。その際，演色性（色の見え具合），省エネルギー性，経済性（建設費，光熱費，清掃・ランプ交換費用），安全性など総合的な価値判断が必要とされる。近年は省エネルギー性に優れている LED の普及が進んでいる。

(2) 照明器具の種類

　　照明器具はインテリアのデザインに関係し，かつ省エネルギーと経済性，ランプ交換（保守）に関係深い。照明器具の形状による分類を**表 3-5** に示す。

表 3-2　JIS Z 9110：2010 照明基準総則　5 照明要件一覧表 (抜粋)

推奨照度 [lx]	75	100	150	200	300	500	750	1,000	1,500
領域，作業または活動の種類 ＼ 照度範囲 [lx]	50～100	75～150	100～200	150～300	200～500	300～750	500～1,000	750～1,500	1,000～2,000
事務所		休憩室 倉庫 廊下 玄関ホール（夜間）	階段	喫茶室，湯沸室 電気室，機械室 便所,洗面所 書庫	食堂 受付	会議室，集会室 電子計算機室 調理室 応接室	事務室 役員室 玄関ホール（昼間） 設計室，製図室		
工場		ごく粗な視作業で限定された作業（例えば，包装，荷造） 倉庫		粗な視作業で限定された作業（例えば，包装，荷造） 作業をともなう倉庫		一般の製造工場などでの普通の視作業（例えば，組立，検査，試験，選別，包装）	繊維工場での選別，検査，印刷工場での植字，校正,化学工場での分析などの細かい視作業(例えば，組立，検査，試験，選別)		精密機械，電子部品の製造，印刷工場でのきわめて細かい視作業（例えば，組立，検査，試験，選別）
学校		廊下，渡り廊下		講堂	教室 教職員室，事務室 食堂，給食室 体育館	図書閲覧室 会議室 電子計算機室 実験実習室	製図室		
病院	眼科暗室，眼底検査室	病室		待合室	X線室	診察室 事務室，医局，薬局 製剤室，調剤室		手術室 救急室，処置室	
宿泊施設		浴室 脱衣室 玄関 客室（全般）		宴会場 ロビー	車寄せ	宴会場兼会議室 客室机 調理室,厨房	フロント		

3.3　照度計算

　　一般に照明の設計は平均照度計算法が用いられているので，ここでは最も基礎的な計算法を述べる。照度 E [lx] は次式による。

$$E = \frac{NFUM}{A} \ [\text{lx}] \tag{3.1}$$

ここに，E：照度 [lx]

　　　　N：光源数

　　　　F：ランプ光束 [lm]

　　　　U：照明率 [－]

　　　　M：保守率

　　　　A：作業面面積 [m²]

　　また，室指数 K は次式による。

$$K = \frac{XY}{H(X+Y)} \tag{3.2}$$

ここに，K：室指数

X：室の間口［m］　　Y：室の奥行［m］

H：作業面から光源までの高さ［m］

〔計算の条件〕　間口 $X=8$ m，奥行 $Y=10$ m，光源から床までの距離が 3.85 m である事務室の必要平均照度 E を 750［lx］とする。光源は LED とし，光束 F ＝6,200［lm］とする。

室内の反射率は，一般事務室の仕上げとし，天井 0.7，壁 0.5，床 0.1 とする。照明器具の清掃などを考慮した保守率 M は一般的な 0.77 とする。

照明器具の形状を**表3-3**のような天井埋込み形を選んだ場合，照明率 U は室指数がわかれば，表のたてと横の交点から容易に求めることができる。

ここで，室指数 $(K)=X \cdot Y/((\text{光源}$ から床面までの高さ -0.85 m$)\cdot(X+Y))$ で求める。なお 0.85 とは，JIS による床から机上までの距離(m)を意味

表3-3　LED 照明率 (U) 表

反射率 (%) / 室指数 (K)	天井	70		
	壁	70	50	30
	床	10		
0.60	J	0.53	0.41	0.33
0.80	I	0.62	0.50	0.43
1.00	H	0.70	0.59	0.51
1.25	G	0.76	0.66	0.58
1.50	F	0.81	0.71	0.65
2.00	E	0.86	0.78	0.73
2.50	D	0.89	0.83	0.79
3.00	C	0.93	0.87	0.82
4.00	B	0.96	0.92	0.88
5.00	A	0.97	0.94	0.92

表3-4　光源の種類と特徴

光源の種類	LED	蛍光灯	白熱灯	HID (高輝度放電灯)
性　質	・点光源に近く，立体感の表現に優れている。 ・熱線や紫外線をほとんど含まない。 ・小型・軽量。 ・高価。	・拡散光で影がでにくい。 ・まぶしくない。 ・安価。	・点光源に近く，立体感の表現に優れている。 ・小型・軽量。 ・安価。	・光量が大きい。 ・広範囲を照らすような屋外に適する。
演色性 (色の見え方)	普通〜良い	普通〜良い	良い	悪い〜良い
寿　命	約 40,000 時間 (光束が初期値の約 70 %になるまでの総点灯時間)	約 3,000〜20,000 時間	約 1,000〜4,000 時間	約 6,000〜24,000 時間
効　率	特に高い (約 140〜160 lm/W)	高い (約 40〜100 lm/W)	低い (約 5〜15 lm/W)	高い (約 70〜130 lm/W)
点　灯	・低温時でも瞬時点灯する。	・低温時に，明るくなるまで時間がかかるものが多い。	・低温時でも瞬時点灯する。	・始動・再点灯に時間がかかる。 ・100 % の出力になるまで数分かかる。

表 3-5　照明器具の種類

照明器具	取付け方法	器具の形状	用　途　例
直付形	天井に照明器具を直接取り付ける方法	H形，逆富士形(図)，カバー付き直付け灯具などがある。	一般事務室，廊下，便所，湯沸し室，機械室などに用いられる。
埋込み形	天井を切り込み，器具の本体を天井内に納める方法（光源は LED，蛍光灯が多く見られる）	ダウンライト	ホテルのロビー，廊下などに多い。
		カバー付き	事務所の役員室，応接室に多い。
		蛍光灯下面開放形	事務所に多く用いられている。
光り天井	天井一面をアクリルカバー，ルーバーなどで仕上げ，トラフと呼ばれる蛍光灯，LEDの単体を配列する方法	ランプは蛍光灯か LED が多く用いられる。	事務所のロビー，玄関ホールなどに用いられる。
天井吊り	天井からコードまたはパイプ，チェーンなどで吊り下げる方法	コード吊り，チェーン吊り，パイプ吊りがある。	天井の高い部屋に用いられる。その他，殺菌灯，シャンデリアも天井吊りに属する。
		コード吊り	食堂，和室，喫茶室
ブラケット（壁付き灯）	壁面に取り付けるもので，縦付けと横付けのものがある	カバー付きのものがほとんどである。	洗面器の鏡上，階段室，喫茶室などの壁面，屋外の建物壁面（屋側）
建築化照明	建築の内装仕上げを利用して間接照明をする	トラフ形（箱形）をそのまま用いる。	ロビーの天井，壁面などの凹部に隠ぺいする方法
システム天井	天井材，空調吹出し口，スプリンクラー，煙感知器などと一体化する方法	埋込み下面開放形か，直付け形の器具を用いる。	事務所その他大規模な建物で，標準化（モジュール）した天井部分

する。

　　計算の条件を上記に代入すると，

　　$8 \cdot 10/((3.85-0.85) \cdot (8+10)) \fallingdotseq 1.48$

が室指数となり，表 3-3 の室記号 F に最も近いことがわかる。したがって，照明率 U は，0.71 を採用する。

　　ランプ N（個数）の算定式　$N=E \cdot X \cdot Y/F \cdot M \cdot U$ に条件を代入する。

　　　$N=(750 \times 8 \times 10) \div (6,200 \times 0.77 \times 0.71) \fallingdotseq 17.7$

　　照明器具 1 台にランプ 1 個を用いているので，750 [lx] を満たす必要照明器具は 18 台である。

3.4　防災用照明設備

(1) 非常用照明

　　建築基準法により，停電の際の早期避難に備えて，30 分間以上を予備電源で点灯できる照明器具の設置が定められている。この場合，床面照度は 1 [lx] 以上，光源を白熱電球以外のものにするときは，2 [lx] 以上とする。

　　小規模の建築物では，電池内蔵型の非常用照明が使用されることが多い。個別の器具に電池を付置する理由は経済性からであるが，大規模な建築物では電池を器具に内蔵するのではなく，据置型蓄電池にしたほうが経済性，保守性に優れている。

(2) 誘導灯

　　消防法により，停電の際の早期避難に備えて，20 分間以上を非常電源で点灯できる照明器具の設置が定められている（大規模な建物では部分的に 60 分間以上）。この場合，通路，階段，避難出口の位置がわかるような照明が必要とされている。階段室などでは，非常用照明と重複することがあるので運用の基準も定められている。

3.5　コンセント回路の設計

① コンセントの個数

　　コンセントは特殊な場合を除き，住宅で用いられているように 100 V・15 A つまり 1,500 W 使用できるものが標準である。事務室の情報機器の普及，増大にともなってコンセントの負荷の割合も照明負荷に匹敵するほどである。

　　事務所ビルのコンセントの設置個数は，事務室の床面積当たり 10 m² に 1 個の割合である。またその負荷は，床面積 1 m² 当たり 40〜60 W 程度考慮するとよい。コンセントの負荷は，設計の時点では確定が困難であるから，事務室の使い方を想定してコンセントの配置計画をする。

② コンセントの接地

　　屋外，屋内に限らず水気のあるところに設けるコンセントは，接地（アース）端子付きのコンセントにする。コンセントの接地工事は D 種接地工事とし，100 Ω 以下とする。

③ コンセントの負荷

　　コンセント（1 個）には 2 受け口（差込み口が 2 個）ないし 3，4 受け口を設けると，テーブルタップを使わず安全である。コンセントの負荷が未定の場合，1 個当たり 150 VA を想定すると内線規程に記されている。150 VA 以上の大きな容量にするか否かは，設計者の判断とするところである。

④ コンセントの事故

　　住宅の電気火災の原因に，**トラッキング現象**がある。冷蔵庫，電気炊飯器，洗濯機のように，常にコンセントを差し込み放しにしていると，コンセントの部分にほこりがたまりやすい。そのほこりが何らかの状態で水または湿気を含むと，プラグの 2 極間に微弱ではあるが電流が流れ，その部分が長時間加熱されることになり，しいては絶縁劣化をきたし発火することになる。コンセントの清掃，点検も大切であり，コンセントの取付け場所についても同じく注意をはらうべきである。

3.6 分岐回路の設計

① 分岐回路の保護装置

［**MCCB**］molded-case circuit breaker 開閉機構，過電流引外し装置などをモールド容器内に一体に組み込んだ遮断器。

　電気回路の配線および回路に接続された機器が万一故障したときは，直ちに電気回路を開放し，事故の拡大を防ぐ必要がある。自動的に回路を開放するものに過去にはヒューズ，現在は配線用遮断器（別名ノーヒューズブレーカーともいい，一般に MCCB または MCB と表す）を用いる。

② 1つの分岐回路の
**　容量制限**

　配線用遮断器は 100 V 回路の場合，事務所ビルに多用されている 200 V 回路のいずれにおいても 20 A 定格のものが用いられている。しかし 20 A で作動する遮断器に 20 A の負荷を接続すると，負荷の始動時に遮断器が動作するおそれがある。内線規程では 20 A の 80 ％を超える負荷接続を制限している。つまり 100 V 回路で 16 A ということは，1つの分岐回路は 1,600 W 以下の負荷とすることである。

③ 専用回路のあり方

　住宅を例にすると，エアコンは 1 kW 程度のものが多いので，他の負荷と同一回路にすると 1,600 W を超えるおそれがあり好ましくない。また，電子レンジも専用回路にするのが望ましい。

4 動力設備

動力設備とは，一般に三相3線の200 V用（400 V用，高圧用の場合もある）のモーターおよびヒーターに電気を供給する設備であり，運転制御（コントロール）と運転監視，異常状態の警報を行う設備を含めていう（図4-1参照）。

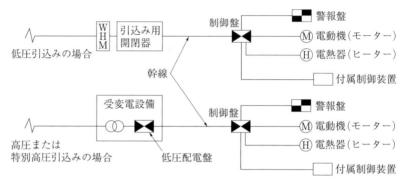

図 4-1　動力設備の構成図

4.1　電動機の各種制御

（1）電動機の制御方式

動力設備で最も重要なのは空調，給排水設備の電動機の運転，停止制御であり，手動操作と自動制御運転，および運転状態の監視制御である。表4-1に電動機の制御方式を示す。

＊電動機の種類：電動機（モーター）には，交流電動機と直流電動機，交流電動機には誘導電動機と同期電動機などがある。建築設備に使われるのは，ほとんどが交流三相誘導電動機である。

表 4-1　電動機の制御方式

動力の種類	制御方法	その他の制御方法
冷水・温水ポンプ, 冷却水循環ポンプ, クーリングタワーファン	空調機と連動制御運転	押ボタンによる手動運転またはプログラム運転
給気ファン, 排気ファン	同上	サーモスタットによる制御運転
汚水ポンプ, 揚水ポンプ, 雑排水ポンプ	水位制御による自動運転	異常水位信号で予備機と並列運転
給湯ポンプ	圧力スイッチ, 手動スイッチ	
消火栓ポンプ, スプリンクラーポンプ	消火栓発信機, スプリンクラー動作時の連動運転	火災報知機盤の始動信号により運転
排煙設備ファン	排煙口リミットスイッチと連動	防災盤の始動信号により運転

（2）電動機の始動方式

電動機は，始動するときには定格電流の4～6倍位の始動電流が流れるため，配線系統に電圧降下を生じ，ときには他の負荷の機能障害をもたらすことがある。これを防止するため，始動時は電流を下げ，緩やかに電動機をスタートさせる必要がある。

始動制御は，電動機容量が大きくなるにつれて検討の必要性が高まるので，制御盤を設計する際，電気設計担当者と空調・衛生設備設計者は，電動機の仕様を決めるとき始動方式について打合せを行わなければならない。

表4-2に，電動機の始動方式の代表的なものとその概要を示す。

表4-2　電動機の始動方式

		全電圧直入始動	スターデルタ始動	リアクトル始動	コンドルファ始動
構　成		電動機に直接電源電圧を印加	始動時はY結線で始動し，運転時は△結線に切替え	電源と電動機間にリアクトルを入れ減圧し始動	電源と電動機間に単巻変圧器を入れ減圧し始動
特　徴		・始動電流が大きい	・始動電流が全電圧直入始動の1/3 ・比較的小容量のおもに低圧電動機に適用される	・比較的大容量の負荷に使用される	・比較的大容量で，リアクトル始動よりさらに始動電流を下げたい負荷に使用される
コスト		最も安価	比較的安価	やや高価	高価

(3) 電動機の回転数制御　建築設備に用いられる電動機の回転数は，$N = 120f/P$で表される。Nは回転数（revolutions per minute：rpm，回転数/分），fは電源周波数［Hz］（ヘルツ），Pは電動機の極数（例えば4極，6極などがある）を示す。

　最近では空調，衛生設備の電動機の回転数制御，つまり速度制御が行えるインバーター可変速制御方式が普及している。その特徴を列記する。

①始動電流が小さく，電動機が小型にでき，省エネルギ 性がある。

②汎用かご形電動機を使って速度制御ができる。

③連続的に変速ができ，快適性を保った温度制御ができる。

④保守が簡単である。

⑤高調波を発生させるおそれがある。

4.2　空調設備の制御

(1) 空調設備　建築物の動力負荷の配置，系統，制御方法は空調方式によってまったく異なってくる。最近の傾向として，大きな規模の建築物にも個別空調方式のものが多くなっている。中小規模の建築物の場合は，ローカル制御式の空調設備が多く，その場合は電源供給のみで足りる。規模が大きいもの，グレードの高い高付加価値が要求される建築物では，運転監視機能，遠方制御のほか自動制御，省エネルギー制御が動力設備として設けられている。

　制御用のセンサーとしては温度調節器，湿度調節器がある。

(2) 換気設備　換気設備は機械室，厨房の換気を電動機の運転，停止により行うものであるから，機械室等の使用時にスイッチをオンに，または室内の温湿度が設定値以上になったときは自動的にオンとするものであり，その逆はオフとするものである。

4.3　給排水・衛生設備の制御

(1) 給排水設備　高置水槽への給水は，水槽内の水位制御センサーによる揚水ポンプの運転制御が必要である。加圧ポンプによる給水は，付属の圧力スイッチによる運転制

[**Fs**] float switch　フロートスイッチ。浮きの浮力を利用して水位を制御するために使われる，接触式の電気回路用レベルスイッチ。フロートスイッチが傾くことで接点のオン・オフを管理できるため，排水層などの水位の変化によりポンプの電気回路を自動で制御できる。

[**LF**] floatless switch　フロートレススイッチ。電極式のスイッチで，接触式スイッチのこと。コモン電極と検出電極の電極棒で構成され，電極間の抵抗値の変化を利用する。電極棒から水位の状態を判断してポンプの運転と停止を切り替える。

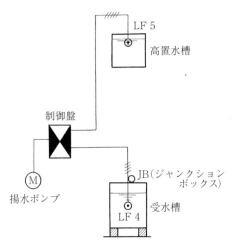

図4-2　揚水ポンプの電極設置例

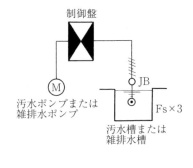

図4-3　排水ポンプの電極設置例

御が必要である。ただし，加圧給水ポンプは家庭用のポンプのように，圧力スイッチとの連動制御だけで簡単である。

　図4-2，4-3に給水，排水の制御図例を示す。図4-2では，水槽内に電極棒を突っ込み，水位の「高い，低い」の信号は，長さの異なった電極棒が水に触れたか否かで制御盤で識別でき，ポンプ用電動機の電源をON-OFF制御する。つまり高置水槽の水位が低くなったらポンプの電源が入り運転し，高くなったら切れて停止するように電極棒の長さを調整する。図4-3の排水ポンプの制御では，水位とポンプ用電動機の運転停止はその逆となる。なお電極は最低3本必要で，高水位，低水位警報が必要なときは，それぞれ1本ずつ追加する。

(2) 厨房設備

　冷凍庫，冷蔵庫を代表するように，一般に機器にはメーカーが製造した制御盤が内蔵されている。ただし，機器の保守および室内環境の点から，漏電事故の危険度が高いので，機器専用の手元開閉器または分岐回路の厨房機器用動力分電盤を設備する。ブレーカーには，漏電遮断器を用いる。

4.4　防災設備の制御

(1) 消火ポンプ，スプリンクラポンプ

　一般的に，その防災機器メーカーが制作した制御盤も一緒に納入されることが多い。その場合，消火水槽のレベルスイッチ，圧力スイッチも附属される。

① 始動方式

　消火ポンプは，手動操作ボタンを押して電磁開閉器（マグネットスイッチ）の接点を接触させて電源を供給する方式，または自動火災報知設備の発信機と連動させ始動する方式がある。

② 運転表示

　ポンプが始動し運転を継続していることを，操作した者が確認できるように，ポンプ運転表示ランプを操作ボタンのところに設置するか，消火栓赤色表示灯をフリッカー点滅（光を明滅させたときに目に感じるちらつき）させるようにしなければならない。

③ インターロック

　消火ポンプ，スプリンクラポンプならびに火災報知設備などが始動と同時

［フェイルセーフ］fail safe システムなどの一部が有効に作動しなくても，他の対策などが働き，全体の機能や安全を確保し，事故・故障などを防止する考え方。

に，その信号を空調機器，換気装置の制御盤に送り空調，換気を停止させ，出火場所に燃焼空気を送り込まないようにして，火災の拡大を防ぐ。このように自動的に連動制御させることを「インターロックさせる」といい，フェイルセーフの考え方は防災的に大切なことである。

(2) 排煙機

排煙を自動的に行う方法として，専用の煙火災感知器の信号によるものと自動火災報知設備の信号によるものがある。いずれもその信号を排煙機の制御盤に取り入れ，電磁開閉器の投入を行うものである。また手動操作器で排煙口を操作したときには，連動して排煙機を始動させる。以上に関する運転表示，インターロックについては，上記②，③に準じる。

4.5 昇降機設備の計画と制御

(1) エレベーターの計画と制御

① 事務所ビル用エレベーターの計画と交通計算

a. 交通計算の条件（5分間輸送能力の決定）

朝のラッシュ時間帯に3階以上の居住者の何％を，5分間で輸送できるか決定する。自社専用ビルでは20～25 %，テナント（貸室）ビルでは11～15 %とする。

b. 平均運転間隔の決定

1階エレベーターロビーにおけるエレベーターを待つ時間を40秒とする。ただし，規模の小さなビルでは60秒とする。

② 非常用エレベーターの計画

建築基準法により地上31 mを超える建築物には，消防の救助，消火活動用の専用ロビー付きエレベーターが必要である。このエレベーターは全階着床ができるものであり，ドアを開けたまま運転することもある。運転状態の監視は防災センターにて行えるものとする。

③ エレベーターの運転制御

一般的には，インバーター制御方式のものが用いられている。その他，直流電動機，交流2段制御方式などがある。かごの輸送方式としてはロープ式，油圧式，リニアモーター式がある。

ロープ式のエレベーターのピット（昇降路内の床下の深さ），オーバーヘッド，トップクリアランス（いずれもエレベーター最上部のすき間など）は建築基準法でかごのスピードにより，その最小寸法が定められている。

④ 防災上の管制運転

火災発生の信号を自動火災報知設備より受けたとき，または停電信号を受けたとき，かごは直ちに最寄り階に停止する。前者を火災管制，後者を停電管制という。その他，地震発生の信号を地震感震器より受けたときも同様に最寄り階に停止する。これを地震管制運転という。

(2) エスカレーターの計画と制御

エスカレーターは，傾斜角度は一般的に35度または30度であり，速度は30～50 m/分（傾斜角度による）以下とするよう建築基準法施行令に定められている。幅は600 mm，800 mm，1,000 mmの3種類がある。

エスカレーターのステップを動かす動力は，三相3線200 Vを電源とする電動機であり，3本の電線のうち，2本の電線を入れ替えてモーターに接続する

と，モーターは逆転する。このことを応用し，エスカレーター制御盤内の電磁接触器の結線を入れ替えるならば，人の動線の変化に合わせエスカレーターの運転方向を反転できるのである。

　エスカレーターの床開口は火災発生時に煙・炎の拡大，延焼経路になるおそれがある。建築基準法上は竪穴部分であり，火災発生時にはエスカレーターの周囲を煙感知器連動シャッターで囲い区画する必要がある。

[竪穴区画]　階段や吹抜け，エレベーターシャフト，ダクトスペースのように縦方向に抜けた空間部分（竪穴）の防火区画をいう。建築基準法施行令第112条第11〜15項。

(3) 小荷物専用昇降機

　リフトとも呼ばれて書類運搬機，配膳運搬機などに用いられている昇降機は，建築基準法施行令において小荷物専用昇降機といい，かごの床面積が $1\,m^2$ 以下，かつ天井高さが $1.2\,m$ 以下に該当しない場合は，エレベーターとしての技術上の安全措置が必要である。

(4) 立体駐車場機械設備

　自動車の駐車方式，料金の計算方式，入出庫の警報，満車表示など，機器メーカーの仕様もさまざまであるが，過失事故の発生防止と機器の異常状態に対する安全対策を検討すべきである。例えば，積雪の多い地域では，ロードヒーティングなど車路の融雪対策を考えることも必要である。

(5) 段差解消機

*「高齢者，障害者等の移動等の円滑化の促進に関する法律」の略称。

　車いすなどを使用する人や障害者のために，機械による段差の移動設備である。公共施設，駅の階段にはバリアフリー法*による設置義務もある。住宅の階段の手すりに沿っていすが移動する住宅用いす式階段昇降機もリフォームに採用されている。電源は $100\,V$ のコンセントで足りる $1,000\,W$ 程度でよい。

(6) ホームエレベーター

　住宅用の2名（$150\,kg$ 以下）または3名用（$200\,kg$ 以下）のエレベーターを「ホームエレベーター」という。昇降行程は最大 $10\,m$ とする。電源は，住宅用の単相2線式 $200\,V$ で $2.6\,kW$ 以下。高齢化社会の住宅，バリアフリーの設計に検討すべき設備である。

5 情報通信・警報設備

5.1 情報通信設備

電気設備でいう情報通信設備は，電話設備，テレビ受信，放送設備など種類が多く，関係法規も多種にわたる。

建築物内情報通信システムの伝送には，同軸ケーブル，電線またはケーブルなどの有線または光ファイバーケーブルを媒体とする伝送システムが定着しているが，無線 LAN の利用も急速に普及が進んでいる。

無線 LAN のメリットは，通信ケーブルが不要であることであり，同世代の製品で比較すると有線 LAN に比べ通信速度や安定性などで劣ることが多いが，オフィスや家庭での日常的なネットワーク利用には十分な性能がある。

(1) 情報通信システム
① LAN の構成と配線方式

LAN とは，ローカルエリアネットワークの略語であり，建物内または工場の構内，大学のキャンパスのような区域の中でサーバー，ワークステーション，パソコン等の各種情報の一元化を行う構内ネットワークシステムをいう。

[UTPケーブル] unshielded twisted pair cable　電線を 2 本ずつより合わせて対にした，シールドされていないケーブル。

ケーブルには，**UTP ケーブル**（メタリックケーブルの　種で，従来の電話用配線に見られる銅を心線とするケーブル）と光ファイバーケーブルが多く用いられている。大規模の施設には後者が適しているが，コスト面から現段階では前者が普及している。

② 光ファイバーケーブル

光ファイバーケーブルに関する技術は，情報通信設備に欠かせない。光ファイバーケーブルは，長距離伝送が可能で，誘導障害を受けないこと，経済性があり工事がしやすいという利点がある。

図 5-1 に LAN の構成と配線方式を示す。

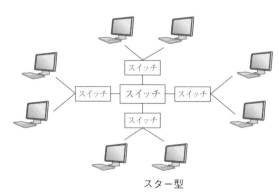
スター型は，中心に集線装置（HUB：ハブ）を設置し，そこから放射状に出るケーブルに端末を接続する形態である。中心の装置にデータが集中する。

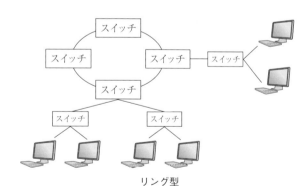
リング型は，各端末を単一方向の環状ケーブルに接続する形態で，信号は，物理的に配置されている順番に渡される。1つの端末の故障がネットワーク全体に影響しないよう上り下り2本を配線することもある。

図 5-1　LAN の構成と配線方式

③ OA フロア

OA とは，オフィスオートメーションの略語であり，事務室，研究室内の情報機器を OA 機器という。OA 機器への情報伝送回路と 100 V 電源回路のケー

ブル配線は，テーブルの下，インターウォール（簡易間仕切り）などに収納する方法があるが，テーブルの移動，機器の入れ替えにともなう配線工事が大変なため，タイルカーペットの床下にケーブルを布設する方法が普及している。

④ 統合情報配線

　　統合情報配線とは，従来，電話設備，データ通信設備を別々に計画，施工されてきた配線を，同種の UTP ケーブルとモジュラージャックに統一し，将来数を見込んだ固定配線とする方式である。配線変化は，パッチパネル（中継端子板）で行う。

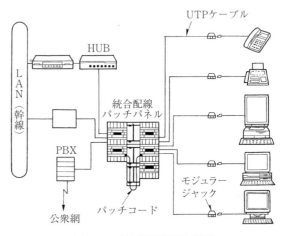

図 5-2　統合情報配線の構成

⑤ 無線 LAN

　　無線 LAN とは，無線通信を利用してデータの送受信を行う LAN システムのことである。無線 LAN の構成として，PC 端末との通信には**無線 LAN アクセスポイント**（AP）を使用する。無線 LAN アクセスポイントは外来波の影響を受けやすい。電子レンジや公衆無線を鑑み，チャネル設計を行う必要がある。また，認証方式もいくつかあり，適宜要件定義により策定する必要がある。

(2) 情報通信設備機器

① D-PBX

*1　digital private branch exchanger

　　D-PBX[*1]とは，デジタル電話交換機の略語である。電話の機能も多様化し，高付加価値のものが必要とされ，小型のものから大型のものまで多種ある。専用の機械室に設けなくともよいキャビネット型のものもあるので，建物の有効的利用ができる。

　　専任の交換手が着信電話を受け，転送するやり方は大規模のホテル，病院および工場などに限られるようになった。ほとんどのケースは従業員の誰かが電話を受け転送するか，またはダイアルインといって，直接当事者の電話機に着信するシステムが多い。

　　配線を接続する場合，配管の途中で行ってはならない。必ずボックスの中か，端子盤の中で配線相互を接続するが，誤接続を防ぐためには，各階に設けた端子パネルを用いて接続するのがよい。NTT のような外部からの引込みケーブルと接続するものを主端子盤 MDF といい，その他の端子盤を中間端子盤 IDF という。MDF には，メタルケーブルを外部から架空で引き込む場合には避雷器を内蔵させる。

② IP-PBX

＊2　internet protocol private branch exchanger

IP-PBX＊2 とは，IP 電話機能を備えたデジタル電話交換機の略語である。LAN 上で音声通話システム（VoIP）を利用し，端末（IP 電話機）の回線交換を行う装置やソフトウェアである。建物内の LAN を利用して PC 端末や IP 電話機などを使って内線通話を行うのに必要な機器で，外部の別のネットワークや公衆電話回線などとの中継・接続も行う。専用の機器（IP-PBX）を用いるシステムと，汎用のサーバに専用のソフトウェアを導入して構築するシステムの2種類がある。

5.2　放送設備

（1）放送設備の構成

建物の用途によって放送設備の内容，グレードが異なる。劇場，ホール，放送局と学校，工場とでは音響的な考え方が大いに異なる。放送設備は増幅器，マイク，スピーカー，音量調整器（アッテネーター），ワイヤレスアンテナから構成される。

（2）非常放送設備

消防法において規模の大きな建物，つまり収容人員の大きな建物には地震，火災，停電の発生時に建物内にいる人を的確に誘導，避難させることができるように，非常放送設備の設置を義務付けている。

①増幅器は蓄電池を収納し，階別放送ができる回路を有するもの。

②配線は耐熱ケーブル（HP ケーブル）とし，各階別回路で音量調整器がオフでも放送が聞こえるように3線式配線とする。

③スピーカーより規定の音圧が得られるよう，スピーカーの容量，個数は適当であること。

5.3　テレビ共同受信設備

（1）受信システム

［**CATV**］cable television, community antenna television　有線テレビ。同軸ケーブルや光ファイバーを利用して，加入世帯に対して行う番組・情報の提供サービス。

［スーパーハイビジョン放送］新4 K・8 K 放送
2018 年 12 月より放送開始。2 K（フルハイビジョン）約 200 万画素相当に対して，4 K（スーパーハイビジョン）800 万画素相当，8 K（スーパーハイビジョン）3300 万画素相当の高解像度映像となる。視聴するためには，各放送に対応したチューナー，テレビが必要となる。

テレビの共同受信システムは，屋上にアンテナを設置して受信する方法と，地域の CATV（ケーブルテレビジョン）のケーブル回線を利用する方法の2種類がある。建物内の受信システムを**図 5-3** に示す。

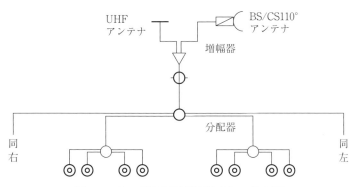

図 5-3　テレビ共同受信設備のシステム図

屋上のアンテナから，増幅器，建築物内の分配器，配線用ケーブル，端末のテレビアンテナアウトレットまでのすべてを**テレビ共同受信システム**という。

テレビの受信に必要な電波の強さを**電界強度**といい，テレビ端子最低出力基準として，地上デジタル/BS・CSは52 dB以上，4 K放送は54 dB以上が必要となる。

(2) ビル陰電波障害

建築計画および確認申請の際，**ビル陰電波障害**を検討したかどうかを問われるケースが多いので，高層ビルの計画とか住宅密集地では障害が発生しないか，あらかじめ調査，検討すべきであり，近隣問題を防ぐ意味でも大切である。

テレビ放送のデジタル化にともない，電波障害の範囲は狭くなったが，ビルの高層化により衛星放送の電波障害が増加している。

5.4　インターホン設備

住宅用のインターホン設備は，ホームオートメーションの機能を備えるものに改良され，ますます利便性とセキュリティに重きがおかれるようになった。

集合住宅の場合，各住戸ごとにドアホンがあるが，防犯上，共用玄関（エントランス）入口との連絡用および管理室との連絡用インターホンが必要なものが多くなってきた。インターホンに電話回線を接続し，電話機兼用とすることにより利便性も増したものがある。

加えて台所のガス漏れ感知器，火災感知器，風呂の溢水警報，テレビドアホンなどセキュリティ機能を増した設備が普及し，情報性を高めたHA（ホームオートメーション）のパネルが設けられており，これを**住宅情報盤**という。

［**ISDN**］integrate service digital network　総合デジタル通信網。アナログ電話回線に代わるデジタル電話回線。大容量で高速の通信が可能。

［**ADSL**］asymmetrical digital subscriber line　非対称デジタル加入者線のこと。通信回線の上がりと下りのスピードを変換することにより，既存の電話線を使って高速の伝送速度を実現する技術。

5.5　自動火災報知設備および警報設備

(1) 自動火災報知設備

火災発生時の煙の発生，室内温度の異常上昇を早期にとらえ警報を発する設備を**自動火災報知設備**という。

消防法では建築物の用途，規模，構造等の区分により，自動火災報知設備の設置義務がある。**図5-4**は，自動火災報知設備のシステム図である。そのほか，20 m以上の天井を有するものに有効な炎感知器がある。

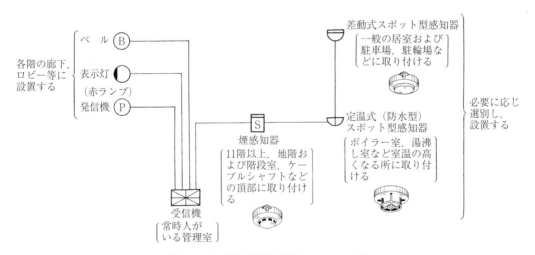

図5-4　自動火災報知設備のシステム図

自動火災報知設備の代表的な機器の機能は，次の通りである。なお，これらの配線は耐熱ケーブルを用いる。

① 受信機　　建物内の火災発生箇所を，600 m² 以下の警戒区域ごとに分けて監視する。受信機は管理室のように常に人がいる所に設備する。

② 発信機　　表示灯，押しボタン発信機，ベルは，同じ所に並べて設備する。消火栓がある場合，その上部に設備する。廊下の階段室近くとか出口近くに設備する。

③ 感知器　　**1）差動式スポット型感知器**

事務室のような室において，暖房運転開始のような温度上昇では作動しないが，火災時のような天井面の急激な温度上昇のとき作動する感知器。一個の感知器で，最大 90 m² の感知面積とするものがある。

2）定温式スポット型感知器

厨房，給湯室，ボイラー室，発電機室のような火気，熱気を発生する機器の上部では，機器が始動すると同時に温度が急騰する。差動式では頻繁に警報を発してしまうので不向きである。この感知器は，周辺温度が75℃の設定温度に達したら作動するものなど，作動温度は各種ある。1 個の感知器で，最大 70 m² の感知面積とするものがある。

3）煙感知器

火災の際，発生する煙が感知器の中に入ったとき，光の乱反射で平常時よりも光電池の電流増加を検知するものである。1 個の感知器で，最大150 m² の感知面積とするものがある。

4）炎感知器

検出する炎の波長により赤外線式と紫外線式がある。熱や煙が天井面に達する以前に拡散して，熱感知器や煙感知器では有効に検出できないような天井高が 20 m を超える高天井の空間で用いられる。

(2) **住宅火災警報器**　　消防法により，住宅（一戸建，共同住宅）に火災警報器の設置が義務付けられている。リチウム電池を内蔵し，配線工事と取付け資格者は不要で，寝室，階段室，台所，（条件により個室）に煙式，熱式警報器を設置する。

(3) **ガス漏れ火災警報設備**　　ガス検知器の設置基準は消防法に**ガス漏れ火災警報設備**として定められているほか，LP ガス法（液化石油ガスの保安の確保及び取引の適正化に関する法律），ガス事業法，建築基準法，品確法（住宅の品質確保の促進等に関する法律）でも設置基準が規定されている。住宅においても条件により設置が義務となる場合がある。なお，都市ガスとプロパンガスとでは，その比重の関係からガス検知器の設置高さが異なる（第 4 章 6.4，図 6-5，255 頁参照）。

(4) **漏電火災警報設備**　　木造建築物の工法の一つに，ラスモルタルと呼ばれる金網にモルタルを塗りつけた下地工法があるが，金網に絶縁不良の電気配線が接触すると金網に電流が流れ，その結果，過熱して出火することがある。このように絶縁不良で電流

が漏れることを漏電といい，漏電の状態を監視し，警報を発するものを**漏電火災警報設備**という。150 m² 以上，50 A 以上の施設が設置の対象となる。

(5) 無線通信補助設備　　　　地下街で 1,000 m² を超えるものには，地下街に入った消防隊員と地上の消防隊員との無線連絡が支障なくできるように，地下部分にアンテナを施設することが義務付けられている。

(6) 非常警報器具・非常警報設備　　　　**非常警報器具**は，固定設備ではないが，消防法で設置が定められているものである。集合住宅の居住者が 20 人以上のものには，ハンドスピーカーのようなポータブル的な物を置かなければならない。

　　　　非常警報設備は，消防法で定められた固定設備である。建築物の用途によるが，収容人数が 20 人または 50 人以上のものには，非常警報設備を設置しなければならない。非常警報設備は，自動火災報知設備と同じ受信機，ベル，表示ランプと警報用電源装置から構成される。

5.6　避雷設備

(1) 設置基準

① 建築基準法による設置基準

　地上 20 m を超える建築物，工作物には落雷による火災，破損を防ぐために避雷設備の設置が定められている。設置基準 JIS A 4201 は 2003 年に改正されたが，建築基準法では改正前の JIS A 4201-1992（旧 JIS）と改正後の JIS A 4201-2003（新 JIS）の両方とも使用することが認められている。ただし，同一建物において，旧 JIS と新 JIS を併用することは認められていない。

・旧 JIS では，建物の高さに関係なく保護角 60° と規定されていたが，新 JIS では回転球体法，メッシュ法，保護角法という保護システムが定められた。これを外部雷保護システム（Lightning Protection System），外部 LPS という。また，情報機器・電子機器を雷から保護する内部設備の雷保護システムを，内部 LPS という。

・新 JIS では，建物種類，重要度等から保護レベルを選定し，これらに対応する外部雷保護システムを計画する。保護レベルは 4 段階（Ⅰ～Ⅳ）あり，重要度の高い建築物はレベルⅠ～Ⅲ，一般建物はレベルⅣで計画されることが多い。各レベルの保護角，回転球体法の半径は，**表 5-1** の通りである。

② 消防法による設置基準

　火薬庫，危険物の貯蔵所のように，落雷による被害が著しくなるような建築物で消防法に定められたようなものは，高さに関係なく避雷設備の設置が定められており，原則として新 JIS 保護レベルⅠが要求される。

(2) 自主設置　　　　国宝級の重要な建造物，核施設，宇宙・海洋施設など，落雷時に大きな二次災害を招く物および落雷の多い地域の建築物，工作物に対し避雷設備を自主的に設置する例が多い。

表 5-1　受雷部システム表　JIS A 4201-2003（新 JIS）

保護レベル	回転球体法	保護角法					メッシュ法
	球体半径 R (m)	受雷部高さ h (m) に応じた保護角 α (°)					メッシュ幅 L (m)
		20 m 以下	30 m 以下	45 m 以下	60 m 以下	60 m 超過	
I	20	25	※	※	※	※	5
II	30	35	25	※	※	※	10
III	45	45	35	25	※	※	15
IV	60	55	45	35	25	※	20

注）※印は，回転球体法またはメッシュ法を適用する。
　　h は地表面から受雷部の上端までの高さとする。ただし，陸屋根の部分においては，h を陸屋根から受雷部の上端までの高さとすることができる。

(3) 避雷設備の各部の名称　　図 5-5 に示すように，地上 20 m を超える建築物は，避雷設備の設置義務がある。受雷部の上端までの高さが 30 m 以下の場合，新 JIS レベル IV では保護角 45°の仮想に描く傘の中に，建築物が入るように避雷設備を設置しなければならない。それは雷雲に近い，地上最も高い所に避雷設備を設ければ，雷は避雷設備に落雷し，下部の建築物は安全となるからである。避雷設備に落ちた雷電流は，導線を経て大地に接地された銅板等から地中に放電する。

　なお避雷設備は単体規定であって，隣接する高層建築物の避雷設備の保護角に入るからといって，避雷設備の設置が緩和されることはない。

　次に避雷設備設計上の留意点を抜粋し列記する。

①引下げ導線の数は，原則 2 条以上とする。ただし，一般建築物等の水平投影面積が 25 m² 以下の箇所は，1 条でよい。

②原則として，避雷導線は屋上のテレビアンテナ，設備機器，配管などから 1.5 m 超の離隔をとる。やむを得ず 1.5 m 以内となる場合は，避雷導線とボンディングを行う。

③旧 JIS の場合，接地工事は接地工事一箇所ごとに 50 [Ω] 以下，避雷設備の総合抵抗値は 10 [Ω] 以下とする（新 JIS の場合，接地抵抗値の規定はない）。

④屋上部分で鉄骨に導線を溶接し，地下部分で鉄骨に導線を溶接した場合，そ

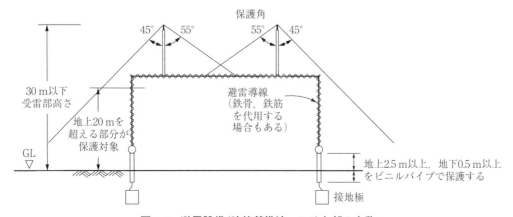

図 5-5　避雷設備（建築基準法，JIS）各部の名称

の間の引下げ導線は構造体の鉄骨を代用してよい（引下げ導線を満足する断面積および電気的連続性が要求される）。

⑤高層ビルの設計においては，風圧に耐えられる強度の材質，取付けが安全上，重要となる。

5.7　セキュリティ設備

防犯設備ともいうセキュリティ設備は，建築物の夜間の無人化にともなって，近年その必要性は高まる一方であり，犯罪の増加という社会的な傾向も拍車をかけている。警戒センサーは機械的，電気的な部品であり，センサーからの信号を電話回線を通じて委託したビル管理，警備会社に通報するものを**機械警備設備**という。この場合，電気工事では配線工事のみとし，機器およびその取付けは警備会社が行うことが多い。

また近年では，コンピューター関係の機密保持の重要性から，その関係諸室への入室管理システムが厳重に行われるようになった。具体的には，ID カード，テンキー，指紋および顔認証システム等によって，ドアロックを制御する方法が採用されている。

［**ID カード**］identification card 身分証明用磁気カード。出入口の錠前と連動したカードリーダーを設置して，入退室管理に利用される。

演習問題

〔**1**〕 電気関係の重要な法律を4つ記し，それぞれの目的を簡単に述べなさい。

〔**2**〕 クーロンの法則，アンペアの右ねじの法則，フレミングの左手の法則，オームの法則について述べなさい。

〔**3**〕 次の回路の電流 I は何アンペア〔A〕となるのか計算しなさい。

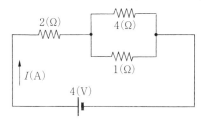

〔**4**〕 次の文章の空欄に数字を入れなさい。
① 日本の電力会社の電源周波数には（　　　）Hz と（　　　）Hz がある。
② 接地工事は A 種から D 種まであり，D 種は（　　　）Ω 以下とする。
③ 100 V 回路の絶縁抵抗は（　　　）MΩ 以上とする。
④ 変圧器の絶縁耐力試験は，最大使用電圧の1.5倍を（　　　）分間継続して加える。
⑤ 交流にあって高圧とは（　　　）V を超え（　　　）V 以下をいう。

〔**5**〕 延べ床面積が7,000 m² の病院の想定契約電力は，おおよそ何 kW となるか。その場合，電力会社からの引込み電圧は何 V か。

〔**6**〕 防災用の停電対策の電源設備に関する記述について，次の文章の（　　）を埋め完成させなさい。
① 建築基準法では（　　　）電源といい，消防法では（　　　）電源という，停電時のバックアップ電源装置には，回転形機器の（　　　）設備と静止形機器の（　　　）設備がある。後者は照明器具に内蔵させるものと，電気室内またはキュービクル型の設備の（　　　）型のものがある。
② ガスタービンはディーゼルエンジンに比べ低周波の騒音は（　　　）く，冷却水は（　　　）であり，かつ設置スペースは（　　　）い。
③ 据置型蓄電池としてアルカリ蓄電池を採用する場合，（　　　）蓄電池に比べ保守性，縮小化の面で有利である。

〔**7**〕　次の条件の照明器具は何台必要か。また，照明器具の平面配置図を作成しなさい。

　　　間口 = 12 m，奥行 = 8 m，光源から床面までの距離は 2.85 m，作業面の高さは 0.85 m，作業面での平均照度は 500 lx，光源は光束 6,200 lm の LED ランプ，反射率は天井 0.7，壁 0.7，床 0.1 とし，保守率は 0.77 とする。

　　　使用する照明器具および照明率表は，表 3-3（316 頁）とする。

〔**8**〕　次の文章の（　　）を埋め完成させなさい。

　　　空調設備，給排水，消火設備に用いる電動機は，始動時に定格電流の（　～　）倍位の電流が流れるので，容量が大きな場合，スター（　　　）式という始動方式を用いる。電動機の回転数は電源周波数にも関係があり，周波数が高くなると回転数は（　　　）する。インバーター制御方式はこのような回転数制御，つまり（　　　）制御を行うものである。

〔**9**〕　次の言葉を簡単に説明しなさい。

　①　LAN

　②　OA フロア

　③　D-PBX

〔**10**〕　次の文章の（　　）を埋め完成させなさい。

　①　受信機は（　　　）人のいる場所に設置し，（　　　）は廊下など人の目に触れやすい場所に設置する。厨房のような場所の火災感知器には（　　　）式スポット型感知器が適し，階段室，通路の感知器には（　　　）感知器が適している。

　　　駐車場は前記 2 種以外の（　　　）式スポット型感知器が適している。

　②　避雷設備は地上（　　　）m を超える建築物，工作物に必要であり，JIS A 4201-1992（旧 JIS）において，その保護角は（　　　）度とする。避雷導線は煙突状のものを除き（　　　）箇所以上とする。

［引用文献］

1）三寺光雄「都市化の進展とヒートアイランド現象」スチールデザイン，128

2）資源エネルギー庁編『エネルギー 2004』エネルギーフォーラム，32 頁，2004

3）環境省「温室効果ガス排出・吸収量等の算定と報告　2017 年度（平成 29 年度）温室効果ガス排出量」

4）建築環境・省エネルギー機構『建築物の省エネルギー基準と計算の手引』5 頁，図 1-5，2009

5）住環境計画研究所「家庭用エネルギー統計年報　1997」41 頁，表-1 より作成

6）国土交通省「改正建築物省エネ法の各措置の内容とポイント」2019

7）経済産業省 資源エネルギー庁「ネット・ゼロ・エネルギー・ビル実証事業調査発表会 2020」資料

8）経済産業省 資源エネルギー庁他「平成 30 年度 ZEB ロードマップフォローアップ委員会 とりまとめ」資料

9）経済産業省 資源エネルギー庁「ネット・ゼロ・エネルギー・ハウス支援事業調査発表会 2020」資料

10）経済産業省 資源エネルギー庁「ZEH ロードマップフォローアップ委員会 とりまとめ」資料

11）建築環境・省エネルギー機構『建築環境総合性能評価システム CASBEE 新築 評価マニュアル』（2010 年版）

12）建築環境・省エネルギー機構『建築環境総合性能評価システム CASBEE 戸建-新築 評価マニュアル』（2010 年版）

13）伊香賀俊治「建築設備分野のライフサイクル CO_2 による地球環境評価」日本学術会議環境工学連合講演論文集，1-8 頁，図 6，1995

14）日本建築学会編『建物の LCA 指針 環境適合設計・環境ラベリング・環境会計への応用に向けて』日本建築学会，21 頁，図 3.2.2，2003

15）経済産業省 資源エネルギー庁「2030 年度におけるエネルギー需給の見通し（関連資料）」2021

16）佐藤光男，田中俊六，松本敏男『改訂 建築設備』学献社，73 頁，図 1・3・36，1982

17）田中俊六，武田仁，土屋喬雄，岩田利枝，寺尾道仁，秋元孝之『最新建築環境工学 改訂 4 版』井上書院，32 頁，図 1-17，2014

18）篠原隆政「空気調和・衛生工学」空気調和・衛生工学会，Vol. 40，No 7，63 頁，表-1 より一部抜粋

19）木内，大橋他「既存冷凍空調設備の省エネルギー判断基準」日本冷凍空調工業連合会，1984.10 より抜粋

20）木内俊明「建築計画用の建築設備スペース」建築設備と配管工事，1977.9

21）全国地球温暖化防止活動推進センターウェブサイト（http://www.jccca.org/）省エネルギー住宅ファクトシート（その 3）開口部より

22）空気調和・衛生工学会編『空気調和・衛生工学便覧 第 13 版』空気調和・衛生工学会，29 頁，表 2.9，2000

23）空気調和・衛生工学会編『空気調和・衛生工学便覧 第 13 版 1 基礎篇』空気調和・衛生工学会，100 頁，図 5・1，2000

24）井上宇市『空気調和ハンドブック 改訂 3 版』丸善，165 頁，表 5.7

25）佐藤光男，田中俊六，松本敏男『改訂 建築設備』学献社，44 頁，図 1・3・6，1982

26）同上　45 頁，図 1・3・8，1982

27）田中俊六『省エネルギーシステム概論』オーム社，157 頁，図 6-11，2003

28）佐藤光男，田中俊六，松本敏男『改訂 建築設備』学献社，80 頁，図 1・4・1，1982

29）同上　93 頁，図 1・4・12（左図），1982

30）同上　88 頁，図 1・4・7，1982

31）L. F. Moody: Trans. ASME, 66 (1944), p. 671

32）空気調和・衛生工学会編『空気調和・衛生工学便覧 第 12 版 3 空気調和設備設計篇』空気調和・衛生工学会，362 頁，図 7・26，1995

33）佐藤光男，田中俊六，松本敏男『改訂 建築設備』学献社，99 頁，図 1・4・16，1982

34）同上　99 頁，図 1・4・17，1982

35）同上　100 頁，図 1・4・18，1982

36）井上宇一編『ダクト設計施工便覧』丸善，1990

37）空気調和・衛生工学会編『空気調和・衛生工学便覧 第 12 版 6 応用篇』空気調和・衛生工学会，310 頁，図 13・25，1995

38）同上　313 頁，図 13・26(b)(d)，1995

39）日本病院設備協会『病院空調設備の設計・管理指針』日本病院設備協会規格　HEAS-02（0989）

40）空気調和・衛生工学会編『空気調和・衛生工学便覧 第 12 版 6 応用篇』空気調和・衛生工学会，222 頁，

図 7・11(b), 1995

41) 同上　221 頁, 図 7・10, 1995

42) 同上　323 頁, 図 13・33(c), 1995

43) 岩田利枝, 上野佳奈子, 高橋達, 二宮秀與, 光田恵, 吉澤望『生活環境学 改訂版』井上書院, 48 頁, 図 3.2, 2015

44) 柳宇『オフィス内空気汚染対策』技術書院, 23 頁, 表 2.1.3, 2001

45) 実用空調技術便覧編纂委員会『実用空調技術便覧』オーム社（抜粋）, 1975

46) 岩田利枝, 上野佳奈子, 高橋達, 二宮秀與, 光田恵, 吉澤望『生活環境学 改訂版』井上書院, 58 頁, 図 3.5, 2015

47) 空気調和・衛生工学会編『給排水・衛生設備計画設計の実務の知識』オーム社, 19 頁, 表 2.1, 1995

48) 同上, 21 頁, 表 2.5, 1995

49) 国土交通省水管理・国土保全局水資源部「日本の水資源の現況（令和 3 年版）」8 頁, 図 2-2-1

50) 鎌田元康篇『給湯設備の ABC 住まいと湯』TOTO 出版, 69 頁, 図 1-35, 1993

51) 空気調和・衛生工学会編『SHASE-S206-2009 給排水衛生設備規準・同解説』丸善, 14 頁, 解説図 2.1, 2009

52) 空気調和・衛生工学会編『給排水・衛生設備計画設計の実務の知識』オーム社, 160 頁, 図 5・2(一部), 1995

53) 空気調和・衛生工学会『給排水衛生設備規準・同解説』丸善, 123 頁, 解説図 7-10, 2000

54) 空気調和・衛生工学会編『給排水・衛生設備計画設計の実務の知識』オーム社, 162 頁, 図 5・8, 1995

55) ビル管理教育センター編「空調給排水管理監督者講習会テキスト」（第 3 版）145 頁, 表 3・4・1

56) 佐藤光男, 田中俊六, 松本敏男『改訂 建築設備』学献社, 176 頁, 図 2・3・5, 1982

57) 「INAX 住宅設備機器総合カタログ 2010 年版」564 頁

58) 空気調和・衛生工学会編『給排水・衛生設備計画設計の実務の知識』オーム社, 178 頁, 図 5.27, 1995

59) 空気調和・衛生工学会『図解 空調・給排水の大百科』オーム社, 435 頁, 図-4, 1998

60) 日本建築学会『建築設備資料集成 3』丸善, 102 頁, 1964 および建設省・住宅金融公庫監修『高齢化対応住宅リフォームマニュアル』日本住宅リフォームセンター（住宅金融普及協会）

61) 空気調和・衛生工学会編『SHASE-S206-2009 給排水衛生設備規準・同解説』丸善, 162 頁, 解説表 10-6(a), 2009

62) 空気調和・衛生工学会編『給排水衛生設備計画設計の実務の知識 改訂 2 版』オーム社, 138 頁, 図 5・16, 2001

63) 空気調和・衛生工学会編『給排水衛生設備計画設計の実務の知識 改訂 2 版』オーム社, 22 頁, 表 2・6(抜粋), 2001

64) 同上, 20 頁, 図 2・10, 2001

65) 空気調和・衛生工学会編『空気調和・衛生工学便覧 第 13 版 4 給排水衛生設備設計編』空気調和・衛生工学会, 106 頁, 表 5・16, 2000

66) 空気調和・衛生工学会編『給排水衛生設備計画設計の実務の知識 改訂 2 版』オーム社, 23 頁, 表 2・7, 2001

67) 同上, 23 頁, 図 2・11, 2001

68) 空気調和・衛生工学会編『図解 空調・給排水の大百科』オーム社, 368 頁, 図・1, 1998

69) 空気調和・衛生工学会編『図解 空調・給排水の大百科』オーム社, 369 頁, 図・2, 1998

70) 建築研究所日本建築行政会議給排水設備技術基準・同解説編集委員会編『給排水設備技術基準・同解説』（2006 年版）日本建築センター, 42 頁, 図 2-6

71) 同上, 47 頁, 図 2-14

72) 空気調和・衛生工学会編『空気調和・衛生設備の知識』オーム社, 160 頁, 図 3.2-24, 2010

73) 空気調和・衛生工学会『給排水衛生設備規準・同解説』丸善, 204 頁, 表 4.4-1, 2000

74) 空気調和・衛生工学会編『空気調和・衛生工学便覧 第 13 版 4 給排水衛生設備設計編』空気調和・衛生工学会, 119 頁, 図 5-58, 2000

75) 空気調和・衛生工学会『給排水衛生設備規準・同解説』丸善, 205 頁, 表 2.4, 2000

76) 空気調和・衛生工学会編『給排水・衛生設備計画設計の実務の知識』オーム社, 79 頁, 表 3.3, 1995

77) 空気調和・衛生工学会編『給排水・衛生設備計画設計の実務の知識 改訂 2 版』オーム社, 65 頁, 図 3.1, 2001

78) 同上, 65 頁, 表 3・5, 2001

79) 同上，66 頁，表 3·6，2001

80) ビル管理教育センター「空調給排水管理監督者講習会テキスト」(第 3 版) 132 頁，図 3.2.3，図 3.2.4

81) 空気調和・衛生工学会編『給排水衛生設備計画設計の実務の知識 改訂 2 版』オーム社，91 頁，表 3.11，2001

82) 空気調和・衛生工学会編『給排水・衛生設備計画設計の実務の知識』オーム社，93 頁，表 3.13，1995

83) 同上，78 頁，図 3·15，1995

84) 同上，78 頁，図 3·16，1995

85) 坂上恭助，鎌田元康編『基礎からわかる給排水設備』彰国社，150 頁，図表 4-93，4-94，2009

86) 空気調和・衛生工学会編『給排水・衛生設備計画設計の実務の知識 改訂 2 版』オーム社，195 頁，図 8.1，2001

87) 同上，197 頁，図 8.2，2001

88) 空気調和・衛生工学会編『空気調和・衛生設備の知識』オーム社，165 頁，図 5·8，1991

89) 空気調和・衛生工学会編『空気調和・衛生工学会便覧 第 12 版 第 4 巻給排水衛生設備設計篇』空気調和・衛生工学会，193 頁，図 7·6，1995

90) 空気調和・衛生工学会編『給排水・衛生設備計画設計の実務の知識 改訂 2 版』オーム社，100 頁，図 4.25，2001

91) 泉忠之編著『住まいの水まわり学入門』TOTO 出版，1995

92) 建築設備システムデザイン編集委員会編『快適環境と設備の知識 建築設備システムデザイン』理工図書，60 頁，表 3·12，1997

93) HASS206-1991「給排水設備規準・同解説」および空気調和・衛生工学会編『図解 空調・給排水の大百科』オーム社，404 頁，図-1，1998

94) 空気調和・衛生工学会編『SHASE-S206-2009 給排水衛生設備規準・同解説』丸善，31 頁，解説図 2·15 2·16

95) 空気調和・衛生工学会編『給排水・衛生設備計画設計の実務の知識 改訂 2 版』オーム社，101 頁，図 4·28，2001

96) 空気調和・衛生工学会編『SHASE-S206-2009 給排水衛生設備規準・同解説』丸善，110 頁，解説図 9·17

97) 同上，272 頁，参考表 3·1

98) 同上，273 頁，参考表 3·2

99) 同上，33 頁，解説図 2·17，34 頁，解説図 2·18

100) 同上，273 頁，参考表 3·3

101) 空気調和・衛生工学会編『空気調和・衛生工学便覧 第 13 版 4 給排水衛生設備設計編』空気調和・衛生工学会，287 頁，表 9·6，2000

102) 同上，284 頁，表 9·3（一部改変），2000

103) 紀谷文樹総合監修，鎌田元康編『給排水衛生設備学 初級編 改訂新版 水まわり入門』TOTO 出版，186 頁，図 4-52，1995

104) 空気調和・衛生工学会編『給排水衛生設備計画設計の実務の知識 改訂 2 版』オーム社，139 頁，表 6.1，2001

105) 空気調和・衛生工学会編『空気調和・衛生工学便覧 第 13 版 4 給排水衛生設備設計編』空気調和・衛生工学会，305〜306 頁，表 9·26（抜粋），2000

106) 空気調和・衛生工学会編『給排水・衛生設備計画設計の実務の知識 改訂 2 版』オーム社，96 頁，図 4·20，2001

107) 建築設備技術者協会編『建築・環境キーワード事典』オーム社，57 頁，図 2，2002

108) 空気調和・衛生工学会編『空気調和・衛生工学便覧 第 13 版 4 給排水衛生設備設計編』空気調和・衛生工学会，311 頁，図 10·1，2000

109) 同上，312 頁，図 10·3，2000

110) 同上，312 頁，図 10·4，2000

111) 建設大臣官房庁営繕部監修『排水再利用・雨水利用システム計画基準・同解説』平成 9 年版，公共建築協会

112) 同上

113) 「東京都雨水貯留・浸透施設技術指針(案)(資料編)」東京都区部中小河川流域総合治水対策協議会，64 頁，図 3.4.13

114) 空気調和・衛生工学会編『給排水・衛生設備計画設計の実務の知識 改訂 2 版』オーム社，166 頁，図 7·

2，2001

115）新版建築物の環境衛生管理編集委員会編『新版建築物の環境衛生管理 上巻』（第 1 版）ビル管理教育セン
　　ター，200 頁，図 3-6-1(7)，2009

116）日本建築設備・昇降機センター「建築設備検査資格者講習テキスト」（平成 19 年度版）636 頁，図 7.5

117）新版建築物の環境衛生管理編集委員会編『新版建築物の環境衛生管理 上巻』（第 1 版）ビル管理教育セン
　　ター，201 頁，図 3-6-1(10)，2009

118）空気調和・衛生工学会編『給排水・衛生設備計画設計の実務の知識 改訂 2 版』オーム社，184 頁，図 7・
　　13，2001

119）空気調和・衛生工学会編『給排水・衛生設備計画設計の実務の知識』オーム社，248 頁，図 7・18，1995

120）同上，240 頁，図 7・14，1995

121）建築技術教育普及センター『国土交通大臣登録 平成 22 年度 設備設計一級建築士講習テキスト』415 頁，
　　表 3-57，2010

122）同上，416 頁，表 3-58，2010

［参考文献］

第 1 章 ───

1 ）日本建築学会編『シックハウス事典』技報堂出版，2001
2 ）空気調和・衛生工学会編『空気調和衛生工学便覧 第 14 版』空気調和・衛生工学会，2010
3 ）田中俊六，武田仁，土屋喬雄，岩田利枝，寺尾道仁，秋元孝之『最新建築環境工学 改訂 4 版』井上書院，2014
4 ）空気調和・衛生工学会編『空気調和・衛生設備の環境負荷削減対策マニュアル』空気調和・衛生工学会，2001
5 ）資源エネルギー庁石炭・新エネルギー部省エネルギー対策課監修『「省エネ法」法令集』省エネルギーセンター，2014
6 ）水谷洋一編著『2010 年地球温暖化防止シナリオ』実教出版，2000
7 ）エネルギー教育研究会編著『講座 現代エネルギー・環境論 改訂新版』電力新報社，2006
8 ）空気調和・衛生工学会編『SI の手引き』空気調和・衛生工学会，1999
9 ）建築設備技術者協会編『建築・環境キーワード事典』オーム社，2002
10）柿沼整三『わかる！建築設備』オーム社，2015
11）建築設備学教科書研究会編著『建築設備教科書 新訂第二版』彰国社，2009
12）空気調和・衛生工学会編『空気調和・衛生設備の知識 改訂 4 版』オーム社，2017
13）空気調和・衛生工学会編『図解 空調・給排水の大百科』オーム社，1998
14）井上宇市編『建築設備演習』裳華房，1964
15）中島康孝他『三訂版建築設備』朝倉書店，1995
16）木村建一『建築設備基礎理論演習』学献社，1970
17）木村建一編『建築環境学 2』丸善，1993
18）日本サステナブル・ビルディング・コンソーシアム「住宅事業建築主基準の判断の基準ガイドブック」
19）清家剛，秋元孝之監修『サステナブルハウジング 地球にやさしい資源循環型住宅』東洋経済新報社，2003
20）LCCM 住宅研究・開発委員会『LCCM 住宅の設計手法 デモンストレーション棟を事例として』建築技術，2012
21）伊香賀俊治「建築設備分野のライフサイクル CO$_2$ による地球環境評価」日本学術会議環境工学連合講演会講演論文集
22）日本建築学会編『建物の LCA 指針 環境適合設計・環境ラベリング・環境会計への応用に向けて 第 2 版』日本建築学会，2003
23）日本建築学会編『環境のヒューマンファクターデザイン－健康で快適な次世代省エネ建築へ』井上書院，2020

第 2 章 ───

1 ）今中利信，広瀬良樹『環境・エネルギー・健康 20 講』化学同人，2000
2 ）資源エネルギー庁編『エネルギー 2001』電力新報社，2001
3 ）田中俊六『太陽熱冷暖房システム』オーム社，1980
4 ）藤井石根『太陽エネルギー利用技術』工業調査会，1991
5 ）日本太陽エネルギー学会『太陽エネルギー利用ハンドブック』，1985
6 ）日本太陽エネルギー学会『改訂 新太陽エネルギー利用ハンドブック』，2015
7 ）平田賢監修『PEM・燃料電池入門 これから 5 年に起こるエネルギー革命の主役』環境新聞社，1999
8 ）J. F. サンフォード，宮島龍興，高野文彦訳『現代の科学 25 熱機関 蒸気機関からロケットまで』河出書房新社，1969
9 ）粟野誠一『内燃機関工学』山海堂，1958
10）建築環境・省エネルギー機構『建築物の省エネルギー基準と計算の手引 新築・増改築の仕様基準（簡易なポイント法）平成 21 年省エネ基準対応』，2009
11）建築環境・省エネルギー機構『建築物の省エネルギー基準と計算の手引 大規模修繕等 平成 21 年省エネ基準対応』，2009
12）日本エネルギー学会編『天然ガスコージェネレーション計画・設計マニュアル 2008』日本工業出版，2008
13）宇田川光弘『パソコンによる空気調和計算法』オーム社，1986
14）経済産業省 資源エネルギー庁「令和 2 年度エネルギーに関する年次報告（エネルギー白書 2021）」

第3章 ─────────────────────────────────────

1）井上宇一編『空気調和ハンドブック 改訂5版』丸善，2008

2）空気調和・衛生工学会編『空気調和衛生工学便覧 第14版 3 空気調和設備設計篇 第5編第2』空気調和衛生工学会，2010

3）空気調和・衛生工学会編『設計用最大熱負荷計算法』丸善，1989

4）空気調和・衛生工学会編『空気調和設備計画設計の実務の知識 改訂4版』オーム社，2017

5）空気調和・衛生工学会編『空気調和衛生工学便覧 第14版 1 基礎編 第17章』空気調和・衛生工学会，2010

6）田中俊六，武田仁，土屋喬雄，岩田利枝，寺尾道仁，秋元孝之『最新建築環境工学 改訂4版』井上書院，2014

7）宇田川光弘，近藤靖史，秋元孝之，長井達夫『建築環境工学 改訂版 熱環境と空気環境』朝倉書店，2020

8）井上宇市，中島康孝『建築設備ポケットブック 改訂第4版』相模書房，2001

9）紀谷文樹，石野久彌共編『現代建築設備』オーム社，1990

10）佐藤光男，田中俊六，松本敏男『改訂 建築設備』学献社，1982

11）鈴木胖，山地憲治編著『エネルギー負荷平準化』エネルギー・資源学会，2000

12）空気調和・衛生工学会編『建築設備の性能検証過程指針(E)』空気調和・衛生工学会

13）空気調和・衛生工学会編『設備システムに関するエネルギー性能計測マニュアル(E)』空気調和・衛生工学会

14）空気調和・衛生工学会編『建築室内環境・設備システム性能評価方法の標準化研究「室内環境測定マニュアル」(E)』空気調和・衛生工学会

15）空気調和・衛生工学会編『試して学ぶ熱負荷 HASPEE 新最大熱負荷計算法』丸善，2012

16）大塚雅之『初学者の建築講座 建築設備 第四版』市ヶ谷出版社，2020

17）秋元孝之監修『基礎教材 建築設備』井上書院，2018

18）日本建築学会『日本建築学会環境規準 AIJES-H0003-2019』

第4章 ─────────────────────────────────────

1）空気調和・衛生工学会編『給排水衛生設備計画設計の実務の知識 改訂4版』オーム社，2017

2）紀谷文樹総合監修，鎌田元康編『給排水衛生設備学 初級編 改訂新版 水まわり入門』TOTO出版，1999

3）紀谷文樹総合監修，深井英一編『給排水衛生設備学 中級編 改訂新版 水まわりの実務』TOTO出版，2000

4）紀谷文樹総合監修・編『給排水衛生設備学 上級編』TOTO出版，1989

5）鎌田元康編『給湯設備のABC 住まいと湯』TOTO出版，1993

6）泉忠之編著『住まいの水まわり学入門』TOTO出版，1995

7）空気調和・衛生工学会編『わかりやすい住宅の設備 給水』オーム社，1999

8）空気調和・衛生工学会編『わかりやすい住宅の設備 排水』オーム社，1999

9）田ノ畑好幸改訂監修，中井多喜雄著『改訂版 イラストでわかる給排水・衛生設備の技術』学芸出版社，2012

10）戸崎重弘，片小田節男，加藤平二郎『新訂・わかり易い設備工学講座3 衛生設備 改訂第三版』彰国社，2001

11）大塚雅之『初学者の建築講座 建築設備 第四版』市ヶ谷出版社，2020

12）建築学教育研究会編，遠藤智行・大塚雅之・高橋健彦・山口温著『はじめての建築学－建築・環境共生デザイン基礎編 環境・設備から考える建築デザイン』鹿島出版会，2014

13）日本医療福祉設備協会『日本医療福祉設備協会規格 病院設備設計ガイドライン 衛生設備編 HEAS-03-2021』

第5章 ─────────────────────────────────────

1）田尻陸夫『建築電気設備の基礎知識 改訂2版』オーム社，1989

2）日本電設工業協会編『新版 新人教育 電気設備改訂第3版』日本電設工業協会，2020

3）田尻陸夫『絵とき 電気設備の設計・施工実務早わかり 改訂2版』オーム社，2020

4）田尻陸夫『絵とき 電気施設管理と法規』オーム社，1997

5）電気設備学会編『建築電気設備の計画と設計』電気設備学会

6）日本電設工業協会・電気設備学会編著『建築電気設備の耐震設計・施工マニュアル 改訂第2版』日本電設工業協会，2016

7）電気設備学会編『電気設備工学ハンドブック』オーム社，2002

8）国土交通大臣官房官庁営繕部設備・環境課監修『建築設備設計基準 令和3年版』公共建築協会，2021

演習問題　解答・解説

第1章　概論

〔1〕18～37頁参照。以下に解答のポイントを示す。

地球温暖化は，化石燃料の使用等に起因する大気中の二酸化炭素などの温室効果ガス濃度が高まることにより気温が上昇することである。また，オゾン層破壊の原因は，空調機等の冷却用に使用されたフロンガス等がオゾン層を破壊することである。そのため，省エネルギーやCO_2排出削減に配慮した建築，建築設備の計画設計が求められている。

〔2〕11頁，61～72頁，313頁参照。解答省略

〔3〕21頁参照。解答省略

〔4〕12頁参照。以下に解答のポイントを示す。

スマートグリッドは，発電所や送電網といった従来の電力供給ネットワークではなく，電力技術とIT技術の融合により効率良く電力の供給を図るものである。電力消費地に自家発電のシステムを導入することで，従来型の発電所に頼ることなく地域での必要消費量を消費地で生産できるしくみであり，太陽光発電等の再生可能エネルギーの積極的な導入によってCO_2排出削減にもつながると期待されている。

〔5〕16～17頁参照。以下に解答のポイントを示す。

建築活動，都市活動による人工排熱の増加，緑地・水面の減少，舗装面の増大による地表面の人工化，密集した建物による通風の阻害，天空率の低下による都市形態の高密度化などがヒートアイランド現象の原因となる。

夏期には，建物の高密度化により夜間の冷却が進まず，日中に蓄えた熱を朝までもち越しやすくなる。高温化による冷房需要の増加でエネルギー消費量も増え，冷房等による人工排熱の増大でいっそうの気温上昇を招く。

冬期には，高温化による暖房エネルギーの削減につながるともいわれている。

〔6〕19～22頁，59～60頁参照。解答省略

〔7〕11～13頁参照。解答省略

〔8〕解答省略

〔9〕11～13頁，249～250頁参照。解答省略

第2章　建築設備工学の基礎知識

〔1〕1）$\varepsilon_1 = \varepsilon_2 = 0.9$ より，

$$C_r = \frac{4 \times 5.67 \times 10^{-8} \times 288^3}{1/0.9 + 1/0.9 - 1} = \frac{5.4}{1.22} = 4.4$$

$$C_a = C_c + C_r = 2.5 + 4.4 = 6.9 \,[\mathrm{W/(m^2 \cdot K)}]$$

$$U = \frac{1}{1/9.3 + 1/6.9 + 1/23} = \frac{1}{0.296}$$

$$= 3.38 \,[\mathrm{W/(m^2 \cdot K)}] \to 3.4 \,[\mathrm{W/(m^2 \cdot K)}]$$

2）$\varepsilon_1 = 0.9$，$\varepsilon_1 = \varepsilon_2 = 0.1$ より，

$$C_r = \frac{4 \times 5.67 \times 10^{-8} \times 288^3}{1/0.9 + 1/0.1 - 1} = \frac{5.4}{10.11} = 0.53$$

$$C_a = C_c + C_r = 2.5 + 0.53 = 3.03 \,[\mathrm{W/(m^2 \cdot K)}]$$

$$U = \frac{1}{1/9.3 + 1/3.03 + 1/23} = \frac{1}{0.481}$$

$$= 2.08 \,[\mathrm{W/(m^2 \cdot K)}] \to 2.1 \,[\mathrm{W/(m^2 \cdot K)}]$$

1）の2枚とも普通の透明ガラスの複層ガラスに比べ，内側に低放射率のガラスを使用した複層ガラスのほうが熱貫流率が小さいことから断熱性に優れていることがわかる。

3）41頁，式(1.5)より求める。

2枚とも普通ガラスの場合の複層ガラス

$$q = AU(t_r - t_a)$$
$$= 1 \times 3.4 \times (22 - 4) = 61.2 \,[\mathrm{W/m^2}]$$

1枚が低放射率ガラスの場合の複層ガラス

$$q = AU(t_r - t_a)$$
$$= 1 \times 2.1 \times (22 - 4) = 37.8 \,[\mathrm{W/m^2}]$$

以上から，2枚とも普通の透明ガラスの複層ガラスに比べ，内側に低放射率のガラスを使用した複層ガラスのほうがガラス窓単位面積当たりの損失熱量が小さいことがわかる。

4）41頁，例題1，室内側表面温度 $t_s = t_r - \dfrac{q}{A\alpha_i}$ より，

2枚とも普通ガラスの場合の複層ガラス

$$t_s = 22 - \frac{61.2}{1 \times 9.3} = 22 - 6.58 = 15.4 \,[℃]$$

1枚が低放射率ガラスの場合の複層ガラス

$$t_s = 22 - \frac{37.8}{1 \times 9.3} = 22 - 4.06 = 17.9 \,[℃]$$

以上から，2枚とも普通の透明ガラスに比べ，内側に低放射率のガラスを使用した複層ガラスのほうが断熱性に優れていることがわかる。

〔2〕 45頁, 式(2.3)より,

$$Q = vA$$
$$= 0.6 \times 3.80 \times 10^{-4} = 2.28 \times 10^{-4} \ [\mathrm{m^3/s}]$$

ただし,

$$A = \frac{\pi d^2}{4} = \frac{\pi \cdot 0.022^2}{4} = 3.80 \times 10^{-4} \ [\mathrm{m^2}]$$

給湯量 $V = Qt$ として,

Q：流量 $[\mathrm{m^3/s}]$, t：時間

$$t = \frac{V}{Q} = \frac{0.150 \ [\mathrm{m^3}]}{2.28 \times 10^{-4}} = 658 \ [\mathrm{s}] \rightarrow 10.97 \text{分}$$

〔3〕 1) 全圧は $P_T = P_S + \dfrac{1}{2} \rho v^2$ より,

$$\frac{1}{2} \rho v^2 = P_T - P_S$$

$$v = \sqrt{\frac{2(P_T - P_S)}{\rho}}$$

2) 1) より, 全圧 P_T と静圧 P_S の差が動圧であることから,

$$v = \sqrt{\frac{2 \times 32}{1.22}} = 7.24 \ [\mathrm{m/s}]$$

〔4〕 1) 49頁, 式(2.15)を用いる。

$$\Delta P = \xi \frac{1}{2} \rho v^2 \text{ から, } \quad v = \sqrt{\frac{2\Delta P}{\xi \rho}}$$

管路中における流量 $Q \ [\mathrm{m^3/s}]$ と管路の断面積 $A \ [\mathrm{m^2}]$, 流速 $v \ [\mathrm{m/s}]$ の関係は次式で表される (45頁, 式(2.3)参照)。

$$Q = vA$$

$$Q = vA = A\sqrt{\frac{2\Delta P}{\xi \rho}} = A \cdot \frac{1}{\sqrt{\xi}} \sqrt{\frac{2\Delta P}{\rho}}$$

$$= \alpha A \sqrt{\frac{2\Delta P}{\rho}}$$

ただし, $\alpha = \dfrac{1}{\sqrt{\xi}}$

2) まず, オリフィスの断面積 A を求める。

$$A = \frac{\pi d^2}{4} = \frac{\pi \cdot 0.04^2}{4} = 1.26 \times 10^{-3}$$

1) より,

$$Q = \alpha A \sqrt{\frac{2\Delta P}{\rho}}$$

$$= 0.8 \times 1.26 \times 10^{-3} \sqrt{\frac{2 \times 2,050 \ [\mathrm{Pa}]}{988}}$$

$$= 2.05 \times 10^{-3} \ [\mathrm{m^3/s}]$$

〔5〕 1) $W + Q'_L = Q'_H$, $Q'_L / Q'_H = T'_L / T'_H$ より,

$$COP_c = \frac{Q'_L}{W} = \frac{Q'_L}{Q'_H - Q'_L} = \frac{Q'_H \cdot T'_L / T'_H}{Q'_H - Q'_H \cdot T'_L / T'_H}$$

$$= \frac{T'_L / T'_H}{1 - T'_L / T'_H} = \frac{T'_L}{T'_H - T'_L}$$

2) $$COP_h = \frac{Q'_H}{W} = \frac{Q'_L + W}{W} = \frac{Q'_L}{W} + 1 = COP_c + 1$$

3) T'_H, T'_L は絶対温度であることに注意して計算する。

$$COP_h = \frac{T'_H}{T'_H - T'_L} = \frac{323}{323 - 268} = 5.87$$

ただし, $T'_H = 273 + 50 = 323 \ [\mathrm{K}]$

$\qquad\quad T'_L = 273 - 5 = 268 \ [\mathrm{K}]$

$COP_h = \dfrac{Q'_H}{W}$ より加熱量を求める。

$$Q'_H = COP_h \cdot W = 5.87 \times 2 = 11.74 \ [\mathrm{kW}]$$

4) $$COP_h = \frac{T'_H}{T'_H - T'_L} = \frac{323}{323 - 281} = 7.69$$

$T_L = 273 + 8 = 281 \ [\mathrm{K}]$

$Q_H = COP_h \cdot W = 7.69 \times 2 = 15.38 \ [\mathrm{kW}]$

したがって能力は, $15.38 \div 11.74 = 1.3$

となり, 低熱源温度が8℃の場合は1.3倍向上した。

〔6〕 55頁, 式(3.2)より,

$$\eta_c = \frac{T_H - T_L}{T_H} = 1 - \frac{T_L}{T_H},$$

$T \ [\mathrm{K}] = t \ [\text{℃}] + 273$ とする。

N	t	T_H	T_L	η_c
0	350	623	300	0.518
1	380	653	300	0.541
2	410	683	300	0.561
3	440	713	300	0.579
4	470	743	300	0.596
5	500	773	300	0.612
6	530	803	300	0.626
7	560	833	300	0.640
8	590	863	300	0.652
9	620	893	300	0.664

〔7〕 55頁, 式(3.3)より,

$$COP_c = \frac{T'_L}{T'_H - T'_L},$$

$$COP_c{}^* = \frac{T'_L}{T'_H - T'_L} \times \eta_c$$

N	T'_L	T'_H	$T'_H - T'_L$	COP_c	η_e	$COP_c{}^*$
0	278	300	22	12.6	0.518	6.55
1	278	301	23	12.1	0.541	6.54
2	278	302	24	11.6	0.561	6.50
3	278	303	25	11.1	0.579	6.44
4	278	304	26	10.7	0.596	6.37
5	278	305	27	10.3	0.612	6.30
6	278	306	28	9.93	0.626	6.22
7	278	307	29	9.59	0.640	6.14
8	278	308	30	9.29	0.652	6.04
9	278	309	31	8.69	0.664	5.95

〔8〕 ピトー管（46頁欄外参照）は二重管の先端部で，全圧 $P_T =$ 動圧 $P_V +$ 静圧 P_S を受け，管側で静圧 P_S を受けている。したがって，それらに接続した水を入れた U 字管（マノメータ*）には，$P_V = P_T - P_S$ の差圧に相当する水位差がつく。

46頁より，

$$P_V = \frac{\rho v^2}{2g} \qquad \therefore v = \sqrt{\frac{2gP_V}{\rho}}$$

水柱 $1\,\mathrm{mmH_2O} = 1\,\mathrm{kg/m^2} = 9.8\,[\mathrm{Pa}]$

$$v = \sqrt{\frac{2 \times 9.8 \times P_V}{1.2}} = \sqrt{16.3 \times P_V}$$

N	P_V [Pa]	v [m/s]
0	98	40.0
1	110	42.3
2	118	43.9
3	127	45.5
4	137	47.3
5	147	48.9
6	157	50.6
7	167	52.2
8	176	53.6
9	186	55.1

［マノメータ］manometer 2点の圧力を，液体が一部に入った U 字形細管の両端に接続し，圧力差によって生じる液柱表面の変位から，圧力差を読み取る測定装置。

第3章　空気調和設備

〔1〕 86～87頁参照。解答省略

〔2〕 88～91頁参照。解答省略

〔3〕 102頁，表3-2(1)(2)より，

延べ床面積		機械室面積（各階ユニット単一ダクト方式（定風量・変風量とも）
15,000 [m²]	→	750 [m²]
20,000 [m²]	→	960 [m²]

$$A = 750 + (960 - 750) \times \frac{(18,000 - 15,000)}{(20,000 - 15,000)} = 876\,\mathrm{m^2}$$

〔4〕 115頁，表4-3より，熱容量Ⅲ（普通コンクリート 50 mm 厚相当），E（東），13時は，

$$ETD = 11.8\,[\mathrm{K}]$$

外壁からの熱取得 H_W は，114頁，式(4.5)より，

$$H_W = A_W \cdot U_W \cdot ETD = 20 \times 0.8 \times 11.8 = 188.8\,[\mathrm{W}]$$

〔5〕 114頁，表4-4の明色ブラインドより，吸熱ガラス 6 mm の熱貫流率 $U_G = 4.41\,[\mathrm{W/(m^2 \cdot K)}]$，$SC = 0.51$，また，113頁，表4-3より，W（西）面，14時の $q_{GI} = 400\,[\mathrm{W/m^2}]$ である。113頁，式(4.1)より，

$$\begin{aligned} H_G &= A_G(SC \cdot q_{GI} + U_G \Delta t) \\ &= 10 \times ((0.51 \times 400) + 4.41 \times (32.9 - 26)) \\ &= 10 \times (204 + 30.4) \\ &= 2,344\,[\mathrm{W}] \end{aligned}$$

$$\Delta t = t_o - t_r$$

t_o：外気温度 [℃]　　　t_r：室内設定温度 [℃]

〔6〕 116頁，式(4.11)より，すき間風量 $Q_I = 200 \times 0.5 \div 3,600 = 0.027\,[\mathrm{m^3/s}]$

112頁，表4-2(a)より，室内設定温度 $t_r = 22$ ℃

外気温度 $t_o = 1.3$ ℃（9時）とする。

116頁，式(4.9)，式(4.10)より

$$\begin{aligned} \text{顕熱負荷} H_{IS} &= 1,206 \times Q_I \times \Delta t \\ &= 1,206 \times 0.027 \times (22 - 1.3) \\ &= 674.0\,[\mathrm{W}] \rightarrow 674\,[\mathrm{W}] \end{aligned}$$

$$\begin{aligned} \text{潜熱負荷} H_{IL} &= 3,000,000 \times Q_I \times \Delta x \\ &= 3,000,000 \times 0.027 \\ &\quad \times (0.0082 - 0.0014) \\ &= 550.8\,[\mathrm{W}] \rightarrow 551\,[\mathrm{W}] \end{aligned}$$

112頁，表4-2(b)の屋外（9時）の絶対湿度，$x = 1.4\,[\mathrm{g/kg}] = 0.0014\,[\mathrm{kg/kg}]$ に注意すること。

〔7〕 外気を①とし，112頁，表4-2(b)から，$t_1 = 1.3$ ℃，$x = 0.0014\,[\mathrm{kg/kg}]$

室内空気を②とし，$t_2 = 22$ ℃，$\varphi_R = 50\,[\%]$ とする。

125頁，式(5.20)より，

$$t_3 = kt_1 + (1-k)t_2 = 0.25 \times 1.3 + 0.75 \times 22 = 16.8\,[\text{℃}]$$

h_2 を，$t_2 = 22$ ℃，$\varphi_R = 50\,\%$ より空気線図で求めると，$15.3\,[\mathrm{kJ/kg}]$，

h_1 は空気線図からでは読み取りにくいので，121頁，式(5.5)から求める。

$$h_1 = c_a t + (r_o + c_v t)x$$

$$=1.005\times1.3+(2.501+1.846\times1.3)\times0.0014$$
$$=4.8\,[\mathrm{kJ/kg}]$$

ゆえに

$$h_3=kh_1+(1-k)h_2=0.25\times4.8+0.75\times15.3$$
$$=12.7\,[\mathrm{kJ/kg}]$$

〔8〕 146頁参照。以下に解答のポイントを示す。

ヒートポンプにおける四方切替え弁は，蒸発器と凝縮器に流れる冷媒流路を，暖房時と冷房時に応じて切り替える弁のこと。四方切替え弁の働きにより，同一熱交換器が蒸発器から凝縮器へ，凝縮器から蒸発器へと役割が変化する。

〔9〕 147～149頁参照。解答省略

〔10〕 110頁「4.2 冷房負荷計算法」，118頁「4.3 暖房負荷計算法」および111頁，表4-1を参照し，計算を行う。まず，344頁，表1のように計算条件を整理する。表1を用い，表4-1を参考にして，冷房負荷計算および暖房負荷計算を行う。計算対象は最上階の事務室であるので，表4-1の外壁熱取得・熱損失に「屋根」の行を加える。屋根の方位は水平である。下階も平面図と同じ事務室，廊下があるとするので，床についての熱取得，熱損失の計算は必要ない。また，建物平面図の点線から左の部分は事務室と同じ室温であるので，点線部分からの熱取得，熱損失の計算も必要ない。表4-1を参考に必要な数値を入力，計算を行うことにより，345頁，表2の熱負荷計算表が得られる。

表2の室熱負荷H_{RM}と空調機負荷H_{AC}の顕熱，潜

熱，全熱の値から，344頁，表3の熱負荷集計表が得られる。ここで，床面積は$240.0\,\mathrm{m^2}$である。

表3 熱負荷集計表／演習問題〔10〕

<table>
<tr><td rowspan="9">1)</td><td colspan="4">冷房負荷[W]</td></tr>
<tr><td></td><td>顕熱</td><td>潜熱</td><td>全熱</td></tr>
<tr><td>H_{RM} 室熱負荷[W]</td><td>19,808</td><td>3,226</td><td>23,034</td></tr>
<tr><td>H_{AC} 空調機負荷[W]</td><td>22,584</td><td>10,832</td><td>33,416</td></tr>
<tr><td colspan="4">暖房負荷[W]</td></tr>
<tr><td></td><td>顕熱</td><td>潜熱</td><td>全熱</td></tr>
<tr><td>H_{RM} 室熱負荷[W]</td><td>9,264</td><td>400</td><td>9,664</td></tr>
<tr><td>H_{AC} 空調機負荷[W]</td><td>18,115</td><td>7,205</td><td>25,320</td></tr>
<tr><td></td><td></td><td></td><td></td></tr>
<tr><td rowspan="16">2)</td><td colspan="4">冷房負荷[W]→冷房負荷[kW]</td></tr>
<tr><td></td><td>顕熱</td><td>潜熱</td><td>全熱</td></tr>
<tr><td>H_{RM} 室熱負荷[kW]</td><td>19.8</td><td>3.2</td><td>23.0</td></tr>
<tr><td>H_{AC} 空調機負荷[kW]</td><td>22.6</td><td>10.8</td><td>33.4</td></tr>
<tr><td colspan="4">暖房負荷[W]→暖房負荷[kW]</td></tr>
<tr><td></td><td>顕熱</td><td>潜熱</td><td>全熱</td></tr>
<tr><td>H_{RM} 室熱負荷[kW]</td><td>9.3</td><td>0.4</td><td>9.7</td></tr>
<tr><td>H_{AC} 空調機負荷[kW]</td><td>18.1</td><td>7.2</td><td>25.3</td></tr>
<tr><td colspan="4">床面積当たりの冷房負荷[W/m²]</td></tr>
<tr><td></td><td>顕熱</td><td>潜熱</td><td>全熱</td></tr>
<tr><td>H_{RM} 室熱負荷[W/m²]</td><td>82.5</td><td>13.4</td><td>95.9</td></tr>
<tr><td>H_{AC} 空調機負荷[W/m²]</td><td>94.1</td><td>45.1</td><td>139.2</td></tr>
<tr><td colspan="4">床面積当たりの暖房負荷[W/m²]</td></tr>
<tr><td></td><td>顕熱</td><td>潜熱</td><td>全熱</td></tr>
<tr><td>H_{RM} 室熱負荷[W/m²]</td><td>38.6</td><td>1.7</td><td>40.3</td></tr>
<tr><td>H_{AC} 空調機負荷[W/m²]</td><td>75.5</td><td>30.0</td><td>105.5</td></tr>
</table>

表1 冷暖房負荷計算の条件の整理／演習問題〔10〕

A_F 床面積[m²]	240.0 [1]				1) $A_F=24.0\mathrm{m}\times10.0\mathrm{m}$
V 室容積[m³]	672.0 [2]				2) $V=240.0\mathrm{m}$(床面積)$\times2.8\mathrm{m}$(天井高)
窓熱取得	A_G 面積[m²]	U_G[W/(m²·K)]	SC [5]	q_{GI}[W/m²] [5]	3) $A_G=5.0\mathrm{m}\times2.0\mathrm{m}\times3$箇所
南	30.0 [3]	3.4	0.38 [6]	108 [7]	4) $A_G=5.0\mathrm{m}\times2.0\mathrm{m}$
東	10.0 [4]	3.4	0.38 [6]	43 [7]	5) SC, q_{GI}, ETD は冷房計算のみに必要
屋根・外壁熱取得	A_W 面積[m²]	U_W[W/(m²·K)]	ETD [5]		6) 114頁，表4-4 17番目
水平	240.0 [8]	0.5	23.3 [11]		7) 113頁，表4-3 14時
南	56.4 [9]	0.7	13.4 [12]		8) $A_W=24.0\mathrm{m}\times10.0\mathrm{m}$
東	26.0 [10]	0.7	9.6 [13]		9) $A_W=8.0\mathrm{m}\times3.6\mathrm{m}$(階高)$\times3-30.0\mathrm{m}$(窓面積)
内壁熱取得	A_{Wi} 面積[m²]	U_{Wi}[W/(m²·K)]			10) $A_W=10.0\mathrm{m}\times3.6\mathrm{m}$(階高)$-10.0\mathrm{m}$(窓面積)
間仕切り・ドア	86.4 [14]	1.5	＊廊下の室温は事務室室温と外気温の平均。		11) 115頁，表4-5 タイプⅢ 14時
すき間風熱取得	冷 房	暖 房			12) 115頁，表4-5 タイプⅡ 14時
n 換気回数[回/h]	0	0.1			13) 115頁，表4-5 タイプⅡ 14時
Q_I 風量[m³/s]	0	0.0187 [15]			14) $A_{Wi}=24.0\mathrm{m}\times3.6\mathrm{m}$(階高)
照明熱取得[W/m²]	15				15) $Q_I=n\times V$(室用積)$/3,600$
機器熱取得[W/m²]	20				16) $N=0.2\times A_F$(床面積)
在室人員[人/m²]	0.2	q_{HS} 顕熱[W/人] [17]	q_{HL} 潜熱[W/人] [17]		17) 1人当たりの発熱量
N 在室人員[人]	48.0 [16]	53 [18]	64 [18]		18) 117頁，表4-6 事務作業，室温26℃
必要換気量[m³/(s·人)]	0.00695 [19]				19) 1人当たりの必要換気量
Q_F 外気量[m³/s]	0.3336 [20]				20) $Q_F=0.00695\times N$

表2　熱負荷計算表／演習問題【10】

室名・ゾーン名：事務室　最上階
- A_F 床面積 [m²] = 240.0
- V 室容積 [m³] = 672.0

冷房負荷　14時： 外気温 32.9 ℃、絶対湿度 0.0181 kg/kg ／ 室温 26.0 ℃、相対湿度 50 %、絶対湿度 0.0105 kg/kg

暖房負荷： 外気温 0.0 ℃、絶対湿度 0.0014 kg/kg ／ 室温 22.0 ℃、相対湿度 50 %、絶対湿度 0.0082 kg/kg

項目	方位／部位	面積 [m²]	U [W/(m²·K)]	SC	ETD／Δt [K]	q [W/m²]	冷房 H_S 顕熱 [W]	冷房 H_L 潜熱 [W]	冷房 $H_T=H_S+H_L$ [W]	暖房 Δt [K]	暖房 H_S 顕熱 [W]	暖房 H_L 潜熱 [W]	暖房 $H_T=H_S+H_L$ [W]
H_G 窓熱取得・損失	南	30.0	3.4	0.38	6.9	108	1,935			22.0	2,244		2,244
	東	10.0	3.4	0.38	6.9	43	398			22.0	748		748
H_W 屋根・外壁熱取得・損失	水平	240.0	0.5		23.3		2,796			22.0	2,640		2,640
	南	56.4	0.7		13.4		529			22.0	869		869
	東	26.0	0.7		9.6		175			22.0	400		400
H_{Wi} 内壁熱取得・損失	内壁	86.4	1.50		3.45		447			11.0	1,426		1,426
H_I すき間風熱取得・損失	風量 Q_I [m³/s] 夏期 0.00000／冬期 0.01870				Δt 6.9／Δx 0.0076		0	0		Δt 22.0／Δx 0.0068	496	381	877
H_{LT} 照明熱取得						q_L 15	3,600		3,600		0		
H_A 室内機器熱取得						q_{AS} 20／q_{AL} 0	4,800	0			0		
H_H 人体熱取得	N 在室人数 [人] 48.00					q_{HS} 53／q_{HL} 64	2,544	3,072	5,616				
H_R 室熱取得・熱損失（合計：H_{RS}, H_{RL}）							17,224	3,072	20,296		8,823	381	9,204
H_{RM} 室熱負荷							19,808 （$1.15H_{RS}$）	3,226 （$1.0H_{RL}$）	23,034		9,264 （$1.05H_{RS}$）	400 （$1.05H_{RL}$）	9,664
H_F 外気負荷	外気量 Q_F [m³/s] 0.3336				Δt 6.9／Δx 0.0076		2,776	7,306	10,382	Δt 22.0／Δx 0.0068	8,851	6,805	15,656
H_{AC} 空調機負荷（$H_{RM}+H_F$）							22,584	10,832	33,416		18,115	7,205	25,320

顕熱計算式：$H_S=A_G(SC\cdot q_{GI}+U_G\cdot\Delta t)$、$A_W\cdot U_W\cdot ETD$、$A_{Wi}\cdot U_{Wi}\cdot\Delta t$、$1.206\,Q_I\cdot\Delta t$、$A_F\cdot q_L$、$A_F\cdot q_{AS}$、$N\cdot q_{HS}$、$1.206\,Q_F\cdot\Delta t$
潜熱計算式：$3\times10^6\,Q_I\cdot\Delta x$、$A_F\cdot q_{AL}$、$N\cdot q_{HL}$、$3\times10^6\,Q_F\cdot\Delta x$
暖房顕熱：$A_G\cdot U_G\cdot\Delta t$、$A_W\cdot U_W\cdot\Delta t$、$A_{Wi}\cdot U_{Wi}\cdot\Delta t$、$1.206\,Q_I\cdot\Delta t$、$1.05H_{RS}$、$1.206\,Q_F\cdot\Delta t$

〔11〕 配管抵抗 h のみを先に求める（196頁，表9-5 参照）。
配管総延長 180 m。
$$h = R_o \Sigma l(1+k) = 300 \times 180 \,[\text{m}] \times (1+0.5)$$
$$= 81.0 \times 10^3 \,[\text{Pa}]$$
水柱（揚程） $1 \,\text{mH}_2\text{O} = 9.8 \,[\text{kPa}]$ であるので，機器抵抗分 $14.5 \,\text{mH}_2\text{O}$ を加えて，各部抵抗の圧力損失の合計，すなわち全抵抗＝ポンプ全揚程＝ $81/9.8 + 14.5 = 8.27 + 14.5 = 22.77 \,\text{mH}_2\text{O} \rightarrow 22.8 \,\text{mH}_2\text{O}$
ゆえに表9-5 の精算値 21.19 ［m］に近い数値となる。

第4章　給排水衛生設備

〔1〕 199～207 頁参照。以下は解答例。
日常使用し，給湯・給水される湯，水の衛生管理と安全確保を行うこと（トリハロメタン，レジオネラ対策），環境負荷を削減するために，節水と省エネルギー化に対する工夫を行うこと（節水型機器の採用，排水・廃熱の利用，雨水利用など），さらには，建物の長寿命化に対応できる維持管理のしやすさを考慮すること（さや管ヘッダー工法，排水ヘッダー方式などの採用）が大切である。

〔2〕 220 頁，表 3-1 を参考に，233 頁の式(4.1)，(4.3)，(4.4)より求める。
$$Q_d = N \times q = 400 \,[\text{人}] \times 80 \,[l/(\text{人}\cdot\text{日})]$$
$$= 32,000 \,[l/d]$$
1 日の使用時間 T を 9 時間，時間最大予想給水量のピーク率 K_m を 2.0 として，
$$Q_h = Q_d/T = 32,000 \div 9 \fallingdotseq 3,556 \,[l/h]$$
$$Q_m = K_m \times Q_h = 2.0 \times 3,556 = 7,112 \,[l/h]$$
受水槽の有効水量は Q_d の 1/2 として 16 ［m³］，高置水槽の有効水量は Q_d の 1/10 として 3.2 ［m³］となる。

〔3〕 最上階に設置された一般水栓，大便器（洗浄弁）までの全揚程を必要な最低圧力として求め，大きい値を必要な全揚程として決定する。235 頁，式(4.8′)により求める。
(1) 最上階の洗浄弁までの必要な圧力
$$H = H_1 + H_2 + H_3 = H_1(\text{実揚程}) + H_2(\text{配管摩擦損失水頭}) + H_3(\text{洗浄弁の必要圧力})$$
$$H_1 = (6.0 - 1.0 - 1.0 + 4.0 + 4.0 + 1.0) = 13 \,[\text{m}]$$
$$= 130 \,[\text{kPa}]$$
$$H_2 = (3.0 + 6.0 - 1.0 + 10.0 + 4.0 + 4.0 + 10.0 + 1.0) \times 2 \times 0.5 \,[\text{kPa/m}] = 37 \,[\text{kPa}]$$
ここで，継手・弁類の相当長は実管長の 100 ％とす

る，と条件にあるので実管長を 2 倍する。
$$H_3 = 70 \,[\text{kPa}]$$
よって必要な圧力は，
$$130 \,[\text{kPa}] + 37 \,[\text{kPa}] + 70 \,[\text{kPa}] = 237 \,[\text{kPa}]$$
(2) 最上階の一般水栓までの必要な圧力
$$H = H_1 + H_2 + H_3 = H_1(\text{実揚程}) + H_2(\text{配管摩擦損失水頭}) + H_3(\text{一般水栓の必要圧力})$$
$$H_1 = (6.0 - 2.0 + 4.0 + 4.0 + 1.5) = 13.5 \,[\text{m}]$$
$$= 135 \,[\text{kPa}]$$
$$H_2 = (3.0 + 6.0 - 1.0 + 10.0 + 4.0 + 4.0 + 5.0 + 1.5) \times 2 \times 0.5 \,[\text{kPa/m}] = 32.5 \,[\text{kPa}]$$
ここで，継手・弁類の相当長は実管長の 100 ％とする，と条件にあるので実管長を 2 倍する。
$$H_3 = 30 \,[\text{kPa}]$$
必要な圧力は，
$$135 \,[\text{kPa}] + 32.5 \,[\text{kPa}] + 30 \,[\text{kPa}] = 197.5 \,[\text{kPa}]$$
(1)の結果と(2)の結果を比較すると，(1)の洗浄弁のほうが大きいため，その値で給水ポンプの最低必要な全揚程を決定すると，237 ［kPa］（23.7 m）となる。

〔4〕 器具給水負荷単位は 233 頁，表 4-1 から求める。1 階分は大便器 10×2 個，小便器 5×1 個，洗面器 2×2 個，掃除流し 4×1 個，事務室用流し 3×1 個で合計 36 であり，5 階分は 180 となる。瞬時最大流量は 237 頁，図 4-4 からおおむね 340 ［l/min］と読めるので，管径とそのときの単位長さ当たりの圧力損失は，238 頁，図 4-5 から，それぞれ 65 A，0.6 ［kPa/m］であることがわかる。

〔5〕 241 頁，式(5.1)より求める。
給湯湯量 V_h ［l/min］，使用湯量 $(V_c + V_h)$ ［l/min］，混合湯温 t_m は 42 ［℃］，水の温度 t_c は 15 ［℃］，給湯湯温 t_h は 60 ［℃］である。
$$V_h/(V_c + V_h) = (t_m - t_c)/(t_h - t_c) \text{ の関係より，}$$
$$V_h/12 = (42 - 15)/(60 - 15)$$
$$V_h = 7.2 \,[l/min]$$

〔6〕 245 頁で解説したガス瞬間式給湯機の加熱能力表示である「号」数と式(5.6)について理解する。この問題では，式(5.6)の k（余裕率：1.1～1.2）は考慮しないこととするため，$k = 1.0$ として計算する。
また，同式の ρ は，
$$\rho = 1,000 \,[\text{kg/m}^3] = 1.0 \,[\text{kg/}l]$$
とする。

洗面器給湯

$H_L = k \times C_p \times \rho \times Q \times (t_h - t_c)$

$\quad = 4,186[\mathrm{kJ/(kg\cdot℃)}] \times 1.0[\mathrm{kg}/l] \times 7.0[l/\mathrm{min}]$

$\qquad \times (38-5)[℃]$

$\quad = 966.966[\mathrm{kJ/min}] \fallingdotseq 967[\mathrm{kJ/min}]$

シャワー給湯

$H_{SH} = k \times C_p \times \rho \times Q \times (t_h - t_c)$

$\quad = 4,186[\mathrm{kJ/(kg\cdot℃)}] \times 1.0[\mathrm{kg}/l] \times 8.0[l/\mathrm{min}]$

$\qquad \times (41-5)[℃]$

$\quad = 1,205.568[\mathrm{kJ/min}] \fallingdotseq 1,206[\mathrm{kJ/min}]$

台所流し給湯

$H_S = k \times C_p \times \rho \times Q \times (t_h - t_c)$

$\quad = 4,186[\mathrm{kJ/(kg\cdot℃)}] \times 1.0[\mathrm{kg}/l] \times 7.0[l/\mathrm{min}]$

$\qquad \times (38-5)[℃]$

$\quad = 966.966[\mathrm{kJ/min}] \fallingdotseq 967[\mathrm{kJ/min}]$

以上より，

$H_t = 967 + 1,206 + 967 = 3,140[\mathrm{kJ/min}]$

1号が$104.65[\mathrm{kJ/min}] = 1.74[\mathrm{kW}]$であるため，ガス瞬間式給湯機の加熱能力は，

$\quad 3,140 \div 104.65 = 30.00$

より，30号となる。したがって，流通している給湯機の号数としては32号が該当する。

〔7〕 A点管径

排水立て管系統負荷は，55（単位/階）×5階＝275（単位）。

272頁，表8-2から，許容最大器具排水負荷単位は，管径75 mmで60（単位），管径100 mmで500（単位）より，500以内のため管径は100 mmとなる。

B点管径

排水横主管の排水負荷単位は275（単位）。勾配1/100より，275頁，表8-6から，許容最大器具排水負荷単位は管径100 mmで216（単位），管径125 mmで480（単位）。よって480以内のため管径は125 mmとなる。

C点管径

排水立て管径は100 mm，排水立て管負荷単位は275（単位），通気立て管長さは30[m]，274頁，表8-4より，通気管最長距離54 m以内で75 mm，21 m以内で65 mmであることから，54 m以内のため通気立て管径は75 mmとなる。

D点管径

排水横主管の排水負荷単位は275×2＝550（単位）。勾配1/100より，275頁，表8-6から，許容最大器具排水負荷単位は管径125 mmで480（単位），管径150 mmで840（単位）。よって840以内のため管径は150 mmとなる。

〔8〕 まず，流入水のBOD濃度を求めることがポイントである。278頁，式(9.1)より，

汚水BOD負荷量＝汚水量[m³/日]×BOD濃度[mg/l]より，

汚水BOD負荷量＝10[m³/日]×200[mg/m³]

$\qquad\qquad = 2,000[\mathrm{mg/日}]$

雑排水BOD負荷量[mg/日]＝雑排水量[m³/日]×BOD濃度[mg/l]より，

雑排水BOD負荷量＝15[m³/日]×100[mg/m³]

$\qquad\qquad = 1,500[\mathrm{mg/日}]$

合計流入水のBOD濃度＝2,000＋1,500

$\qquad\qquad = 3,500[\mathrm{mg/日}]$

流入水BOD濃度は，流入汚水量合計25[m³/日]で除すと，

流入水BOD濃度＝3,500/25＝140[mg/m³]

よって，287頁，式(9.1)より，

BOD除去率[%]＝{(140－20)/(140)}×100

$\qquad\qquad = 85.7[\%]$

〔9〕 287頁，式(10.1)より求める。

(1) 屋内消火栓の各階設置数は，287頁，表10-2より最大2台，吐出し量は70[l/min]である。

ポンプ吐出し量$Q = 70[l/\mathrm{min}] \times 2$個

$\qquad\qquad = 140[l/\mathrm{min}]$

(2) 消火ポンプの全揚程H[m]

$H = h_1 + h_2 + h_3 + h_4$

$\quad = 3.5 + 23.5 + 7.1 + 25 = 59.1[\mathrm{m}]$

h_1：消防用ホースの摩擦損失[m]　3.5

h_2：配管の摩擦損失[m]　23.5×0.3＝7.1

h_3：落差（実高）[m]（2.0＋4.5＋4.0×4＋1.0）

$\quad = 23.5$

h_4：ノズル送水圧力（1号消火栓17 m，2号消火栓は25 m）

〔10〕 288～290頁参照。以下に解答のポイントを示す。閉鎖式と開放式に区分され，閉鎖式は乾式，湿式，予作動式に区分される。その他，凍結対策，設置室用途について記述すること。

第5章　建築電気設備

〔1〕 296頁より，

①電気事業法 —— 電力事業の円滑な運用と安全を確保すること。

②電気用品安全法 —— 電気用品の安全性を確保すること。

③電気工事士法 —— 電気工事の安全性を確保する

ため，資格者制度を設けている。

④電気工事業法 —— 電気工事業の健全な運営を図ること。

〔2〕 クーロンの法則 —— 297 頁参照。
アンペアの右ねじの法則 —— 298 頁参照。
フレミングの左手の法則 —— 298 頁参照。
オームの法則 —— 299 頁参照。

〔3〕 以下の手順により求める。
(1) 右側は $4\,\Omega$ と $1\,\Omega$ の並列接続であることから，合成抵抗 R は 301 頁，式 (1.10) より，

$$R=\dfrac{1}{\dfrac{1}{4}+\dfrac{1}{1}}=\dfrac{1}{\dfrac{5}{4}}=\dfrac{4}{5}\,[\Omega]\ \text{となる。}$$

(2) 左側の $2\,\Omega$ と上記 (1) の R が直列接続，300 頁，式 (1.5) より，I は

$$I=\dfrac{E}{2+R}\ \text{となる。}$$

(3) E が 4 [V]，R が $\dfrac{4}{5}\,[\Omega]$ であるから，上式より

$$I=\dfrac{4}{2+\dfrac{4}{5}}\fallingdotseq 1.4\,[\text{A}]\ \text{となる。}$$

〔4〕 ① (50) (60)
② (100)
③ (0.1)
④ (10)
⑤ (600) (7,000)

〔5〕 306 頁の解説を参考に解く。
307 頁，表 2-1 より，病院の延べ床面積 $1\,\text{m}^2$ 当たりの契約電力の概略値は 82 [W/m^2] であることから，想定契約電力は，82 [W/m^2]×7,000[m^2]＝574 [kW] となる。
したがって，高圧三相 3 線式 6.6 kV の引込みとなる。

〔6〕 ① (予備)，(非常)，(発電機)，(蓄電池)，(据置)
② (小さ)，(不要)，(小さ)
③ (鉛)

〔7〕 315～317 頁の解説を参考に解く。
$$室指数\ K=\dfrac{XY}{H(X+Y)}=\dfrac{12\times8}{(2.28-0.85)\times(12+8)}$$
$$=2.4$$
よって，室指数 (記号) は 316 頁，表 3-3 の 2.4 に最

も近い D ($K:2.50$) を採用する。反射率は天井 0.7，壁 0.7，床 0.1 であるから，照明率 U は表 3-3 の最左欄にある 0.89 を採用する。

$$ランプ数\ N=\dfrac{E\cdot X\cdot Y}{F\cdot M\cdot U}$$

に，$E=500$ [lx]，$X=12$ [m]，$Y=8$ [m]，$F=6,200$ [lm]，$M=0.77$，$U=0.89$ を代入する。

$$N=\dfrac{500\times12\times8}{6,200\times0.77\times0.89}\fallingdotseq11.3\,(個)\ \rightarrow12個$$

照明器具 1 台にランプ 1 個であることから，必要台数は 12 台となる。室を 12 等分して，その中央に 1 台ずつ配置すると下図のようになる。

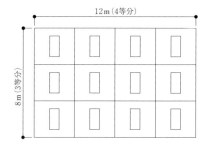

〔8〕 (4～6)，(デルタ)，(増加)，(速度)

〔9〕 ① LAN —— ローカルエリアネットワーク
② OA フロア —— オフィスオートメーション配線用フロア
③ D-PBX —— デジタル式自動交換機

〔10〕 ① (常時)，(発信機)，(定温)，(煙)，(差動)
② (20)，(60)，(2)，(10)，(50)

［索　引］

349

350

352

［監修・執筆］

田中俊六（たなかしゅんろく）
1961 年　早稲田大学第一理工学部建築学科卒業
1978 年　工学博士（早稲田大学）
1979 年　東海大学工学部建築学科教授
1992 年　東海大学工学部長
1998～2000 年　東海大学学長
2000～2002 年　公益社団法人空気調和・衛生工学会会長
現　在　東海大学名誉教授

［執筆］

宇田川光弘（うだがわみつひろ）
1969 年　早稲田大学理工学部建築学科卒業
1977 年　早稲田大学大学院理工学研究科博士課程単位取得
　　　　　退学，工学院大学工学部建築学科専任講師
1978 年　工学博士（早稲田大学）
1991 年　工学院大学工学部建築学科教授
2011 年　工学院大学建築学部建築学科教授
2010～2012 年　一般社団法人日本太陽エネルギー学会会長
現　在　工学院大学名誉教授

斎藤忠義（さいとうただよし）
1965 年　早稲田大学理工学部建築学科卒業
1966～1968 年　ベルリン工科大学留学
1968～1977 年　日本環境技研株式会社勤務
　　　　　国士舘大学工学部建築デザイン工学科教授
2011 年　逝去

秋元孝之（あきもとたかし）
1986 年　早稲田大学理工学部建築学科卒業
1988 年　早稲田大学大学院博士前期課程修了
1988～1999 年　清水建設株式会社を経て，カリフォルニア
　　　　　大学バークレー校環境計画研究所に留学。博士
　　　　　（工学）（早稲田大学），一級建築士
1999～2007 年　関東学院大学工学部助教授，教授
2016 年～　一般社団法人建築設備綜合協会会長
現　在　芝浦工業大学建築学部長・教授

大塚雅之（おおつかまさゆき）
1983 年　東京理科大学理工学部建築学科卒業
1988 年　東京理科大学大学院博士課程修了，工学博士
1989～1996 年　株式会社ジェス技術開発部室長を経て，取
　　　　　締役開発部長
1996～2012 年　関東学院大学工学部建築設備工学科助教
　　　　　授・教授を経て，同大学工学部建築学科教授
2020～2022 年　公益社団法人空気調和・衛生工学会会長
現　在　関東学院大学建築・環境学部長・教授

田尻陸夫（たじりくがお）
1960 年　日本大学理工学部電気工学科卒業
1990 年　社団法人日本電気協会洪沢賞受賞，株式会社オー
　　　　　ム社オーム技術賞受賞
2000 年　社団法人電気設備学会資料・総説奨励賞受賞
　　　　　大成建設株式会社設計本部設備設計部長を経て，
　　　　　住環境設計事務所代表（技術士・電気電子部門，
　　　　　建築士，電気主任技術者，一般管工事及び電気工
　　　　　事施工管理技士）
2021 年　逝去

最新 建築設備工学〈改訂2版〉

2002 年 9 月 30 日　第 1 版第 1 刷発行
2010 年 7 月 15 日　改訂版第 1 刷発行
2022 年 7 月 20 日　改訂 2 版第 1 刷発行
2024 年 3 月 10 日　改訂 2 版第 3 刷発行

著　者　田中俊六　斎藤忠義
　　　　宇田川光弘　大塚雅之　Ⓒ
　　　　秋元孝之　田尻陸夫
発行者　石川泰章
発行所　株式会社 井上書院
　　　　東京都文京区湯島 2-17-15　斎藤ビル
　　　　電話（03）5689-5481　FAX（03）5689-5483
　　　　https://www.inoueshoin.co.jp/
　　　　振替 00110-2-100535
装幀　　藤本 宿
印刷所　美研プリンティング株式会社

ISBN 978-4-7530-1765-2　C3052　　　Printed in Japan

最新 建築環境工学 [改訂4版]

田中俊六・武田仁・土屋喬雄・岩田利枝・寺尾道仁・秋元孝之共著　A5判・330頁

建物と音，熱，光，空気，水など環境とのかかわりといった広範囲な分野をもつ建築の環境工学に不可欠な知識を，最新の研究成果やデータ，および充実した演習問題をまじえてできるだけわかりやすく解説した，建築科学生の教科書。定価3300円

基礎教材 建築環境工学

垂水弘夫監修，鍵直樹・円井基史・小﨑美希・冨田隆太著　B5判・184頁

空気，熱，光，音の4つの領域を扱い，基礎的な知識と建築士試験への対応能力の習得に重点をおいて平易にまとめた初学者向けのテキスト。単元ごとに関連する建築士試験問題と解説を収録し，学習の整理に役立つよう配慮した。　　定価2970円

基礎教材 建築設備

秋元孝之監修，横山計三・西原直枝・村田博道・河内孝夫著　B5判・224頁

環境に配慮した建築設備の適切な設計，施工と運用，維持管理における知識や技術の習得に向けて，空気調和設備，給排水衛生設備，電気設備，防災・防犯設備等について，基礎から応用までを平易に解説。章末には演習問題を収録。　定価2970円

建築環境学テキスト 熱と空気のデザイン

垂水弘夫・石川善美・松原斎樹・永野紳一郎共著　B5判・116頁

建築環境学の熱と空気について，必要最低限の知識を，実際の建築への応用に即したテーマに沿ってまとめた。章末の演習問題までこなすことで，基礎理論にとどまらず，建築環境設計に向けた実践的な能力が身につくよう配慮した。　定価2750円

生活環境学 [改訂版]

岩田利枝・上野佳奈子・高橋達・二宮秀與・光田恵・吉澤望共著　B5判・216頁（二色刷）

人の感覚が感知する生活上もっとも基本的な要件である生活環境のあり方，それを作り，維持する方法について，音，空気，熱，光，水，廃棄物といった要素に分けて，科学的・工学的にわかりやすく解説。章末には演習問題を収録。　　定価3300円

[再読] 実務に役立つ 建築環境工学+建築設備

垂水弘夫・大立啓之・望月悦子・買手正浩　A5判・174頁

建物の設計に携わる若手技術者に向けて，これまで学んできた建築環境工学・建築設備の原理や公式，専門知識が実際の業務にどう結びついているのかを，熱環境，建築設備，光環境，音環境の分野別に適用事例や応用例を交えて詳述。定価2970円

＊上記定価は消費税10%を含んだ総額表示です。